PHILOSOPHEN DES 20. JAHRHUNDERTS

PHILOSOPHEN DES 20. JAHRHUNDERTS

EINE EINFÜHRUNG

Herausgegeben von
MARGOT FLEISCHER

WISSENSCHAFTLICHE BUCHGESELLSCHAFT
DARMSTADT

Einbandgestaltung: Studio Franz & Mcbeath, Stuttgart.

1. Auflage 1990
2., unveränderte Auflage 1991

Die Deutsche Bibliothek – CIP-Einheitsaufnahme

Philosophen des 20. Jahrhunderts: eine Einführung /
hrsg. von Margot Fleischer. – 3., unveränd. Aufl. –
Darmstadt: Wiss. Buchges., 1992
ISBN 3-534-10936-8
NE: Fleischer, Margot [Hrsg.]

Bestellnummer 10936-8

3., unveränderte Auflage 1992
© 1990 by Wissenschaftliche Buchgesellschaft, Darmstadt
Gedruckt auf säurefreiem und alterungsbeständigem Offsetpapier
Gesamtherstellung: Wissenschaftliche Buchgesellschaft, Darmstadt
Printed in Germany
Schrift: Times, 9.5/11

ISBN 3-534-10936-8

INHALT

VORWORT

Die Beiträge dieses Bandes gehen auf eine einführende Vortragsreihe zurück, die, im Sommersemester 1987 beginnend, an der Universität – Gesamthochschule – Siegen stattgefunden hat und die ich gemeinsam mit meinen Siegener Fachkollegen Wolfgang H. Schrader und Jochem Hennigfeld geplant und durchgeführt habe. Die Universität hat dankenswerterweise die Reihe finanziell getragen.

Leider ist auf dem Weg von der Vortragsreihe zur Buchpublikation der Beitrag über Popper verlorengegangen, da der Autor sein Manuskript in angemessener Frist nicht druckreif einreichen konnte. Dennoch dürfte die Absicht, eine repräsentative Auswahl aus den Philosophen des 20. Jahrhunderts vorzustellen, erfüllt sein.

Die Autoren haben ihre Manuskripte für den Druck um Anmerkungen und eine auf fünf Werktitel beschränkte Kurzbibliographie ergänzt, in der sie die ihnen im Hinblick auf ihre Darstellung wichtigsten Schriften 'ihres' Philosophen aufführen. Aus den Kurzbibliographien ist die Zeittafel erwachsen. Das Namenregister verzeichnet die im Text der Einleitung und der Beiträge vorkommenden Namen; aus den Anmerkungen sind nur Namen aufgenommen, die in Äußerungen des jeweiligen Verfassers über Philosophen enthalten sind; Literaturangaben (Autoren, Herausgeber u. ä.) und -verweise blieben also unberücksichtigt.

Siegen, im Februar 1989   *Margot Fleischer*

EINLEITUNG

Von Margot Fleischer

Dieser Band tritt bescheiden auf. Eine *Auswahl* bedeutender Philosophen des 20. Jahrhunderts wird aus einer jeweils wichtigen, aber auch *beschränkten* thematischen Perspektive *vorgestellt.* Keineswegs handelt es sich um einen eilbeflissenen, zu einem Gesamturteil einladenden Rückblick auf die Philosophie dieses Jahrhunderts, dem ja auch immerhin noch ein weiteres Jahrzehnt beschieden ist. Historische Distanz, sollte sie schon möglich sein, wird nicht aufgebaut. Die Autoren engagieren sich (auch kritisch) für 'ihren' Philosophen. Und die Beiträge wenden sich – als einzelne und in ihrer Gesamtheit – an Leser, denen es um lebendige philosophische Fragen und die von Philosophen dieses Jahrhunderts vorgeschlagenen Antworten geht.

Da muß nun freilich eingestanden werden, daß die Philosophie des 20. Jahrhunderts alles andere als ein harmonisches Bild bietet und sich durchaus nicht als eine einheitlich geprägte geschichtliche Bewegung fassen lassen will. Selten zuvor waren philosophische Ansätze einer Epoche derart disparat. Die Grundpositionen einiger Philosophen des 20. Jahrhunderts (wie auch die etwa von ihnen initiierten oder weitergeführten 'Richtungen') stehen zueinander in schroffem, ja unversöhnlichem Gegensatz. Und häufig bestreitet sich auch weniger extrem Auseinanderliegendes in hohem Maß. Man mag darin Anlaß zur Klage finden. Aber die Lage kann sehr wohl positiver aufgenommen werden: Mehr denn je sind von den Philosophierenden kritisches Mit- und Weiterdenken und begründete Entscheidung verlangt. Und wer für ihn unannehmbare Grundpositionen nicht beiseite schiebt, sondern nur ihren 'natürlichen' (expliziten oder impliziten) Ausschließlichkeitsanspruch zurückweist, wird auch dort Einsichten und Denkanstöße gewinnen. Dann mag die Philosophie des 20. Jahrhunderts nicht mehr nur als von Gräben durchzogen, sondern eher als ein Feld von spannungsreicher Fruchtbarkeit begegnen.

Solch spannungsreiche Fruchtbarkeit stellt sich auch zwischen den Werken derjenigen Philosophen her, denen wichtige Grundanschauungen, Voraussetzungen oder Problemstellungen gemeinsam sind (z. B. Adorno – Bloch – Marcuse; Camus – Sartre – Merleau-Ponty) oder die einen von einem anderen Denker eröffneten Weg gekreuzt, betreten oder weitergeführt haben (dies gilt etwa von Schelers, Heideggers, Sartres, Merleau-Pontys und Foucaults Beziehung zu Husserl und zueinander). Hiermit ist freilich zugleich angedeutet, daß auf dem Feld der Philosophie des 20. Jahrhunderts, so vielfältig es auch bestellt ist, Orientierung möglich ist, daß Richtungen, produktive Kontinuitäten, einander berührende Problemlinien entdeckbar sind.

Meine Einleitung stellt sich ganz in den Dienst der einführenden Darstellungen. Ich verzichte auf die Entfaltung eigener Thesen zur Philosophie des 20. Jahrhunderts und auf Ergänzung des Panoramas. Im I. Teil führe ich mehr von außen an die Thematik heran. Im II. Teil gehe ich auf zu erwartende Sachthemen ein. Besonders in diesem Teil binde ich mich eng an die folgenden Beiträge und schöpfe aus ihnen. Auch in dem durch die genannten Beschränkungen gezogenen Rahmen sind hier nur Streiflichter möglich. Vielleicht können sie die Orientierung erleichtern.

I

Die Philosophen in ihrer Zeit

Philosophen des 20. Jahrhunderts sind mit ihrem Denken wie mit ihren Aktivitäten und persönlichen Schicksalen vielfältig verflochten in Situationen und Begebenheiten der Zeit. Ihre 'geistige Situation' wird wesentlich mitbestimmt von den Wirkungen der philosophischen Väter aus dem 19. Jahrhundert,[1] von der Entwicklung der Wissenschaften und der Technik im 20. Jahrhundert, vom Zeitgeschehen, vor allem seinen unheilvollen Phasen, sowie von Lebensform und Bewußtseinslage der modernen Industriegesellschaft. Viele haben darauf als Philosophen zeitkritisch und krisenbewußt geantwortet.[2]

Die teilweise revolutionierenden Erkenntnisse moderner Naturwissenschaften und die u. a. von Frege und Russell eingeleiteten Umbildungen von Logik und Grundlagenmathematik haben ihre Wirkung auf die diesen Wissenszweigen nahestehenden Philosophen nicht verfehlt.[3] Auch ist hier zu vermerken (was allerdings in diesem Band weniger zum Tragen kommt): Logik und Wissenschaftstheorie auf der einen Seite, die 'übrige' Philosophie auf der anderen Seite haben sich bis in den Wissenschaftsbetrieb hinein seit einiger Zeit schon derart ausein-

---

[1] Vgl. den diesbezüglichen Abschnitt dieser Einleitung.
[2] Vgl. den Abschnitt „Philosophie" dieser Einleitung.
[3] Vgl. die Beiträge über Wittgenstein und Quine.

anderentwickelt, daß sie kaum noch unter einem gemeinsamen Dach wohnen und große Verständigungsschwierigkeiten miteinander haben. Das charakterisiert mit die Lage der Philosophie des 20. Jahrhunderts. Freuds Psychoanalyse hat auch für einige Philosophen die geistige Welt verändert. (Direkte Freud-Rezeption ist besonders bei Marcuse gegeben.) Bei der Affinität vieler philosophischer und sozialwissenschaftlicher Fragestellungen kann es nicht verwundern, daß moderne Sozialwissenschaft und Philosophie in Kontakt getreten sind, dies auch in Personalunion und institutionell.[4] Freilich wird sich zeigen, daß nicht alle Philosophen des 20. Jahrhunderts offen gewesen sind für die Wissenschaften, ja daß selbst von solchen, die es waren, in der wissenschaftlichen Rationalität eine Wurzel für die Krise des Zeitalters entdeckt werden konnte.

Die politischen Zeitläufe waren für einige Philosophen einschneidend. Der Ausbruch des Ersten Weltkriegs schnitt Wittgenstein für lange von der Rückkehr nach England ab; er meldete sich als Kriegsfreiwilliger. Bloch, den Pazifisten, trieb es 1917 für zwei Jahre in die neutrale Schweiz. Die existentielle Betroffenheit von diesem Krieg führte bei ihm dazu, der Philosophie die Aufgabe grundsätzlicher Selbstbesinnung zu stellen. In den zwanziger Jahren trat er in die Kommunistische Partei ein.

Das nationalsozialistische Deutschland vertrieb außer Adorno und Marcuse auch Bloch ins Exil und versetzte Husserl ins Abseits. Marcuse blieb für immer in den USA angesiedelt. Seine wichtigsten Schriften sind in amerikanischer Sprache verfaßt. Für Adorno ist die Barbarei der Nazi-Verbrechen, die im Holocaust ein beinahe unvorstellbares Grauen verwirklichte, zusätzlicher und tiefdringender Anstoß, philosophisches Denken dem möglichen Verlust von Aufklärung und humaner Zukunft auszusetzen.[5]

---

[4] Seit den frühen dreißiger Jahren waren Marcuse und Adorno dem von Horkheimer geführten Institut für Sozialforschung in Frankfurt verbunden, das nach der Emigration dieser (und anderer zugehöriger) Forscher in den USA weiterarbeitete, von Horkheimer und Adorno 1950 in Frankfurt wiedereröffnet wurde und ab 1959 eine Zeitlang von Adorno allein geleitet wurde.

[5] Vgl. das im Abschnitt „Philosophie" dieser Einleitung über Adorno Gesagte. – Adorno hat 1966 in seinem Vortrag ›Erziehung nach Auschwitz‹ formuliert: „Man spricht vom drohenden Rückfall in die Barbarei. Aber er droht nicht, sondern Auschwitz war er; Barbarei besteht fort, solange die Bedingungen, die jenen Rückfall zeitigten, wesentlich fortdauern. Das ist das ganze Grauen. Der gesellschaftliche Druck lastet weiter, trotz aller Unsichtbarkeit der Not heute. Er treibt die Menschen zu dem Unsäglichen, das in Auschwitz nach weltgeschichtlichem Maß kulminierte. Unter den Einsichten von Freud, die

In der Nazi-Zeit gesellt sich Heidegger – wie engagiert und wie lange, wird derzeit erneut diskutiert – auf die falsche Seite. Für viele, die seiner Philosophie Einsichten und Anregungen zu verdanken haben oder mindestens seinem Werk den Respekt nicht versagen, ist hier der bedrückende Vorgang gegeben, daß ein politisch Blinder 1933 sich berufen glaubte, als Philosoph und Hochschullehrer auf Politik Einfluß zu nehmen, um eine Wende der Zeit zum vermeintlich Besseren mit heraufzuführen. Man vermißt, daß Heidegger nach 1945 auch öffentlich sein vergangenes Verhalten entschieden als persönlich zu verantwortendes Fehlverhalten eingestanden hätte.[6]

Für Irritation hat auch Bloch gesorgt, als er für Stalins Moskauer Prozesse (1936–1938) Verständnis aufbrachte – ein Faktum, das manchen schwer vereinbar scheint mit Blochs so sehr sich in den Dienst von Humanität stellendem Gesamtwerk. (Nach dem Zweiten Weltkrieg schieden sich an der moralisch-politischen Beurteilung des Stalinismus die Geister der Freunde Camus, Sartre und Merleau-Ponty.[7])

Auch der Zweite Weltkrieg wirkte auf Leben und Denken von Philo-

---

wahrhaft auch in Kultur und Soziologie hineinreichen, scheint mir eine der tiefsten die, daß Zivilisation ihrerseits das Antizivilisatorische hervorbringt und es zunehmend verstärkt." (Th. W. Adorno, Gesammelte Schriften, Bd. 10/2, hrsg. v. R. Tiedemann, Frankfurt a. M. 1977, 674 – siehe dort auch den Fortgang, 674 f. und Adornos ›Negative Dialektik‹, 3. Teil, III). Vgl. schon M. Horkheimer u. Th. W. Adorno, Dialektik der Aufklärung. Philosophische Fragmente (1947), Frankfurt a. M. 1969.

[6] Vgl. Pöggeler, 118 u. 134 sowie seine Anm. 11. (Meine Verweise mit einfacher Namensnennung der Autoren dieses Bandes beziehen sich auf deren hier folgende Beiträge.)
Als jüngsten Beitrag zu einer besonnenen Diskussion nenne ich das Vorwort von J. Habermas zur deutschen Übersetzung des Heidegger-Buches von Farías, das bei seinem Erscheinen 1987 vor allem in Frankreich viel Staub aufgewirbelt hat (V. Farías, Heidegger und der Nationalsozialismus, aus dem Spanischen u. Französischen übers. v. K. Laermann, Frankfurt a. M. 1989). Habermas, der sich auch auf Pöggeler bezieht (a. a. O., 22 f.), äußert in seiner kritischen Darlegung: „Das fragwürdige politische Verhalten eines Autors wirft auf sein Werk gewiß einen Schatten. Aber das Heideggersche Werk, vor allem ›Sein und Zeit‹, hat einen so eminenten Stellenwert im philosophischen Denken unseres Jahrhunderts, daß die Vermutung abwegig ist, die Substanz dieses Werkes könne durch politische Bewertungen von Heideggers faschistischem Engagement mehr als fünf Jahrzehnte danach diskreditiert werden." (a. a. O., 14).

[7] Vgl. Annie Cohen-Solal, Sartre. 1905–1980, übers. v. E. Groepler, Reinbek 1988, 517, 528 ff. u. 663; zum Verhältnis Sartre – Camus und Sartre – Merleau-Ponty vgl. ferner den übernächsten Abschnitt („Gegnerschaft ...") dieser Einleitung.

sophen. Quine war von 1943 bis 1945 für die Navy mit dem Entziffern codierter Nachrichten beschäftigt. Sartre wurde nach eigenem Zeugnis durch diesen Krieg entscheidend verwandelt – von einem unpolitischen zu einem politischen Menschen und Denker.[8] Sartre fand sich (nach kurzer, glimpflicher Soldatenzeit und einjähriger Kriegsgefangenschaft) mit Camus einerseits, mit Merleau-Ponty andererseits zu (verhältnismäßig bescheidenem) Wirken in der Résistance zusammen. Alle drei hatten später Verbindung zum 1948 gegründeten Rassemblement démocratique révolutionaire (Revolutionäre Demokratische Sammlung), aus dem Sartre 1949 wieder austrat. Sartres weitere politische Aktivitäten waren zahlreich. Sie reichten vom Engagement gegen den Algerienkrieg (das von der OAS mit zwei Anschlägen auf seine Wohnung beantwortet wurde) über den Protest gegen die sowjetische Intervention in Ungarn und persönliche Treffen mit Fidel Castro, Che Guevara, Chruschtschow und Tito zum Vorsitz über das Russell-Tribunal 1967, zu Protesten gegen die Niederschlagung des 'Prager Frühlings' durch die Warschauer-Pakt-Staaten und gegen den Vietnamkrieg. Seine Solidarität mit der studentischen Protestbewegung vom Mai '68 erfolgte schon aus dem politischen Abseits.[9]

Mit der studentischen Protestbewegung der sechziger Jahre verbindet man von den Philosophen vor allem Marcuse. Sie hat ihm und seinem Werk zu großer Bekanntheit verholfen und verdankt ihm wichtige Anstöße. Und doch sah Marcuse zu dem Zeitpunkt, als er von ihr zur Vaterfigur gemacht wurde, eigentlich schon keine revolutionäre Chance mehr.[10] Immerhin sind sein Essay ›Repressive Toleranz‹ und seine Schrift ›Versuch über die Befreiung‹ (1965 und 1969, Originale amerikanisch) mit diesem Zeitgeschehen engstens verbunden.

Das Verhältnis zwischen den protestierenden Studenten in Frankfurt und Adorno gestaltete sich spannungsreich und endete in Angriffen auf ihn, die die Resignation seiner letzten Lebenszeit (Adorno starb 1969) auslösten oder jedenfalls zu ihr beitrugen.

Ein letzter Hinweis zu den Philosophen in ihrer Zeit mag noch einmal Bloch gelten. Er kam 1949 aus den USA nach Deutschland zurück und ging nach Leipzig. Seine Auffassung von Marxismus mißfiel allerdings der SED je länger um so mehr, so daß Bloch es für angezeigt hielt, 1961 von einem Besuch in der BRD nicht nach Leipzig zurückzukehren.

---

[8] Vgl. das im folgenden Abschnitt dieser Einleitung über Sartre Gesagte.
[9] Vgl. Kampits, 167.
[10] Vgl. Zahn, 241 u. 253 sowie das im Abschnitt „Philosophie" dieser Einleitung über Marcuse Gesagte.

Philosophen – Individuen

Zur Vielfalt in der Philosophie des 20. Jahrhunderts trägt die ausgeprägte Individualität der Denker, die große Verschiedenheit ihrer Denkstile und die als umbruchartig erscheinende Entwicklung bei einigen Philosophen nicht unwesentlich bei. Davon werden die Beiträge dieses Bandes beredtes Zeugnis ablegen, und auch in der Einleitung wird (besonders unter dem Titel „Philosophie") manches davon im Vorgriff sichtbar werden.

Was die Individuen und ihre Denkstile betrifft: Da ist Husserl, für den Philosophie als strenge Wissenschaft selbst ein Ethos ist und als solches wirken soll. Da ist Heidegger, der in seiner Spätphilosophie eine Nachbarschaft von Denken und Dichten nicht ausschließt. Und Wittgenstein, der Philosophie zur Selbstaufhebung treibt und ihr den Zugang zu den existentiell betreffenden Fragen des Menschen abspricht. Da sind andere, die aus einem freien und differenzierten Verhältnis zum Marxismus die Veränderung der Lebensverhältnisse zum Besseren hin erhoffen oder anstreben – bis hin zu tätigem politischem Engagement und etwa auch provozierender Aktion. Da wird die Nähe zu den Wissenschaften gemieden oder mit unterschiedlicher Intensität gesucht. An dieser Stelle der Einleitung sollen zu diesem Komplex nur wenige Besonderheiten akzentuiert werden.

Zwei Philosophen haben in enger Verbindung mit ihrem philosophischen ein literarisches Werk von Weltgeltung geschaffen und sind dafür mit dem Nobelpreis für Literatur ausgezeichnet worden – der eine, Camus, hat ihn angenommen; der andere, Sartre, lehnte ihn ab. Bloch erweist sich in seinen theoretischen Arbeiten als ein Schriftsteller von hohem Rang. Seine in die Tat umgesetzte Auffassung, man solle 'auch fabelnd denken', seine erzählende Annäherung an die Probleme und das Fehlen strenger Argumentation haben die Frage aufkommen lassen, ob er überhaupt ein Philosoph sei. Die Vision ist ihm wichtig, und er kann von 'politischer Mystik' sprechen.[11] Anders Foucault. Sein Denken ist militant.[12]

Daß Philosophen ihr Denken fruchtbar fortentwickeln, ist natürlich und ein Zeichen von Produktivität. Wandlungen dieser Art werden in einigen der folgenden Beiträge nachgezeichnet. In manchen Fällen sind sie allerdings so erheblich, daß sich die Frage stellt, ob an der Einheit des jeweiligen Gesamtwerks festgehalten werden kann. Scheler hat

---

[11] Vgl. Schmied-Kowarzik, 218f., 216f. u. 226.
[12] Vgl. Waldenfels, 192.

zweimal seinen Standort gewechselt.[13] Sartre hat 1969 in einem Interview auf den von mir schon erwähnten Wandel hingewiesen, den der
Zweite Weltkrieg bei ihm ausgelöst hat, und es als 'unfaßbar' bezeichnet, wie er früher über Freiheit gedacht habe.[14] Aber einen Bruch in seinem Werk hat man gleichwohl nicht zu verzeichnen.[15] Eher scheint das
bei Wittgenstein und bei Heidegger der Fall zu sein, hat man sich doch
gewöhnt, von Wittgenstein I (früher Wittgenstein) und II (später Wittgenstein) wie von zwei verschiedenen Denkern zu sprechen – und ähnlich von einem Heidegger vor und nach der 'Kehre'. Und doch dürften
diese scharfen Trennungen fehlgreifen.[16]

Gegnerschaft – Entfremdung und Fremdheit – Kontinuität

Von der Individualität der Philosophen und ihrer Denkstile wurde
soeben gesprochen und – vorher schon – andeutungsweise von einander ausschließenden Grundpositionen. Was dies letztere betrifft, ließen
sich unzählige 'Kombinationen' herstellen. Das darf dem Leser überlassen bleiben. Hier mag es genügen, beispielhaft einander entgegenzu-
stellen: Camus und Husserl, Quine und Bloch, Wittgenstein und (fast)
alle anderen. Einige weitere Antipoden werden im Fortgang der Einleitung noch namhaft gemacht.

Es verwundert nach dem Gesagten kaum, daß Zeitgenossenschaft
der Philosophen des 20. Jahrhunderts mitunter offene Gegnerschaft ist.
So hat Adorno in seiner Schrift ›Jargon der Eigentlichkeit. Zur deutschen Ideologie‹ (1964) Heidegger auf das Format eines Ideologen her-
abgestutzt. Seine tiefer greifende Kritik in ›Negative Dialektik‹ bleibt
von schneidender Schärfe. Nicht viel besser ergeht es Heidegger bei
Bloch, der, besonders von der von Heidegger herausgestellten Grundbefindlichkeit der Angst negativ beeindruckt, Heideggers ›Sein und
Zeit‹ als „animalisch-kleinbürgerliche Erlebnisphänomenologie" und
'verfaulten Subjektivismus' klassifiziert und ihm „metaphysischen Di-
lettantismus" bescheinigt.[17] Ähnlich hart geht Marcuse mit Wittgenstein ins Gericht. Seine Kritik entzündet sich u. a. an „Wittgensteins

---

[13] Vgl. Henckmann, 95 f.
[14] Sartre über Sartre. Interview mit Perry Anderson, Ronald Fraser und
Quintin Hoare, in: J.-P. Sartre, Sartre über Sartre. Autobiographische Schriften,
Bd. 2, hrsg. v. T. König, Reinbek 1977, 144.
[15] Vgl. hierzu auch Kampits, 154.
[16] Vgl. Wuchterl, 41 u. 49 sowie Pöggeler, 129 f.
[17] E. Bloch, Das Prinzip Hoffnung, Bd. 1, Frankfurt a. M. 1967, 79 u. 124; vgl.
ebd., 118 f.

Versicherung, daß die Philosophie 'alles so läßt, wie es ist'"; er sieht
darin einen „akademischen Sadomasochismus ..., eine Selbsterniedri-
gung und Selbstanklage des Intellektuellen" und eine „Diffamierung
alternativer Denkweisen, die dem herrschenden Universum der Sprache widerstreiten".[18] Mit Sartres früher Position setzt Marcuse sich
1948 in seiner Rezension von ›Das Sein und das Nichts‹ auseinander.[19] Er stellt fest: Sartres Existentialismus „hypostasiert spezifische
geschichtliche Bedingungen der menschlichen Existenz in ontologische
und metaphysische Kennmale. So wird der Existentialismus ein Teil
der Ideologie, die er angreift, und sein Radikalismus ist trügerisch."[20]
Marcuse meint, daß Sartres Existentialismus sich selbst den Durchbruch zur revolutionären Theorie vereitelt,[21] und er legt im weiteren
den Finger auf die Unbedingtheit des Freiheitsbegriffs, über die Sartre
selbst sich später, wie schon angedeutet, selbstkritisch verwunderte.
    Kritik aneinander haben freilich durchaus auch vergleichsweise ver-
wandte Geister geübt. Heidegger nimmt Sartres These, die Existenz
gehe der Essenz voran, als „Grundsatz des Existentialismus" aufs
Korn, reduziert ihn (unangemessen) zur „Umkehrung eines metaphysischen Satzes", die ein metaphysischer Satz bleibe und „mit der Metaphysik in der Vergessenheit der Wahrheit des Seins" verharre.[22] Camus
holt in ›Der Mythos von Sisyphos‹ zum Rundumschlag gegen die Existenzphilosophie (u. a. Kierkegaard, Jaspers und Heidegger) aus.[23] So
wenig bei dieser Kritik Heidegger sich ernsthaft auf Sartre eingelassen
hat, sowenig Camus auf Heidegger.
    Ein trauriges Kapitel ist das Zerbrechen von Freundschaften auf-
grund öffentlich ausgetragener Differenzen, so geschehen zwischen
Sartre und Camus sowie Sartre und Merleau-Ponty. Menschliche Nähe
und geistige Weggenossenschaft wurden hier einem radikalen Schlüsse-
ziehen geopfert, als politisch engagiertes Denken (und Handeln) nicht

---

[18] H. Marcuse, Der eindimensionale Mensch. Studien zur fortgeschrittenen
Industriegesellschaft, übers. v. A. Schmidt, Neuwied u. Berlin 1967, 187; vgl.
ebd., 191 f.
    [19] Inzwischen erschienen als: Existentialismus. Bemerkungen zu Jean-Paul
Sartres 'L'Être et le Néant', in: H. Marcuse, Kultur und Gesellschaft, Bd. 2,
Frankfurt a. M. 1965, 49–84.
    [20] Ebd., 52.
    [21] Vgl. ebd., 53.
    [22] M. Heidegger, Über den 'Humanismus', Brief an Jean Beaufret, Paris – in:
ders., Platons Lehre von der Wahrheit, Bern 1947, 72; jetzt auch: Gesamtausgabe, Bd. 9, hrsg. v. F.-W. von Herrmann, Frankfurt a. M. 1976, 328.
    [23] Sartres ›Das Sein und das Nichts‹ erschien erst ein Jahr später.

mehr zur vollen Deckung zu bringen war.[24] (Auch Camus und Merleau-Ponty haben sich überworfen.)

Merkwürdig ist das Aneinandervorbeigehen von Philosophen, die sich manches hätten zu sagen haben können. Hier wäre etwa an Sartre und Adorno, auch an Foucault und Adorno zu denken.[25] Erscheint das 'Miteinander' der Philosophen des 20. Jahrhunderts nach dem vorigen eher als desolat, so gilt es zu verhindern, daß dieser Eindruck beherrschend wird. Es hat eben gerade auch fruchtbarste Anknüpfungen, Weiterentwicklung der Ansätze anderer, produktive Auseinandersetzungen gegeben – Kontinuitäten also in diesem Sinne. Hier zeigen sich mannigfache Verflechtungen, auch mittelbare 'Wirkungen' durch die verschiedenen Generationen hindurch.

Es gab persönliche Begegnungen der Jüngeren mit den Älteren, 'Schülerverhältnisse', Zusammenarbeit (Wittgenstein – Moore; Heidegger – Husserl; Marcuse – Heidegger). Es gab (und gibt) die Gemeinsamkeit der Frankfurter Schule[26], Adornos enges Zusammenwirken mit seinem Freund Horkheimer, Marcuses Mitwirkung; Habermas vor allem setzt diese Tradition fort. Und da ist selbstredend und überwiegend die Rezeption aufgrund allein des Studiums der Werke.

Forscht man nach Kontinuitäten in dem bezeichneten Sinn, so trifft man sehr oft auf Husserl (die von ihm begründete Phänomenologie[27] hat weltweit Fuß gefaßt) und häufig auch auf Heidegger (dessen Denken

---

[24] Diese Vorgänge, vom jeweiligen Bruch und seinen Voraussetzungen bis hin zu Sartres Nachrufen auf die früh verstorbenen ehemaligen Freunde sind vielfältig dokumentiert und interpretiert worden. Vgl. die Hinweise bei P. Kampits, Sartre und die Frage nach dem Anderen. Eine sozialontologische Untersuchung, Wien u. München 1975, 252 Anm., sowie zuletzt A. Cohen-Solal, a. a. O., 513 ff., 528 ff. u. 661 ff. – Die revolutionskritische Position, die Camus in ›Der Mensch in der Revolte‹ bezogen hat, sowie manche Einzelausführung der Schrift waren dazu angetan, Sartre aufzuregen. Von Merleau-Ponty (Die Abenteuer der Dialektik, Kapitel 5) wurde er unter dem Titel ›Sartre und der Ultra-Bolschewismus‹ direkt angegriffen.

[25] Bezüglich Foucault – Adorno (und Horkheimer) vgl. Waldenfels. Ferner ist hinzuweisen auf: H. Schnädelbach, Sartre und die Frankfurter Schule, in: Sartre. Ein Kongreß, hrsg. v. T. König, Reinbek 1988, 13–35. Hier findet sich hinsichtlich Sartre und Adorno freilich auch die These von einer „gegenläufige(n) Entwicklung des Denkens, die beide von etwas Entgegengesetztem zu etwas erneut Entgegengesetztem brachte". (19 [ff.]).

[26] Vgl. Schnädelbach, a. a. O., 13: „mit dem Ausdruck Frankfurter Schule kann vernünftigerweise nur die Tradition kritischer Theorie im Umkreis des Frankfurter Instituts für Sozialforschung gemeint sein". (Vgl. o., Anm. 4.)

[27] Zur Bedeutung von „Phänomenologie" bei ihrem Begründer vgl. Held, 83.

in den letzten Jahrzehnten wohl am fruchtbarsten in Gadamers Hermeneutik fortentwickelt worden ist). Was zunächst die philosophische Beziehung Husserls und Heideggers selbst betrifft,[28] wäre die obige Bemerkung um die Hinweise zu ergänzen, daß Heidegger Anlaß sah, ›Sein und Zeit‹ Husserl „in Verehrung und Freundschaft" zu widmen und daß Husserl durch dieses Werk Heideggers, einigermaßen von ihm überrascht, einen Impuls für seine Spätphilosophie empfing. Scheler ist als Phänomenologe Husserl verpflichtet.[29] Sartre ging von Husserl und Heideggers ›Sein und Zeit‹ aus. Er hat in seinen frühen philosophischen Schriften eine eigenständige phänomenologische Position bezogen,[30] und noch ›Das Sein und das Nichts‹ erhielt den Untertitel „Versuch einer phänomenologischen Ontologie". Auch für Merleau-Ponty waren Husserl und Heidegger von großer Bedeutung. Foucault wiederum knüpfte an Sartre und Merleau-Ponty an, und er bekannte, Heidegger (wie auch Nietzsche) sei ein 'philosophischer Schock' für ihn gewesen.[31] Adorno promovierte 1924 mit einer Arbeit über die Antinomien in Husserls Phänomenologie; seine erneute Beschäftigung mit Husserl in den dreißiger Jahren ließ ein größeres Manuskript entstehen, aus dem dann 1956 (nach Vorabdrucken einzelner Kapitel) sein kritisches, die Möglichkeit von Erkenntnistheorie in Frage stellendes Husserl-Buch hervorging.[32]

Richtungen bestimmend und insofern Kontinuitäten stiftend waren (auch) Moore und Wittgenstein, letzterer zweifach (für Neopositivismus und Analytische Philosophie) und eher wider Willen.[33] Moore hat sprachanalytisches Denken auf den Weg gebracht, Wittgenstein (Österreicher, als Philosoph vorwiegend in England zu Hause) gilt als ein Hauptvertreter der Analytischen Philosophie[34], die zunächst eine Angelegenheit des angelsächsischen Sprachraums war, dann aber weitere Kreise zog.[35]

---

[28] Vgl. auch Pöggeler, 125 f. u. 131.

[29] Vgl. Henckmann, 99 ff.

[30] Vgl. Kampits, 156.

[31] Vgl. Waldenfels, 194 sowie seine Anmerkungen 9 u. 13.

[32] Zur Metakritik der Erkenntnistheorie. Studien über Husserl und die phänomenologischen Antinomien (vgl. die Kurzbibliographie Adorno). – Schnädelbach bemerkt (a. a. O., 20), daß von einem 'Husserl-Erbe' Adornos gesprochen werden kann, blickt man dabei nicht „auf Husserls methodologisches Konzept, sondern auf das, was Phänomenologie sonst noch alles heißen kann".

[33] Vgl. Wuchterl, 48 f. u. 47.

[34] Zur Bedeutung von „Analytische Philosophie" vgl. Wuchterl, 43 u. 53 f.

[35] Zur deutschen Rezeption in den siebziger Jahren vgl. J. Hennigfeld u. G. Scholz, Zur Rezeption und Diskussion der angelsächsischen analytischen

So sind denn also durchaus Verbindungen unter den Philosophen des 20. Jahrhunderts gegeben. Und da gilt es nun weiterhin zu sehen, daß durch gemeinsame Väter aus dem 19. Jahrhundert bei den Philosophen des 20. Jahrhunderts Gemeinsamkeiten gestiftet worden sind.

Die Väter aus dem 19. Jahrhundert und die Tradition

Man täte dem 19. Jahrhundert Unrecht, wollte man sagen, daß das 20. Jahrhundert schon in ihm beginnt. Aber soviel ist richtig, daß – nach der gewaltigen Aufgipfelung der Philosophie in den Systemen Fichtes, Hegels und Schellings und gegen die beherrschende Fortwirkung der Hegelschen Philosophie – ab der Mitte des 19. Jahrhunderts ein Umbruch eingeleitet wurde, der für die Philosophie des 20. Jahrhunderts von großer Bedeutung geworden ist. Vor allem drei Denker des 19. Jahrhunderts, in ihrer Art von unübertrefflicher Verschiedenheit, sind da zu nennen: Kierkegaard, Marx und Nietzsche. Sie haben, so kurios das scheinen mag, in einigen Fällen sogar gemeinsam 'Nachkommen' im 20. Jahrhundert gezeugt (die ihnen, hätten sie ihre Bekanntschaft machen können, bestenfalls teilweise gefallen haben dürften).

Kierkegaard und Marx sind ausdrücklich gegen Hegel angetreten; bei Nietzsche wird Hegel im wesentlichen eher mitbetroffen vom großangelegten, auf die gesamte Metaphysik zielenden Destruktionsversuch. Kierkegaard, selbst noch Metaphysiker und ein eminent religiöser Denker, hat besonders auf die Existenzphilosophie des 20. Jahrhunderts gewirkt, so auf Heideggers ›Sein und Zeit‹ und auf den erklärten Atheisten Sartre. Adorno hat sich 1931 mit einer Schrift über Kierkegaard habilitiert.[36]

Marx, nur in der Hegel-Gegnerschaft mit Kierkegaard verwandt (die bei beiden freilich sehr unterschiedlich motiviert ist), hat mit Metaphysik nichts Positives im Sinn, mit Existenz durchaus,[37] und er hat bekanntlich nicht nur Philosophen bewegt, sondern auch die Welt verändern helfen, wenn auch nicht ganz im von ihm erwünschten und vor-

Philosophie, in: Entwicklungen der siebziger Jahre, hrsg. v. H. Kreuzer u. K. W. Bonfig, Gerabronn 1978.

[36] Die umgearbeitete Fassung erschien 1933; vgl. die Kurzbibliographie Adorno.

[37] W. Janke konnte in seine einführende Schrift ›Existenzphilosophie‹ (Berlin – New York 1982) ein Kapitel „Existenz und Arbeit (Marx und der Marxismus)" aufnehmen. Für Marcuse ergab sich am Beginn der dreißiger Jahre eine Brücke zwischen Heideggers ›Sein und Zeit‹ und den damals bekanntwerdenden frühen Manuskripten von Marx.

ausgesehenen Sinn. Bei Merleau-Ponty und Foucault ist eine Nähe zum Marxismus gegeben, vor allem aber sind Marx und der Marxismus nicht wegzudenken aus dem Werk Adornos, Blochs, Marcuses und Sartres. Es ist nicht so paradox wie es scheint, daß ausgerechnet sie es sind, für die auch Hegel bedeutsam gewesen ist. Der Aufstand der namhaft gemachten Väter des 20. Jahrhunderts gegen diesen Giganten hat die Auseinandersetzung mit ihm nicht beendet, eher vererbt. Aus ganz anderer Perspektive, aber grundsätzlich hat sich auch Moore an ihr beteiligt, dem vor allem der Hegelianismus seiner englischen Zeitgenossen nicht schmeckte.[38]

Was Nietzsche betrifft,[39] so ist die Atmosphäre des europäischen Geisteslebens im 20. Jahrhundert nachhaltig von ihm bestimmt worden. Der direkte Einfluß auf Philosophen des 20. Jahrhunderts ist jedoch nicht so breit, wie man aufgrund vorhandener Gemeinsamkeiten vielleicht meinen könnte. Daß Foucault Nietzsche (und Heidegger) als philosophischen Schock erfuhr, wurde schon gestreift. Des weiteren wären zu nennen der junge Bloch, auch Marcuse,[40] vor allem Camus[41] und Sartre, insbesondere aber Heidegger. Heidegger hat von 1936 bis 1942 in Freiburg mehrere Vorlesungen über Nietzsche gehalten,[42] aus denen (u. a.) sein zweibändiges Werk ›Nietzsche‹ (1961) hervorging; seine tiefgreifende Nietzsche-Rezeption datiert zurück bis in die auf das Erscheinen von ›Sein und Zeit‹ (1927) folgenden Jahre.[43] Der frühe Sartre knüpft an die Destruktionsversuche an, die Nietzsche bezüglich der Metaphysik und der metaphysisch und christlich begründeten Moral unternommen hat. (Hier ist vor allem auf sein Drama ›Die Fliegen‹ zu verweisen, das mit seinem Angriff auf die Reue gleichzeitig gegen eine von Kierkegaard hochgeschätzte Haltung polemisiert.) Ähnlich war Foucault vor allem von dem Genealogen Nietzsche beeindruckt, und er folgte ihm hinsichtlich der Auflösung des Ich, des gewaltsam-interpretativen Grundzugs menschlichen Denkens und der Bedeutung des Leibes.

Es braucht sicher kaum eigens hervorgehoben zu werden, daß an

---

[38] Vgl. Künne, 27 f.

[39] Zum folgenden vgl. von der Verfasserin: Das Spektrum der Nietzsche-Rezeption im geistigen Leben seit der Jahrhundertwende. Übersicht und Materialien, in: Nietzsche-Studien 20, 1991.

[40] Vgl. Zahn, 243 f.

[41] Vgl. den Abschnitt „Wert und Sinn" dieser Einleitung.

[42] Vgl. Abteilung II der Gesamtausgabe seiner Werke.

[43] Vgl. Pöggeler, 118 – vor allem aber das Kapitel „Nietzsche als Entscheidung" in seiner als Standardwerk geltenden Einführung in Heideggers Philosophie: Der Denkweg Martin Heideggers, Pfullingen 1963 u. 1983.

manchen Philosophen des 20. Jahrhunderts die Wirkungen der namhaft gemachten Väter aus dem vorangegangenen Jahrhundert spurlos vorübergegangen sind, etwa an Husserl und Quine.

Hier sollte nun noch ein Blick auf das Verhältnis der Philosophen des 20. Jahrhunderts zur übrigen Tradition und speziell dann auch zur Metaphysik geworfen werden. Dabei wird es nicht nötig sein, auf alle noch einmal einzugehen, da für einige die soeben dargestellten Bezüge zum 19. Jahrhundert das Traditionsverhältnis im wesentlichen erschöpfen dürften. Vorausgeschickt sei auch, daß das Folgende schon in den weiteren Abschnitten dieser Einleitung, auf die an dieser Stelle nicht allzu sehr vorgegriffen werden soll, deutlichere Konturen annehmen wird.

Bei Moore und Quine bestehen positive Bezüge zur angelsächsischen Tradition. Von Quine wird zu berichten sein, daß er seine Einheitssuche als Fortsetzung einer aus der Tradition überkommenen Aufgabe sieht. Auch Husserl, der sich einen radikalen Neuanfang der Philosophie vornimmt, bezieht diesen doch, wie sich zeigen wird, auf eine alte, aber keineswegs gelöste Aufgabe. Bei Wittgenstein verfällt die ganze Tradition dem Unsinnigkeitsvorwurf. Mit der metaphysischen Tradition im engeren Sinn sind alle nicht verbunden.

Wenn man sagen darf, daß die Philosophen des 20. Jahrhunderts, aufs Ganze gesehen, in ihren – freilich zumeist sehr verwandelten – Fragestellungen den Reichtum philosophischer Tradition bewahrt haben, so ist doch auffällig, daß die meisten sich zweier großer Fragen der Metaphysik, der nach Gott und der nach menschlicher Unsterblichkeit, enthalten haben. Dies gilt nicht für Scheler, einen Metaphysiker des 20. Jahrhunderts. Es gilt – mit umgekehrtem Vorzeichen – auch nicht für den Atheisten Sartre, der hier freilich nur kurz und bündig sein Nein erklärt, und für Camus, der auf der Unlösbarkeit des Theodizeeproblems insistiert (vor allem in seinem Roman ›Die Pest‹, auch in ›Der Mythos von Sisyphos‹). Und es gilt, was vielleicht verwundern mag, mit wiederum positivem Vorzeichen auch nicht für den Marxisten Bloch, dessen Religiosität indessen als 'atheistisch' bezeichnet werden kann.

Zur Metaphysik im ganzen steht Adornos Philosophiebegriff quer.[44] Nicht so knapp auf den Punkt zu bringen ist Heideggers Verhältnis zur Metaphysik. Heideggers frühe, nichtmetaphysische und doch religiöse philosophische Position wird im Heidegger-Beitrag dieses Bandes umrissen.[45] In ›Sein und Zeit‹ nimmt Heidegger dann den Versuch in Angriff, die Seinsfrage neu auszuarbeiten, nachdem der metaphysische

---

[44] Vgl. besonders Schweppenhäuser, 211 f.
[45] Vgl. Pöggeler, besonders 124.

Sinn von Sein nicht mehr zu tragen scheint. Heideggers Durchgang durch die Philosophie Nietzsches führt ihn sodann zu einer ähnlich destruktiven Sicht der Metaphysik, wie Nietzsche sie vertrat. Und doch stellt sich für Heidegger eine ganz andere Lage her. Zwar erscheint ihm die Metaphysik bei Hegel und Nietzsche durch eine Umkehrung ihres Wesens in ihr Ende angekommen zu sein, so daß ihr keine wesentlichen Möglichkeiten mehr bleiben. Aber für das auf sie folgende Denken ist sie nach Heideggers Überzeugung von größter Wichtigkeit. Jetzt nämlich gelte es, den von der Metaphysik nie gedachten, sondern ungedacht hinter sich zurückgelassenen Anfang (Wesensursprung) der Metaphysik erstmals zu denken und darin der nachmetaphysischen Frage nach dem Sein Gestalt zu geben. Dabei wird die Metaphysik als Ereignis genommen, als eine Epoche, die zum Sein selbst, zu seiner Geschichte, gehört. Sie zeigt sich Heidegger als eine Epoche der Seinsverlassenheit, die allerdings auch nach dem diagnostizierten Ende der Metaphysik das Signum der Zeit geblieben ist. Ein neues, verwandeltes Denken soll eine Wende vorbereiten.[46] (Eine nicht zu gering zu veranschlagende Wirkung Heideggers auf die zeitgenössische Philosophie ist nach dem hier Angedeuteten kaum zu vermuten: Er hat entscheidende Impulse für ein Philosophieren gegeben, das in lebendiger Auseinandersetzung mit der philosophischen Tradition seine Fragen konturiert und Antworten findet.)

II

Die Philosophen des 20. Jahrhunderts haben, wie schon angedeutet, eine außerordentliche Fülle von Sachthemen entfaltet. Natürlich kann dieser Band sie nicht vollständig vorführen. Und die Einleitung kann nicht einmal alle von den Autoren behandelten beleuchten. Jedenfalls aber sei vermerkt, daß die Beiträge nahezu alle philosophischen Disziplinen berühren.

Der II. Teil meiner Einleitung hat die drei Abschnitte „Philosophie", „Wert und Sinn" und „Existenz". Im Abschnitt „Philosophie" werden auch Wahrheit,[47] Sprache[48] und der Mensch gestreift.

---

[46] Vgl. das im Abschnitt „Philosophie" dieser Einleitung über Heidegger Gesagte.

[47] Zum Thema Wahrheit finden sich Ausführungen bei: Künne, 30 f.; Mühlhölzer, 61 f.; Held, 82 ff. (Evidenz); Schröder, 187; Waldenfels, 200 u. 201 f.

[48] Sprache ist thematisch bei: Künne, 29 f.; Wuchterl, 43 f. u. 49 ff.; Mühlhölzer, 59 ff. u. 67 ff.; Henckmann, 99; Waldenfels, 197 f. – Ich verweise auf J. Hennigfeld, Die Sprachphilosophie des 20. Jahrhunderts, Berlin – New York 1982;

Philosophie

Ein erstes thematisches Gebiet, das von vielen Beiträgen dieses Bandes betreten wird, läßt sich umreißen mit den Fragen: Was ist, was soll, was kann Philosophie? Womit hat der Philosoph es zu tun? Viele Philosophen des 20. Jahrhunderts finden sich angesichts einer krisenhaften Zeit gedrängt, diese alten Fragen neu zu beantworten. Manche hoffen, durch einen Neuanfang der Philosophie einen Weg aus der Krise zu bahnen. Unterschiedliche Bezüge der Philosophie zur Praxis ergeben sich. Verschieden sind auch die Einschätzungen der zeitgenössischen Wissenschaften und das Ausmaß der zu ihnen hergestellten Kontakte.

Eine vorrangige Aufgabe der Philosophie besteht für Moore in der Begriffsanalyse bzw. darin, die zum Wissen erforderte Verfügung über Begriffe zu ermöglichen durch Beantwortung der Frage nach dem Sinn (der Bedeutung) des jeweils verwendeten Ausdrucks und etwa auch seiner Synonyma. Niemand wird zweifeln, daß dies ein heilsames Geschäft sein kann (in dem übrigens auch Moore nicht das einzige Geschäft des Philosophen gesehen hat[49]).

Wittgenstein, mit Moore durchaus nicht durchgängig einverstanden,[50] teilt dessen Abneigung gegen spekulatives Denken und akzentuiert seinerseits Sprachkritik als wesentliche Aufgabe der Philosophie. Seine Tendenz, menschliches Denken kritisch in seine Grenzen zu weisen, zeitigt im Frühwerk das Ergebnis, daß – bei hoher Einschätzung von Logik und Grundlagenmathematik – der Bereich des gegenständlich Wißbaren auf Tatsachen eingeschränkt wird (für die die Tatsachenwissenschaften zuständig sind), während die meisten philosophischen Fragen, die die Tradition in Atem gehalten haben und größtenteils, wie verwandelt auch immer, andere Philosophen des 20. Jahrhunderts weiterhin beschäftigen, als unsinnig erscheinen, weil einzig aus Mißverständnissen der Sprache resultierend. Die Durchführung der Aufgabe der Philosophie führt dergestalt zu einer Selbstaufhebung der Philosophie und verweist deren klassische Inhalte in den Bereich des Unaussprechlichen.[51] Auch in seiner Spätphilosophie begreift Wittgenstein Sprachkritik als *die* Aufgabe der Philosophie, und zwar als therapeutische Aufgabe; es bleibt dabei, daß Philosophie, von der Krank-

---

hier wird über die Darstellung sprachphilosophischer Positionen hinaus eine erhellende Einführung in die Philosophie des 20. Jahrhunderts gegeben.

[49] Vgl. Künne, 31 f.
[50] Vgl. Künne, 38.
[51] Vgl. Wuchterl, 44 f.

heit Philosophie heilend, sich selbst aufhebt.[52] Und doch hat Wittgenstein, insbesondere auch mit seinem Konzept des Sprachspiels, positive und fruchtbar weiterwirkende philosophische Gedankenarbeit geleistet.

Quine ist dem frühen Wittgenstein darin verwandt, daß der Bereich des gegenständlich Wißbaren zusammenfällt mit dem Gegenstandsbereich der Tatsachenwissenschaften – bei Quine heißt das genauer: mit dem Gegenstandsbereich der Naturwissenschaften, also mit der wissenschaftlich erforschbaren Natur. Philosophie hat bezogen auf die Natur und in engem Kontakt mit den Naturwissenschaften ihre Aufgabe, und zwar aus Quines Sicht eine eminent positive. Quine sieht sich philosophischer Tradition verbunden in der Suche nach Einheit in der Mannigfaltigkeit des Wirklichen. Einheit eines Weltbildes ist von den Ergebnissen der Physik zu erhoffen (was freilich einfacher klingt, als es sich innerhalb von Quines Gesamtkonzept mit seiner Spannung zwischen Ontologie und Erkenntnistheorie begreifen läßt). Angesichts der Spezialisierung physikalischer Forschungen fällt der Philosophie die Aufgabe zu, das Streben nach Einheit wachzuhalten. Philosophie hat ihre Grenze an der Grenze des physikalischen Weltbildes.[53] Eine Erste Philosophie, die für die Wissenschaft grundgebend sein könnte, schließt Quine aus.[54] Indessen gibt es innerhalb der bezeichneten Grenzen sehr wohl eine weitere, von Quine artikulierte und ergriffene Hauptaufgabe der Philosophie. Sie ist erkenntnistheoretisch (und zu ihrer Lösung bedarf es der Thematisierung von Sprache, besonders auch des Spracherlernens[55]). Hier handelt es sich um die Frage nach den Beziehungen zwischen unseren Informationen über die Welt (die wir einzig den – von Quine konsequent physikalisch erklärten – Sinnesreizungen verdanken und die je einem Individuum eignen und von diesem auf seine Weise zu Theorien verarbeitet werden) *und* den Allgemeingültigkeit beanspruchenden Theorien über die Welt, also den wissenschaftlichen Beschreibungen der Welt, aus denen allein das erstrebte wissenschaftliche Weltbild hervorgehen kann. Demgemäß überantwortet Philosophie sich nicht naiv der Physik, bleibt aber innerhalb des von dieser gezogenen Horizonts. Jenseits von ihm könnte Philosophie nur in die Irre gehen. Man sieht, daß Quine von Wittgensteins Selbstaufhebung der Philosophie weit entfernt ist. Er bearbeitet einen ausgedehnten und wichtigen Sektor philosophischen Fragens (wie er

---

[52] Vgl. Wuchterl, 53.
[53] Vgl. Mühlhölzer, 58 f.
[54] Vgl. Mühlhölzer, 58.
[55] Vgl. Mühlhölzer, 59 ff.

denn auch einen wesentlichen Beitrag zur wissenschaftstheoretischen Diskussion geleistet hat[56]). Indessen könnte der Preis, den die Anbindung der Philosophie an die Naturwissenschaft bei Quine fordert, manchem als ziemlich hoch erscheinen, könnte die vollzogene Reduktion möglichen philosophischen Fragens auf den Bereich wissenschaftlich zugänglicher Natur und deren Erkenntnis als allzu herb empfunden werden.

Die Aufgabe der Philosophie entspringt auch bei Husserl aus einer eminent kritischen Einstellung. Fernab von einer Selbstaufhebung der Philosophie (wie sie bei Wittgenstein geschehen ist), wirft Husserl seine ganze Kraft auf einen Neuanfang der Philosophie, durch den eine freilich alte Aufgabe endlich erfolgversprechend angepackt werden soll: die evidente Rechtfertigung menschlichen Wissens und damit nach Husserl auch menschlichen Daseins aus letzten Wissensgründen. Philosophie als transzendentale (das konstituierende Subjekt freilegende, seine Konstitutionsleistungen beschreibende) Phänomenologie soll aus der europäischen Krise herausführen, die Husserl diagnostiziert, von der nach seiner Auffassung auch die Philosophie betroffen ist und für die er den Objektivismus moderner Wissenschaften entscheidend mitverantwortlich sein läßt.[57] Von einem vorbehaltlosen Zusammengehen mit den Naturwissenschaften, wie Quine es später für angezeigt halten wird, kann nach Husserl das Heil nicht erwartet werden. Dem wissenschaftlichen Weltbild stellt er in seiner Spätphilosophie die Lebenswelt entgegen. Entscheidend kommt es für die Philosophie darauf an, den Verweisungszusammenhang aller Sonderwelten aufzudecken und die eine Welt, statt sie horizontvergessen zum Gesamtbereich wissenschaftlich erforschbarer Gegenstände zu objektivieren, als den Universalhorizont zu gewinnen, was bei Husserl eben in transzendentaler Selbstreflexion des Menschen zu geschehen hat.[58] Husserl sieht keine Schwierigkeit, der zur transzendentalen Phänomenologie verwandelten Philosophie die Grundlegungsaufgabe einer Ersten Philosophie zuzumuten, die sie als 'strenge Wissenschaft' soll leisten können. Transzendental-phänomenologisch philosophieren bedeutet dabei zugleich: ein Ethos stiften bzw. vollziehen. Auf diese Weise ergibt sich ein 'Praxisbezug', während Husserls Philosophie, was ihre zentralen Inhalte betrifft, kaum auf Praxis zugeht.

Merleau-Ponty, für den, wie erwähnt, Husserl ein Ausgangspunkt ist und der die phänomenologische Methode aufgreift, versucht seiner-

---

56 Vgl. Mühlhölzer, 60 ff.
57 Vgl. Held, 79.
58 Vgl. Held, 87, 89 u. 92.

seits einen Neuanfang der Philosophie. Wie Husserl stellt er sich kritisch zu den Wissenschaften (für die er andererseits doch offen ist),[59]
und wie Husserl hat er das Bewußtsein einer tiefgreifenden Krise unserer Zeit. Anders als Husserl erblickt er den Ausweg nicht in einer als
strenge Wissenschaft auftretenden Philosophie.[60] Je länger um so mehr
sieht er das Unternehmen als aussichtslos an, zu einer theoretisch fixierten Strukturganzheit menschlicher Grunderfahrungen vorzudringen. Die Vieldeutigkeit der Phänomene steht für ihn dagegen. Gleichzeitig geht es ihm (wie vor ihm schon Heidegger und anders dann auch
Foucault) um Überwindung der Subjektivitätsphilosophie. Philosophie
muß der ursprünglichen, unlöslichen und durch keine Analyse hinter-
gehbaren Verbundenheit ('Mischung') von Mensch und Welt innesein.
Von einer derart neu aufgefaßten und positiv ergriffenen Endlichkeit
des Menschen aus vollzieht Philosophie sich als Hermeneutik der Erfahrung bzw. Auslegung des Seins.[61] Sie leistet Verzicht auf die Vorstellung, Welt, Dinge und Bewußtsein könnten durchgängig bestimmt sein
und vom Denken adäquat fixiert werden. In dieser Haltung öffnet sie
sich dem noch nicht zur Sprache gebrachten, vorprädikativen Sein, befragt sie es. Sie begreift die menschliche Vernunft als plural und mit der
Welt im Dialog.

Foucault sieht ebenfalls unsere Zeit im Zeichen der Krise. Am Her-
aufkommen der Krise hat die neuzeitliche Rationalität, in und durch
Philosophie und Wissenschaften ihre Herrschaft entfaltend, entschei-
denden Anteil. Diese Rationalität aufzubrechen, ist bei Foucault Auf-
gabe der Philosophie. Wie Merleau-Ponty betont er eine neu gefaßte
Endlichkeit menschlichen Denkens, die Unmöglichkeit, unsere Ver-
flochtenheit mit der Welt mittels Reflexion auf das Subjekt und gar mit
Absicht auf Letztbegründung zu hintergehen, sowie die Pluralität der
Vernunft. Bei ihm rückt nun der Diskurs (und insofern dieser sich in
Sprache vollzieht, auch diese) ins Zentrum philosophischer Arbeit.
Nicht länger gilt eine allen gemeinsame Vernunft als Statthalterin für
Wissen und Wahrheit. Das Gebiet der Vernunft teilt sich vielmehr auf in
gegeneinander abgegrenzte Redefelder. Auf ihnen entstehen Redeketten, deren Bedingungen reflexiv uneinholbar, nicht beherrschbar und
in geschichtlichem Wandel begriffen sind. Die Frage nach ihren Subjekten führt in die Anonymität, und intersubjektive Harmonie versagen
sie eher.[62] Demgemäß dürfte es nicht die Aufgabe der Philosophie sein,

---

[59] Vgl. Schröder, 177 f. u. 187 f.
[60] Vgl. Schröder, 172 f. u. 178 f.
[61] Vgl. Schröder, 189.
[62] Vgl. Waldenfels, 191.

eine allgemeine Diskurstheorie zu liefern.[63] Um Diskursanalyse auf konkreten Aussagefeldern muß es gehen. Foucault vollzieht eine weite, vielfach geschichtlich orientierte Öffnung der Philosophie zu den Wissenschaften (Jurisprudenz, Medizin, Psychopathologie, Psychoanalyse, Ethnologie, Linguistik) und zu bestimmten Institutionen wie Gefängnis und Klinik. In die Geschichte der Rationalität hält der Wahnsinn Einzug. Philosophie als Diskursanalyse hat eine entschieden praktische Dimension, ist doch Diskurs als 'regulierte Praxis' zu bestimmen und begreift Foucault schließlich die diskursiven Praktiken als Machtdispositive.

Auch bei Adorno ist Philosophie mit der Krise unserer Zeit konfrontiert. Ihm schon erschien Husserls transzendental-phänomenologischer Weg nicht als Ausweg. Philosophie ist für ihn ganz an das heterogene und Evidenz vereitelnde Wirkliche verwiesen. Insofern bestehen bei Merleau-Ponty und Foucault Berührungspunkte zu ihm. Das den Philosophen in besonderem Maße angehende Wirkliche ist bei Adorno das geschichtlich-gesellschaftliche. Hatte Marx sich schon von Hegels Überzeugung, das Wirkliche sei das Vernünftige, provoziert gefühlt, so tritt bei Adorno, und zwar vollends angesichts des offenen Ausbruchs von Barbarei im Zeitgeschehen (einer auf höherer Stufe erneuerten Barbarei), das Wirkliche in den Anschein des schlechthin Widervernünftigen.[64] Da Philosophie es mit dem Gegebenen zu tun hat, steht somit ihre Möglichkeit auf dem Spiel. Ohne die – wie unsicher auch immer – aufrechterhaltene Aussicht auf eine mögliche Versöhnung von Wirklichkeit und Vernunft hätte sie abzutreten. Wenn aber solche Versöhnung und Besserung ohne verändernde Praxis ein Hirngespinst bliebe, ist der Philosophie der Bezug zur Praxis wesentlich. Ebenso wesentlich ist ihr das geduldige Sicheinlassen auf das heterogene, versprengte und widerspenstige Gegebene. Sie *deutet* es, sucht Hoffnungsspuren in ihm, versucht die Enträtselung seiner Chiffren, aber ohne sich der Illusion hinzugeben, Welt könnte als ein Sinnganzes entdeckbar oder gestaltbar sein oder gar den Durchblick auf eine 'Hinterwelt' freigeben.[65] Sie arbeitet mit wechselnden Zusammenstellungen des Kleinsten und hält engen Kontakt zu den Wissenschaften. Deren Ergebnisse aufnehmend, gewinnt sie die konkrete Fülle des zu deutenden Wirklichen.[66]

Die Reihe der Philosophen des 20. Jahrhunderts, die die Aufgabe der

---

[63] Vgl. Waldenfels, 192.
[64] Vgl. Schweppenhäuser, 204.
[65] Vgl. Schweppenhäuser, 206 ff.
[66] Vgl. Schweppenhäuser, 206.

Philosophie im Blick auf eine als unheilvoll, widervernünftig und inhuman erfahrene Zeit formuliert und ergriffen haben, läßt sich fortsetzen. Da wären zunächst noch drei Denker zu nennen, von denen im Fortgang dieser Einleitung unter anderen Gesichtspunkten gehandelt werden soll: Sartre mit seinen späteren Schriften, vor allem aber Bloch und Marcuse.

In Bloch hat, wie schon angedeutet, der Erste Weltkrieg ein Krisenbewußtsein hervorgerufen, und er stellte damals philosophischer Besinnung die Aufgabe eines Neuanfangs im Zeichen existentieller Selbstbegegnung und Selbstfindung,[67] die aber verfehlt würde, wollte Philosophie sich gänzlich auf rationale Selbstreflexion des Subjekts versteifen und nicht bereit sein, sich für die Dimension der unkonstruierbaren Frage nach uns selbst offenzuhalten. (Früh schon hat Bloch in diesem Zusammenhang das Gebiet der Ästhetik betreten, später kamen Ontologie und Naturphilosophie hinzu.[68])

Marcuse diagnostiziert, von Freud angeregt, in unserer Gesellschaft gerade angesichts ausgeprägtester wissenschaftlicher und planender Rationalität einen Rückfall in Barbarei, ein neurotisch gestörtes Gleichgewicht psychischer Kräfte, das sich in vielen Bereichen des Lebens unheilvoll auswirkt, bis hin zu den politischen Katastrophen dieses Jahrhunderts.[69] Aufgabe der Philosophie ist es, das bestehende, repressiv wirksame Geflecht von Denken, Wollen und Herrschen zu analysieren und Möglichkeiten der Befreiung aufzuzeigen. Philosophie drängt, wie bei Marx, über die theoretische Kritik der Verhältnisse hinaus zu revolutionärer Praxis. (Hierin berührt Marcuse sich mit Sartre.[70])

Situiert zu sein in einer Zeit, die im argen liegt, bestimmt auch bei Heidegger dem Denken die Aufgabe. Auch bei ihm ist die in der (die Natur herausfordernden) Technik sich immer machtvoller entfaltende willenhafte und vergegenständlichende Rationalität des neuzeitlichen Subjekts für die bedrohliche Lage (mit)verantwortlich. Aber der Horizont, in den Heidegger seine Zeitkritik stellt, die Grundfrage seines Denkens und die Weise, wie er sie verfolgt, machen ihn zum Antipoden aller hier zuvor charakterisierten Philosophen. In einer ›Sein und Zeit‹ vorangestellten Erklärung zitiert er Plato, Sophistes 244 A: „'Denn offenbar seid ihr doch schon lange mit dem vertraut, was ihr eigentlich meint, wenn ihr den Ausdruck 'seiend' gebraucht, wir jedoch glaubten

---

[67] Vgl. Schmied-Kowarzik, 219 f.
[68] Vgl. Schmied-Kowarzik, 236 u. 233 f.
[69] Vgl. Zahn, 244.
[70] Vgl. Kampits, 166.

es einst zwar zu verstehen, jetzt aber sind wir in Verlegenheit gekommen'."[71] 'Wir' – das sind diejenigen, für die die Metaphysik zu Ende ist und die dennoch festhalten an der Frage nach dem, was wir meinen mit dem Ausdruck 'seiend'. 'Wir' müssen die Frage nach dem Sinn von Sein neu stellen, ja als Frage erst einmal neu ausarbeiten.[72] Während in diesem Betracht der Frageansatz von ›Sein und Zeit‹ Heidegger schon bald nicht mehr erfolgversprechend erschien und er nach geläufiger Auffassung eine 'Kehre' vollzog,[73] blieb ihm die im Auslegen des 'Verhältnisses' von Sein, Seiendem und Mensch (und Welt) sich immer weiter vorantreibende Ausarbeitung der Frage *die* Aufgabe des Denkens in unserer Zeit. 1947 notierte er: „Denken ist die Einschränkung auf einen Gedanken, der einst wie ein Stern am Himmel der Welt stehen bleibt" – und damit im Zusammenhang: „Wir kommen für die Götter zu spät und zu früh für das Seyn."[74] Rettung geschähe durch die Ankunft des Seins, für die gegenwärtiges Denken bereit und offen machen soll. Nachmetaphysisches Denken bewahrt hier den religiösen Grundzug der Metaphysik.[75] Zugleich bejaht es eine Nachbarschaft zu den Dichtern, besonders zu Hölderlin.[76] Den meisten Wissenschaften gegenüber bleibt es auf Distanz.[77] Insofern es sich aber als interpretierend begreift, ergibt sich für Heidegger eine Beziehung zu interpretierenden Wissenschaften, vor allem zur Theologie, auch zur Literaturwissenschaft.[78]

Wert und Sinn

Scheler hat die Frage nach den Werten zu einem zentralen Thema seiner Philosophie gemacht. Er geht sie als Phänomenologe, zugleich aber, der Tradition verbunden, als Metaphysiker an. Werte sind ihm Letztgegebenheiten, bezüglich derer dem Menschen eine spezifische Erfahrungsart, die Werterfahrung, eigen ist. Er ist überzeugt davon, daß es – in Korrelation zu einer absoluten Geistperson – ein absolutes

[71] M. Heidegger, Sein und Zeit, Tübingen ⁸1957, 1.
[72] Vgl. ebd.
[73] Vgl. nochmals Pöggeler, 129 f.
[74] M. Heidegger, Aus der Erfahrung des Denkens, Pfullingen ²1965, 7; jetzt (mit einer Umstellung) auch: Gesamtausgabe, Bd.13, hrsg. v. H. Heidegger, Frankfurt a. M. 1983, 76.
[75] Vgl. Pöggeler, 133 f.
[76] Vgl. Pöggeler, 134 f.
[77] Vgl. das Heidegger-Zitat bei Schröder, 187: „Inmitten der Wissenschaften denken, heißt: an ihnen vorbeigehen, ohne sie zu verachten."
[78] Vgl. Pöggeler, 117 f. u.126.

Reich der Werte gibt, in dem die Rangordnung der Werte ewig festliegt
– eine Rangordnung, in der die religiösen Werte an oberster Stelle stehen.[79] Allerdings verschließt er sich nicht dem Relativismusproblem,
wie es von Nietzsche aufgeworfen wurde, und er ist offen für einschlä-
gige Ergebnisse der Sozialwissenschaften. Absolutheit und Relativität
der Werte vermittelt er in der Dimension der Geschichte: In einem nie
endenden, reichen Prozeß, an dem geniale Geister entscheidenden Anteil haben, treten die zeitlosen Werte als geschichtlich sich ablösende
Ethosformen in Erscheinung.[80] Im Menschen als Person ist Liebe der
fundierende Akt; sie bewirkt fortschreitende Übereinstimmung mit
dem objektiven Wertgefüge.[81]

Mit der skizzierten Grundeinstellung steht Scheler ziemlich allein.
Das lassen schon die im vorigen Abschnitt vorgeführten Positionen vermuten.[82] Als Antipode ist nun Camus namhaft zu machen. Er findet die
Ausgangssituation seines Denkens im Nihilismus, dessen Heraufkunft
Nietzsche diagnostizierte und den er bestimmt hat als „die radikale Ablehnung von Werth, Sinn, Wünschbarkeit"[83], als Entwertung der obersten Werte, als Fehlen des Ziels und einer Antwort auf die Warum-
frage.[84] Camus zeigt sich die menschliche Existenz demgemäß als absurd, jedoch mit der Chance, durch das Ja zur absurden Existenz über
den Nihilismus hinauszukommen. Zum Menschen gehört es nach Camus, Sinnansprüche zu haben, aber für den modernen Menschen gehen
sie ins Leere. Nach Einheit und Vertrautheit mit der Welt verlangend,
erfährt er sie als fremd; seine Vernunft scheitert in ihrem Streben,
Ganzheit herzustellen und Unbedingtes zu fassen.[85] Das Absurde freilich ist nur, wenn menschliches Bewußtsein ist. An diesem Punkt erweist sich für Camus eine Überlegenheit des Menschen über das Absurde und zeigt sich das Leben als vom Absurden nicht zu durchstrei-
chender Wert.[86] Camus setzt die Würde des Menschen und einen 'Sinn'
seines Daseins zunächst in die als Revolte gefaßte Verneinung des Absurden durch je ein Individuum, das dergestalt revoltierend sich selbst

---

[79] Vgl. Henckmann, 110 u. 107.
[80] Vgl. Henckmann, 110 u. 115.
[81] Vgl. Henckmann, 110.
[82] Für Adorno wird das besonders deutlich bei Schweppenhäuser, 204 f. u.
209. Wittgenstein allerdings geht in der Sphäre des Unaussprechlichen (also
jenseits von Philosophie) auf Sinn zu – vgl. Wuchterl, 47.
[83] F. Nietzsche, Sämtliche Werke. Kritische Studienausgabe, hrsg. v. G. Colli
u. M. Montinari, München – Berlin – New York 1980, Bd. 12, 125.
[84] Vgl. ebd., 350.
[85] Vgl. Pieper, 140, 141 u. 143.
[86] Vgl. Pieper, 147.

bejaht. Die fatale Nähe zu einem 'Alles ist erlaubt'[87] überwindet er später im Zeichen der Solidarität. Revolte wird zum gemeinsamen Protest der Menschen, zu gesellschaftlichem Handeln in geschichtlicher Situation – auf dem Grunde eines ursprünglichen Ja, nämlich des (mindestens gefühlten) Bewußtseins, Rechte zu haben. Revolte als gemeinsame Sache solidarischer Menschen zeigt sich als Sinn.[88]

Protest begegnet auch im engagierten Denken Marcuses als Sinn und sinnbezogen. Im Zeichen von Humanität richtet er sich gegen Herrschaft, insofern sie Versagung individuellen Glücks bewirkt. Glück ist das Ziel. Und Glück heißt Lust, genauer: vergeistigte Lust, Lust, die mit Vernunft und gesellschaftlicher Ordnung im Bunde ist.[89] Kultur hat nach Marcuse in der Vergangenheit dies Ziel entworfen und sich protestierend in seinen Dienst gestellt. Jetzt freilich, als vermarktete und dem Konsum dargebotene, vermag sie das nicht.[90] Es gilt, von repressiver Herrschaft in Einheit mit einer das Sinnlich-Besondere ausschaltenden Rationalität zu befreien – zu wahrer Lust eben und zu einer neuen Vernunft, die der 'Kunst des Lebens' mächtig wäre, indem sie zugleich in Kunst sich verwirklicht.[91] Aber angesichts der gesellschaftlichen Realität resigniert Marcuse schließlich, sieht er das Ziel ins unerreichbar Utopische entschwinden und rät er zum Protest als 'großer Weigerung'.

Bloch, zumeist in bezug auf kritische Analyse politischer und gesellschaftlicher Gegebenheiten enthaltsam, hatte es da leichter, an der Utopie einer glückhaften Zukunft mit einer starken, an Gewißheit streifenden Hoffnung festzuhalten. – Wie schon mehrfach erwähnt, hat Bloch auf die Schrecken des Ersten Weltkrieges mit dem Impetus geantwortet, wieder einen Weg zur Selbstfindung zu eröffnen. Utopisch ist neu auf die Möglichkeit des guten (glücklichen und sittlichen) Lebens hinauszublicken. Sinnfindung ist das beherrschende Ziel. Die Utopie, Zukunft prinzipiell offen entwerfend, konkretisiert sich zur Hoffnung auf einen freiheitlichen Sozialismus.[92] Sie nimmt die Selbstbegegnung des Menschen in der Kunst in sich auf – und sie verlangt ein neues Verhältnis der Technik zur Natur, in dem die Technik sich der Natur verbindet, statt sie zu mißbrauchen und zu zerstören.[93] Bloch setzt sich auseinan-

---

[87] Vgl. A. Camus, Der Mythos von Sisyphos. Ein Versuch über das Absurde, übers. v. H. G. Brenner u. W. Rasch, Hamburg 1959, 48.

[88] Vgl. Pieper, 151.

[89] Vgl. Zahn, 246.

[90] Vgl. Zahn, 246 f.

[91] Vgl. Zahn, 254.

[92] Vgl. Schmied-Kowarzik, 223 f., 225 u. 235.

[93] Vgl. Schmied-Kowarzik, 236 u. 234 f.

der mit dem Tod als der Macht, die jegliche Sinnstiftung und Hoffnung scheint durchstreichen zu können. Anders als die Existenzphilosophie, zumal als Heidegger in ›Sein und Zeit‹, gewährt Bloch nicht auch der Angst Einlaß in das Gefüge seiner Grundgedanken, ja er polemisiert in diesem Punkt heftigst gegen Heidegger.[94] Auf den Tod blickt er mit metaphysischer, ja atheistisch-religiöser Hoffnung: Er erweitert die Utopie um den Unsterblichkeitsgedanken und um einen Sinn des Weltprozesses, an dem er ihn festmacht.[95]

Existenz

Heideggers Abhandlung ›Sein und Zeit‹ hat die Existenzphilosophie des 20. Jahrhunderts auf den Weg gebracht und zugleich über diese hinausgewirkt. Als hermeneutische Phänomenologie auch Husserl verpflichtet,[96] denkt sie gegen die neuzeitliche Subjektivitätsphilosophie die Grundverfassung des Menschen auf eine neue Weise als In-der-Welt-Sein (woran u. a. Merleau-Ponty angeknüpft hat). Die zentralen Existenzialien Entwurf und Geworfenheit sind für Sartres Freiheitsphilosophie ein entscheidender Anknüpfungspunkt geworden. Heidegger selbst hat mit seiner Analyse der Existenz einen reichen Phänomenbestand zur Sprache gebracht und interpretiert, vom alltäglichen In-der-Welt-Sein als Besorgen und der Umwelt über das Mitsein zur Erschlossenheit in Verstehen, Befindlichkeit (Gestimmtsein) und Rede, und weiter zur Grundbefindlichkeit der Angst, zum Tod, zum (freilich ungewöhnlich und auf problematische Weise ausgelegten) Gewissen und schließlich zu Zeitlichkeit und Geschichtlichkeit.[97] Entscheidend für ein eigentliches Existieren ist das angstbereite verstehende 'Vorlaufen' in den Tod als in die 'äußerste Möglichkeit', die die Unmöglichkeit entwerfenden In-der-Welt-Seins ist. Die Angst ist in ›Sein und Zeit‹ von ähnlich zentraler Bedeutung wie bei Kierkegaard. Und Kierkegaards Lehre vom Augenblick wurde von Heidegger für seine Zeitauffassung fruchtbar gemacht.[98]

Sartre bestimmt die Existenz, dabei durchaus auf die Strukturen des Bewußtseins eingehend, als Freiheit, d. h. als Sichentwerfen, Wählen, Handeln in Situation. Während er in seiner frühen Philosophie, auf un-

---

[94] Vgl. Anm. 17.
[95] Vgl. Schmied-Kowarzik, 227 ff. u. 231.
[96] Vgl. Pöggeler, 117.
[97] Vgl. Pöggeler, 121 f.
[98] Vgl. Pöggeler, 121.

bedingte Freiheit zielend, Freiheit auch der Situation zugrunde zu legen versucht, denkt er in diesem Punkt später aus marxistischer Perspektive um. Freiheit aber bleibt *das* Thema seines Philosophierens.[99] Sartres Existentialismus versteht von einer atheistischen Position aus die Existenz als gänzlich kontingent. Daß Existenz als freie ist, hat sie nicht wählen können, und es ist zufällig. Auch die Urwahl einer Existenz (ihr Grundentwurf) ist unbegründet. Insofern ist die Existenz grundlos, ja absurd, was ihr in der Angst erschlossen ist.[100] Für die auf diese Weise als absurd aufgefaßte Existenz ist der Tod ein absurdes Ereignis, das ihr gänzlich äußerlich bleibt und sie irgendwann von außen trifft. Deutlich bezieht Sartre hier gegen Heideggers Todesverständnis Stellung.[101] Von großer Bedeutung ist in Sartres Existentialismus das Verhältnis zum Anderen. In seinen diesbezüglichen Analysen, besonders auch in ihren konkreten Partien, stehen die Zeichen auf Scheitern und Konflikt.[102] Auch der unbedingte Freiheitsbegriff läßt für mitmenschliche Beziehungen nichts Glückhaftes erwarten, wie denn Sartre sich zunächst – ähnlich wie anfänglich Camus und ebenfalls auf dem Boden des Nihilismus – dem fatalen 'Alles ist erlaubt' bedenklich nähert.[103] Ein Kriterium für gerechte Handlungen gewinnt er dann in der Befreiung. Folgerichtig rückt der Revolutionär ins Blickfeld. Existentialismus und Marxismus gehen ein Bündnis ein. Gesellschaftliche Praxis im Kontext von Geschichte tritt in den Vordergrund. Die Probleme, die Sartre für das Mitsein aufgeworfen hatte, bleiben allerdings auch später in abgeschwächter Form virulent.[104]

---

[99] Vgl. Kampits, 154.
[100] Vgl. Kampits, 161.
[101] Vgl. Kampits, 162.
[102] Vgl. Kampits, 162 ff.
[103] Vgl. Kampits, 165.
[104] Vgl. Kampits, 167.

GEORGE EDWARD MOORE

Was ist Begriffsanalyse?

Von WOLFGANG KÜNNE

I. Zu Person und Werk

Der Protagonist in Tom Stoppards turbulenter Komödie ›Akrobaten‹ (›Jumpers‹) ist ein gewisser George Moore, Professor für Moralphilosophie. George denkt daran zurück, wie er seinen Freund Bertrand Russell einmal in ein Gespräch über dessen Theorie der Kennzeichnungen zu ziehen versuchte, während Russell die ganze Zeit ungeduldig darauf wartete, telefonisch mit Mao Tse-tung verbunden zu werden. „Ich wollte", sagt George, „seine Aufmerksamkeit endlich wieder auf Dinge von universaler Bedeutung lenken, – weg vom ephemeren Kleinkram der internationalen Politik."

Der in dieser Szene treffsicher verulkte Held dieses Aufsatzes[1] wurde 1873 in London geboren. Er studierte in Cambridge zunächst Klassische Philologie, dann, dem Rat seines Freundes Bertrand Russell folgend, Philosophie. Nach seiner Dissertation über Kants Ethik erhielt er 1898 am Trinity College ein sechsjähriges Forschungsstipendium. Die Rolle, die Moore in diesen Jahren in der für die Entwicklung der angelsächsischen Philosophie im 20. Jahrhundert so folgenreichen Rebellion gegen den britischen Neu-Hegelianismus spielte, hat Russell so beschrieben: „Moore ging voran; aber ich war ihm dicht auf den Fersen ... Moore war hauptsächlich mit der Zurückweisung des Idealismus beschäftigt, während mein Hauptaugenmerk der Zurückweisung des

---

[1] Zitatangaben zu Moore beziehen sich auf die Originalausgaben; die Übersetzungen der Zitate stammen von mir.

Über die in der Kurzbibliographie genannten hinaus bediene ich mich folgender weiterer Sigeln:

RC: 'A Reply to My Critics', in: SCHILPP (s. u.),
CPB: The Common Place Book of G. E. Moore, ed. C. Lewy, London 1962,
LP: Lectures on Philosophy, ed. C. Lewy, London 1966,
SCHILPP: P. A. Schilpp (ed.), The Philosophy of G. E. Moore, New York 1942.

Monismus galt"[2], demzufolge nichts ganz wahr ist außer der ganzen Wahrheit über das Ganze. 1903 veröffentlichte Moore den Aufsatz ›The Refutation of Idealism‹ (›Die Widerlegung des Idealismus‹)[3] und die ›Principia Ethica‹. Das letzte Kapitel dieses Buches ('Das Ideal') wurde zum Evangelium des Londoner Bloomsbury-Kreises, dem u. a. Virginia Woolf, der heute filmnotorische E. M. Forster und der Ökonom J. M. Keynes angehörten. 1905 erschien Russells Aufsatz ›On Denoting‹, der seine Theorie der Kennzeichnung enthält, über die Moore tatsächlich noch nachdachte, als Russell längst mit dem ephemeren Kleinkram der internationalen Politik beschäftigt war. Im Winter 1910/11 hielt Moore an einem Arbeiter-College in London Vorlesungen über ›Some Main Problems of Philosophy‹, die erst Jahre später in Buchform erschienen (und meines Erachtens zur Pflichtlektüre jedes Philosophiestudenten gehören sollten, der handwerkliche Sorgfalt lernen möchte). 1911 nahm Moore seine Lehrtätigkeit an der Universität Cambridge auf, die er, 1925 zum Professor ernannt, bis zu seiner Emeritierung im Jahre 1939 ausübte. Sein Nachfolger wurde Ludwig Wittgenstein, mit dem er jahrzehntelang intensive Diskussionen hatte. Als König George VI. Moore den Order of Merit verlieh, fand der so Geehrte nach eigenem Bekunden zu seiner größten Verblüffung heraus: „Der König hatte noch nie etwas von Wittgenstein gehört."[4] Nach seiner Emeritierung lehrte Moore noch mehrere Jahre an verschiedenen nordamerikanischen Universitäten. 26 Jahre lang war er der Herausgeber des ›Mind‹, der wichtigsten philosophischen Zeitschrift Großbritanniens. Im Alter von 85 Jahren starb Moore in Cambridge.

Seinen außerordentlichen Einfluß auf die angelsächsische Philosophie unseres Jahrhunderts verdankt Moore weniger seinen nicht allzu zahlreichen Publikationen, von denen die meistgelesenen in der Aufsatzsammlung ›Philosophical Papers‹ enthalten sind, als vielmehr seiner Tätigkeit als akademischer Lehrer und seinen Diskussionsbeiträgen während der regelmäßigen gemeinsamen Jahrestagungen der Mind Association und der Aristotelian Society. Liest man seine Texte, so sticht vor allem eines ins Auge: Hier schreibt ein Philosoph, der niemals um einer „brillanten" Formulierung willen fünf gerade sein lassen wird und der seine Leser lieber durch Umständlichkeit quält, als sie über die Struktur seiner Argumentation und den Sinn der von ihm verwendeten Begrifflichkeit im unklaren zu lassen.

---

[2] B. Russell, My Philosophical Development, London 1959, 54.

[3] Wiederabgedruckt in PS, deutsch in Delius' Textauswahl (vgl. Kurzbibliographie).

[4] N. Malcolm, Knowledge and Certainty, New York 1963, 167.

Für den Tonfall des Mooreschen Philosophierens charakteristisch sind die ersten Sätze des Vorworts der › Principia Ethica‹, in denen auch eine methodische Maxime formuliert ist, die für mein Thema von besonderer Bedeutung ist:

Mir scheint, daß in der Ethik wie in allen anderen philosophischen Arbeitsfeldern die Schwierigkeiten und Meinungsverschiedenheiten, an denen ihre Geschichte reich ist, letztlich eine sehr einfache Ursache haben: nämlich den Versuch, Fragen zu beantworten, ohne genau geklärt zu haben, welche Frage es ist, die man zu beantworten versucht. Ich weiß nicht, inwieweit diese Quelle von Irrtümern ausgeschaltet wäre, wenn die Philosophen versuchen würden herauszufinden, welche Frage sie stellen, bevor sie darangehen, sie zu beantworten; denn die Arbeit der Analyse und der Unterscheidung ist oft sehr schwierig: oft mag es uns nicht gelingen, die notwendige Entdeckung zu machen, obwohl wir es ernsthaft versuchen. Aber ich neige zu der Ansicht, daß in vielen Fällen ein entschlossener Versuch genügen würde, den Erfolg sicherzustellen, so daß, würde der Versuch nur gemacht, viele der krassesten philosophischen Schwierigkeiten und Meinungsverschiedenheiten verschwinden würden. Jedenfalls scheinen die Philosophen im allgemeinen den Versuch nicht zu machen.

Ich fürchte, sie tun es im allgemeinen auch heute nicht.

II. Wider das Moore-Klischee

Einem weit verbreiteten Klischee zufolge war Moore der Apostel der Ordinary Language und des Common Sense. „Das Wesen von Moores Technik der Widerlegung philosophischer Aussagen besteht in dem Nachweis, daß diese Aussagen *gegen die Umgangssprache verstoßen.*"[5] „(Bei Russell) wird eine formale Sprache als ideale, von Irreführungen freie Sprache vorgeschlagen, (bei Moore) jedoch wird die Umgangssprache ... als ideale Sprache angesehen ... (Moores) Maßstab ist das in der Umgangssprache artikulierte Alltagswissen."[6] Dieses gängige Moore-Bild hat mit dem angeblich Porträtierten keine Ähnlichkeit. *Erstens.* Wenn Moore z. B. feststellt, die bei Philosophen übliche Verwendung des Ausdrucks 'in meinem Bewußtsein' sei „nicht ganz im Einklang mit der üblichen Verwendung in der Umgangssprache"[7], so ist das in seinen Augen noch kein Einwand gegen diese Redeweise, sondern nur ein Hinweis auf ihre besondere Erklärungsbedürftigkeit; er nimmt selber die Herausforderung an und erklärt: 'A ist jetzt in meinem Bewußtsein' bedeute soviel wie 'Es wäre inkonsistent anzuneh-

---

[5] N. Malcolm, "Moore and Ordinary Language", in: SCHILPP, 349.
[6] K. Lorenz, Elemente der Sprachkritik, Frankfurt a. M. 1979, 60 f.
[7] PP 141.

men, daß eben dieses A auch existieren könnte, wenn ich jetzt keine Erlebnisse hätte.'

Zweitens. Moore ist genausowenig wie Russell oder Frege der Meinung, daß die Umgangssprache eine „ideale, von Irreführungen freie" Sprache ist. So bemerkt er zur oberflächengrammatischen Ähnlichkeit zwischen Sätzen wie 'Katzen existieren' und 'Katzen miauen':

Es erscheint mir sehr merkwürdig, daß die Sprache sich in einer Weise entwickelt haben soll, als ob sie ausdrücklich dazu entworfen worden wäre, Philosophen in die Irre zu führen. Und doch scheint mir, daß es keinen Zweifel darüber geben kann, daß sie es in vielen Fällen getan hat.[8]

Drittens. Moore vertritt auch keineswegs die These, daß der Common-Sense-Charakter einer Überzeugung ihre Wahrheit verbürgt. In seinem 1925 veröffentlichten Aufsatz ›A Defence of Common Sense‹[9] (Wittgenstein hielt ihn für Moores besten Aufsatz und setzte sich mit ihm in seinen letzten Aufzeichnungen – ›Über Gewißheit‹ – intensiv auseinander) schreibt Moore:

Soviel ich weiß, gibt es viele Sätze, die man 'Common-Sense-Ansichten' über die Welt nennen kann oder 'Common-Sense-Überzeugungen', die nicht wahr sind und es verdienen, mit der Verachtung erwähnt zu werden, mit der manche Philosophen über Common-Sense-Überzeugungen sprechen.[10]

Apropos Verachtung: Kant z.B. verspottet „die Berufung auf den gemeinen Menschenverstand" als „ein bequemes Mittel, ohne alle Einsicht trotzig zu tun", als „eine Berufung auf das Urteil der Menge, ein Zuklatschen, über das der Philosoph errötet".[11]

In Moores ›Verteidigung des Common-Sense‹ findet sich nicht die trotzige These:

(T₁) Für alle Aussagen, daß p, gilt: wenn es eine Common-Sense-Überzeugung ist, daß p, dann ist es wahr, daß p,

sondern eine andere, über die kein Philosoph zu erröten braucht:

(T₂) Für manche Aussagen, daß p, gilt: wenn es überhaupt so etwas wie Common-Sense-Überzeugungen gibt, dann ist es wahr, daß p.

Common-Sense-Überzeugungen sind per definitionem solche, die von vielen Menschen geteilt werden. Wenn es also Common-Sense-Überzeugungen gibt, so gibt es viele Menschen. Womit (T₂) bewiesen ist. Daß es viele Menschen gibt, ist eine Common-Sense-Überzeugung;

---

[8] PS 217.

[9] Deutsch in Delius' Textauswahl.

[10] PP 45. Vgl. SMPP 3, 7 über die Veränderlichkeit von Common-Sense-Überzeugungen.

[11] I. Kant, Prolegomena zu einer jeden zukünftigen Metaphysik ..., in: ders., Werke (hrsg. v. W. Weischedel), Darmstadt 1963, Bd. III, 117 f.

aber Moore nennt sie nicht deshalb wahr, weil sie eine Common-Sense-Überzeugung ist, sondern er weist darauf hin, daß ihre Wahrheit aus der Existenz von Common-Sense-Überzeugungen, welchen Inhalts auch immer, folgt. Demnach ist die Position eines Skeptikers dann in sich widersprüchlich, wenn er sagt: Ich weiß, daß es *nach Ansicht des Common-Sense* viele Menschen gibt; aber niemand kann wissen, ob es *wirklich* viele Menschen gibt.[12]

III. Analyse als Eine philosophische Aufgabe

Ich will hier auf Moores Auseinandersetzung mit dem Skeptizismus nicht weiter eingehen. Die Tatsache, daß diese Auseinandersetzung in seinem Werk einen sehr breiten Raum einnimmt, ist für die Bestimmung der *Reichweite* meines Themas aber relevant. In Moores Kritik am Skeptizismus geht es um die Frage: Was können wir wissen? Diese Frage ist selber keine analytische Frage im Sinne Moores, aber ihre Behandlung kann gemäß der methodischen Maxime aus dem Vorwort der ›Principia Ethica‹ erst dann mit Aussicht auf Erfolg in Angriff genommen werden, wenn der Begriff Wissen analysiert ist. Angenommen, das Ergebnis der Analyse lautet ungefähr so:

(B₀) Zu wissen, daß es sich so-und-so verhält, ist nichts anderes, als in der wahren Meinung, daß es sich so verhält, gerechtfertigt zu sein.

Dann ist es immer noch eine offene Frage, ob unter den so analysierten Begriff irgend etwas fällt. Und um die Beantwortung *dieser* Frage geht es in der Debatte mit dem Skeptiker. Moore hat sich also zu Recht gegen die Behauptung verwahrt, Philosophie sei in seinen Augen nichts anderes als Analyse:

Es ist nicht wahr, daß ich jemals gesagt oder gedacht oder mich darauf festgelegt hätte, daß Analyse das einzige der Philosophie eigentümliche Geschäft sei! ... Und tatsächlich ist Analyse keineswegs das einzige, was ich zu tun versucht habe.[13]

Die Antwort auf die Frage nach der korrekten Analyse eines Begriffs zu suchen, ist in Moores Augen nicht die, aber eine typische philosophische Tätigkeit:

Ein großer Teil dessen, womit Philosophen sich tatsächlich beschäftigt haben,

---

[12] Die unter „Drittens" vorgenommene Unterscheidung hat bereits E. J. Craig, „Das Problem der Verteidigung des Common Sense", in: Zeitschr. f. philos. Forschung 26 (1972), 438–450, gegen Autoren wie Malcolm und Lorenz betont.

[13] RC 675 f.

wenn sie nach allgemeinem Dafürhalten Philosophie betrieben, bestand darin, Antworten auf diese Art von Fragen zu finden.[14]

Fragen dieser Art handeln von Begriffen (concepts). Über den Begriff *Lüge* beispielsweise verfügt, wer den Sinn des Wortes „Lüge" (oder eines synonymen Ausdrucks wie „mendacium") kennt, wer weiß, was „Lüge" (bzw. ein Synonym davon) bedeutet. Statt von der Analyse des Begriffs A redet Moore deshalb auch von der Analyse des Sinns von 'A', – also dessen, was 'A' mit allen seinen Synonyma und nur mit ihnen gemeinsam hat. Was versteht Moore hier unter Analyse?[15]

IV. Einführung des Begriffs Analyse

An den beiden Stellen seines Werkes, an denen er den Begriff der Analyse nicht nur verwendet, sondern auch thematisiert, bedient er sich des folgenden Beispiels:[16]

(B1)   *Ein Bruder zu sein   ist dasselbe wie   ein männliches Geschwister*
                                                zu sein.

Hier sind zwei weitere Exempel dieses Typs:

(B2)   *Eine Löwin zu sein   ist dasselbe wie   ein weiblicher Löwe zu sein.*

(B3)   *Großvater zu sein   ist dasselbe wie   Vater eines Vaters oder Vater*
                                              einer Mutter zu sein.

Die Form solcher Analysen kann durch das folgende Analyse-Schema repräsentiert werden:

(S)   *A zu sein   ist dasselbe wie   BC zu sein.*

In diesem Schema ist 'A zu sein' Platzhalter für die Bezeichnung des *Analysandum*, 'BC zu sein' Platzhalter für die Bezeichnung des *Analysans*. Die Notation 'BC' soll offenlassen, ob der Analysans-Ausdruck eine Konjunktion enthält wie (implizit) in (B1) und (B2) oder eine Disjunktion wie in (B3).

Sehr zu Recht betont Moore, daß mit einem Satz der Form (S) nicht dasselbe gesagt wird wie mit einem metasprachlichen Satz der Bauart:

(Syn)   *Der Sinn von 'A'   ist identisch mit   dem Sinn von 'BC',*

in dem zwei Ausdrücke als synonym klassifiziert werden. Was unterscheidet eine Analyse wie (B2) von der entsprechenden Synonymie-

---

[14] LP 156.

[15] Nicht jede Analyse ist in Moores Augen eine Begriffsanalyse (vgl. LP 160ff. über Russells Theorie der Kennzeichnungen); und nicht jeder Begriff ist in Moores Augen analysierbar (vgl. ›Principia Ethica‹ über den Begriff *gut*).

[16] RC 660–667; LP 155–160.

Feststellung? Sagen wir jemandem, daß (B₂), so sagen wir ihm, was eine
Löwin ist. Das haben wir ihm noch nicht gesagt, wenn wir ihm mittei-
len, daß die Ausdrücke 'Löwin' und 'weiblicher Löwe' (im Deutschen)
synonym sind; dieses Wissen über die deutsche Sprache kann man
haben, ohne die geringste Ahnung zu haben, was eine Löwin ist.[17] Ein
Vergleich: Wer weiß, daß Romulus zwei Jahre alt ist, weiß, wie alt Romulus ist; aber wer weiß, daß Romulus' Alter = Remus' Alter, braucht
keine Ahnung zu haben, wie alt Romulus ist.

Immerhin, in Moores Augen sind die Substitute für 'A' und 'BC' in
unseren Exempeln jeweils synonym,[18] also doch wohl auch die komple-
xeren Bezeichnungen, die den Identitätsoperator jeweils flankieren.[19]
Natürlich *macht* die Synonymie diese Aussagen nicht zu Analysen;
denn Aussagen wie 'Eine Orange (ein Metzger) zu sein ist dasselbe wie
eine Apfelsine (ein Fleischer) zu sein' sind keine Begriffsanalysen, obwohl die verwendeten Substantive synonym sind. Der Ausdruck für das
Analysans muß, so fordert Moore, mindestens ein semantisch relevan-
tes Element (grob gesprochen: ein Wort) enthalten, das nicht mit dem
Ausdruck für das Analysandum synonym ist.[20] Diese Forderung muß
nun freilich verschärft werden, wenn Moore nicht auch eine Aussage
wie die folgende als Analyse des artithmetischen Begriffs *gerade* akzeptieren will: 'Gerade zu sein ist dasselbe wie nicht ungerade zu sein.'[21] Es
ist naheliegend, Moores Forderung so zu ergänzen: Der Analysans-
Ausdruck darf auch keinen semantisch relevanten Teil enthalten, der
mit dem Analysandum-Ausdruck synonym ist.

V. Die Aporie der Analyse

Wir sind in der Erläuterung des Mooreschen Verständnisses von
Analyse jetzt an einer Stelle angekommen, an der es in eine Aporie zu

---

[17] RC 662; PP 171 f.; LP 157; CPB 303–311
[18] RC 663 (c)
[19] Church hat letzteres bestritten (s. u., Anm. 24). Sein auf dieser Negation
aufbauender Vorschlag zur Lösung der Paradoxie, die im nächsten Abschnitt
zur Darstellung kommen wird, ist an Freges Theorie der *oratio obliqua* orientiert
– und daher auch denselben Einwänden ausgesetzt.
[20] So interpretiere ich RC 666: „Der für das Analysans gebrauchte Ausdruck
muß explizit Ausdrücke erwähnen, die nicht explizit von dem für das Analysandum gebrauchten Ausdruck erwähnt werden."
[21] Vgl. A. J. Ayer, Russell and Moore, The Analytical Heritage, London 1971,
223 f. und CPB 256.

geraten scheint. Der amerikanische Philosoph Cooper Harold Langford (einer der Pioniere der Modallogik) hat diese Aporie 1942 als *Paradox of Analysis* entwickelt:

Wenn der das *Analysandum* darstellende sprachliche Ausdruck dieselbe Bedeutung hat wie der das *Analysans* darstellende sprachliche Ausdruck, dann behauptet die Analyse eine bloße Identität und ist trivial; aber wenn beide sprachlichen Ausdrücke nicht dieselbe Bedeutung haben, dann ist die Analyse nicht korrekt.[22]

Im Blick auf unser Analyse-Schema (S) formuliert, lautet Langfords Argument:

1. Prämisse: Wenn 'A' und 'BC' synonym sind, dann ist die Analyse trivial.

2. Prämisse: Wenn 'A' und 'BC' nicht synonym sind, dann ist die Analyse inkorrekt.

Konklusion: Keine Analyse kann korrekt und informativ sein.

Mit der 1. Prämisse ist dabei folgendes gemeint: Wenn 'A' und 'BC' denselben Sinn haben, dann wird mit (S) nichts anderes gesagt als mit der tautologischen Formulierung:

(Taut)   A zu sein   ist dasselbe wie   A zu sein.

Diese tautologische Formulierung unterscheidet sich ja von ihrem Gegenstück (S) per hypothesin nur dadurch, daß ein Ausdruck gegen einen anderen *mit demselben Sinn* ausgetauscht wurde. Wie sollte daraus eine Änderung des Satzsinns resultieren? In seiner wenig befriedigenden Antwort auf Langford hat Moore (mit der für ihn charakteristischen Redlichkeit) eingeräumt: „Mir ist ganz und gar nicht klar, wie das Rätsel zu lösen ist."[23]

Viele Philosophen haben das Paradox der Analyse seitdem diskutiert.[24] Es ist hier nicht der Ort, die diversen Lösungsvorschläge zu erör-

---

[22] C. H. Langford, "The Notion of Analysis in Moores Philosophy", in: SCHILPP, 323.

[23] RC 665.

[24] Hier ist eine Auswahl wichtiger Beiträge zu dieser Diskussion:

A. Church,   Rezension, in: Journal of Symbolic Logic 11, 1946, 132–133,
R. Carnap,   Meaning and Necessity, Chicago 1947, § 15,
P. K. Feyerabend, „Die Analytische Philosophie und das Paradox der Analyse", in: Kant-Studien 49 (1957–58), 238–244,
A. Pap,   Semantics and Necessary Truth, New Haven 1958, 269–294,
W. Sellars,   Philosophical Perspectives, Springfield 1968, 291–307,
A. J. Ayer,   s. o. Anm. 19, 228–232,
C. Lewy,   Meaning and Modality, London 1976, 69–98,
R. Chisholm,   The Foundations of Knowing, Brighton 1982, 100–106.

tern. Statt dessen möchte ich selbst einen Vorschlag machen, der Moores analytischer *Praxis* gerecht zu werden versucht.

VI. Auflösung im Blick auf Moores Praxis

Die 1. Prämisse des aporetischen Arguments scheint mir völlig zutreffend zu sein. Jemand, der die Ausdrücke 'Löwin' und 'weiblicher Löwe' versteht, hält (B_2) eo ipso für wahr. Er kann es mit (B_2) nicht halten wie Faust mit dem Evangelium: „Die Botschaft hör' ich wohl, allein mir fehlt der Glaube." Wem der Glaube fehlt, der versteht mindestens einen der in (B_2) verwendeten Ausdrücke nicht. In dieser Hinsicht unterscheiden sich (B_2) und die Tautologie 'Eine Löwin zu sein ist nichts anderes als eine Löwin zu sein' tatsächlich nicht voneinander. Die Analyse (B_2) *ist* trivial, da man hier den Analyse-Satz nicht verstehen kann, ohne damit schon zu wissen, daß mit ihm etwas Wahres gesagt wird. (Der Analyse-Satz kann freilich zu einem Zweck verwendet werden, für den sein tautologisches Gegenstück denkbar ungeeignet ist: um das Wort 'Löwin' jemandem zu erklären, der es noch nicht versteht. Der Analyse-Satz und sein tautologisches Gegenstück sind also pragmatisch ungleichwertig. Aber das steht natürlich auf einem anderen Blatt als die These: Die Analyse (B_2) ist für niemanden informativ, der den Sinn des Analyse-Satzes kennt.) Wenn wir die 1. Prämisse in Langfords Argument akzeptieren, ohne uns mit der Konklusion abfinden zu wollen, müssen wir die 2. Prämisse zurückweisen und behaupten: Eine Analyse der Form (S) kann auch dann korrekt sein, wenn die Ausdrücke 'A' und 'BC' nicht synonym sind. Mit dieser Behauptung widerspreche ich zwar dem, was Moore in seiner Antwort auf Langford sagt; aber ich befinde mich in Übereinstimmung mit Moores analytischer Praxis. (Wir müssen immer mit der Möglichkeit rechnen, daß ein Philosoph seine eigene Vorgehensweise nicht adäquat beschreibt.)

In Moores Antwort auf Langford steht neben der Synonymieforderung die Forderung der kognitiven Äquivalenz von Analysandum und Analysans: „Niemand kann wissen, daß das Analysandum auf einen Gegenstand zutrifft, ohne zu wissen, daß das Analysans auf ihn zutrifft."[25] Damit gibt Moore faktisch eine notwendige Bedingung der Synonymie an: Wenn zwei Ausdrücke 'A' und 'BC' synonym sind, dann kann niemand wissen, daß etwas A ist, ohne zu wissen, daß es BC ist. (Daß zwei Ausdrücke in dieser Beziehung zueinander stehen, ist wohl

---

[25] RC 663 (a).

noch keine hinreichende Bedingung der Synonymie: Niemand kann
wissen, daß sein Glas halbvoll ist, ohne zu wissen, daß es halbleer ist;
aber sind die Prädikate 'halbvoll' und 'halbleer' synonym? 'Voll' und
'leer' haben nicht einmal denselben Umfang ...) Paßt die so verstandene Synonymieforderung zu Moores eigener Vorgehensweise?

In den Vorlesungen über ›Some Main Problems of Philosophy‹ sagt
Moore über den Realitätsbegriff:

> Wir alle können zum Beispiel verstehen, was gemeint ist mit der Behauptung
> 'Waverley', der Held in Scott's Roman, war keine *reale* Person', und wir können
> ebenfalls sicher sein, daß eine solche Behauptung wahr ist, selbst wenn wir
> nicht *erklären* können, was mit dem Ausdruck (sc. 'real') gemeint ist, den wir ge-
> brauchen, wenn wir sie aufstellen. ... Zu sagen, daß es schwierig ist, sicher zu
> sein, was Ausdrücke wie dieser bedeuten, impliziert also nicht, daß wir Sätze, in
> denen sie vorkommen, nicht mühelos verstehen und ganz sicher sein können,
> daß einige dieser Sätze wahr sind und andere falsch. Wir können beides, ob-
> wohl wir in gewisser Weise nicht genau wissen, was diese Worte bedeuten. Denn
> mit: wissen, was sie bedeuten, ist oft nicht nur gemeint: Sätze in denen sie vor-
> kommen verstehen, sondern: in der Lage sein, sie zu *analysieren*.[26]

Über kaum ein Problem hat Moore so viel geschrieben wie über die
Frage, was Wahrgenommenwerden eigentlich ist. Er hat mehrere Vorschläge zur Analyse dieses Begriffs zur Diskussion gestellt, z. B. diesen:

(B4)   Wahrgenommen zu werden ist dasselbe wie durch ein Sinnesdatum
      repräsentiert zu werden.

ohne sich je für einen dieser Vorschläge zu entscheiden.[27] Wie konnte
sich Moore über den Wahrheitswert von (B4) im unklaren befinden,
wenn eine Analyse nur dann korrekt ist, sofern die Ausdrücke fürs Analysandum und fürs Analysans synonym sind? Ließen seine Englisch-
kenntnisse zu wünschen übrig? 1925 sagt Moore in seiner ›Verteidigung
des Common-Sense‹ über die Bezeichnung des Analysandum in (B4):

> Wir sollten „die Frage, ob wir sie verstehen (was wir gewiß alle tun) nicht mit
> der ganz anderen Frage verwechseln, ob wir wissen, was sie bedeutet, in dem
> Sinne, daß wir eine *richtige Analyse* ihrer Bedeutung geben können. ... Es ist of-
> fenkundig, daß wir die Frage, wie das, was wir unter dieser Bezeichnung ver-
> stehen, zu analysieren ist, nicht einmal aufwerfen können, wenn wir sie nicht
> verstehen."[28]

---

[26] SMPP 205 (meine Hervorhebungen). Mit dem letzten Wort dieses Zitats
suggeriert Moore, daß die Analysanda sprachliche Ausdrücke sind, – was nicht
in seiner Absicht liegt (RC 661).

[27] Vgl. N. Hoerster, „G. E. Moore: Die Wahrnehmung der Außenwelt", in:
J. Speck, Grundprobleme der großen Philosophen, hrsg. v. J. Speck, Philosophie
der Gegenwart III, Göttingen 1984, 9–50.

[28] PP 37; vgl. 53–59; und LP 166.

Auch hier unterscheidet Moore deutlich zwei Stufen des Wissens, was 'A' bedeutet:

(1) 'A' verstehen; den Sinn kennen, den 'A' in der Sprache L hat.
(2) den Sinn von 'A' analysieren können.

Wer sich auf der ersten Stufe befindet, ist nicht ohne weiteres in der Lage, die zweite zu erklimmen; aber die zweite ist nur von der ersten aus erreichbar. Diese Stufenunterscheidung ist nur dann einleuchtend, wenn Synonymie keine notwendige Bedingung für die Korrektheit einer Analyse ist; denn wäre sie es, so wäre mit der sprachlichen Kompetenz bezüglich der Ausdrücke 'A' und 'BC' schon das Wissen um den Wahrheitswert des Analysevorschlages 'A zu sein ist nichts anderes als BC zu sein' gegeben, und genau das ist in Moores Analyse-Praxis nicht immer der Fall.

Ersetzen wir die Synonymie-Forderung durch eine schwächere: Eine Aussage der Form (S) ist nur dann eine korrekte Analyse, wenn daraus, daß etwas A ist, *folgt*, daß es BC ist, und umgekehrt (wenn 'A' von einem Gegenstand nicht gelten kann, ohne daß auch 'BC' von ihm gilt, und umgekehrt).

Daß diese Bedingung der *Ko-Implikation* erfüllt ist, ist nur eine *notwendige* Bedingung für die Korrektheit eines Analyse-Vorschlags. Wenn 'x ist A' und 'x ist BC' sich wechselseitig implizieren, dann tun es auch 'x ist A' und 'x ist BC, und p', wenn 'p' eine logische Wahrheit (wie 'Wenn es schneit, dann schneit es') ist. Aber wahre Aussagen der Form 'A zu sein ist dasselbe wie etwas zu sein, von dem gilt: es ist BC, und p' sind schwerlich Analysen des Begriffs A.

Entscheidend für die Auflösung der Paradoxie ist nun folgendes: Daß die Bedingung der Ko-Implikation erfüllt ist, braucht keineswegs immer für jeden offenkundig zu sein, der die Ausdrücke 'A' und 'BC' versteht. Der gegenteilige Eindruck ist das Ergebnis einseitiger Beispiel-Diät – der Obsession mit Exempeln wie (B_{1-3}) in der Debatte über das Paradox der Analyse!

Betrachten wir einmal ein substantielleres Beispiel, eines wie (B_0) oder (B_4), – nur vielleicht rascher entscheidbar. Was ist *Lügen?* Ist Lügen dasselbe wie *etwas Falsches sagen?* Natürlich nicht; denn nicht jeder Irrtum ist eine Lüge, und außerdem kann ein Lügner versehentlich etwas Wahres sagen (wie in einem berühmten Beispiel Kants[29]). Wer lügt, sagt etwas, das seiner Meinung nach falsch ist. Ist Lügen also dasselbe wie *etwas sagen, was man für falsch hält?* Nein: Der Schauspieler auf der Bühne kann etwas sagen, von dessen Falschheit er überzeugt

---

[29] I. Kant, „Über ein vermeintes Recht, aus Menschenliebe zu lügen", in: ders., Werke, hrsg. v. W. Weischedel, Bd. IV, 639.

ist, ohne dabei zu lügen; denn seiner Rede fehlt die „behauptende Kraft". Vielleicht ist Lügen also dasselbe wie *etwas behaupten, was man für falsch hält* (Frege[30]). Betrachten wir mit Augustinus den folgenden Fall: A weiß, daß an dem Weg, den B einschlagen will, Räuber lauern. B's Wohl liegt A am Herzen: Er will dafür sorgen, daß B den Weg ebenfalls für gefährlich hält und deshalb eine andere Reiseroute wählt. Nun weiß A aber, daß er in B's Augen ein notorischer Lügner ist. A sagt deshalb zu B: 'An dem Weg, den du einschlagen willst, liegen k e i n e Räuber auf der Lauer.' – In dieser Situation behauptet A etwas, was nach seiner Überzeugung falsch ist; aber hat er gelogen? Schließlich hat er nicht die Absicht, B glauben zu machen, daß das, was er sagt, wahr ist. Und diese Täuschungsabsicht (voluntas fallendi) gehört doch zur Lüge[31]. Damit sind wir bei der folgenden Analyse angekommen:

(B5)   Zu lügen ist dasselbe wie etwas zu behaupten, was man für falsch hält, in der Absicht, jemanden glauben zu machen, es sei wahr.

Der Anspruch dieser wie jeder anderen Analyse geht hinaus über die These, daß Analysandum und Analysans de facto denselben Umfang haben; sie sollen vielmehr notwendigerweise denselben Umfang haben. Aber daß diese Bedingung erfüllt ist, ist in einem Falle wie (B5) keineswegs offenkundig. Man kann einer solchen Analyse nicht nachsagen, sie sei trivial.

VII. *Moore und Sokrates (im Lichte Wittgensteins)*

Wien, 1930. Wittgenstein zu Schlick und Waismann:

Worüber ich immer mit Moore diskutiere, das ist die Frage: Kann die logische Analyse erst erklären, was wir mit unseren Sätzen meinen? Moore neigt dazu. Wissen die Leute also nicht, was sie meinen, wenn sie sagen: 'Heute ist es klarer als gestern' ('Hans hat heute gelogen')? Müssen wir da erst auf die logische Analyse warten? Was für eine höllische Idee!: Die Philosophie soll mir erst erklären, was ich mit meinen Sätzen meine und ob ich etwas mit ihnen meine. Ich muß natürlich den Satz verstehen können, ohne die Analyse zu kennen.[32]

Ich denke, wir können Moore gegen diese Kritik in Schutz nehmen, die zum Teil übrigens nur wiederholt, was Moore selber ein paar Jahre vorher bereits gesagt hat („Es ist offenkundig, daß wir die Frage, wie

---

[30] G. Frege, „Über Sinn und Bedeutung", Anm. 8 und 14, in: ders., Funktion, Begriff, Bedeutung hrsg. v. G. Patzig, Göttingen 1966.

[31] A. Augustinus, De Mendacio, in Migne (Hrsg.), Patrologia Latina, Bd. 40.

[32] F. Waismann, Wittgenstein und der Wiener Kreis (ed. McGuinness), Oxford 1967, 129 f. (In der Klammer mein Zusatz.)

das, was wir unter dieser Bezeichnung verstehen, zu analysieren ist, nicht einmal aufwerfen können, wenn wir sie nicht verstehen.") Natürlich wissen die Leute – normalerweise –, was sie mit den Sätzen ihrer eigenen Sprache meinen. Die Philosophen brauchen ihnen daher die Ausdrücke nicht in *dem* Sinne zu erklären, in dem sie einem, der die Sprache lernen möchte, erklärt werden müssen.

Aber so wie Moore zwei Stufen des Wissens, was 'A' bedeutet, unterscheidet, so könnte er *zwei Stufen der Erklärung der Bedeutung des Prädikats 'A'* unterscheiden. Erklärungen der Stufe (1) sind entweder rein verbal oder hinweisend. In rein verbalen Erklärungen gibt man ein mit 'A' synonymes Prädikat an, oder man beschreibt paradigmatische Anwendungsfälle von 'A'. In hinweisenden Erklärungen (ostensive definitions) *zeigt* man auf Anwendungsfälle von 'A'. All das sind Erklärungen, durch die man jemandem ein Prädikat verständlich machen kann, das er zuvor noch nicht in seinem Repertoire hatte. Und daß jemand solche Erklärungen geben kann, ist ein guter Grund dafür, ihm die Kenntnis des Sinns zuzuschreiben, den 'A' in der fraglichen Sprache hat. Umgekehrt ist die Tatsache, daß jemand außerstande ist, eine Erklärung auf der Stufe (2), eine nichttriviale Analyse des Begriffs vorzulegen, den 'A' ausdrückt, kein guter Grund dafür, ihm die Kenntnis des Sinnes von 'A' abzusprechen. Das war Moore schon 1911 völlig klar.

Cambridge, 1933. Wittgenstein zu seinen Studenten:

Wenn Sokrates fragt 'Was ist Wissen?', so sieht er nicht einmal eine vorläufige Antwort darin, daß man Fälle von Wissen aufzählt[33] ... (Es wird) ein Beispiel einer exakten Definition angeführt und dann wird nach einer analogen Definition des Wortes 'Wissen' gefragt[34]. So wie das Problem gestellt wird, scheint es, als ob wir nicht wüßten, was 'Wissen' bedeutet, und als ob wir deshalb wohl auch kein Recht hätten, dieses Wort zu gebrauchen.[35]

Und das findet Wittgenstein völlig zu Recht absurd. In der Tat ist Sokrates notorisch unzufrieden, wenn er als Antwort auf eine „tiesti"-Frage eine Aufzählung paradigmatischer Anwendungsfälle bekommt. Der Mathematiker Theaetet erklärt, Wissen sei etwas, über das z. B. diejenigen verfügen, die die Geometrie oder das Handwerk des Schusters beherrschen; der General Laches erklärt, tapfer sei es z. B., in

---

[33] Plato, Theaetetus 146 C – 147 C.
[34] Ebd., 147 D – 148 A.
[35] Wittgenstein, The Blue Book, Oxford 1964, 20, 27 (Übersetzung von mir); vgl. P. T. Geach, Logic Matters, Oxford 1972, 33–35, 164; Reason and Argument, Oxford 1976, 38–40.

der Phalanx standhaltend die Feinde abzuwehren und nicht zu flie-hen[36]. Sokrates sollte und könnte einräumen, daß diese Antworten zu der Annahme berechtigen, daß die Gefragten wissen, was die griechi-schen Wörter für Wissen und Tapferkeit bedeuten.[37] Aber Erklärungen durch Beschreibung typischer Instanzen sind noch nicht Erklärungen auf der Stufe, die Sokrates mit seinen Gesprächspartnern betreten möchte. Er sucht Erklärungen, in denen notwendige und hinreichende Anwendungsbedingungen von 'Wissen' oder 'tapfer' spezifiziert werden. Wittgensteins Kritik an dieser Suche entspricht genau seiner Kritik an Moores Suche nach nichttrivialen Analysen. Gegenüber bei-den Kritiken empfiehlt sich eine zurückhaltende Stellungnahme: Es ist *weder* eine ausgemachte Sache, daß jene Suche bei philosophisch rele-vanten Begriffen stets zum Scheitern verurteilt ist, *noch,* daß ihr stets ein Erfolg beschieden sein wird. Jedenfalls sitzt George Edward Moore hier im selben Boot wie Sokrates, und das ist kein schlechter Platz für einen Philosophen.

Kurzbibliographie Moore

Principia Ethica, Cambridge 1903
  Principia Ethica, übers. u. hrsg. v. B. Wisser, Stuttgart 1970.
Ethics, London 1912
  Grundprobleme der Ethik, übers. v. A. Pieper, Vorwort v. N. Hoerster, Mün-chen 1975.
Philosophical Studies, London 1922 (Sigel: PS).
Some Main Problems of Philosophy, London 1953 (Sigel: SMPP).
Philosophical Papers, London 1959 (Sigel: PP).

Eine Auswahl aus ›Philosophical Studies‹ und ›Philosophical Papers‹ findet sich in: Eine Verteidigung des Common-Sense. Fünf Aufsätze aus den Jahren 1903–1941, mit einer Einl. v. H. Delius, Frankfurt a. M. 1969.

---

[36] Plato, Laches 190 E ff.; vgl. Euthyphro 6 D f., Charmides 159 B ff., Resp. 331 C.

[37] Im ›Meno‹ (82 B) vergewissert sich der platonische Sokrates vor seiner geometrischen Demonstration, ob der Sklave Griechisch kann. Im übrigen darf man die Behandlung der Antwort des Theaetet durch die Dialogfigur Sokrates nicht ohne weiteres mit ihrer Bewertung durch Plato gleichsetzen: Der Unter-schied, der sich an den von Theaetet angeführten Beispielen von Wissen able-sen läßt, wird im Politicus (258 DE) mit Hilfe der Bestimmungen 'episteme gno-stike' und 'episteme praktike' explizit gemacht.

LUDWIG WITTGENSTEIN

Sprachanalyse und Therapie

Von KURT WUCHTERL

Schon 1912 prophezeite Bertrand Russell, der gerade den jungen Wittgenstein kennengelernt hatte, der „nächste große Schritt in der Philosophie" werde von ihm unternommen.[1] Wenige Jahre später war Wittgenstein in der Tat einer engeren Fachwelt bestens bekannt. Aber in das allgemeine Bewußtsein konnten seine ungewöhnlichen Gedanken bis heute den Weg nicht finden. Man kennt zwar seinen *Namen,* doch seine *Philosophie* ist nach wie vor nur wenigen geläufig, so daß man ihn den großen unbekannten Klassiker der modernen Philosophie nennen kann. Weil sich in seiner Philosophie eine innere Entwicklung vollzogen hat, müssen wir in unserer Einführung eine Früh- und eine Spätphilosophie unterscheiden. Nur wenn man die Grundideen seines Jugendwerkes kennt, kann man die späteren Gedanken verstehen, durch die er seinen Rang in der Philosophiegeschichte erhalten hat.

1. Die Frühphilosophie Wittgensteins

Wittgenstein, der wie Martin Heidegger und Gabriel Marcel im Jahre 1889 geboren wurde, setzt mit seinem Denken in der Zeit unmittelbar vor dem Ersten Weltkrieg ein. Damals bestimmten der Neukantianismus um Cohen, Natorp und Windelband, ferner die Lebensphilosophie um Dilthey sowie die Phänomenologie um Husserl die philosophische Landschaft. Aber es wäre übertrieben zu behaupten, daß diese Strömungen die allgemeinen geistigen Kräfte jener Jahre repräsentiert hätten. Die Masse der Gebildeten hatte damals bereits die Verbindung zur eigentlichen Philosophie verloren, was bis heute nicht anders geworden ist. Die Gründe für die Entfremdung von der Philosophie waren vielfältig. Vor allem die Unzufriedenheit mit der philosophischen Spekulation in der Hegel-Nachfolge und der revolutionäre Bruch innerhalb der bürgerlichen Gesellschaft, der durch Marx, Kierke-

---

[1] Nach Hermine Wittgenstein, Familienchronik (unveröffentlicht).

gaard und Nietzsche vollzogen worden war, trugen zu dieser Situation
bei. Zu diesen beiden eher internen Philosophie-Kritiken kam die Entfremdung von unserem geistigen Erbe durch die Verwissenschaftli-
chung des Lebens und durch die Vorherrschaft naturwissenschaftlicher
Denkmethoden hinzu.

Für die Philosophie stellte sich daher in bezug auf dieses zuletzt ge-
kannte Faktum eine *neue Aufgabe.* Sie mußte die durch die modernen Wissenschaften aufgeworfenen Probleme aus Relativitätstheorie,
Quantentheorie, mathematischer Logik u. ä. zur Kenntnis nehmen und
in ihre reflexive Wirklichkeitsbewältigung einbeziehen. Genau diese
Notwendigkeit einer Integration der wissenschaftlichen Wirklichkeit
mit dem allgemeinen philosophischen Anliegen einer Sinngebung und
einer Humanisierung der Welt führte zur *Entstehung der analytischen
Philosophie,* als deren Hauptvertreter Wittgenstein heute gilt.

Will man den Beitrag würdigen, den Wittgenstein zur Verwirklichung
des analytischen Programms geleistet hat, indem man seine *Veröffentlichungen* zur Hand nimmt, so wird man schnell enttäuscht. Das einzige
von ihm selbst publizierte philosophische Buch ist der 1921 erschienene ›Tractatus logico-philosophicus‹ ›Logisch-philosophische Abhandlung‹. Alle anderen philosophischen Veröffentlichungen stammen
aus dem umfangreichen Nachlaß, der an die dreißigtausend Seiten umfaßt und bis heute nicht vollständig veröffentlicht ist. Das Buch enthält
eine systematische Komposition von losen Gedanken, die Wittgenstein
im Laufe von sieben Jahren niedergeschrieben hatte. Es umfaßt wenig
mehr als 100 Seiten. Das Vorwort wirkt verständlich und vielverspre-
chend. Da heißt es: „Das Buch behandelt die philosophischen Probleme und zeigt – wie ich glaube –, daß die Fragestellung dieser Probleme auf dem Mißverständnis der Logik unserer Sprache beruht. Man
könnte den ganzen Sinn des Buches etwa in die Worte fassen: Was sich
überhaupt sagen läßt, läßt sich klar sagen; und wovon man nicht reden
kann, darüber muß man schweigen. Das Buch will also dem Denken
eine Grenze ziehen, oder vielmehr – nicht dem Denken, sondern dem
Ausdruck der Gedanken." Besonders auffällig ist der vorletzte Satz des
Vorwortes: Es „scheint mir die *Wahrheit* der hier mitgeteilten Gedanken
unantastbar und definitiv. Ich bin also der Meinung, die Probleme im
Wesentlichen endgültig gelöst zu haben."

Wenn man dann weiterliest, fällt die strenge Numerierung auf, die
eine strenge Systematik vortäuscht. Wittgenstein schreibt in einem as-
ketischen Stil lapidare Sätze, verwendet keinerlei Fußnoten und beruft
sich kaum auf klassische Vorgänger. Zum ersten Überblick seien die
Kernsätze aufgezählt, die wegen ihrer Gewichtigkeit mit einstelligen
Zahlen versehen sind:

„1. Die Welt ist alles, was der Fall ist.
2. Was der Fall ist, die Tatsache, ist das Bestehen von Sachverhalten.
3. Das logische Bild der Tatsachen ist der Gedanke.
4. Der Gedanke ist der sinnvolle Satz.
5. Der Satz ist eine Wahrheitsfunktion der Elementarsätze.
6. Die allgemeine Form der Wahrheitsfunktion ist …" (hier folgt eine Rekursionsformel, die alle logischen Prozesse auf Verneinungen und Konjunktionen zurückführt).
„7. Wovon man nicht sprechen kann, darüber muß man schweigen."

Offensichtlich ist ein großer Teil des Buches dazu bestimmt, die Arbeiten über *Logik* und *Grundlagenmathematik* weiterzuführen, die die beiden bedeutenden Logiker Gottlob Frege und Bertrand Russell um die Jahrhundertwende entwickelt hatten. Frege ging es darum, die Grundlagen der Mathematik so zu festigen, daß kein Mensch mehr an deren Fundamenten rütteln konnte. Bekanntlich gilt die Mathematik seit eh und je als Inbegriff der Sicherheit. Um diese Evidenz zu erklären, versuchte Frege, ihre Inhalte auf die Logik zurückzuführen. Man spricht deshalb in der Grundlagentheorie von Logizismus. Seine Lehre lebt heute in der These weiter, alle Mathematik sei Mengenlehre. Ähnliche Überlegungen führten Russell zur Ausarbeitung des Standardwerkes ›Principia Mathematica‹. Bei der Durcharbeitung von Freges Ansatz stieß er auf Antinomien, das heißt auf innere Widersprüche, die das gesamte Gebäude der Mathematik gefährdeten. Dieser Umstand bedeutete eine Katastrophe für die Selbstsicherheit aller exakten Wissenschaften und löste die sogenannte *Grundlagenkrise* aus.

Als Gegenmittel gegen die Antinomien hatte Russell in den ›Principia Mathematica‹ eine originelle Typentheorie geschaffen, – und gegen diese Typentheorie kämpft Wittgenstein im ›Traktat‹ an. Dabei versucht er eine eigene Lösung des Grundlagenproblems und macht in diesem Zusammenhang eine Reihe interessanter logischer und erkenntnistheoretischer Entdeckungen. Entscheidend und folgenreich aber war vor allem, daß er die Sprache in den Mittelpunkt seiner Untersuchungen stellt. Genau dies ist ein Hauptmerkmal der sogenannten analytischen Philosophie. Die beiden anderen entscheidenden Merkmale dieser philosophischen Strömung sind die Berufung auf die Logik und die Ablehnung des Systems als Erfassung der Totalität, also eine Ablehnung des spekulativen Denkens.

Wittgenstein fragt im ›Traktat‹: *Welche Bedingungen müssen erfüllt sein, damit eine sinnvolle Sprache möglich ist?* Diese Fragestellung ist ganz allgemein gemeint, das heißt es handelt sich nicht nur um mathematische, logische oder wissenschaftliche Sprachen wie bei Frege oder

Russell. Es ist vielmehr eine Art *transzendentale Fragestellung:* die Frage nach den Bedingungen der Möglichkeit von Sprache. Dazu entwickelt Wittgenstein eine interessante *Abbildtheorie.* Er geht davon aus, daß alle Aussagen entweder logische Verknüpfungen von Elementarsätzen sind (sogenannte Wahrheitsfunktionen) oder aber als Elementarsätze Verbindungen von Namen darstellen, die über hinweisende Erklärungen auf Elemente der Wirklichkeit hindeuten. Wenn Elementarsätze nur Namen enthalten, fragt es sich, wie man damit etwas *aussagen* kann. Denn eine bloße Aufzählung von Namen sagt nichts aus, wie beispielsweise „Sokrates, Philosoph, Weisheit." Nun heißt es gleich zu Beginn des ›Traktats‹, die Welt ist nicht die Gesamtheit der *Dinge,* sondern alles, was der Fall ist, das heißt die *Gesamtheit der Tatsachen.* Damit ist die Frage „wie kommt die Prädikation in die Sprache?" leichter zu beantworten. Wittgensteins Antwort lautet: In den sprachlichen Gebilden steckt eine *logische Struktur,* die mit der übereinstimmt, die in den Tatsachen steckt. Zwischen den Elementen, welche die Aussage aufbauen, und den Elementen, welche die Tatsache bedingen, existiert eine analoge (isomorphe) Struktur. Die Welt der Tatsachen, die Welt der Gedanken über Tatsachen und die Welt der Sprache stehen in einem Abbildungsverhältnis, das allerdings nicht im Sinne *photographischer* Abbildungen gedacht werden darf, sondern im Sinne *mathematischer* Abbildungen von Strukturen. Zum Beispiel ist in diesem Sinne eine Schallplatte die Abbildung einer Partitur. Weil dieses Abbildungsverhältnis auch im *sprachlichen* Bereich besteht, ist es möglich, die Tatsachen in einer Sprache zu erfassen. Allerdings kann dies nicht mittels der *Alltagssprache* geschehen, sondern nur innerhalb einer gereinigten *logischen Kunstsprache,* die angeblich als eine Art Tiefengrammatik allen Alltagssprachen zugrunde liegt. Man spricht in diesem Zusammenhang von *Idealsprachphilosophie.*

Sprechen ist also dann sinnvoll, wenn es Tatsachen abbildet. Nun kommt diese Tatsachenbeschreibung aber den *Naturwissenschaften* zu; und so fragt man sich, was uns dann die Philosophie noch zu sagen hat. Kann Philosophie überhaupt *sinnvolle* Aussagen machen, wenn sinnvolles Sprechen Abbildung von *Tatsachen* ist?

Sobald man diese Gedanken weiterverfolgt, entdeckt man im ›Traktat‹ neben den logischen, sprachphilosophischen und erkenntnistheoretischen Überlegungen Reflexionen über die Möglichkeit sinnvollen philosophischen Sprechens und über die *Grenzen der Philosophie.* Und wegen dieser Gedanken wird der ›Traktat‹ auch heute noch diskutiert. Am Ende des Buches häufen sich diese Überlegungen zur Philosophie im allgemeinen und gipfeln schließlich in einer widerspruchsvollen Selbstaufhebung. Der Schluß des ›Traktats‹ lautet:

Die richtige Methode der Philosophie wäre eigentlich die: Nichts zu sagen, als was sich sagen läßt, also Sätze der Naturwissenschaft – also etwas, was mit Philosophie nichts zu tun hat –, und dann immer, wenn ein anderer etwas Metaphysisches sagen wollte, ihm nachzuweisen, daß er gewissen Zeichen in seinen Sätzen keine Bedeutung gegeben hat. Diese Methode wäre für den anderen unbefriedigend – er hätte nicht das Gefühl, daß wir ihn Philosophie lehrten –, aber *sie* wäre die einzig streng richtige.

Meine Sätze erläutern dadurch, daß sie der, welcher mich versteht, am Ende als unsinnig erkennt, wenn er durch sie – auf ihnen – über sie hinausgestiegen ist. (Er muß sozusagen die Leiter wegwerfen, nachdem er auf ihr hinaufgestiegen ist.) Er muß diese Sätze überwinden, dann sieht er die Welt richtig.

Wovon man nicht sprechen kann, darüber muß man schweigen.[2]

Zum besseren Verständnis dieses Ausgangs dienen noch folgende Stellen:

Die meisten Sätze und Fragen, welche über philosophische Dinge geschrieben worden sind, sind nicht falsch, sondern unsinnig. Wir können daher Fragen dieser Art überhaupt nicht beantworten, sondern nur ihre Unsinnigkeit feststellen. Die meisten Fragen und Sätze der Philosophen beruhen darauf, daß wir unsere Sprachlogik nicht verstehen.

Alle Philosophie ist 'Sprachkritik'.

Der Zweck der Philosophie ist die logische Klärung der Gedanken.

Die Philosophie ist keine Lehre, sondern eine Tätigkeit.

Ein philosophisches Werk besteht wesentlich aus Erläuterungen.

Das Resultat der Philosophie sind nicht 'philosophische Sätze', sondern das Klarwerden von Sätzen.[3]

Nach der ersten Lektüre des ›Traktats‹ ist sicherlich jeder Leser verunsichert, weil er das meiste nicht versteht. Es hilft auch nicht viel, wenn man weiß, daß selbst Wittgensteins engster Freund, Bertrand Russell, den ›Traktat‹ nicht ganz durchschaut hat. Die Abhandlung ist in der Tat undurchsichtig und widerspruchsvoll und entspricht so keineswegs den Standards, die man in der analytischen Philosophie heute im allgemeinen fordert. Nachdem das Werk aber andererseits bei Fachleuten schnell höchste Beachtung gefunden hatte und man die angeschnittenen Fragen äußerst interessant empfinden kann, wird man sich vielleicht die Mühe machen, andere Quellen zum besseren Verständnis der Gedanken Wittgensteins heranzuziehen. Man kann entweder den historischen und kulturellen Hintergrund von Wittgensteins Lebenswelt betrachten oder sich der Biographie zuwenden, also Briefe, Tagebücher, Äußerungen von Freunden und ähnliches berücksichtigen. Beide Möglichkeiten lassen sich hier nur andeuten.

[2] T 6.53, 6.54, 7 (vgl. Kurzbibliographie).
[3] T 4.003, 4.0031, 4.112.

Zum *kulturhistorischen Hintergrund* folgende Bemerkungen: Man kann beobachten, daß sich Wittgenstein innerlich und äußerlich von seiner damaligen Welt distanziert hat. Seine Vorbilder waren Karl Kraus und andere geistige Rebellen. Wittgenstein ist übrigens in Wien aufgewachsen, als Kind reicher Eltern, bei denen zahlreiche Größen jener Zeit verkehrten.[4] Man hat wegen der erwähnten Distanzierung des jungen Wittgenstein seine Frühphilosophie als einen Versuch interpretiert, aus der ekelhaften Lügenhaftigkeit und Sinnlosigkeit der k. u. k. Monarchie herauszufinden. Danach hätte er das gleiche in der Philosophie geleistet, was Freud in der Psychoanalyse getan hat, was Karl Kraus' ›Fackel‹ vollbrachte und was Arnold Schönberg in der Musik bzw. Adolf Loos in der Architektur erreicht hatten, nämlich die Entlarvung der Sinnlosigkeit jener Denk- und Lebensform im damaligen Wien.

Dies ist sicher eine sehr einseitige Interpretation.[5] Aber auch die *Biographie* beantwortet nicht alle Fragen und enthält Widersprüche. Hier wird häufig aus einem Brief an Russell zitiert: „Der Angelpunkt ist die Theorie dessen, was durch Aussagen … ausgedrückt werden kann … und dessen, was durch Aussagen nicht ausgedrückt, sondern nur gezeigt werden kann; das glaube ich, ist das Kardinalproblem der Philosophie."[6]

Im sogenannten Neopositivismus des „Wiener Kreises" wurde dazu eine recht plausible Interpretation angeboten.[7] Danach läßt sich alles Klarsagbare als Tatsache innerhalb der Naturwissenschaften ausdrükken. Die Naturwissenschaften führen die Elemente der Aussagen auf Sinneseindrücke zurück, die durch Beobachtungen abgesichert sind. Aus den Kombinationen dieser Urgegebenheiten, den atomaren Tatsachen, wird dann mittels der modernen Logik der Gegenstand der wissenschaftlichen Theorie gebildet.

Auch über das Unsagbare ist bei den Positivisten alles gesagt: Das Unsagbare betrifft die metaphysische Spekulation, die hinter die Welt

---

[4] So z. B. Johannes Brahms und Sigmund Freud, der mit Wittgensteins Schwester Margarete befreundet war. Vor allem avantgardistische Künstler zählten zu den Gästen wie Gustav Mahler, Gustav Klimt, Bruno Walter und Pablo Casals. 1914 stiftete Wittgenstein Künstlern wie Georg Trakl, Rainer Maria Rilke, Else Lasker-Schüler, Oskar Kokoschka und Adolf Loos größere Geldsummen.

[5] Vor allem in: A. Janik u. St. Toulmin, Wittgensteins Wien, München–Wien ²1985.

[6] Brief 37 an Russell, in: Georg H. von Wright, Letters to Russell, Keynes and Moore (vgl. Kurzbibliographie).

[7] Der „Wiener Kreis" bestand aus einer Gruppe von einflußreichen Philosophen, Mathematikern und Naturwissenschaftlern (wie M. Schlick, R. Carnap, O. Neurath, K. Gödel), welche die Idee des ›Traktats‹ aufgriffen und in ihre neopositivistischen Theorien einbauten.

der Tatsachen blicken will, ferner all das Gerede über Ästhetik, und Religion. Diese Bereiche betreffen nur subjektive Gefühle unu haben nichts mit Erkenntnis zu tun. Man muß gegenüber solchen Aussagen skeptisch bleiben, weil sie eigentlich inhaltslos sind. So sind in den Augen Carnaps Metaphysiker verhinderte Musiker, „Musiker ohne musikalische Fähigkeit"[8].

Von dieser Interpretation des Positivismus hat sich Wittgenstein ausdrücklich distanziert. Er wehrte sich stets gegen den Positivismusvorwurf, wenn auch meistens vergebens. Aus diesem Grunde sollte man eine dritte Deutung des ›Traktats‹, nämlich die *ethische Deutung,* nicht gering schätzen. Der Forderung nach analytischer Klarheit und den Grenzziehungen im ›Traktat‹ liegt nach dieser Deutung ein moralisches Motiv zugrunde. In der Biographie Wittgensteins fällt die Askese und sein inneres Ringen um Reinheit auf. Diese Bemühungen dürften den Grund darstellen, weshalb Wittgenstein sich immer wieder auf Augustinus, Kierkegaard und Dostojewskij bezog, mit denen er sich wesensverwandt fühlte. Das Ringen dieser Denker steht symbolisch für die Dialektik zwischen geschöpflichem und sündhaftem Sein auf der einen Seite und dem Vollkommenen – sei es im Leben, in der Sprache, in der Wissenschaft, im Denken – auf der anderen Seite.

Wichtig sind in diesem Zusammenhang einige Tagebuch-Eintragungen zum Unausprechlichen in der Religion. Während des Krieges an der Ostfront schreibt er im Juli 1916:

„An einen Gott glauben, heißt sehen, daß es mit den Tatsachen der Welt noch nicht abgetan ist."

„An Gott glauben, heißt sehen, daß das Leben einen Sinn hat."

„Den Sinn des Lebens, d. i. den Sinn der Welt, können wir Gott nennen. Und das Gleichnis von Gott als einem Vater daran knüpfen. Das Gebet ist der Gedanke an den Sinn des Lebens."[9]

Man kann daraus entnehmen, daß es Wittgenstein vor allem um drei Kontingenzerfahrungen geht, die jenseits aller naturwissenschaftlichen Aussagemöglichkeit liegen:
– Das Staunen über die Existenz der Welt;
– Die Erfahrung eines persönlichen Schuldgefühls und
– Die Erfahrung einer absoluten Geborgenheit, die sich nur aus einer tiefen Religiosität Wittgensteins erklären läßt.

Zusammenfassend läßt sich feststellen, daß es Wittgenstein in seiner

---

[8] R. Carnap, Überwindung der Metaphysik durch logische Analyse der Sprache, in: H. Schleichert, Logischer Empirismus. Der Wiener Kreis, München 1975, 170.
[9] Tagebücher 1914–1916, Werkausgabe Bd. 1, 168, 167.

Frühphilosophie darum geht, eine Grenzlinie zu ziehen zwischen dem
Sagbaren und dem Unsinn überhaupt. Dieses Anliegen steht aber im
Zusammenhang mit einer größeren Problemstellung, nämlich mit der
Integration von Wissenschaft und Leben. Er hat sich bemüht, die
menschlichen Probleme auf der Basis unserer modernen Welterfahrung
zu lösen, die durch Logik, Naturwissenschaft, Technik, Aufklärung und
Weltimmanenz charakterisiert sind. Dabei führte er diesen Ansatz in
strenger logischer Konsequenz durch und zeigte – wahrscheinlich zu
seiner eigenen Überraschung –, daß man damit scheitern muß. Er *ist*
nicht einfach gescheitert – das widerfuhr schon vielen Denkern –, sondern hat durch Einbeziehung aller wissenschaftlichen Ergebnisse de-
monstriert, daß man scheitern *muß*.

Die Denkfigur Wittgensteins beweist die Widersprüchlichkeit eines
Denkens, das ästhetische, ethische und religiöse Phänomene allein mit
den strengen Methoden der Wissenschaften korrekt erklären will. Wittgensteins Ergebnis lautet: was gut, schön und religiös ist, zeigt sich von
selbst und braucht nicht gelehrt zu werden; keine Philosophie und
keine wissenschaftliche Analyse führen hier in den eigentlichen
Lebensfragen weiter. „Wir fühlen, daß, selbst wenn alle möglichen wissenschaftlichen Fragen beantwortet sind, unsere Lebensprobleme noch
gar nicht berührt sind. Freilich bleibt dann eben keine Frage mehr; und
eben dies ist die Antwort."[10]

Wittgenstein hat daraus radikale Folgerungen für sein Leben gezogen. Er verstummte in der Philosophie, gab sein Vermögen auf und än-
derte seinen Lebensstil radikal; er setzte sich als Dreißigjähriger nochmals auf die Schulbank und wurde Volksschullehrer. Man kann sich
leicht vorstellen, daß eine solch unruhige und geistig aufgeschlossene
Natur wie Wittgenstein die Existenzweise eines einfachen Volksschul-
lehrers nicht lange durchhalten konnte. Er kehrte nach wenigen Jahren
wieder zur Philosophie zurück. Und nun geschah etwas ganz Eigenarti-
ges. Es wiederholte sich gewissermaßen das Drama seiner bisherigen
geistigen Entwicklung: Es ist wieder nur *ein* Buch, das in die Öffentlichkeit kam und von ihm selbst (wenigstens zum größten Teil) für die
Publikation vorbereitet wurde: die ›Philosophischen Untersuchungen‹,
die 1953 posthum erschienen sind und als sein Hauptwerk gelten.
Wiederum stürzten sich die Philosophen auf das Buch und verein-
nahmten es für eine philosophische Doktrin, für die sogenannte *sprachanalytische Schule* oder „ordinary language philosophy". Aber – wieder
das gleiche Schauspiel! – er hat sich auch von diesen Tendenzen, die
sich aufgrund seiner Vorlesungen und kursierenden ungedruckten Ma-

---

[10] T 6. 52.

nuskripte verbreitet hatten, immer wieder distanziert. Über die bekannte Zeitschrift ›Mind‹ schreibt er: „Wenn Philosophie mit Weisheit irgendetwas zu tun hat, ist sicher nie ein Körnchen davon in Mind, aber sehr oft in Detektivgeschichten."[11]

Wittgenstein brachte es demnach fertig, durch zwei nicht sehr umfangreiche Bücher zwei grundlegende Strömungen des 20. Jahrhunderts zu begründen, ohne daß er es wollte, nämlich den *Neopositivismus* auf der einen und die *sprachanalytische Philosophie* auf der anderen Seite. Erst durch den großen Einfluß der sprachanalytischen Philosophie auf die Philosophie der letzten dreißig Jahre wurde Wittgenstein berühmt, und zwar diesmal über die Fachkreise hinaus.

2. Die Spätphilosophie Wittgensteins

Nach seiner Rückkehr zur Philosophie vollzieht sich ein entscheidender Wandel. Wittgenstein anerkennt nun viele Funktionen der Sprache und kritisiert die Einseitigkeit der Sprachauffassung im ›Traktat‹. Seine ursprüngliche Frage nach sprachlichem Sinn, also danach, wie und warum Sprache funktioniert, bleibt allerdings von diesem Wandel der Sprachauffassung unberührt. In den Mittelpunkt der neuen Philosophie tritt an die Stelle des Abbildungsbegriffs der Begriff des *Sprachspiels*. Dieser Begriff soll nun im folgenden erläutert werden.

Die einfachste Vorstellung, wie Sprache funktioniert, ist die, daß jedes Wort seine feste Bedeutung hat und – weil alle Sprachpartner diese Bedeutung kennen – daß damit eine geistige Kommunikation möglich ist. Wittgenstein glaubt, diesen Standpunkt am reinsten bei Augustinus gefunden zu haben. Teil I der ›Philosophischen Untersuchungen‹ beginnt daher mit einem Zitat aus den ›Bekenntnissen‹ des Augustinus:

'Nannten die Erwachsenen irgend einen Gegenstand und wandten sie sich dabei ihm zu, so nahm ich das wahr und ich begriff, daß der Gegenstand durch die Laute, die sie aussprachen, bezeichnet wurde, da sie auf *ihn* hinweisen wollten. Dies aber entnahm ich aus ihren Gebärden, der natürlichen Sprache aller Völker, der Sprache, die durch Mienen- und Augenspiel, durch die Bewegungen der Glieder und den Klang der Stimme die Empfindungen der Seele anzeigt, wenn diese irgend etwas begehrt, oder festhält, oder zurückweist, oder flieht. So lernte ich nach und nach verstehen, welche Dinge die Wörter bezeichneten, die ich wieder und wieder, an ihren bestimmten Stellen in verschiedenen Sätzen, aussprechen hörte. Und ich brachte, als nun mein Mund sich an diese Zeichen gewöhnt hatte, durch sie meine Wünsche zum Ausdruck.' In diesen Worten erhalten wir, so scheint es mir, ein bestimmtes Bild von dem Wesen der menschli-

---

[11] N. Malcolm, Ludwig Wittgenstein, Ein Erinnerungsbuch, Wien o.J., 50.

chen Sprache. Nämlich dieses: Die Wörter der Sprache benennen Gegenstände – Sätze sind Verbindungen von solchen Benennungen. – In diesem Bild von der Sprache finden wir die Wurzeln der Idee: Jedes Wort hat eine Bedeutung. Diese Bedeutung ist dem Wort zugeordnet. Sie ist der Gegenstand, für welchen das Wort steht.

Aber – um das Problem an einem *Beispiel* zu erläutern –, was ist dann die Bedeutung des Wortes „Schmerz"? Was wird im Einzelfall mit dem Wort bezeichnet? Worauf verweist man, wenn man das Wort ausspricht? Wittgenstein schlägt vor, hier einen Blick auf das *Erlernen* der Sprache zu werfen. Wenn ein Kind das Wort „Ball" erlernt, kann man ohne Schwierigkeiten auf einen Ball zeigen. Man spricht in diesem Zusammenhang von einer hinweisenden Definition, wie sie auch im Text von Augustinus angesprochen wird. Aber wenn das Kind das Wort „Schmerz" lernt, dann kann die Mutter doch nicht auf ihren Schmerz zeigen oder auf den Schmerz eines anderen Menschen. Vielmehr muß ein Bezug zur Gesamtsituation bestehen, in der das Kind und die Mutter stehen. Auch ein anderer Vorschlag, sein eigenes Inneres zu beobachten, schlägt fehl; denn ein Kind, das Schmerzen hat, kann zugleich in seinem Inneren ganz andere Vorstellungen mit sich herumtragen, so daß es nicht weiß, welche Vorstellung es dem Wort zuordnen soll.

Dieses einfache Sprachmodell mit der hinweisenden Definition funktioniert also gar nicht. Wir müssen schon etwas mehr wissen, wenn wir das verstehen wollen, was Augustinus mit seinen Ausführungen über die ersten Schritte des Spracherlernens gemeint haben mag.

Übrigens besteht nach Wittgenstein eine ähnliche Problematik auch in allen anderen Fällen von Sprachverwendung, auch in so einfachen Beispielen wie der *Namensgebung.* Wie erlernt man z. B., was „Stuttgart" oder „Karajan" bedeuten? Man denkt hier natürlich an das Aufstellen eines Ortsschildes bzw. an das Anheften eines Namensetiketts an die Person. Aber diese sogenannte Etiketten-Theorie funktioniert gar nicht, weil zahlreiche Verwechslungen möglich sind. Denn der Akt der Zuordnung setzt voraus, daß man weiß, daß das Etikett der Stadt bzw. dem Menschen zugeordnet werden soll, nicht der Stelle, wo das Schild steht, oder dem Jackett, das Karajan trägt. Man erkennt, daß auch schon so einfache Fälle wie Namensgebungen und Beschreibungen auf die Notwendigkeit verweisen, einen *ganzen Kontext mitzudenken.* Zum Erlernen und zur sinnvollen Verwendung von Sprachbedeutungen muß demnach eine Gesamtsituation vorgegeben sein, eine Art *sprachliche Lebensform,* ein Kontext, aus dem heraus die Bedeutungen, die erlernt und dann vermittelt werden, allein verstehbar sind. „Man könnte also sagen: Die hinweisende Definition erklärt den Gebrauch – die Bedeutung – des Wortes, wenn es schon klar ist, welche Rolle das

Wort in der Sprache überhaupt spielen soll. Wenn ich also weiß, daß einer mir ein Farbwort erklären will, so wird mir die hinweisende Erklärung 'Das heißt ›Sepia‹' zum Verständnis des Wortes verhelfen. – ... Man muß schon etwas wissen (oder können), um nach der Benennung fragen zu können."[12]

Bezüglich des Schmerzbeispiels heißt das, daß das Wort „Schmerz" nur dann verständlich ist, wenn Schmerzäußerungen und Schmerzverhalten mit betrachtet werden; der Schmerz muß also vor allem *öffentlich* sein, er muß einen Bestandteil des Lebenszusammenhangs darstellen. Dagegen ist es unwesentlich, was man dabei innerlich fühlt. Entsprechend muß man im Karajan-Beispiel wissen, daß es sich um einen Menschen handelt, d. h. man muß schon über Artausdrücke (Menschen) Bescheid wissen, um dann ein Exemplar unter vielen daraus auszuwählen.

Solche Funktionseinheiten, in welche die Einzelbedeutungen eingebaut sind und die immer wieder mitgedacht werden müssen, nennt Wittgenstein *Sprachspiele*. In PU 23 zählt er eine Reihe solcher Sprachspiele auf: Befehlen, und nach Befehlen handeln – Berichten eines Hergangs – Eine Hypothese aufstellen und prüfen – Eine Geschichte erfinden; und lesen – Theater spielen – Aus einer Sprache in die andere übersetzen – Bitten, Danken, Fluchen, Grüßen, Beten.

Wir können als *Ergebnis* dieser Überlegungen festhalten: Für Wittgenstein ist die Bedeutung eines Wortes nicht ein bestimmter geistiger oder materieller Gegenstand oder ein bestimmter Erlebnisinhalt, sondern die Bedeutung eines Wortes ist sein Gebrauch in einem Funktionszusammenhang, eben in einem Sprachspiel. Dazu zwei Zitate von Wittgenstein:

Die Bedeutung eines Worts ist sein Gebrauch in der Sprache. Jedes Zeichen scheint *allein* tot ... Im Gebrauch *lebt* es.[13]

Man spricht in diesem Zusammenhang von der „*Gebrauchsthese der Bedeutungen*". Was in dieser These alles angesprochen wird, ist in der folgenden Gegenüberstellung angedeutet.

Gegenstandstheorie der Bedeutung	*Sprachspieltheorie der Bedeutung*
1. Die Sprache dient dazu, über die Welt zu sprechen (Information).	Sprache hat viele Funktionen, mit der Welt zu kommunizieren.

[12] PU [Ziffer] 30 (vgl. Kurzbibliographie).
[13] PU 43, PU 432.

2. Wörter bezeichnen Gegenstände. Jedes Wort ist ein Name ("Namentheorie").

Benennen ist keine Taufe eines Gegenstandes, sondern eine Sprachhandlung, die bereits ein Geflecht von Sprachelementen voraussetzt ("Sprachspiel").

3. Die Bedeutungen der Wörter sind die bezeichneten Gegenstände.

Hier werden "Bedeutung" und "Träger des Namens" verwechselt.

4. Die Bedeutung des Wortes ist das Wesen, das allen durch das gleiche Wort bezeichneten Gegenständen gemeinsam ist (der "Begriff").

Es gibt keine solchen gemeinsamen Merkmale, die allen Gegenständen zukämen. Es gibt nur Familienähnlichkeiten und Bündel von Beschreibungen.

5. Sprachbeherrschung ist etwas Geistiges (vgl. den Unterschied: Tonband – Mensch).

Die sog. geistige Komponente spielt in der Beherrschung von Sprache keine Rolle.

6. Intentionale Akte können ihre Gegenstände erschaffen (Erinnerungen, Vorstellungen, Erwartungen).

Es gibt keine intentionalen Gegenstände. Wörter und Sätze haben ihren Sinn unabhängig von solchen Gegenständen.

7. Empfindungen und Eindrücke sind privat. Nur von sich selbst kann man wissen, welche Empfindungen man hat; von anderen kann man es nur vermuten.

Es gibt keine privaten Erfahrungen, über die man sprechen könnte. Es gibt keine Privatsprache.

So bringt Wittgenstein in den ›Philosophischen Untersuchungen‹ die verschiedenartigsten psychologischen, sprachtheoretischen, erkenntnistheoretischen und pädagogischen Probleme zur Sprache, die seit jeher die Philosophen beschäftigt haben. Besonders ausführlich werden Seelenzustände und geistige Prozesse unter die Lupe genommen, also Themen wie Denken, Verstehen, Wollen, Sprachbedeutung usw. Aber – und das ist das Entscheidende – für Wittgenstein sind diese Untersuchungen nicht Selbstzweck. Sie bilden gewissermaßen nur Nebenergebnisse in seinem eigentlichen Anliegen. Dies besteht nach wie vor darin, mit den sprachlichen Verwirrungen und Verstrickungen fertig zu werden, in die wir durch Sprachverführungen und vor allem durch die Philosophie immer wieder geraten.

So sind wir wieder bei der alten Wittgensteinschen These von der *Philosophie als Sprachkritik* angelangt. Die Sprachanalyse heilt von der Krankheit der Philosophie, z. B. von den Geist-Theorien des deutschen Idealismus, indem sie zeigt, daß alle philosophischen Probleme auf sprachlichen Mißverständnissen beruhen. Man nennt diese Auffassung die *therapeutische Interpretation:* Philosophie gilt nicht mehr als Lehre von den letzten Einsichten, sondern als Therapie.

Aber mit dieser Deutung stehen wir wieder vor einem ähnlichen Dilemma wie in der ›Traktat‹-Interpretation: Auf der einen Seite vermittelt Wittgenstein zahlreiche neue Anregungen und Lösungsvorschläge zu philosophischen Problemen; auf der anderen Seite spricht er von der Selbstaufhebung der Philosophie, im Bewußtsein, daß es noch eine andere Welt gibt, die Welt *sub specie aeterni.*

Je nachdem, welche der beiden Tendenzen man für wichtiger hält, fällt die *Beurteilung Wittgensteins* aus. Die eine Deutung führt zum therapeutischen Standpunkt, die andere zum sprachanalytischen Konzept, d. h. zu einer speziellen philosophischen Auffassung, die von der zentralen Bedeutung der Sprache für alle Problemstellungen geprägt ist.

Aus therapeutischer Sicht bedeutet Wittgensteins Philosophieren zugleich die Aufhebung der Philosophie. Er steht dann in einer Reihe mit Marx, Nietzsche und Heidegger, die jeweils auf ihre Weise eine völlig neue Denkweise propagierten, welche die alte Philosophie unmöglich machen sollte. In dieser Deutung stellt Wittgensteins Werk ein Plädoyer für die Unhaltbarkeit jeder inhaltlichen philosophischen Lehre dar. Seine Kritik vollzieht die Destruktion des abendländischen Denkens schlechthin. Was bleibt, ist das Gespräch, das von philosophischen Krankheiten heilt, denen wir wegen des unstillbaren metaphysischen Bedürfnisses immer wieder ausgesetzt sind. [14]

Ganz anders der *sprachanalytische Standpunkt.* Hier wird darauf hingewiesen, daß Wittgensteins Gedanken selbst auf eine bestimmte Philosophie im klassischen Sinne aufbauen und deshalb nicht nur therapeutisch interpretiert werden dürfen. Wittgenstein ist demnach der Begründer einer neuen Denkweise *innerhalb* der Philosophie. Die Analytiker sprechen von einer Revolution im Denken und distanzieren sich von der Sprachvergessenheit früherer philosophischer Denkformen. Weil in der Alltagssprache die geistigen Erfahrungen von Generationen und Jahrhunderten vorborgen sind und die Sprache nicht hintergehbar ist, muß in allen philosophischen Fragen zuerst das sprachliche Funda-

---

[14] Zwei Beispiele zur therapeutischen Auffassung: R. Rorty, Der Spiegel der Natur: Eine Kritik der Philosophie, Frankfurt a. M. 1981; W. Schweidler, Wittgensteins Philosophiebegriff, Freiburg–München 1983.

ment betrachtet werden. Begriffe und Urteile sind zu analysieren und auf die Reichweite ihres Gebrauchs hin zu klären. Erst nach der Sprachanalyse, d. h. der Einsicht in Struktur und Wirkungsweise der Sprache, können die alten philosophischen Fragestellungen mit ihren Bewertungen und Deutungen weiterverfolgt werden. Einige Streitfragen werden dann als Mißverständnisse der Sprache von selbst verschwinden, andere werden in neuerer Form in das Bewußtsein treten. Die uralten Rätsel der Menschheit tauchen in sprachlicher Vermittlung wieder auf; es sind die quälenden Verführungen der Sprache, die zugleich auf die Komplexität unseres Daseins verweisen und in jeder neuen Generation, ja in jedem nachdenklichen Menschen, wieder wirksam werden. So ist die Philosophie in der Deutung der sprachanalytischen Philosophie eine unter den vielen Möglichkeiten, Philosophie zu betreiben.[15]

Die *Auswirkungen* dieser sprachanalytischen Grundidee auf die Sprachwissenschaften und verwandten Disziplinen sind enorm. Der Name Wittgenstein begegnet uns im Zusammenhang mit der Sprechakttheorie; die Unterscheidung von Oberflächen- und Tiefengrammatik ist ein Wittgensteinscher Gedanke; kommunikationstheoretische Überlegungen berufen sich auf die Begriffe des Sprachspiels und der Lebensform; die umfangreiche Diskussion über den Paradigmenbegriff hat ihren Ausgangspunkt bei Wittgenstein (deshalb knüpfen neuere Konzepte metaphysischer und religionsphilosophischer Art häufig an Wittgenstein an). Sozialisierungstheorien und Lehren der Psychoanalyse beziehen sich bei der Untersuchung privatsprachlicher Deformationen auf Wittgenstein. Bei Pädagogen ist die Rede von Sprachspielen für Kinder usw.[16]

Wenn Wittgenstein zu Beginn der Untersuchung als der unbekannte Klassiker der modernen Philosophie bezeichnet wurde, so bezieht sich

[15] Auch hierzu zwei Beispiele: R. F. Beerling, Sprachspiele und Weltbilder. Reflexionen zu Wittgenstein, Freiburg–München 1980; E. von Savigny, Wittgensteins Philosophische Untersuchungen. Ein Kommentar für Leser, Bd. 1, Stuttgart 1988.

[16] Die Nachweise hierzu könnten mehrere Seiten füllen. Deshalb nur je ein ausgewähltes Beispiel: J. L. Austin, Zur Theorie der Sprechakte, Stuttgart 1972. N. Chomsky, Sprache und Geist, Frankfurt a. M. 1973. P. Winch, Die Idee der Sozialwissenschaft und ihr Verhältnis zur Philosophie, Frankfurt a. M. 1966; T. S. Kuhn, Die Struktur wissenschaftlicher Revolutionen, Frankfurt a. M. 1967; S. A. Kripke, Wittgenstein über Regeln und Privatsprache. Eine elementare Darstellung, Frankfurt a. M. 1987; K. Wuchterl, Philosophie und Religion, Bern 1982; K. Brose, Sprachspiele und Kindersprache. Studien zu Wittgensteins ›Philosophischen Untersuchungen‹, Frankfurt a. M. 1985.

diese Charakterisierung vor allem auf den sprachanalytischen Aspekt. Aber nicht nur auf diesen. Auch der therapeutische Aspekt hinterließ seine Spuren, besonders in der gegenwärtigen Postmoderne-Diskussion. Die Wirkungen der Therapie müssen allerdings im Zusammenhang mit der Person Wittgenstein gesehen werden. Es ist interessant, daß Wittgensteins Leben schon sehr früh als Vorlage für moderne Dichtungen diente. So finden wir in Thomas Bernhards Roman ›Korrektur‹ biographische Eigenheiten Wittgensteins verarbeitet; in neuerer Zeit folgte der Roman ›Wittgensteins Neffe‹. Bei Somerset Maugham trägt Larry Darrell Charakterzüge Wittgensteins[17], und H. Heißenbüttels ›Tautologismen‹ stammen zweifellos aus Anregungen, die der Dichter durch die Unverständlichkeit des ›Traktats‹ erfahren hat. Kein Wunder, wenn Wittgenstein heute auch als Kronzeuge für Tendenzen zitiert wird, die in der Postmoderne wirksam werden.[18]

Unabhängig von der Entscheidung, ob man den sprachanalytischen oder den therapeutischen Standpunkt als den zentralen betrachtet, läßt sich feststellen, daß Wittgenstein in jedem Falle neue Akzente in der Gegenwartsphilosophie gesetzt hat. Vieles von dem, was die heutigen Diskussionen charakterisiert, kann man in Wittgensteins Lehren entdecken:

Die Philosophie denkt heute nicht mehr in Systemen und großen Synthesen; es ist die Rede vom „Zerfall der großen Erzählungen"[19] und vom Denken in Sprachspielen und Paradigmen. Der Philosoph bezieht sich dabei auf Einzelfragen, die er durchaus ernst nimmt: er ist analytisch geworden. Auf diese Weise versucht er, durch partielle Antworten dem Beliebigkeitsdenken zu entgehen. Die analytische Philosophie anerkennt in der Betonung von Sprechakten und Kommunikationsprozessen den Primat der Praxis, der das alte Ideal der bloßen Theorie verdrängt hat. Aber – und hier steht sie zum Teil gegen den Zeitgeist – sie respektiert auch die Wissenschaften und übernimmt deren logische und kritische Strenge. Der Analytiker sieht allerdings zugleich die Grenzen der wissenschaftlichen Betrachtung und hat längst seine aufklärerische Überheblichkeit überwunden.

Wittgensteins Einfluß ist aus unserem gegenwärtigen Bewußtsein nicht mehr wegzudenken. In allen gewichtigen Diskussionen taucht sein Name auf, und seine Ideen haben nichts von ihrer Faszination ver-

---

[17] In: S. Maugham, Auf Messers Schneide, Frankfurt a. M. 1953.
[18] Vgl. Jean F. Lyotard, Das postmoderne Wissen. Ein Bericht. Graz–Wien 1986, §3.
[19] a. a. O., 54.

loren. So gilt er mit Recht als ein Klassiker der modernen Philosophie, obwohl er so viel von der Aufhebung und Beseitigung eben dieser Philosophie gesprochen hat.

Kurzbibliographie Wittgenstein

Werkausgabe in acht Bänden. Suhrkamp Verlag, Frankfurt a. M. 1984. Texte neu durchgesehen v. J. Schulte.
Tractatus logico-philosophicus (Logisch-philosophische Abhandlung), (1912 bis 1918), erstmals veröffentlicht in: Annalen der Naturphilosophie 14/1921, hrsg. v. M. Ostwald
Werkausgabe Bd. 1 (Sigel: T).
Philosophische Untersuchungen, (1936–1949), erstmals veröffentlicht durch G. E. M. Anscombe u. R. Rhees, Oxford 1953
Werkausgabe Bd. 1 (Sigel: PU).
Über Gewißheit (1949–1951), erstmals veröffentlicht durch G. E. M. Anscombe u. G. H. von Wright, Oxford 1969
Werkausgabe Bd. 8.
Vermischte Bemerkungen (1914–1951). Eine Auswahl aus dem Nachlaß von G. H. von Wright, Frankfurt a. M. 1977
Werkausgabe Bd. 8.
Letters to Russell, Keynes and Moore, hrsg. u. eingel. v. G. H. von Wright, Oxford 1974, 2. Aufl. 1977.

WILLARD VAN ORMAN QUINE

Partnerschaft zwischen der Philosophie und den Naturwissenschaften

Von FELIX MÜHLHÖLZER

Willard Van Orman Quine beginnt seine philosophischen Überlegungen häufig auf folgende Weise.[1] Er stellt fest, daß wir unsere Informationen über die Welt ausschließlich durch unsere Sinnesrezeptoren erhalten. Unsere Sinnesrezeptoren sind Nervenzellen, die durch das Auftreffen von Teilchen und Wellen gereizt werden. Diese Sinnesreizungen sind, in einem ziemlich theoretischen Sinn, unsere Daten. Quine nennt sie, wie ein Computerwissenschaftler, den „Input". Dieser Input bringt uns dazu, gewisse Schallwellen oder Anhäufungen von Tinte oder Druckerschwärze auf Papier zu produzieren, die wir als „Beschreibungen der Welt" oder als „Theorien über die Welt" klassifizieren. Sie sind der Output. Quine fragt sich, welche Beziehung zwischen diesem Input und diesem Output besteht, und er hält diese Frage für eine der wichtigsten der Philosophie. Daß sie äußerst schwierig ist, sieht man sofort, denn jedes Individuum hat offensichtlich seinen ganz eigenen Input und seine ganz eigene, subjektive und äußerst verwickelte Weise, ihn in Output zu verwandeln. Andererseits sind wir Menschen uns jedoch alle recht ähnlich, und in unseren Weltbeschreibungen und Theorien, zumindest den naturwissenschaftlichen, stimmen wir alle in großem Maße überein. Es sollte also wohl doch eine begriffliche Ebene geben, die die Frage nach der Beziehung zwischen Daten und Theorie auf eine Weise zu beantworten erlaubt, bei der die individuellen Unterschiede zwischen den Menschen keine wesentliche Rolle spielen. Die philosophische Kunst, so könnte man sagen, bestünde gerade darin, diese Ebene zu finden.

Quine ist Empirist insofern, als er als Daten, auf denen unser Wissen

---

[1] Etwa in 'Sticks and Stones; or, the Ins and Outs of Existence', in: Leroy S. Rouner (Hrsg.), On Nature, University of Notre Dame Press, Notre Dame, 1984, 13 ff. Siehe auch Quine 1981, 39 ff. (Vgl. Kurzbibliographie; Seitenangaben bzgl. der dort angegebenen Bücher betreffen immer die deutschsprachigen Ausgaben.)

beruht, nur sinnliche Daten akzeptiert. Seine Daten sind jedoch keine 'Sinnesdaten' im Sinne der traditionellen Empiristen. Sie sind Reizungen der Sinnesrezeptoren (hauptsächlich auf unserer Körperoberfläche), also etwas Physikalisches, von dem wir nur auf dem indirekten und letztlich hypothetischen Weg über Theorie und Experiment Genaueres wissen können. Unter 'Sinnesdaten' dagegen versteht man etwas Mentales, etwas tief drinnen im menschlichen Geist, von dem man direktes und sicheres Wissen hat. Der traditionelle Empirist will mit Hilfe seiner Sinnesdaten-Konzeption unser Reden über die Dinge der Außenwelt, wozu auch die Sinnesrezeptoren gehören, rechtfertigen, und er darf dabei diese Dinge nicht schon als gegeben, d. h. eben als 'Daten', voraussetzen. Sein Vorgehen wäre sonst zirkulär. Es hat sich jedoch gezeigt, daß dieses Rechtfertigungs-Projekt eine Illusion ist. Schon David Hume mußte einsehen, daß unsere normalen Aussagen über die Außenwelt nicht aus solchen über Sinnesdaten deduzierbar sind, und das Scheitern Rudolf Carnaps in seinem Buch ›Der logische Aufbau der Welt‹ zeigt, daß sie sich auch nicht in solche übersetzen lassen. Quine zieht die Konsequenz und akzeptiert sie einfach, jedenfalls soweit, wie sie von unseren wissenschaftlichen Erkenntnissen gedeckt sind. Von letzteren macht Quine ohne Zirkularitätsskrupel freien Gebrauch. Die Frage, wie es uns gelingt, aus den mageren Informationen, die wir aufgrund der Reizungen unserer Sinnesrezeptoren empfangen, unsere reichen wissenschaftlichen Theorien zu gewinnen, die ihrerseits wieder Aussagen über diese Sinnesrezeptoren und ihre Reizungen enthalten, beinhaltet für Quine keinen Circulus vitiosus, sondern einen Circulus virtuosus. Sie lädt zu einer Art Konsistenzbetrachtung ein. Unsere Theorien sollten unter anderem erklären, wie wir zu ihnen selbst gekommen sein können.

Dies ist Quines *naturalisierte Erkenntnistheorie*. Sie ist ein wesentlicher Aspekt seines *Naturalismus*, der einfach besagt, daß eine 'Philosophia Prima', eine Erste Philosophie, die uns mit sicherem Wissen ausstatten und das Vorgehen der restlichen Wissenschaften rechtfertigen könnte, unmöglich ist und daß uns nichts anderes übrig bleibt, als das wissenschaftliche Weltbild – wobei mit „wissenschaftlich" immer „naturwissenschaftlich", und letztlich sogar nur „physikalisch", gemeint ist – einfach zu akzeptieren und innerhalb dieses Weltbilds zu philosophieren. Was ist dann noch 'Philosophie'? Wodurch läßt sich dann noch die Philosophie von naturwissenschaftlichen Theorien abgrenzen? Quine findet diese Frage langweilig. Namen von Disziplinen und entsprechende Abgrenzungen mögen nützlich sein, um Ordnung in Lehrpläne oder Bibliotheken zu bringen, unser Erkenntnisinteresse jedoch sollte sich von ihnen nicht einengen lassen. Vergegenwärtigen wir uns, was die großen Philosophen der Vergangenheit getan haben, und versuchen wir, in ihrem Geiste weiter zu philosophieren. Quine ist der Meinung, daß er genau das tut. Die großen Philosophen haben alle nach Einheit in der Vielfalt des Wirklichen gesucht. Für Quine sind es die Naturwissenschaften und letztlich die Physik, von denen wir das gewünschte einheitliche Weltbild erwarten dürfen. Die Naturwissenschaften splittern sich allerdings faktisch, und vielleicht unvermeidlich, in immer mehr Spezialgebiete auf; dann fällt dem Philosophen die wichtige Aufgabe zu, den Blick immer wieder auf die angestrebte Einheit zu lenken.

Kommen wir zurück zu unserer *Grundfrage* nach der Beziehung zwischen dem Input an Sinnesreizungen und dem „wissenschaftliche Theorie" genannten Output an Schallwellen und Druckerschwärze. Für Quine besteht die richtige Beantwortungs-Strategie in folgenden zwei Schritten. Bei dem betreffenden Output handelt es sich ja um sprachliche Äußerungen, und wir sollten uns im ersten Schritt überlegen, wie wir unsere Sprache lernen. Weiterhin ist für Quine eine Theorie nichts anderes als eine Klasse von Sätzen (unserer Sprache), und wir sollten uns im zweiten Schritt überlegen, wie wir dazu kommen, diese Sätze als wahr zu akzeptieren. Wenn wir all dies verstehen, besitzen wir auch die Antwort auf unsere Grundfrage.

Was versteht Quine unter einer 'Sprache'? „Sprache ist eine soziale Kunstfertigkeit, die wir allein auf der Grundlage des beobachtbaren Verhaltens anderer Menschen unter öffentlich erkennbaren Umständen erwerben."[2] Quine denkt, daß das Phänomen Sprache rein behavioristisch erfaßt werden sollte. Sprache erschöpft sich in bestimmten Dispositionen zur Produktion von Schallwellen, Anhäufung von Druckerschwärze usw.. Was den Begriff der 'sprachlichen Bedeutung' angeht, so hält Quine – und dies ist ein weiteres Kennzeichen seines Empirismus – an der sogenannten Verifikationstheorie der Bedeutung fest, die schon bei Charles Sanders Peirce und dann im Logischen Empirismus eine zentrale Rolle gespielt hat. Wenn die Wahrheit bzw. Falschheit eines Satzes – oder einer Klasse von Sätzen – jeweils als Konsequenz bestimmte mögliche Erfahrungen nach sich zieht, so sind es genau diese möglichen Erfahrungen, die die 'Bedeutung' des Satzes – oder der Klasse von Sätzen – ausmachen. „Mögliche Erfahrung" bedeutet für Quine, im Gegensatz zu Peirce und den Logischen Empiristen, natürlich: „mögliche Reizungen der Sinnesrezeptoren". Da diese Erfahrungen auch zugleich die letzten Testinstanzen für unsere wissenschaftlichen Theorien sind, fallen damit Semantik (d. h. die Lehre von den Be-

---

[2] Quine 1969, 41.

deutungen) und Erkenntnistheorie (d. h. die Lehre von der Bestätigung und Widerlegung von Theorien) weitgehend zusammen. Wie kommt es, daß wir mit einem Satz – oder einer Klasse von Sätzen – bestimmte mögliche Erfahrungen als bestätigende bzw. widerlegende Instanzen verbinden? Offensichtlich ist es der Prozeß des Sprachlernens, der diese Verbindungen herstellt. Für Quine sind die Kanäle, über die wir, ausgehend von bestimmten Sinnesreizungen, die gesamte Sprache erlernen, identisch mit den Kanälen, über die eine wissenschaftliche Theorie mit der Erfahrung verbunden ist. Der oben genannte zweite Schritt zur Beantwortung unserer Grundfrage – zu verstehen, wie wir dazu kommen, gewisse Theorien zu akzeptieren und andere zu verwerfen – wird damit schon in beträchtlichem Ausmaß im oben genannten ersten Schritt – den Spracherwerbsprozeß zu verstehen – erledigt.

Den Spracherwerbsprozeß stellt sich Quine ganz schematisch (und wegen unseres geringen Wissens auf diesem Gebiet zwangsläufig sehr spekulativ) so vor. Als erstes lernt das Kind sogenannte *Beobachtungssätze*, z. B. den Ein-Wort-Satz „Mama", der als Kurzform des Satzes „Hier ist Mama" gedeutet werden sollte. Ein Beobachtungssatz im Quineschen Sinne ist ein Satz, der so direkt mit gewissen charakteristischen Sinnesreizungen korreliert ist, daß wir ihn ausschließlich aufgrund des Vorliegens dieser Sinnesreizungen und ganz unabhängig von unseren sonstigen Überzeugungen bejahen bzw. verneinen. Solch ein Satz kann rein ostensiv gelernt werden. Er hat die charakteristische Eigenschaft, daß seine Wahrheit oder Falschheit wesentlich von der Situation abhängt, in der er geäußert wird.

Quinesche Beobachtungssätze handeln meistens von vertrauten Gegenständen der Außenwelt und nicht etwa von 'Sinnesdaten'. Sie können auch hochtheoretisches Vokabular enthalten. Für Mediziner kann z. B. der Satz „Dies ist ein Epileptiker" ein Beobachtungssatz sein. Mediziner erkennen Epilepsie an charakteristischen äußeren Symptomen. Trotz seiner möglichen Theorienbeladenheit wird über einen in einer bestimmten Situation geäußerten Beobachtungssatz im allgemeinen intersubjektive Übereinstimmung hinsichtlich seiner Wahrheit herrschen. Zwei Mediziner mögen noch so verschiedene Theorien über Epilepsie vertreten, in ihrem Urteil, ob *dies* ein Epileptiker ist, werden sie meistens übereinstimmen. Diese Eigenschaft der Beobachtungssätze rührt daher, daß wir sie unmittelbar als unzergliederte Ganzheiten lernen können. Wir korrelieren sie als Ganze mit charakteristischen Sinnesreizungen. Sie stehen mit der Wirklichkeit in *holophrastischem Kontakt*. Die dadurch ermöglichte intersubjektive Übereinstimmung macht sie zu idealen Überprüfungs- und Vergleichsinstanzen für wissenschaftliche Theorien. Die empirische Basis der Wissenschaft sollte nicht, wie die traditionellen Empiristen glaubten, aus privaten Wahrnehmungen, sondern aus intersubjektiv zugänglichen Destillaten privater Wahrnehmungen bestehen. Nach Quine ist es gerade der Spracherwerbsprozeß, der die gewünschten Destillate liefert. (In dieser Einsicht in die objektivierende Funktion von Sprache kann man, nebenbei bemerkt, einen der wichtigsten Gründe für den sogenannten 'linguistic turn' in der Philosophie des 20. Jahrhunderts sehen. Sie wurde von einigen Logischen Empiristen bei ihrer Suche nach einer Sinnesdatensprache allerdings zeitweilig vergessen. Ihre Blickrichtung war falsch. Ihr Wunsch nach Gewißheit und einer Ersten Philosophie ließ sie nach Begriffen Ausschau halten, die allen intersubjektiven Beiwerks entledigt waren. Quines Blickrichtung ist die entgegengesetzte. Er schaut darauf, was aus den privaten Wahrnehmungen an Intersubjektivem gewonnen werden kann.)

Hat man einmal die Erfahrung auf die Ebene der Sätze, eben der Beobachtungssätze, angehoben, so kann man hoffen, die Beziehung zwischen Theorie und Erfahrung als eine rein logische zu erkennen. Viele Logische Empiristen sahen sie in der Tat einfach als Implikations-Beziehung: Theorien implizieren Beobachtungssätze. Bei Quine ist dies nicht möglich, da seine Beobachtungssätze von der Äußerungssituation abhängen, während theoretische Sätze, etwa Naturgesetze, dies normalerweise nicht tun. Zwischen diesen verschiedenen Satzarten kann (jedenfalls für Quines Logik-Verständnis) keine logische Beziehung bestehen. Quine macht deshalb einen Umweg über Sätze, die er *beobachtungskategorisch* nennt. Ein beobachtungskategorischer Satz setzt sich aus zwei Beobachtungssätzen zusammen und besagt, daß mit der Wahrheit des ersten immer zugleich die Wahrheit des zweiten einhergeht. Ein Beispiel wäre der Satz „Wo Rauch ist, dort ist auch Feuer", der aus den Beobachtungssätzen „Hier ist Rauch" und „Hier ist Feuer" gebildet wurde. Beobachtungskategorische Sätze kann man vielleicht schon als rudimentäre Theorien ansehen. Sie haben insbesondere die gewünschte Eigenschaft, daß ihre Wahrheit oder Falschheit von der Äußerungssituation unabhängig ist. Quine kann mit ihrer Hilfe die Frage nach der Beziehung zwischen Sinnesreizungen und Theorie auf folgende Weise beantworten: Diese Beziehung ist eine dreistufige. Sinnesreizungen sind direkt korreliert mit Beobachtungssätzen; letztere sind über einfache Generalisierungen korreliert mit beobachtungskategorischen Sätzen; letztere sind korreliert mit Theorien, wobei diese Korrelation nichts anderes als die logische Implikation ist. Theorien implizieren beobachtungskategorische Sätze, die sich aus Beobachtungssätzen, die mit bestimmten Sinnesreizungen korreliert sind, zusammenset-

zen. Dies ist die Beziehung zwischen Theorie und Erfahrung.[3] Wir prüfen eine Theorie, indem wir prüfen, ob die von ihr implizierten beobachtungskategorischen Sätze mit unserer Erfahrung in Einklang sind.
Wenn die Prüfungen hinreichend oft positiv ausfallen, sind wir motiviert, Schallwellen und Anhäufungen von Druckerschwärze zu produzieren, mit denen wir Sätze der Theorie zum Ausdruck bringen.

Unsere Grundfrage hat damit eine erste, grobe Antwort erhalten. Die
Beziehung zwischen Sinnesreizungen und Theorie, die wir gefunden
haben, hat eine bestimmte Richtung: *von* der Theorie *zu* den Sinnesreizungen. Diese Richtung genügt im allgemeinen, um eine Theorie prüf-
bar zu machen, d. h. um ihr empirischen Gehalt zu verleihen. Man kann
jedoch auch nach der anderen Richtung fragen: Wie kommen wir von
unseren Sinnesreizungen – sie sind ja das einzige, das uns wirklich 'gegeben' ist – zu unseren Theorien? Quine verleiht dieser Frage manchmal eine überraschend instrumentalistische Wendung. Er schreibt:
„Das System der Wissenschaft ... ist eine von uns selbst gebaute
Begriffsbrücke, durch die verschiedene Sinnesreize miteinander verbunden werden."[4] „Unser [wissenschaftliches und nichtwissenschaftli-
ches] Reden über äußere Dinge ... ist nichts weiter als ein Begriffsappa-
rat, der uns hilft, zukünftige Reizungen unserer Sinnesrezeptoren unter
Berücksichtigung vergangener Reizungen vorauszusehen und zu beeinflussen. Die Reizungen sind letztlich alles, was wir zur Verfügung
haben."[5] Es stellt sich dann nicht nur die Frage, genau auf welche
Weise wir von dieser schmalen Datenbasis unsere großen, hilfreichen
Begriffsbrücken errichten – diese Frage muß letztlich von der Psychologie beantwortet werden –, sondern die viel philosophischere, wie
groß unser Spielraum beim Brückenbau ist. In welchem Maße ist Wissenschaft eine freie Erfindung? Wie groß ist das Ausmaß an konventionellen Anteilen? Gegeben eine Theorie, die mit den Daten verträglich
ist: In welchem Maße kann man sie abändern, ohne mit den Daten in
Widerspruch zu geraten?

Wenn unsere Theorie nur aus beobachtungskategorischen Sätzen bestünde, hätten wir keinen Spielraum. Der Schritt von den Sinnesreizungen zu den Beobachtungssätzen geschieht durch einfache Konditionie-

---

[3] Dieses Bild von der Beziehung zwischen Theorie und Erfahrung kann nur
dann als realistisch angesehen werden, wenn die betreffende Theorie sehr umfassend ist, wenn die beobachtungskategorischen Sätze, die aus ihr folgen, hinreichend komplizierte Vorderglieder haben (mit denen 'Anfangs-' oder 'Rand-
bedingungen' ausgedrückt werden) und wenn man sich nicht an Ceteris-pari-
bus-Vagheiten stört.

[4] Quine 1981, 34.

[5] Quine 1981, 11 (teilweise meine Übersetzung).

rung und der Schritt von den Beobachtungs- zu den beobachtungskategorischen Sätzen durch einfache Induktion aus Beobachtetem. Beide Schritte sind (im Prinzip) eindeutig. Beim Schritt in die theoretischen Gefilde unserer Sprache dagegen – sowohl beim Prozeß des Sprachlernens als auch bei späteren Theoriebildungsprozessen (wobei diese Prozesse von Quine kaum unterschieden werden) – kommt es zu 'Sprüngen', bei denen wir uns lediglich von Analogien leiten lassen. Diese Sprünge haben zur Folge, daß wir von den beobachtungskategorischen Sätzen nicht auf die restlichen Sätze unserer Theorien schließen können. Das Umgekehrte geht: Wir können von unseren Theorien auf beobachtungskategorische Sätze, und damit auf mögliche Beobachtungen, schließen. Allerdings nicht etwa so, daß wir *einzelne* theoretische Sätze auf ihre beobachtungsmäßigen Konsequenzen prüfen. Ein in Isolation betrachteter theoretischer Satz – etwa, ganz typisch, das Grundgesetz der Newtonschen Mechanik: „Kraft ist Masse mal Beschleunigung" – hat normalerweise überhaupt keine bestimmte Beziehung zum Beobachtbaren. Die erhält er erst, wenn man ihn in eine bestimmte Theorie einbettet – im Falle des Newtonschen Grundgesetzes etwa in eine Theorie, die Aussagen darüber macht, in welchen Situationen welche speziellen Kraftgesetze herrschen. Aber dann ist es nicht mehr der einzelne Satz, der die beobachtungsmäßigen Konsequenzen hat, sondern nur noch die Theorie als Ganze.

Thesen dieser Art, die die Rolle von Theorien als Ganzen betonen, nennt man *holistisch*. Es gibt verschieden starke Versionen des Holismus. Die gerade eben entwickelte Einsicht ist holistisch lediglich in dem schwachen Sinn, als sie uns daran erinnert, daß bei wirklich interessanten Schlüssen das komplexe logische Zusammenspiel vieler verschiedener Sätze eine entscheidende Rolle spielt. Es gibt eine substantiellere holistische Einsicht, die auf Pierre Duhem zurückgeht. Duhem machte die Beobachtung, daß ein experimentelles Ergebnis, das einer bestimmten Theorie widerspricht und deren Korrektur erfordert, im allgemeinen nicht die Korrektur eines ganz bestimmten Satzes der Theorie erfordert. Man kann vor der Wahl stehen, entweder den Satz S_1 der Theorie oder den davon wesentlich verschiedenen Satz S_2 für falsch zu erklären und jeweils durch einen geeigneten anderen zu ersetzen. In seinem Aufsatz ›Zwei Dogmen des Empirismus‹[6] geht Quine (ohne bei der Niederschrift von Duhems These gewußt zu haben) noch einen Schritt weiter. Er behauptet erstens, daß bei empirischen Tests im Prinzip jeder Satz einer Theorie zur Disposition steht, daß aber auch, zweitens, jeder einzelne Satz, ganz gleich, wie die Testergebnisse aussehen,

[6] Quine 1961, 27–50.

als unwiderlegt angesehen und beibehalten werden kann, wenn man nur an anderen Stellen der Theorie geeignete Änderungen vornimmt. Dies ist die *Duhem-Quine-These*, und die Position, die sie ausdrückt, nennt man *Duhem-Quine-Holismus*. Ihr erster Teil sagt, daß kein Satz einer Theorie apriorisch ist – „apriorisch" im Sinne von „immun gegenüber Erfahrung" –, und ihr zweiter Teil sagt, daß jeder einzelne Satz einer Theorie quasi per Beschluß zu einem apriorischen gemacht werden kann. Damit ist die Konzeption eines apriorischen Satzes ad absurdum geführt.

›Zwei Dogmen des Empirismus‹ ist die wichtigste Schrift Quines und der darin ausgedrückte Holismus Quines wichtigste Einsicht. Natürlich existiert für die Duhem-Quine-These kein strenger Beweis, aber auch kein Gegenbeweis. Sie erscheint nicht unplausibel, wenn man an die von Quine konstatierten Analogie-Sprünge denkt, mit denen wir zu unserem theoretischen Vokabular und unseren Theorien kommen. Diese Sprünge verleihen der Verbindung zwischen Theorie und Erfahrung gerade die in der Duhem-Quine-These behauptete Flexibilität. Die Plausibilität wächst, wenn man weiterhin nur sehr umfassende Theorien in Betracht zieht, vielleicht sogar nur, wie Quine es häufig tut, die ‘eine große Gesamttheorie von der Welt’. Der erste Teil der Duhem-Quine-These – jeder Satz kann sich im Lichte neuer Erfahrungen als revisionbedürftig erweisen – wird vor allem durch einen Blick auf die Geschichte der Wissenschaft gestützt. Immanuel Kant, der Logik, Geometrie und zentrale Teile der Physik für apriorisch hielt, befand sich in einer irreführenden historischen Situation. Für ihn gab es nur eine Logik (die Aristotelische), nur eine Geometrie (die Euklidische) und nur eine Physik (die Newtonsche). Heute kennt man viele Logiken, viele Geometrien und mehrere Physiken (mindestens zwei: die klassische und die Quantenphysik), und die Versuchung, jeweils eine davon, oder auch nur Teile aus einer, als immun gegenüber Erfahrung zu deklarieren, ist weit weniger groß als zu Kants Zeiten. Die Skrupellosigkeit der Wissenschaftler im Ausdenken neuer Theorien hat uns eines Besseren belehrt. Es mag sein, daß vielleicht einige wenige Sätze tatsächlich erfahrungsimmun sind, aber es dürften wirklich nur sehr wenige sein und kaum diejenigen, die einer aprioristischen Philosophie Nahrung geben könnten.

Welches sind die ‘zwei Dogmen’, von denen Quines Aufsatz handelt? Das zweite, und wichtigere, ist das Dogma des *Reduktionismus*: „Der Glaube, daß jede sinnvolle Aussage äquivalent einem logischen Konstrukt aus Termen sei, die sich auf unmittelbar Erfahrbares beziehen."[7] Dieses Dogma besagt insbesondere, daß einzelne Sätze (falls sie sinn-

---

[7] Quine 1961, 27 (teilweise meine Übersetzung).

voll sind, was wir hier immer unterstellen) bestimmte beobachtungsmäßige Konsequenzen haben, und widerspricht damit unmittelbar dem Holismus (auch schon in dessen gemäßigteren Versionen). Der Holismus zeigt uns also, warum der traditionelle Empirismus mit seinen reduktionistischen Ambitionen scheitern mußte. Da dieses Scheitern für Quine ein wesentlicher Grund ist, eine naturalistische Position zu vertreten, ist demnach Quines Holismus eine wesentliche Stütze seines Naturalismus.

Das erste Dogma „ist der Glaube an eine grundlegende Kluft zwischen Wahrheiten, die *analytisch* sind, d. h., die auf Bedeutungen beruhen und nicht von Tatsachen abhängen, und Wahrheiten, die *synthetisch* sind, d. h. die auf Tatsachen beruhen"[8]. Dieses Dogma widerspricht dem Duhem-Quine-Holismus, der, wie wir gesehen haben, impliziert, daß es keine apriorischen Sätze gibt; denn im üblichen Verständnis von „analytisch" bilden die analytischen Sätze eine Teilklasse der apriorischen, und somit kann es auch sie nicht geben.

Diese Auffassung Quines hat viel Wirbel erzeugt. Der Analytisch-synthetisch-Unterscheidung scheint ja eine starke Intuition zugrunde zu liegen: „Alle Junggesellen sind unverheiratet" ist analytisch, „Die Katze ist auf der Matte" synthetisch. Das sind die Paradigmen. Wie kann man diese Verschiedenheit bestreiten wollen! Was jedoch hat der Unterschied zwischen „Alle Junggesellen sind unverheiratet" und „Die Katze ist auf der Matte" mit Philosophie zu tun? Die Logischen Empiristen glaubten: eine ganze Menge. Analytische Sätze drücken Sprachwissen aus, und dies war die einzige Art von Wissen, die sie als Empiristen neben dem Erfahrungswissen akzeptieren konnten. Mit Hilfe der Analytizitäts-Konzeption sollten zwei für einen Empiristen heikle Wissensgebiete erklärt werden. Erstens Logik und Mathematik, die ja anscheinend nicht auf Erfahrung basieren, und zweitens das die Erfahrung übersteigende und damit einem möglichen Metaphysikverdacht ausgesetzte theoretische Wissen der Naturwissenschaften. Der Gedanke lag nahe, theoretische Sätze mit Hilfe sogenannter 'Zuordnungssätze' mit der Erfahrung zu verbinden. Wenn man dann die Zuordnungssätze als „analytisch" deklarierte, konnten die theoretischen Sätze einfach als Ausdruck von Erfahrungs- und Sprachwissen gelten und waren von jeglichem Metaphysikverdacht befreit. Dies sind respektable Motive und für einen Empiristen verlockende Ideen. Es zeigte sich jedoch, daß der Analytizitäts-Begriff von der Aufgabe, die ihm damit aufgebürdet wurde, überfordert ist. Die Schwierigkeiten bei dem Versuch, diese Aufgabe durchzuführen, erwiesen sich als unüber-

---

[8] Quine 1961, 27 (teilweise meine Übersetzung).

windlich.[9] Die Apriorizität der Sätze der Logik und Mathematik damit
zu erklären, daß man sie als „analytisch" deklariert, erscheint letztlich
als zu billig; der Analytizitäts-Begriff ist zu mager, als daß mit ihm
mehr als eine Pseudoerklärung zustande kommen könnte. Und der Versuch, die Sätze unserer Theorien säuberlich in analytische, d. h. rein
konventionelle, und synthetische, d. h. faktische, zu unterteilen, erwies
sich als wenig ergiebig. Es ließen sich keine überzeugenden, nichtwill-
kürlichen Aufspaltungen dieser Art finden.

Die Sätze, die Zusammenhänge zwischen Theoretischem und Beob-
achtbarem beschreiben, sehen, wenn man sich unsere tatsächlichen
Theorien anschaut, meistens so ganz anders aus als der Satz „Alle Junggesellen sind unverheiratet". Bei einem Blick zurück auf den Logischen
Empirismus – und auf die analytische Philosophie mit ihrer Konzeption von 'Philosophie als Sprachanalyse' insgesamt – drängt sich der
Eindruck auf, daß das Wort „analytisch" häufig als Zauberwort benutzt
wurde: Man deklariere gewisse Sätze als analytisch – und auf einen
Schlag sind schwierige Probleme gelöst, ohne daß man sich noch der
Mühe des Argumentierens unterziehen müßte. Was am Ende der ganzen Bemühungen um eine Klärung des Analytizitäts-Begriffs blieb, war
nicht sehr viel mehr als das, was schon am Anfang da war: ein vages
Analytizitäts-Gefühl mit „Alle Junggesellen sind unverheiratet" als Paradigma. Die für Philosophen wesentliche Schwierigkeit mit diesem
Gefühl liegt einfach darin, daß es sich nur für so wenige Sätze deutlich
erwärmt und daß diese wenigen Sätze für philosophische Zwecke so
wenig hergeben.

Die Duhem-Quine-These liefert uns gute Gründe, von den analytischen Sätzen zu sagen: Es gibt sie nicht. Quine sagt weiterhin: Selbst
wenn es sie gäbe – wir brauchten sie nicht. Er kommt in der Tat leicht
ohne sie aus. Er hat nicht das Problem, die Apriorizität von Logik und
Mathematik zu erklären, weil diese Apriorizität für ihn gar nicht existiert. Der Sonderstatus der logischen und mathematischen Sätze rührt
nach Quine daher, daß wir nur unter ganz extremen Umständen gewillt
wären, sie zu revidieren, denn ihre Revision hätte ungeheuer weitrei-
chende Konsequenzen. Aber im Prinzip sind auch sie nicht erfahrungsimmun. Und die Beziehung zwischen Theorie und Erfahrung wird, wie
wir gesehen haben, von Quine ebenfalls ohne Zuhilfenahme analytischer Sätze beschrieben. Er muß sich nicht bemühen, das Konventionelle säuberlich vom Faktischen zu trennen, damit ja nichts Metaphysi-

---

⁹ Vgl. F. Mühlhölzer, Sprachphilosophie in der Wissenschaftstheorie, in:
M. Dascal, G. Meggle, D. Gerhardus und K. Lorenz (Hrsg.), Handbuch Sprachphilosophie, Walter de Gruyter, Berlin; erscheint demnächst.

sches in unsere Theorien eindringt. Er hat nämlich keine Angst vor Metaphysik. Es gibt für ihn gute und schlechte Metaphysik, und die gute
(wie etwa seine eigene) verträgt sich mit der Naturwissenschaft oder ist
sogar ein Teil von ihr.

Auf den ersten Seiten von ›Zwei Dogmen des Empirismus‹ hat sich
Quine darum bemüht, den Begriff „analytisch" zu definieren. Es gelingen ihm Definitionen mit Hilfe der Begriffe „Bedeutung" und „synonym", aber er ist nicht zufrieden. Alle diese Begriffe liegen auf derselben Ebene und sind für Quine in derselben Weise unklar. In seinem
Hauptwerk ›Wort und Gegenstand‹ hat er seinen Klarheits-Standard
explizit gemacht. Er sucht nach „eine[r] ungefähre[n] Charakterisierung
in Begriffen sprachlicher Verhaltensdispositionen"[10]. Sprache muß für
Quine behavioristisch erfaßt werden, denn unser Sprachlernen stützt
sich auf nichts anderes als auf Verhaltensbeobachtungen, und auch bei
der Beurteilung der durch diesen Lernprozeß schließlich erworbenen
sprachlichen Kompetenz einer Person steht uns nicht mehr zur Verfügung als deren Verhalten; dies gilt sogar dann, wenn man selbst diese
Person ist. Die Frage ist also, ob, sagen wir, der Begriff der sprachlichen Bedeutung behavioristisch erfaßt werden kann. Es könnte zunächst so scheinen, als ob die schon erwähnte Verifikationstheorie der
Bedeutung, die, grob gesprochen, die Bedeutung eines Satzes mit
dessen Testsituationen gleichsetzt, und die behavioristisch respektabel
ist und von Quine akzeptiert wird, eine befriedigende Antwort erlauben
würde. Dies ist jedoch höchstens bei den Beobachtungssätzen der
Fall.[11] Die restlichen Sätze besitzen, wie die Duhem-Quine-These zeigt,
als einzelne keine wohldefinierten Testsituationen und damit keine
wohldefinierte Bedeutung im Sinne des Verifikationismus. Wohldefinierte Testsituationen lassen sich, wenn überhaupt, nur Theorien als
Ganzen zuordnen. Für den Verifikationisten Quine bedeutet dies, daß
höchstens Theorien als Ganze Bedeutung haben.[12] Diese Position heißt
Bedeutungsholismus.

Eine Kritik am Begriff der Satz-Bedeutung, die sich nur auf die (von
vielen Philosophen abgelehnte) Verifikationstheorie der Bedeutung
stützt, ist vielleicht nicht besonders überzeugend. Quine macht deshalb

---

[10] Quine 1960, 357.
[11] Und noch nicht einmal bei denen kann man mit der Verifikationstheorie
der Bedeutung wirklich zufrieden sein; siehe Mühlhölzer, a.a.O., Ende von
Kap. 3.
[12] Quine zieht es vor, in diesem Fall anstatt von 'Bedeutung' von 'empiri-
schem Gehalt' zu sprechen; vgl. Quine 1981, 39–46 und 92ff. Siehe auch Mühlhölzer, a.a.O., Kap. 2.

in ›Wort und Gegenstand‹ einen weiteren Versuch, der Satz-Bedeutung
zu Leibe zu rücken. Er erfindet die Situation der *Urübersetzung* ("radi-
cal translation"). Er stellt sich einen Linguisten vor, der einen ihm vollkommen unbekannten Volksstamm im Urwald besucht, um dessen
Sprache in die seine zu übersetzen. Das einzige, was er dabei an Daten
zur Verfügung hat, ist das Verhalten der Stammesbevölkerung – eine für
einen Behavioristen ideale Situation. Übersetzen besteht in der Anwendung gewisser Übersetzungs-Richtlinien (auf die hier nicht weiter eingegangen werden kann), und diese Richtlinien sind wenig präzise und
alles andere als konsistent. Aber etwas anderes hat man nicht zur Verfügung. Quine kommt zu dem Ergebnis, daß die Richtlinien keine eindeutige Übersetzung festlegen. Zwei Linguisten, die dieselben Verhaltens-
Daten zur Verfügung haben, können, selbst in dem fiktiven Fall, wo das
Daten-Material vollständig ist, gänzlich verschiedene Übersetzungen
zustande bringen, die gleich gut mit den Daten verträglich sind. Dies ist
Quines These von der *Unbestimmtheit der Übersetzung*. Sie besagt nicht,
daß wir nicht wissen können, welche der beiden Übersetzungen unserer
Linguisten die richtige ist, sondern daß auf die Frage nach der richtigen
Übersetzung keine objektive Antwort existiert. Sprachliche, und insbesondere semantische Tatsachen müssen nach Quine letztlich Verhal-
tenstatsachen sein. Hinsichtlich des Verhaltens der Stammesbevölkerung sind jedoch unsere beiden Übersetzungen ununterscheidbar. Also
kann die Frage, welche die richtige ist, keine Tatsachenfrage sein.

Diese These ist starker Tobak, und viele sehen in ihr eine Art reductio
ad absurdum des Quineschen Behaviorismus. Für Quine jedoch ist der
Behaviorismus für einen wissenschaftlich arbeitenden Linguisten zwin-
gend, und er betrachtet seine These als eine reductio ad absurdum des
Begriffs der Satz-Bedeutung. Hätten die Sätze der Urwald-Sprache und
der Linguisten-Sprache wohldefinierte Bedeutungen, so hätte auch die
Frage nach der richtigen Übersetzung eine eindeutige Antwort: Diejenige Übersetzung ist die richtige, die Sätze mit gleicher Bedeutung einander zuordnet. Da jedoch nach Quine eine solche Antwort nicht existiert, kann es auch keine Satz-Bedeutungen geben. Damit weist Quine
insbesondere alle mentalistischen Bedeutungstheorien zurück, die Bedeutungen als mentale Entitäten auffassen, zu denen jeder Sprecher
seinen eigenen, intimen Zugang hat. Und er kann, allgemeiner, sämtliche Theorien zurückweisen, die durch das Postulieren mentaler Entitäten oder Eigenschaften, welcher Art auch immer, in einen Widerspruch
zur These von der Unbestimmtheit der Übersetzung geraten.

Aber ist die Urübersetzungs-Situation nicht einfach, wie ich sie oben
genannt habe, eine 'Erfindung' Quines? Müssen wir das Quinesche Ge-
dankenexperiment ernst nehmen? Es scheint so, als müßten wir es tun.

Jeder einzelne von uns ist nämlich, genau wie unser Linguist gegenüber den Urwald-Bewohnern, in der Urübersetzungs-Situation gegenüber allen anderen Menschen. Die Daten, die jeder einzelne von uns von allen anderen Menschen hat, erschöpfen sich in deren Verhalten.[13] In der Praxis übersetzt jeder einzelne die Äußerungen der andern, wenn sie derselben Sprachgemeinschaft angehören, natürlich im allgemeinen homophon, d. h. er nimmt diese Äußerungen einfach hin, ohne an eine Übersetzung zu denken. (Manchmal allerdings greifen wir auch zu einer nichthomophonen Übersetzung, wenn uns die Äußerungen unserer Mitmenschen dadurch weniger absurd erscheinen!) Die Gepflogenheit der homophonen Übersetzung rührt natürlich von unserer auf die Sprachgemeinschaft bezogenen Sprachlernmethode her; sie ist außerdem bequem und hat sich bewährt. Von einem theoretischen Standpunkt jedoch stünden jedem von uns, wie unseren Linguisten, viele andere, äquivalente, nichthomophone Übersetzungen der Äußerungen seiner Mitmenschen zur Verfügung. Quine geht noch einen Schritt weiter. Jeder einzelne von uns könnte, wenn er als Theoretiker sich selbst zum Untersuchungsgegenstand machen würde, sogar seine eigenen Äußerungen nichthomophon übersetzen. Die Frage, ob mein Satz das bedeutet, was er in der homophonen, oder das, was er in einer äquivalenten nichthomophonen Übersetzung ausdrückt, hat keine objektive Antwort. In unseren Köpfen mag, wie man so sagt, viel vorgehen. Was jedoch unsere Sätze *bedeuten*, hat nur mit unserem Verhalten zu tun. Dies ist eine Auffassung, an der Quine, wie etwa auch der späte Wittgenstein, unerschütterlich festhält.

Bei allen bisherigen sprachbezogenen Betrachtungen ging es in erster Linie um Sätze als Ganze. Natürlich spielt beim Prozeß des Sprachlernens, bei der logischen Implikation und beim Übersetzen das Zerlegen der Sätze in kleinere Einheiten eine wesentliche Rolle, aber die philosophischen Thesen, die bislang formuliert wurden, betrafen nur Sätze als Ganze. Auch bei der Unbestimmtheit der Übersetzung geht es im wesentlichen darum, daß ein Satz der Urwald-Sprache in zwei verschiedene Sätze der Linguisten-Sprache übersetzt werden kann, wobei letztere in der Tat so verschieden sein können, daß der eine wahr und

---

[13] Wenn wir uns den Sprachlernprozeß vergegenwärtigen, sieht die Situation noch ungünstiger aus: Das kleine Kind kann sich nur auf das Verhalten der Erwachsenen stützen, und es hat noch nicht einmal eine eigene Sprache zur Verfügung. Allerdings darf man das *Lernen* einer Sprache nicht mit dem *Übersetzen* einer Sprache verwechseln. Unser Linguist könnte z. B., wie ein kleines Kind, die Urwald-Sprache lernen, aber damit hätte er das Problem des Übersetzens noch lange nicht gelöst. Nach Quine würde die Unbestimmtheit der Übersetzung weiterhin bestehen.

der andere falsch ist. Diese Satzorientiertheit ist charakteristisch für moderne Empiristen. Für sie ist der Satz als Ganzer der primäre Träger von Bedeutung, und die Bedeutungen der Satzteile müssen aus den Bedeutungen der Sätze hergeleitet werden. Schauen wir uns an, was Quine, der im allgemeinen noch nicht einmal einzelnen Sätzen, sondern höchstens ganzen Theorien eigenständige Bedeutung zuerkennt, zu den Satzteilen, insbesondere zu den Wörtern und zu dem, was die Wörter bezeichnen, zu sagen hat.

Wörter bezeichnen, wenn sie etwas bezeichnen, Gegenstände, und Quine fragt sich, wozu wir die Wörter, die so etwas tun, überhaupt brauchen. Wozu postulieren wir, sowohl in unserem alltäglichen Reden als auch in wissenschaftlichen Theorien, Gegenstände, auf die wir uns beziehen? Warum geben wir uns bei unserer Kommunikation nicht einfach mit Sprachsignalen zufrieden, die ohne so etwas wie Gegenstandsbezug auskommen? Wir haben Quines Antwort schon gehört: Wir brauchen den Gegenstandsbezug zum Brückenbau: „Unser Reden über äußere Dinge, ja unsere Konzeption der Dinge überhaupt, ist nichts weiter als [eine Begriffsbrücke, die] uns hilft, zukünftige Reizungen unserer Sinnesrezeptoren unter Berücksichtigung vergangener Reizungen vorauszusehen und zu beeinflussen."[14] Die Art der Hilfe ist im wesentlichen eine logische oder kombinatorische. Das Postulieren von Gegenständen ist logisch nützlich. Es verzahnt die einzelnen Teile der Begriffsbrücke auf eine Weise, daß die Brücke stabil wird und große Lasten tragen kann.

In seinem Buch ›Die Wurzeln der Referenz‹ hat Quine detaillierte Spekulationen darüber angestellt, auf welche Weise wir die sprachlichen Mittel zum Gegenstandsbezug erwerben. Das Wort „Referenz" im Titel des Buches ist mehr oder weniger synonym mit dem Wort „Gegenstandsbezug". Es sollte am besten als philosophischer Terminus technicus aufgefaßt werden. Referenz ist streng von dem zu unterscheiden, was oben im Zusammenhang mit den Beobachtungssätzen „Kontakt" genannt wurde. Wir haben Kontakt mit der Wirklichkeit durch unsere Sinnesorgane, und deren Reizungen spielen beim Sprachlernprozeß und beim Äußern von Beobachtungssätzen eine entscheidende Rolle. Die mit den Beobachtungssätzen korrelierten Sinnesreizungen verankern die Sprache in der Wirklichkeit. Referenz dagegen hat es ganz allgemein mit Gegenständen zu tun – etwa mit Hasen, auf die sich das Wort „Hase", oder mit der Zahl 5, auf die sich das Zahlwort „Fünf" bezieht –, bei denen es sich normalerweise weder um Sinnesrezeptoren oder -reizungen noch um Sinnesdaten handelt. Quine vertritt weiterhin

[14] Quine 1981, 11 (teilweise meine Übersetzung).

die Auffassung, daß Kontakt nur von ganzen Sätzen hergestellt wird
– Kontakt ist holophrastisch –, während es bei Referenz nur um Wörter
geht. Aber selbst wenn man auch Wörtern, etwa „warm", so etwas wie
Kontakt zuschreibt, muß man ihre Referenz davon unterscheiden. Nur
weil wir mit der Wirklichkeit über unsere Sinne in Kontakt stehen, beziehen sich unsere Wörter noch lange nicht auf Sinnesdaten (und im
allgemeinen auch nicht auf Sinnesreizungen). Es war ein entscheidender Fehler des Phänomenalismus, Kontakt und Referenz nicht ausein-
andergehalten zu haben.

Weiterhin sind für Referenz gewisse formale Schemata bindend. In
seinem Aufsatz ›Anmerkungen zur Theorie der Referenz‹[15] nennt
Quine als 'Hauptbegriffe' jeder Referenztheorie unter anderem die
Begriffe „wahr", „zutreffen auf" und „bezeichnen". Sie unterliegen den
folgenden Schemata:

(1) „..." ist *wahr* genau dann, wenn ---.

(2) „..." *trifft auf* jedes --- *zu* und auf sonst nichts.

(3) „..." *bezeichnet* --- und sonst nichts.

Hierbei sind jeweils die drei Punkte durch einen Satz, ein Prädikat bzw.
einen Eigennamen der Objektsprache (d. h. derjenigen Sprache, über
deren Gegenstandsbezug wir etwas aussagen wollen) zu ersetzen und
die drei Striche durch die entsprechende Übersetzung in die Metasprache (d. h. derjenigen Sprache, in der wir unsere Aussagen über die Objektsprache und deren Gegenstandsbezug formulieren; im vorliegenden Fall ist die Metasprache Deutsch). Es ist charakteristisch für diese
Schemata, daß sie die 'Hauptbegriffe' nicht in irgendeinem absoluten
Sinn explizieren, sondern nur relativ zur jeweiligen Objektsprache S (es
geht also eigentlich um die Begriffe „wahr in S", „in S zutreffen auf",
„in S bezeichnen") und relativ zu einer Übersetzung von S in die Metasprache. Der Logiker Alfred Tarski hat gezeigt, daß bei gegebener Objektsprache S und gegebener Übersetzung von S in die Metasprache die
Prädikate „wahr", „zutreffen auf" und „bezeichnen" in der Metasprache explizit definierbar – und damit eliminierbar – sind, falls die Sprachen nur gewisse allgemeine Bedingungen erfüllen. Tarskis definitori-
sche Konstruktionen respektieren die Referenz-Schemata (1), (2) und
(3) und zeigen, wie die 'Hauptbegriffe' miteinander zusammenhängen.
Wichtig ist vor allem der Zusammenhang zwischen dem Wahrheitsbegriff und den restlichen. So ist etwa der Satz „Sokrates ist weise" genau
dann wahr, wenn der Eigenname „Sokrates" einen Gegenstand bezeichnet, auf den das Prädikat „ist weise" zutrifft.

Was sind die 'Wurzeln' der Referenz? Quine kommt zu dem Ergebnis,

---

[15] Quine 1961, 125 ff.

daß es im wesentlichen Satzkonstruktionen mit Relativsätzen und Relativpronomina sind. Zum Beispiel: „Ich traf jemanden, der im Urwald wohnt." Diese Sätze können sehr komplizierte Verschachtelungen aufweisen, und um den Überblick nicht zu verlieren, formuliert man sie am besten mit Variablen. Im Falle unseres sehr einfachen Beispielsatzes etwa: „Es gibt ein x, so daß gilt: ich traf x, und x wohnt im Urwald." Quine nimmt Sätze der Art „Es gibt ein x, so daß gilt:..." beim Wort. Sie drücken, jedenfalls, wenn wir sie in wissenschaftlichem Geiste und in präziser Form aussprechen, unsere Auffassung davon aus, was es gibt, und gehören damit zur *Ontologie*. Ontologie ist die Lehre davon, was es gibt. Die Frage danach, was es gibt, ist für Quine im wesentlichen eine wissenschaftliche Frage. Sie muß letztlich von unserer Gesamttheorie, die wir von der Welt haben, beantwortet werden. Wir erhalten die Antwort, wenn wir uns die Sätze der Art „Es gibt ein x, so daß gilt:..." dieser Theorie anschauen. Die Variablen dieser Sätze beziehen sich auf bestimmte Gegenstände, und genau diese Gegenstände müssen wir als existierend anerkennen. Quine nennt diese Verpflichtung *ontologische Verpflichtung* ("ontological commitment"). Jeder, der ernsthaft eine Theorie vertritt, ist verpflichtet, die Gegenstände, auf die sich ihre auf ein „Es gibt" folgenden Variablen beziehen, als existierend anzuerkennen. Den Bereich aller dieser Gegenstände bezeichnet man oft selbst als „Ontologie der betreffenden Theorie".

Quine beansprucht mit seiner Ontologie-Konzeption nicht, tiefsinnig zu sein, sondern klar. Er nennt sie selbst „trivial". Wie trivial sie ist, wird sich sogleich noch deutlicher zeigen. Betrachten wir dazu unsere Gesamttheorie von der Welt. Sie ist eine Klasse von Sätzen, zwischen denen komplizierte logische Beziehungen bestehen, und sie impliziert beobachtungskategorische Sätze, die eng mit unseren empirischen Daten, den Sinnesreizungen, korreliert sind. Fragen wir uns, was wir, mit diesen Daten in der Hand, über die Ontologie unserer Theorie wissen können. Angenommen, Philosoph 1 verweist auf einen bestimmten Gegenstandsbereich G_1 und behauptet, dieser sei die Ontologie unserer Theorie. Er nimmt an, daß die Eigennamen bzw. Prädikate der Theorie Gegenstände in diesem Bereich bezeichnen bzw. auf sie zutreffen; d. h. daß die Eigennamen und Prädikate, wie man kurz sagt, in diesem Bereich 'interpretiert' sind. Durch diese Interpretation erhalten die Sätze der Theorie bestimmte Wahrheitswerte (von denen unser Philosoph natürlich annimmt, daß sie im Idealfall alle ein und derselbe sind, nämlich „wahr"; aber das ist im vorliegenden Zusammenhang nicht so wichtig). Kommt Philosoph 2 und ordnet jedem Gegenstand aus G_1 einen anderen zu, sozusagen einen Stellvertreter, und verschiedenen Gegenständen aus G_1 verschiedene Stellvertreter, und erzeugt damit einen Gegenstandsbereich G_2. Das heißt, Philosoph 2 gibt eine (eineindeutige) Funktion von G_1 auf G_2 an, die man als *Stellvertreterfunktion* bezeichnet. Mit ihr transportiert Philosoph 2 die von Philosoph 1 angegebene Interpretation der Eigennamen und Prädikate in seinen Bereich G_2. Er erhält damit eine neue Interpretation, die jedoch, wie man sich leicht überlegt, an den Wahrheitswerten der Sätze unserer Theorie nichts ändert. Philosoph 2 behauptet nun, G_2 sei die Ontologie unserer Theorie und seine Interpretation würde die Referenz-Beziehung angeben. Er kann dies guten Grundes tun. Bei seiner Interpretation behalten die Sätze unserer Theorie sowohl ihre Wahrheitswerte als auch ihre logischen Beziehungen untereinander und ihre Beziehung zu den empirischen Daten unverändert bei. Letztere kommt über die Beobachtungssätze zustande, und deren Beziehung zu den Daten ist eine holophrastische und gänzlich unabhängig von der Referenz ihrer Wörter. Die verschiedenen Interpretationen der Philosophen 1 und 2 sind also vollkommen äquivalent. Referenz erscheint demnach als unbestimmt. Quine nennt dies die *Unerforschlichkeit der Referenz.*

Wenn wir die Interpretation einer Sprache tatsächlich angeben wollen, müssen wir die Schemata (1) bis (3) benutzen. Wir müssen dabei die betreffende Sprache in die Metasprache übersetzen, und den verschiedenen Interpretationen, die aufgrund von Stellvertreterfunktionen möglich sind, entsprechen verschiedene Übersetzungen. Quine drückt seine These von der Unerforschlichkeit der Referenz meistens so aus: „Wenn man sagt, über welche Gegenstände jemand spricht, sagt man lediglich, wie man die Terminologie des andern in die eigene [d. h. in die Metasprache] zu übersetzen gedenkt; es steht uns frei, die Entscheidung mittels Stellvertreterfunktion zu variieren. Die Übersetzung hält den dahintreibenden Gegenstandsbezug der fremden Termini nur relativ zum dahintreibenden Gegenstandsbezug unserer eigenen Termini fest, indem sie die beiden verknüpft."[16] Der letzte Satz drückt das aus, was Quine *ontologische Relativität* nennt. Der Gegenstandsbezug der Termini einer Theorie, und damit deren Ontologie, ist nur bestimmt relativ zu einer – oder besser: 'in Form einer' – Übersetzung dieser Termini in eine Metasprache.

Als Konsequenz ergibt sich, daß es bei Theorien nur um die Struktur geht, die sie einem Gegenstandsbereich aufprägen, und nicht um die Gegenstände dieses Bereichs als Individuen. Die Gegenstände fungieren nur als Haken, an denen die von den Prädikaten der Theorie gemachten Charakterisierungen aufgehängt werden. Ihre Individualität

---

[16] Quine 1981, 33 (teilweise meine Übersetzung).

ist unwichtig. Wichtig sind die Charakterisierungen und deren Zusammenspiel. Die Haken dienen nur als Hilfsmittel.

Dieses Ergebnis ist verwirrend. Können wir die Referenz nicht einfach durch Hinzeigen festlegen? Philosoph 1 zeigt auf einen Hasen und sagt: „Dies ist ein Hase" (oder: „Dies ist Harvey"). Macht sich Philosoph 2 mit seiner Stellvertreterfunktion, die diesem Hasen vielleicht eine Zahl, etwa die 5, zuordnet, nicht einfach lächerlich? Nein. Quine denkt, daß es eine Illusion ist zu glauben, man könne durch Zeigen die Referenz von Wörtern festlegen. Das mit Zeigegeste verbundene Aussprechen des Satzes „Dies ist ein Hase" (oder „Dies ist Harvey") korreliert höchstens den Satz als Ganzen mit gewissen Reizungen der Sinnesorgane, jedoch nicht das Wort „Hase" („Harvey") mit dem gewünschten Gegenstand. Wer etwas anderes glaubt, glaubt an Magie. Er macht das Zeigen zu einem magischen Zeremoniell, einer Art transzendentem Zeigen auf ein Ding an sich. Damit will Quine nichts zu tun haben.

Trotzdem könnte es so scheinen, als würde Quine sich selbst in Widersprüche verwickeln. Er betont an vielen Stellen, daß er ein 'robuster Realist' sei, der unerschütterlich an Gegenstände der Außenwelt glaubt, an Galaxien, Sinnesrezeptoren, Elektronen. Wie paßt dies zur Unerforschlichkeit des Gegenstandsbezugs? Quine denkt, daß es paßt, wenn wir nur Ontologie und Erkenntnistheorie sauber auseinanderhalten. Sein realistischer Glaube an bestimmte Gegenstände der Außenwelt gehört zur Ontologie, die These von der Unerforschlichkeit der Referenz zur Erkenntnistheorie. Würde man letztere als ontologische deuten, so würde man den Fehler begehen, aus unserer Gesamttheorie der Welt heraustreten zu wollen. Man würde sagen: „Hier ist unsere Theorie, und dort sind die Gegenstände der Welt, und unsere Theorie schafft es nicht, eine eindeutige Beziehung zu ihnen herzustellen." Dies wäre der Standpunkt einer Ersten Philosophie, den Quine für illusorisch hält und durch seinen Naturalismus ersetzt. Nur innerhalb unserer Theorie hat die Frage danach, was es gibt, Sinn, und diese Frage wird von unserer Theorie selbst beantwortet. Referenz wird dabei zu einer Trivialität. „Hase" bezieht sich auf Hasen. Mehr läßt sich nicht sagen. Mit Zeigegeste ausgesprochene Sätze der Art „Dies ist ein Hase" konstituieren nicht Referenz, sondern sie haben andere, bescheidenere Funktionen, die man sich im einzelnen anschauen muß. (Mit dem späten Wittgenstein könnte man in bezug auf sie sagen: Schauen wir uns das Ostensions-Sprachspiel an, das wir mit ihnen spielen.)

Quine deutet die These von der Unerforschlichkeit der Referenz also als eine erkenntnistheoretische. Sie zeigt, was uns die empirischen Daten über die Referenz unserer Termini zu wissen erlauben. Es ist so gut wie nichts. Zugleich gehört natürlich auch diese These zu unserer Gesamttheorie von der Welt. Unsere Gesamttheorie von der Welt sagt uns, welche Gegenstände es gibt und welche Tatsachen bestehen. Die möglichen Änderungen der Referenz, die von der Unerforschlichkeitsthese behauptet werden, ändern nichts daran, was uns unsere Theorie *sagt*. Sie sind somit Änderungen, die nichts mit den Tatsachen der Welt zu tun haben.

Verlassen wir dieses schwer durchschaubare Terrain, und kommen wir zurück zu der Frage, die weiter oben gestellt, jedoch bislang nicht beantwortet wurde. Es war nicht die Frage, inwieweit wir durch unsere empirischen Daten die Ontologie unserer Theorie, sondern die Theorie selbst als bestimmt ansehen können. Quine behauptet, daß auch im Falle der Theorien selbst große Unbestimmtheit herrscht. Dies ist seine These von der *Unterbestimmtheit der Theorien durch die Erfahrung*. Sie lautet wie folgt: Es existieren Gesamttheorien der Welt, die sich tiefgreifend voneinander unterscheiden und trotzdem empirisch äquivalent sind in dem Sinn, daß sie genau dieselben beobachtungskategorischen Sätze implizieren. Wichtig an dieser These ist der etwas vage Ausdruck „tiefgreifend voneinander unterscheiden". Da für Quine Theorien Klassen von Sätzen sind, gibt es nämlich meistens auf ganz triviale Weise verschiedene und zugleich empirisch äquivalente Theorien. Nehmen wir etwa eine Theorie T_1, die unsere Physik mit den Wörtern „Elektron" und „Proton" enthält, und nehmen wir an, daß diese Wörter, da sie hochtheoretisch sind, in den von T_1 implizierten beobachtungskategorischen Sätzen nicht vorkommen. Sei dann T_2 diejenige Theorie, die aus T_1 einfach durch eine ausnahmslose Vertauschung der Wörter „Elektron" und „Proton" hervorgeht. Offensichtlich sind die Theorien T_1 und T_2 empirisch äquivalent, und zugleich widersprechen sie sich eklatant. Dieser Widerspruch läßt sich jedoch als ein rein verbaler behandeln. Der Anhänger der Theorie T_1 wird einfach die Aussagen des Anhängers der Theorie T_2 nicht homophon übersetzen, sondern dessen Wort „Elektron" als „Proton" und dessen Wort „Proton" als „Elektron" – und sämtliche Widersprüche sind behoben. Es stellt sich die Frage: Gibt es auch empirisch äquivalente Gesamttheorien der Welt, die sich nicht, oder zumindest nicht auf für uns erkennbare Weise, ineinander übersetzen lassen? Quine denkt, daß es sie gibt, und sein Grund dafür ist der Duhem-Quine-Holismus: Wir haben immer verschiedene Möglichkeiten, unsere Theorien der Erfahrung anzupassen – wir können diesen oder jenen Satz revidieren –, und das Spektrum an Revisionsmöglichkeiten ist so groß, daß es zu tiefgreifend verschiedenen Theorien führt, die zugleich empirisch äquivalent sind.

Wir haben damit eine Antwort auf die Frage nach dem Anteil des

Konventionellen in unseren Theorien gewonnen. Dieser Anteil ermißt sich nach Quine nicht daran, welche analytischen Sätze unsere Theorie enthält – sie enthält (so gut wie) keine –, sondern daran, wie groß das Spektrum an Theorien ist, die mit unserer Theorie empirisch äquivalent sind. Die These, daß dieses Spektrum sehr groß ist, ist natürlich ebenfalls wieder, wie schon die These von der Unerforschlichkeit der Referenz, eine erkenntnistheoretische. Sie sagt etwas über den Spielraum aus, den uns die Daten bei der Theorienkonstruktion lassen. Wenn wir diese These jedoch aufstellen, stehen wir weiterhin auf dem Standpunkt *einer* dieser Theorien. Etwas anderes ist uns nach Quine nicht möglich.

Hier taucht ein Problem auf hinsichtlich 'Wahrheit'. Wir sind natürlich geneigt, die Sätze unserer Theorie (jedenfalls die meisten von ihnen) als wahr anzusehen. Unsere erkenntnistheoretischen Betrachtungen haben uns jedoch nun gezeigt, daß die empirischen Daten auch ganz andere, womöglich der unseren widersprechende Theorien stützen. Welche von diesen Theorien ist dann wirklich die wahre? Für Quine ist dies eine sinnlose Frage. Er denkt, daß wir nach Wahrheit nur innerhalb unserer Theorie fragen können, und dort bedeutet die Frage nichts anderes als: Welche Sätze akzeptieren wir und welche nicht? Von einem Satz zu sagen, er sei wahr, ist für Quine im wesentlichen dasselbe, wie den Satz selbst zu äußern. Unser Schema (1) drückt alles aus, was im Wahrheitsbegriff steckt. Innerhalb unserer Theorie besagt dieses Schema (wenn wir, was das natürlichste ist, homophone Übersetzung wählen): „Der Schnee ist weiß" ist wahr genau dann, wenn der Schnee weiß ist. Mehr läßt sich über Wahrheit im wesentlichen nicht sagen. Wer fragt, was einen Satz wahr *macht*, erhält von Quine die vielsagende Antwort: Es ist die Beschaffenheit der Welt. Und wer fragt, woher wir *wissen*, daß ein bestimmter Satz wahr ist, erhält die Antwort, daß es da gewisse methodische Richtlinien der Theorienkonstruktion, Theorienprüfung und Theorienwahl gibt, die uns schließlich dazu bringen, gewisse Sätze zu akzeptieren, d. h. als „wahr" zu bezeichnen. Natürlich können sich später gute Gründe ergeben, solch ein Urteil wieder zu revidieren. Wir haben nie absolute Gewißheit. Quines Wahrheitskonzeption ist ein wesentlicher Teil seines Naturalismus. Er charakterisiert sie kurz und bündig so: „Wahrheit ist immanent, und es gibt keine höhere."[17]

Quines Betrachtungen über Wahrheit und die Bestimmtheit von

---

[17] Quine 1981, 36 (teilweise meine Übersetzung). – Quines heutige Einstellung zur Wahrheitsproblematik ist allerdings etwas differenzierter; vgl. Quines demnächst erscheinendes Buch ›Pursuit of Truth‹.

Theorien und deren Ontologie zeigen das für seine Position so charakteristische Wechselspiel zwischen instrumentalistischen und realistischen Tendenzen. In diesem subtilen Wechselspiel liegt Quines Weisheit. Er ist Instrumentalist, wenn er Erkenntnistheorie treibt. Theorien stellen sich dann als Begriffsbrücken dar, die wir konstruieren, um Reizungen unserer Sinnesrezeptoren vorherzusehen und zu beeinflussen. Die Gegenstände, von denen unsere Theorien handeln, erscheinen als 'Setzungen' ("posits"). Die Theorien, und noch viel mehr die Gegenstände, erweisen sich als unbestimmt. Der Erkenntnistheoretiker betrachtet die Theorien und die Gegenstände, auf die sich die Theorien beziehen, vom Blickwinkel ihres Konstruiert- und Postuliertwerdens. Dabei steht er jedoch selbst auf dem Standpunkt einer dieser Theorien. Erkenntnistheorie ist nichts anderes als „auf sich selbst gerichtete Naturwissenschaft"[18]. Zwischen der Erkenntnistheorie und unserer Gesamttheorie von der Welt besteht in gewissem Sinn ein Verhältnis „wechselseitigen Enthaltenseins"[19]. Quine ist Realist, sobald er Ontologie und Metaphysik treibt. Die erkenntnistheoretischen Irritationen werden dann sozusagen vergessen. Wir akzeptieren eine Theorie von der Welt, nehmen sie beim Wort und sehen das von ihr Behauptete und Postulierte als real an. Die alte Frage „Konstruieren oder finden?" bekommt von Quine demnach eine zweifältige Antwort. Haben wir die Elektronen konstruiert oder gefunden? Beides. Vom Standpunkt des Erkenntnistheoretikers sind sie Konstrukte, vom Standpunkt des Ontologen sind sie etwas Gefundenes. Dabei muß sich weder der Ontologe noch der Erkenntnistheoretiker aus unserer Gesamttheorie der Welt, die letztlich von der Naturwissenschaft erstellt wird, hinausbegeben. Sie schauen lediglich in verschiedene Richtungen.[20]

Kurzbibliographie Quine

Word and Object, MIT Press, Cambridge, Mass. 1960 (Sigel: Quine 1960)
Wort und Gegenstand, übers. v. J. Schulte u. D. Birnbacher, Stuttgart 1980.
From a Logical Point of View (1953) 2. Aufl., Harvard University Press, Cambridge, Mass. 1961 (Sigel: Quine 1961)
Von einem logischen Standpunkt, übers. v. P. Bosch, Frankfurt a. Main. 1979.
Ontological Relativity and Other Essays, Columbia University Press, New York 1969 (Sigel: Quine 1969)

[18] Quine 1981, 110 (teilweise meine Übersetzung).
[19] Quine 1969, 116.
[20] Ich danke M. Gutberlet und A. Kemmerling für hilfreiche Bemerkungen.

Ontologische Relativität und andere Schriften, übers. v. W. Spohn, Stuttgart 1975.

The Roots of Reference, Open Court, La Salle, Ill. 1974 (Sigel: Quine 1974)
Die Wurzeln der Referenz, übers. v. H. Vetter, Frankfurt a. M. 1976.

Theories and Things, Harvard University Press, Cambridge, Mass. 1981 (Sigel: Quine 1981)
Theorien und Dinge, übers. v. J. Schulte, Frankfurt a. M. 1985.

EDMUND HUSSERL

Transzendentale Phänomenologie:
Evidenz und Verantwortung

Von Klaus Held

Im Jahre 1936 hat Husserl die ersten beiden Teile seines letzten großen Werks veröffentlicht. Es trägt den Titel ›Die Krisis der europäischen Wissenschaften und die transzendentale Phänomenologie‹. Husserl unternimmt hier nach den ›Ideen zu einer reinen Phänomenologie und phänomenologischen Philosophie (I)‹ von 1913 und den ›Cartesianischen Meditationen‹ von 1931 zum drittenmal den Versuch, auf eine programmatisch umfassende Weise in die Phänomenologie einzuführen, die er 1900/1901 mit seinen ›Logischen Untersuchungen‹ begründet hatte. Das Neue an diesem letzten Versuch liegt darin, daß die Einführung von einer geschichtlichen Ortsbestimmung der Gegenwart ausgeht. Husserl diagnostiziert eine tiefe Krise des gegenwärtigen Zeitalters, die er auf die im Titel des Werks genannte „Krisis" des wissenschaftlichen Denkens zurückführt, eine Krisis, die die Philosophie mitumschließt.

Um eine Krise zuverlässig feststellen zu können, bedarf der Mediziner der möglichst weit zurückreichenden Anamnese. Und so beruft sich auch Husserl für seine Zeitdiagnose auf die geschichtliche Herkunft des philosophisch-wissenschaftlichen Denkens überhaupt. Dieses Vorgehen ist für Husserl keineswegs selbstverständlich. Ursprünglich glaubte er – ähnlich wie Descartes – als Philosoph ganz von vorne anfangen zu können. Deshalb interessierte er sich zunächst wenig für die Herkunft der Philosophie. Als radikaler Anfänger wollte er um der strengen Wissenschaft willen von allen Vormeinungen unabhängig sein. Aber in seiner Spätzeit wurde ihm klar, daß er mit eben dieser Unterscheidung der strengen Wissenschaft von allen Meinungen selbst bereits ein geschichtliches Erbe übernahm. Einstmals, bei Platon und seinen Vorgängern, hatte die Philosophie dadurch zu sich selbst gefunden, daß sie sich als *episteme*, als Wissen im ausgezeichneten Sinne, von der *doxa*, dem bloßen Meinen, unterschied. Diese Selbstunterscheidung der Episteme von der Doxa erschien Husserl in seinem Spätwerk als der Gründungsakt der Philosophie, als ihre Urstiftung, wie er sich

ausdrückte. Nunmehr erhob er für seine transzendentale Phänomenologie den Anspruch, die zukunftsweisende Erneuerung des ursprünglichen Sinnes jener Urstiftung zu sein.

Nach meiner Auffassung hat Husserl damit sein eigenes Lebenswerk
im Rückblick treffend interpretiert; denn zwei Begriffe darf man als die
Leitworte dieses Lebenswerks ansehen: Evidenz und Verantwortung.
Eben dieses Begriffspaar ist aber auch schon geeignet, die beiden
wesentlichen Implikationen dessen zu bezeichnen, was mit der griechischen Selbstunterscheidung der Episteme von der Doxa gemeint war.

Ich möchte diesen Zusammenhang einleitend kurz skizzieren (I), um
von ihm her im Hauptteil (II) die eigentlich phänomenologische Bedeutung der beiden Leitideen Evidenz und Verantwortung zu entwik-
keln. Daraus wiederum werde ich im letzten Teil (III) ableiten, welche
Aufgabe Husserl der gegenwärtigen Philosophie mit der phänomenologischen Erneuerung der griechischen Urstiftung gestellt hat.

I

Das grundlegende Merkmal der Doxa, der bloßen Meinung, ist aus
der Sicht der Episteme, der Wissenschaft, ihre Befangenheit in einseitigen Standpunkten. Diese Befangenheit rührt daher, daß die Menschen,
so wie sie vor aller Philosophie und Wissenschaft durchschnittlich
leben, jeweils auf das fixiert sind, woran ihnen gerade gelegen ist. Die
Beschränktheit auf ihr jeweiliges Interesse verengt ihren Horizont, d. h.
den Gesichtskreis für die Möglichkeiten des Urteilens und Handelns.
Solcher Möglichkeiten gibt es an sich unabsehbar viele. Aber die Menschen bewegen sich immer nur in gewissen Ausschnitten aus dem Universalhorizont der Möglichkeiten. Sie leben, wie wir sagen, jeweils in
ihrer Welt, der Welt des Studenten, der Welt des Arbeiters, der Welt des
Kindes usw. Alle solchen interessenbedingten Horizonte bilden Ein-
schränkungen eines umfassenden Universalhorizonts, den wir als die
eine Welt bezeichnen können. Sie sind, wie Husserl formulieren wird,
Sonderwelten der einen Welt. Die Befangenheit der Doxa besteht in der
Beschränkung auf jeweilige Sonderwelten, d. h. in ihrer Verschlossenheit gegenüber dem Ganzen schlechthin, der einen Welt.

Philosophie und Wissenschaft bilden in ihrem Beginn und von dann
an für lange Zeit eine Einheit. Das philosophisch-wissenschaftliche
Denken beginnt damit, daß es im Gegenzug gegen die Befangenheit der
Doxa die eine Welt entdeckt. Das Ganze schlechthin wird erstmals ausdrücklich zum Thema, und es bekommt mit dem Begriff *kosmos* auch
erstmals eine Bezeichnung.

Als Spielraum von Möglichkeiten des Urteilens und Handelns gibt auch ein beschränkter Horizont die Sicht auf die in ihm gelegenen Möglichkeiten frei. Jede Sonderwelt läßt den Menschen das sehen, was ihm an Vorkommnissen innerhalb dieser Sonderwelt begegnet. Was gesehen werden kann, nennen wir das Erscheinende, griechisch ausgedrückt: die Phänomene. Was ein Mensch in seiner Sonderwelt sieht, erscheint ihm im Licht seiner jeweils leitenden Interessen. Deshalb verweilt sein Blick nicht bei dem, was das Erscheinende als es selbst ist, sondern schweift sogleich über das Erscheinende hinaus, um sich auf das zu richten, wofür es brauchbar ist.

Die Aufgeschlossenheit des beginnenden philosophisch-wissenschaftlichen Denkens für die eine Welt beruht auf der Freiheit von den sonderweltlichen Interessen. Deshalb ist dieses Denken offen für alles Erscheinende, und zwar für das Erscheinende als es selbst. „Etwas erscheint" heißt: „es tritt in seiner Bestimmtheit hervor". Von seiner griechischen Urstiftung her besitzt das philosophisch-wissenschaftliche Denken die Bereitschaft, alles Erscheinende in seiner Bestimmtheit zum Vorschein kommen zu lassen. So verstanden hat es den Charakter des Sehens im betonten Sinne, d. h. der interessefreien Anschauung, griechisch: der *theoria*.

Der spätere, lateinische Titel für das Ans-Licht-Treten des Erscheinenden in seiner Bestimmtheit lautet *Evidenz*. Man kann sagen: Zur doxakritischen Thematisierung der einen Welt gehört untrennbar die interessefreie Suche nach Evidenz. Dieser Zusammenhang ist die erste Implikation der urstiftenden Selbstunterscheidung der Episteme von der Doxa, die Husserl übernimmt.

An die ursprüngliche Sinnstiftung von Philosophie und Wissenschaft läßt sich eine kritische Frage richten: Warum sollen die Menschen überhaupt Evidenz in bezug auf die eine Welt suchen, anstatt sich mit dem zufriedenzugeben, was ihnen in den interessebeschränkten Gesichtskreisen ihrer jeweiligen Sonderwelten erscheint? Wenn die theoretische Zuwendung zur einen Welt sinnvoll sein soll, muß es ein Interesse geben, das höher steht als die Interessen, die die Menschen an ihre Sonderwelten binden. Dieses übergeordnete Interesse kann nur das Interesse daran sein, daß dem Menschen sein Leben überhaupt, sein Dasein im ganzen gelingt. Ein solches Interesse könnte aber ins Leere gehen, weil es sein könnte, daß das Gelingen des Lebens im ganzen gar nicht vom Menschen abhängt.

Ob das Gelingen unseres Lebens überhaupt in unserer Hand liegt oder nicht, läßt sich nicht in unbeteiligter Abwägung entscheiden. Der einzelne, ich selbst muß mich dazu entschließen, es in meine Hand zu nehmen. Aufgrund dieses Entschlusses kann ich sagen: Für das Gelingen, das Wohlgeraten meiner Existenz kommt es grundlegend nicht auf irgendwelche Schicksalsmächte an, sondern auf die Haltung, in der ich selbst mein Leben führe. Für diese Haltung bin ich selbst verantwortlich. Deshalb muß ich über sie Rechenschaft geben, griechisch: *logon didonai.*

Die Zuwendung zur einen Welt setzt also die Bereitschaft zum logon didonai voraus. Rechenschaftgeben heißt Gründe vorlegen. Der in der Interessiertheit seiner Doxa befangene Mensch wird diese Gründe in den Sonderwelten suchen, innerhalb derer er sein Leben führt. Aber eine solche Rechenschaft kann immer nur vorletzte Gründe angeben. Sie bleibt auf halber Strecke hängen, da die sonderweltlichen Möglichkeiten des Urteilens beschränkt sind. Um mit der Entscheidung zur Selbstverantwortung voll Ernst zu machen, muß der Mensch letzte Gründe suchen, und das kann er nur, indem er sich durch die universale auf Evidenz ausgerichtete Weltsicht von der sonderweltlichen Beschränktheit der Doxa befreit. Mit der Rechenschaft über die letzten Gründe übernimmt der Mensch für das Gelingen seines Daseins die Letztverantwortung, wie Husserl sagen wird. Eben dies ist die zweite Implikation, die Husserl aus der griechischen Urstiftung von Philosophie und Wissenschaft aufgreift.

II

Wie entfaltet sich nun die Selbstunterscheidung der Episteme von der Doxa mit den darin liegenden Leitideen Evidenz und Letztverantwortung zur transzendentalen Phänomenologie?

Die letztverantwortliche Rechenschaft steht unter dem Anspruch, die Doxa, die bloße Meinung, endgültig zu überwinden. Vom „bloßen" Meinen spricht man deshalb, weil jedes Meinen nur einen vorläufigen Standpunkt darstellt. Ein Standpunkt eröffnet eine Sicht, aber die Sicht ist möglicherweise revisionsbedürftig. Das Bewußtsein von dieser Vorläufigkeit gehört zum Meinen selbst; es selbst empfindet die eigene Sicht als überholungsbedürftig. Jede Sicht richtet sich auf etwas Erscheinendes. Das Erscheinen des Erscheinenden ist beim bloßen Meinen von solcher Art, daß es über sich selbst hinaus verweist, nämlich auf ein Erscheinen, bei dem mir das Erscheinende auf eine nicht mehr überholungsbedürftige Weise zu Gesicht käme.

Ich meine etwa, daß es in Alaska kalt ist; aber erst das wirkliche Erlebnis des Aufenthalts in Alaska kann diese Erwartung bewahrheiten. Oder ich meine, daß die Winkelsumme im Dreieck gleich zwei rechten Winkeln ist; aber erst der aktuell geführte Beweis verschafft mir davon die volle Überzeugung. So liegt in jeglichem Meinen ein Vorgriff auf mögliche Situationen, in denen das Erscheinen des jeweils gemeinten Erscheinenden auf eine die Erwartungen voll befriedigende Weise stattfinden würde.

Im Umgang mit jeglichem, was uns im Alltag – auf welche Weise auch immer – erscheint, operieren wir gleichsam mit Schecks, von denen wir nicht mit letzter Sicherheit wissen, ob sie gedeckt sind. Nur die Situationen, in denen das Erscheinen nicht mehr über sich hinaus verweist, bringen die Schecks zur Deckung. Diese Situationen befriedigen die Erwartungen, weil in ihnen das Erscheinende dem Menschen in unverstellter Nähe gegenwärtig ist. Husserl bezeichnet diese Art des Erscheinens als originär. Weil dabei das Erscheinende unverstellt in seiner Bestimmtheit ans Licht kommt, kann man das originäre Erscheinen auch – in passender Erweiterung des alten Begriffs – als Evidenz bezeichnen.

In diesem Sinne gibt es Evidenz nicht nur in Philosophie und Wissenschaft, sondern schon im vorwissenschaftlichen Alltag. Die Evidenz spielt dort sogar eine beherrschende Rolle: Wir können überhaupt nur existieren, weil uns alles, womit wir zu tun haben, entweder bereits durch Situationen seines originären Erscheinens bekannt ist oder weil wir – in Fällen von Unsicherheit – Situationen der Evidenz erwarten dürfen, in denen uns das Erscheinende in seiner Bestimmtheit gleichsam von nahem zugänglich wird. Unser Bewußtsein von dem, was uns in der Welt erscheint, ist also vor aller Philosophie gekennzeichnet durch eine durchgängige Bezogenheit auf Evidenz, die jeweilige Evidenz nämlich, auf die sich das Bewußtsein rückverwiesen oder vorverwiesen weiß. Diese Bezogenheit auf Evidenz bringt in unser Bewußtsein einen dynamischen Zug, den Husserl als Intentionalität bezeichnet.

Philosophie aus dem Geist radikaler Selbstverantwortung darf sich als theoretische Weltsicht nicht mit dem doxahaften Anblick des Erscheinenden zufriedengeben. Sie muß deshalb das Erscheinende so sehen lernen, wie es sich dem intentionalen Bewußtsein in den Situationen der Evidenz zeigt. Dies ist der grundlegende Schritt der Phänomenologie. Um das Erscheinende voll und unverstellt vor den Blick der theoretischen Anschauung zu bringen, sucht sie die Evidenzsituationen auf, in denen sich das Erscheinende alltäglich, vor aller Philosophie, originär dem Bewußtsein darbietet. Die Phänomeno-logie, die philosophische Wissenschaft vom Phänomen, von der Erscheinung, beschreibt, wie Erscheinendes jeweils in Evidenz erscheint. Sie analysiert das Erscheinende in seinem originären Erscheinen.

Dabei macht der Phänomenologe aber unvermeidlich eine merkwürdige Erfahrung. Alles, was uns alltäglich in der Welt erscheint, begegnet

uns als etwas Identisches, d. h. als etwas, was sich im Wechsel und in
der Vielfalt der Möglichkeiten seines Erscheinens als dasselbe durch-
hält. Husserls Musterbeispiel hierfür ist der Gegenstand, den wir op-
tisch wahrnehmen. Er bietet sich uns in einer Vielfalt von Aspekten
oder Perspektiven dar – ein Haus etwa zeigt sich den Passanten auf der
Straße anders als jemandem im Garten –, aber gerade in der fließenden
Mannigfaltigkeit dieser Erscheinungsweisen verharrt es als dasselbe.
So begegnet uns jegliches Erscheinende, jedwedes Vorkommnis in der
Welt als ein identischer Pol im Spektrum seiner Erscheinungsweisen. In
diesem Sinne – und nur in diesem Sinne – bezeichnet Husserl jedes Erscheinende als einen Gegenstand.

Wir können mit Gegenständen nur zu tun haben, indem sie uns
jeweils in irgendeiner Erscheinungsweise gegeben sind. Aber jede
Erscheinungsweise ist nur eine aus einer Mannigfaltigkeit von vielen
Erscheinungsmöglichkeiten. Der identische Gegenstand ist mehr als
das, was sich jeweils in einer Erscheinungsweise zeigt. Er braucht zwar
irgendeine Erscheinungsweise als Gelegenheit, um sich dem intentionalen Bewußtsein darzubieten, aber er ist nicht an eine bestimmte Gelegenheit gebunden. Gelegenheit heißt lateinisch *occasio*. Die Gegenstände müssen uns okkasionell in Erscheinungsweisen begegnen, um
überhaupt in einem Bezug zu uns, den erlebenden Subjekten, zu stehen.
Nur so besitzen sie ein Sein-für-uns, ein subjekt-relatives Sein, wie
Husserl sagt. Aber sie sind mehr als das, was sich von ihnen jeweils okkasionell zeigt. Sie transzendieren also die Okkasionalität, und eben
diese Transzendenz verschafft ihnen ihre Identität. Nur wegen ihrer
Identität besitzen sie eine gegenständliche Existenz, d. h. ein Sein, von
dem wir annehmen, daß es unabhängig davon stattfindet, ob oder wie
sie uns jeweils erscheinen. Die Transzendenz gegenüber dem okkasionellen Für-uns-sein der Gegenstände verbürgt ihr so verstandenes An-
sich-sein, ihre Objektivität.

Zu den Möglichkeiten des okkasionellen Erscheinens der Gegenstände gehört unter anderem das originäre Erscheinen, die Evidenz.
Nur weil das intentionale Bewußtsein von den Evidenzen zehrt, in
denen ihm die Bestimmtheit der Gegenstände allererst zugänglich
wird, hat es überhaupt Inhalte und ist nicht leer. Andererseits muß das
Bewußtsein das okkasionelle Erscheinen und damit auch die Evidenz
transzendieren, um mit identischen, an sich bestehenden Gegenständen zu tun zu haben.

Das aber hat eine Konsequenz für die Analyse des Phänomenologen:
Es genügt nicht, daß er die originären Erscheinungssituationen des alltäglichen Lebens aufsucht und das Erscheinende so beschreibt, wie es
sich jeweils in Evidenz darbietet. Er muß außerdem erklären, wie es das

intentionale Bewußtsein bewerkstelligt, das okkasionelle originäre Erscheinen auf gegenständliche Identität hin zu transzendieren. Diese Erklärung kann aber nur vom originären Erscheinen ausgehen; denn nur aus ihm gewinnen die Gegenstände für uns Menschen ihre Bestimmtheit. Also muß der Phänomenologe annehmen, daß es das originäre Erscheinen selbst ist, welches das Bewußtsein motiviert, auf gegenständliche Identitäten auszugreifen. Die originäre Motivation für die Überschreitung der Okkasionalität auf gegenständliche Identität hin nennt Husserl Konstitution. Die phänomenologische Beschreibung der Evidenzen muß sich zur Konstitutionsanalyse erweitern, d. h. sie muß erklären, wie das Bewußtsein, motiviert durch Evidenz, die Okkasionalität überschreitet.

Erst mit diesem Schritt geht die Phänomenologie wesentlich über die griechische Urstiftung universaler theoretischer Weltsicht hinaus. Diese griechische Weltsicht war auf das Erscheinende gerichtet. Die Phänomenologie behält diese Blickrichtung bei, solange sie das Erscheinende in seinem originären Erscheinen beschreibt. Mit der Konstitutionsanalyse wendet sie sich dem Bewußtsein zu; denn die Motivationen zur Okkasionalitätsüberschreitung sind Vollzüge des intentionalen Bewußtseins. Das ist Husserls Schritt zur neuzeitlichen Transzendentalphilosophie; denn die Transzendentalphilosophie hat es nach Kants einschlägiger Definition in der › Kritik der reinen Vernunft‹ nicht mehr nur mit den Gegenständen, sondern in erster Linie mit „unserer Erkenntnisart von Gegenständen", also mit ihrem Erscheinen für unser Bewußtsein, zu tun. Die transzendentale Blickwendung vom Erscheinenden in seinem Erscheinen zum Erscheinen des Erscheinenden hat den Grundcharakter der Reflexion, der Zurückbeugung der Aufmerksamkeit auf das Bewußtsein als Stätte des Erscheinens.

Das intentionale Bewußtsein kann die Identität der Gegenstände nur konstituieren, indem es sich von okkasionellen Erscheinungsweisen motivieren läßt. Aber wieso können überhaupt Erscheinungsweisen das Bewußtsein motivieren? Husserls Antwort lautet: weil sie aufeinander verweisen. Wenn ich ein Haus von der Straße her sehe, ist mir dabei bewußt, daß ich es auch von einer anderen Seite her, z. B. vom Garten aus, betrachten könnte. So ist die Wahrnehmung des Hauses eingebettet in einen Verweisungszusammenhang von Erscheinungsweisen. Jeder solche Verweisungszusammenhang aber ist ein Spielraum, der dem intentionalen Bewußtsein einen Gesichtskreis für seine Erlebnisse eröffnet. Das führt uns zurück zu den Horizonten, den Sonderwelten, von denen ich bei der griechischen Urstiftung sprach: Nun hat sich herausgestellt, daß sie nichts anderes sind als Verweisungszusammenhänge von Erscheinungsweisen.

Die griechische Urstiftung hatte ich mit der Feststellung eingeführt:
Die Horizonte sind interessenbedingt. Diese Feststellung läßt sich nun
vertiefen. Das intentionale Bewußtsein ist nämlich von Grund auf von
einem Interesse beherrscht. Ihm ist daran gelegen, über identisch ver-
harrende Gegenstände zu verfügen. Um dieses Interesse zu befriedigen, muß das Bewußtsein Verweisungszusammenhänge von Erscheinungsweisen, also Horizonte bilden. Denn nur durch das Bewußtsein,
sich in einem Spielraum von aufeinander verweisenden Erscheinungsmöglichkeiten frei zu bewegen, tritt gegenständliche Identität als das
Bleibende in der fließenden Mannigfaltigkeit der Erscheinungsmöglichkeiten hervor. Die grundlegende Leistung des Bewußtseins bei der
Konstitution von gegenständlicher Identität ist deshalb die Ausbildung
von Horizonten.

Jeder Horizont, jede Sonderwelt verschafft dem Menschen die Möglichkeit, sich mit einer Fülle von Gegenständen zu beschäftigen, denen
im Rahmen des betreffenden Horizonts sein Interesse gilt. Husserls be-
vorzugtes Beispiel hierfür ist der Horizont, den jemand im Rahmen seines Berufs hat. Die Ausübung eines Berufs setzt voraus, daß man sich
bei den Gegenständen auskennt, die im Rahmen der Sonderwelt des jeweiligen Berufs auftreten. Durch dieses Sich-Auskennen ist man in der
Lage, beruflich etwas zustande zu bringen. Das Sich-Auskennen, das
jemanden befähigt, etwas zustande zu bringen, nannten die Griechen
techne. In diesem alten Sinne sind alle Berufskenntnisse ein technisches
Wissen. Die *techne*, das berufliche Sich-Auskennen beruht auf der Vertrautheit mit den Verweisungszusammenhängen der jeweiligen beruflichen Sonderwelt. Das Motivationsfundament dieser Vertrautheit aber
ist das Interesse an den Gegenständen, die innerhalb der betreffenden
Sonderwelt auftreten können.

Wegen des leitenden Interesses bildet jede Sonderwelt gleichsam die
Umgebung für bestimmte Gruppen oder Arten von Gegenständen. Sie
ermöglicht zwar das Sich-Auskennen im Bereich dieser Gegenstände,
sie gibt in diesem Sinne die Sicht auf sie frei, aber sie schränkt den Gesichtskreis zugleich ein; denn das sonderweltliche Interesse blendet diejenigen Verweisungszusammenhänge aus, durch die die Erscheinungsweisen der Gegenstände einer bestimmten Sonderwelt auf andere Sonderwelten verweisen. Der Ökonom etwa muß im Rahmen seines Berufs-
interesses davon abstrahieren, daß die Gegenstände nicht nur als Waren
mit einem Wert in dem Verweisungszusammenhang von Angebot und
Nachfrage auftauchen, sondern auch Qualitäten aufweisen, durch die
sie in andere Verweisungszusammenhänge hineingehören.

Die Phänomenologie als strenge Wissenschaft, als radikal doxakritische Episteme kann nur dann die wahrhaft vorurteilslose und unvor-

eingenommene Forschung sein, die sie nach Husserl sein soll, wenn sie sich von jeder solchen Beschränkung auf Sonderwelten befreit. Um unbefangen für das Erscheinende überhaupt aufgeschlossen zu sein, muß sie alle sonderweltlichen Partialhorizonte auf den Verweisungszusammenhang hin transzendieren, worin sie alle zusammengehören: die eine Welt als Universalhorizont.

Die eine Welt aber bildet nicht mehr bloß die Umgebung für irgendeinen Gegenstandsbereich, der durch ein bestimmtes Interesse eingeschränkt ist; der Universalhorizont entsteht nicht durch irgendein Interesse; er steht dem intentionalen Bewußtsein vorab zu jeglichem Interesse offen. Als radikal doxakritische Episteme muß die phänomenologische Reflexion interessefrei sein, nämlich hinter das sonderweltlich interessierte intentionale Bewußtsein zurückgreifen. Das bedeutet aber: Sie muß das aller Interessiertheit zugrundeliegende Verhältnis zur einen Welt einnehmen, eine Haltung der nicht interessebestimmten Offenheit.

Das vorphilosophische, alltägliche intentionale Bewußtsein bewegt sich zwar immer schon in diesem interessevorgängigen Weltverhältnis, aber es hat dieses Verhältnis von vornherein dadurch überlagert, daß es sich durch seine gegenständlichen Interessen auf bestimmte Sonderwelten beschränkt. Deshalb ist die Welt als Universalhorizont dem vorphilosophischen Bewußtsein zwar ganz fraglos vertraut, aber es nimmt die eine Welt nie als solche in den Blick; es macht sie nicht eigens zum Thema. Dieses eigentümlich unthematisch selbstverständliche Verhältnis zur einen Welt nennt Husserl die natürliche Einstellung.

Das Bewußtsein in natürlicher Einstellung, das natürliche Bewußtsein, wie wir kürzer formulieren können, ist intentional, d. h. durchgängig auf Evidenz verwiesen. Es braucht die Evidenz, weil es auf gegenständliche Identität aus ist; denn nur die Verweisungszusammenhänge originären Erscheinens können die Konstitution von Identitäten motivieren. So wird das natürliche Bewußtsein von einem Willen beherrscht, dem Willen, vermittels der Evidenz gegenständliche Identität zu besitzen. Es ist dieser Wille, der sich in allen sonderweltlichen Interessen manifestiert.

Die phänomenologische Einkehr in die ursprüngliche Interessefreiheit des Verhältnisses zur einen Welt bedeutet, daß jener Wille stillgelegt wird. Diese Stillegung nennt Husserl Epoché, „Innehalten", nämlich Innehalten mit dem Aussein auf Identität. Das Ganze schlechthin, der Universalhorizont Welt kann nur in einer Gelassenheit des Identitätswillens zum Thema werden.

Als letztverantwortliche Rechenschaft ist die phänomenologische Philosophie durchaus von einem Interesse motiviert, dem zu Beginn erwähnten Grundinteresse am gelungenen Leben. Dieses Interesse ist konkret ein Interesse des einzelnen daran, daß sich bestimmte Hoffnungen, Wünsche, Erwartungen, Bedürfnisse, also Intentionen verschiedenster Art erfüllen. Als Evidenzphilosophie läßt die Phänomenologie alle Arten von Lebenserfüllung im originären Erscheinen des jeweils Intendierten gründen. Der Wille, der das natürliche Bewußtsein im intentionalen Streben nach Lebenserfüllung durch Evidenz beherrscht, löst auch noch die letztverantwortliche Rechenschaft der Phänomenologie aus. Als Wissenschaft vom originären Erscheinen entspringt sie dem Willen, das natürliche Evidenzstreben zur eigentlichen Erfüllung zu bringen. Insofern ist sie die äußerste Konsequenz des natürlichen Bewußtseins.

Zugleich aber ist die Phänomenologie auch die entschiedenste Kritik daran. Denn um das Grundinteresse an Lebenserfüllung in Evidenz auf vollkommene Weise zu befriedigen, muß sie die Evidenz gleichsam aus ihrer natürlichen Knechtschaft befreien: Das natürliche Bewußtsein nimmt die Evidenz in Dienst für die interessengeleitete Ausbildung von Sonderwelten, in denen es gegenständliche Identität findet. Gerade um dem Willen, der im Grundinteresse an Lebenserfüllung wirksam ist, im tiefsten gerecht zu werden, muß sich die Phänomenologie in der Gelassenheit der Epoché von aller Willentlichkeit und Interessiertheit des Weltverhältnisses frei machen. Die Willentlichkeit der Übernahme von Letztverantwortung erfordert die Wiederherstellung des nichtwillentlichen Urverhältnisses zur einen Welt und in diesem Sinne den Bruch mit der natürlichen Einstellung.

Die griechische Urstiftung von Philosophie und Wissenschaft war als erstmalige Thematisierung der für die natürliche Einstellung unthematisch bleibenden einen Welt unter dem Titel Kosmos der erste Bruch mit der natürlichen Einstellung. Die phänomenologische Reflexion auf den universalen Verweisungszusammenhang der Erscheinungsweisen ist die transzendentalphilosophische Wiederaufnahme dieser Urstiftung. Freilich besteht zwischen der griechischen Urstiftung und ihrer modernen Weiterführung keine ungebrochene Kontinuität. Dazwischen liegt nach Husserl eine verhängnisvolle Entwicklung, die sich schon in der Antike anbahnte und in der Moderne ins Extrem steigerte. Bei der Thematisierung der einen Welt widerfuhr dem philosophisch-wissenschaftlichen Denken nämlich eine Verkehrung seiner eigenen Absicht. Die eigentliche Aufgabe der transzendentalen Phänomenologie hat Husserl in seiner Spätzeit darin gesehen, auf diese Verkehrung mit einer radikalen Erneuerung der Urstiftung zu antworten. Ich komme damit zur gegenwärtigen Aufgabe der Philosophie, wie sie sich aus der phänomenologischen Wiederaufnahme der Urstiftung ergibt.

III

Die eine Welt ist in der natürlichen Einstellung kein Gegenstand, kein Thema des Interesses. Das Interesse gilt den Gegenständen *in* der Welt. Die Welt ist der Verweisungszusammenhang, in den die Gegenstände für das intentionale Bewußtsein eingebettet sind. Das Bewußtsein läßt sich durch diesen Zusammenhang von Gegenstand zu Gegenstand verweisen. Es macht von dieser Möglichkeit, die ihm durch die Welt eröffnet wird, Gebrauch, aber der Gebrauch selbst, das Sichverweisenlassen ist eine solch fraglose Selbstverständlichkeit, daß das natürliche Bewußtsein darauf kaum einmal seine Aufmerksamkeit richtet. Allenfalls haben wir gelegentlich ein Bewußtsein davon, daß es die Verweisungszusammenhänge einer Sonderwelt gibt, in der wir uns gerade bewegen. Normalerweise aber absorbieren die Gegenstände unsere Aufmerksamkeit. Deshalb kann vor der philosophischen Thematisierung der einen Welt niemals das universale Verweisen selbst zum Thema werden.

Demnach kann man sagen: Was in der natürlichen Einstellung an der Welt eigentlich unthematisch bleibt, ist das universale Verweisen, d. h. die Eigenschaft der Welt, daß sie der Horizont für alle Horizonte ist. Kurz: das wesenhaft Unthematische ist der Horizontcharakter. Indem nun die eine Welt zum Thema des beginnenden philosophisch-wissenschaftlichen Denkens wird, wird sie zum Gegenstand dieses Denkens. Aber als Gegenstand verliert sie ihren Horizontcharakter; denn jeder Gegenstand belegt die Aufmerksamkeit des Bewußtseins so mit Beschlag, daß gerade dadurch das Sichverweisenlassen zur Selbstverständlichkeit wird.

Als letztverantwortliche Rechenschaft entspringt das beginnende philosophisch-wissenschaftliche Denken dem Streben nach Erfüllung durch Evidenz, das seinerseits in der natürlichen Einstellung im Dienst des Interesses an Identität steht. Das Identische, worin das beginnende Denken seine Aufmerksamkeit fokussiert, ist die eine Welt als Gegenstand. Aber eben damit wird die eine Welt nicht als das zum Thema, wodurch sie eigentlich Welt ist, nämlich als universaler Verweisungszusammenhang, sondern sie erscheint als so etwas wie ein einziger riesiger Gegenstand, in den alle Einzelgegenstände verpackt sind, ein Sammelbehälter für alle Vorkommnisse in der Welt. Die eine Welt wird vergegenständlicht, objektiviert zum Gesamtbereich aller Gegenstände. Der Horizontcharakter, um dessentwillen die Welt eigentlich thematisiert wurde, gerät so von vornherein in Vergessenheit. Diese Horizontvergessenheit bei der Thematisierung der einen Welt nennt Husserl Objektivismus.

Zum Objektivismus gehört ein bestimmtes Selbstverständnis des philosophisch-wissenschaftlichen Denkens. Weil es interessehaft ist, nämlich am Universalgegenstand Welt interessiert, sieht es seine Aufgabe darin, sich in diesem Gesamtbereich aller Gegenstände umfassend auszukennen. Das aber bedeutet: Der Philosoph und Wissenschaftler nimmt zu diesem Gesamtbereich eine Haltung ein, wie wir sie als das Verhältnis der Angehörigen eines bestimmten Berufs, der Meister in einer *techne*, zu ihrer beruflichen Sonderwelt kennengelernt hatten. Von solchen Sonderwelten, den Horizonten seines Interesses, kann der Mensch ja im Unterschied zur einen Welt bereits vor der Philosophie ein gewisses ausdrückliches Bewußtsein haben. An diese Möglichkeit knüpft das philosophisch-wissenschaftliche Denken an. Anstatt zur einen Welt die Haltung interessefreier Gelassenheit einzunehmen, verfährt es mit ihr so, als sei sie eine berufliche Sonderwelt. So geht der Objektivismus der Philosophie mit ihrer Verberuflichung Hand in Hand.

Jede berufliche *techne* hat zwei Aspekte: Das Sich-Auskennen beruht einerseits darauf, daß man von den Hauptgegenständen der betreffenden Sonderwelt Kenntnisse besitzt, die man im originären Umgang damit gewonnen hat. Das ist die Anschauungsbasis, die Evidenzgrundlage des Berufs. Zu einer *techne* gehört aber anderseits auch eine gewisse Findigkeit; denn in jeder *techne* geht es darum, etwas zustande zu bringen. Dafür aber muß man fähig sein, sich Wege, Bedingungen einfallen zu lassen, durch die die Zustandebringung von etwas, die Verwirklichung unterschiedlichster Projekte möglich wird. Dies ist die eigentlich technische Seite des Berufs, die Findigkeit im Ausdenken solcher Verwirklichungsbedingungen.

Die originäre Anschauung, auf der jede *techne* beruht, ist an Okkasionalität gebunden; sie findet im jeweiligen subjektrelativen Erscheinen statt. In der Okkasionalität dieses Erscheinens melden sich die Verweisungen des Horizonts. Deshalb schwindet mit der Vergessenheit des Horizontcharakters der Welt das Bewußtsein vom jeweiligen subjektrelativen Erscheinen. Dieser Schwund kennzeichnet die extreme Entwicklung des Objektivismus in der Moderne. Er zeigt sich im Selbstverständnis der modernen Forschung: Jegliche Subjektrelativität wissenschaftlicher Aussagen muß fortschreitend methodisch zugunsten einer strengen Objektivität eliminiert werden. Wie etwas dir oder mir jeweils erscheint, ist für die Forschung irrelevant, ja hinderlich. Was interessiert, ist allein die Sache an sich, d. h. ihre von jeder okkasionellen Subjektivität unabhängige Beschaffenheit.

Damit aber geht der Forschung die Evidenzgrundlage verloren; denn die originäre Anschauung kann nur als subjektrelatives Erscheinen stattfinden. Das wiederum bedeutet: Es bleibt nur die andere Seite vom Beruf des Wissenschaftlers übrig, das im beschriebenen Sinne technische Operieren. Der Urstiftungszweck der Wissenschaft, eine Sicht vom Ganzen der Welt zu gewinnen, bleibt zwar bestehen. Aber eben diese Aufgabe wird nun zu einem Problem technischer Findigkeit. Es geht jetzt darum, planmäßig die Beobachtungsbedingungen zu finden und herzustellen, unter denen die Welt, nunmehr verstanden als der Inbegriff der Gegenstände, gezwungen werden kann, sich der Sicht des Forschers zu offenbaren. Das heißt: die Forschung bekommt die methodische Gestalt des Zusammenspiels von Hypothese und Experiment. Der Erfolg der Forschung bemißt sich allein an der Effizienz dieses methodisch geregelten technischen Operierens. Die Forschung nimmt die Evidenz im subjektrelativen Erscheinen wieder in Dienst, wie das schon das natürliche Bewußtsein tat; aber nach der Evidenzgrundlage selbst wird nicht mehr gefragt. Wegen dieser Einseitigkeit bezeichnet Husserl in seiner Spätzeit die objektivistische Wissenschaft als eine „bloße techne".

Aus der eigentlich interessefreien theoretischen Weltschau wird ein an der Effizienz von Herstellungsaufgaben interessiertes beruflich-technisches Operieren, d. h. aber produktive Arbeit im Sinne der modernen Gesellschaft. Die Produktivität solcher Arbeit läßt sich durch Arbeitsteilung verbessern. Die Welt wird deshalb arbeitsteilig erforscht. Die Arbeitsteiligkeit wiederum wird durch den Objektivismus möglich. Wegen der Vergessenheit der Verweisungszusammenhänge erscheint die Welt nämlich als eine Ansammlung von Gegenständen, die man beliebig in Teilbereiche zerschneiden und partikularisieren kann. Die berufsmäßige Forschung des Einzelwissenschaftlers zerfällt in die Bearbeitung solcher Teilgebiete. Dabei ist wegen der Ausblendung der Verweisungszusammenhänge einer endlos fortschreitenden Spezialisierung prinzipiell keine Grenze gesetzt. Im immer lauter werdenden Ruf nach interdisziplinärer Forschung meldet sich heute das Ungenügen an dieser Situation.

Mit all dem geht eine Entwicklung einher, in der das eigentlich Bedenkliche der objektivistischen Verberuflichung zum Vorschein kommt. Nur als Verweisungszusammenhang hält die Welt Möglichkeitsspielräume für das Handeln bereit; denn Handeln bekommt nur dadurch Sinn, daß es sich in Verweisungszusammenhänge einfügt. Mit der spezialistisch entfesselten Partikularisierung des Verweisungszusammenhangs der einen Welt wird das Rechenschaftgeben für das Handeln selbst arbeitsteilig. Damit aber wird der Letztverantwortung des Menschen für sein Handeln der Boden entzogen; denn mit dieser Letztverantwortung kann nur Ernst machen, wer bei der Rechenschaft nicht kurzatmig bei vorläufigen, aus atomisierten Sonderwelten entnommenen

Rechenschaftsgründen stehenbleibt. Die in ihre unbeschränkte Arbeitsteiligkeit freigegebene moderne Forschung ist weithin zu einem Betrieb geworden, der sich geradezu automatisch und autonom fortsetzt, ohne daß noch ein lebendiges Bedürfnis bestünde, danach zu fragen, in welchen umgreifenden Sinnzusammenhang sich die Weiterverfolgung der jeweils anstehenden partikularen Forschungsprojekte eigentlich einfügt. Das Rechenschaftgeben aus letzten Gründen, aus dem alle Forschung in ihrer Urstiftung hervorging, erscheint als eine Sache der Weltanschauung, aber nicht mehr der Wissenschaft.

So darf man sagen: Mit der Umwandlung der Erforschung des Weltganzen in ein arbeitsteilig verberuflichtes technisches Operieren geht nicht nur die Evidenzgrundlage des philosophisch-wissenschaftlichen Denkens verloren. Sondern zugleich entgleitet damit dem Menschen die Letztverantwortung für sein Handeln, für die er sich mit der griechischen Urstiftung von Philosophie und Wissenschaft entschieden hatte. Die Verantwortung, die der Mensch damit übernommen hatte, war – wie jede Verantwortung – die für ein Verhalten. In diesem Falle handelt es sich um ein menschheitsgeschichtlich neuartiges Verhalten, nämlich das theoretische, auf Evidenz ausgerichtete Verhalten zur einen Welt, zur Welt *als* Welt.

Indem die modernen Einzelwissenschaften alles in der Welt Erscheinende erforschen, scheinen sie der Philosophie jedes mögliche Thema und damit die Existenzberechtigung zu rauben. Aber *eine* Aufgabe kann keine als *techne* operierende Einzelwissenschaft der Philosophie abnehmen: die transzendentale Reflexion des Menschen auf sich selbst als Stätte des Erscheinens der einen Welt. Diese Reflexion verlangt heute eine innere Gegenbewegung gegen den arbeitsteiligen, an unendlich vielen Gegenständen interessierten Betrieb der modernen Forschung. Es gilt, sich in einer Haltung interessefreier Gelassenheit auf die Frage zu besinnen, was eigentlich Welt als Universalhorizont bedeutet. Das scheint mir die zentrale Aufgabe, die Husserl der gegenwärtigen Philosophie gestellt hat.

Kurzbibliographie Husserl

Husserliana – Edmund Husserl. Gesammelte Werke. Auf Grund des Nachlasses veröffentlicht vom Husserl-Archiv (Leuven) in Verbindung mit R. Boehm unter Leitung v. S. IJsserling, Den Haag 1950 ff.; daraus:
Bd. XVIII: Logische Untersuchungen (1900/1), 1. Bd.: Prolegomena zur reinen Logik, hrsg. v. E. Holenstein, 1975.
Bd. XIX, 1: Logische Untersuchungen (1900/1), 2. Bd.: Untersuchungen zur

Phänomenologie und Theorie der Erkenntnis. 1. Teil, hrsg. v. U. Panzer, 1984.
Bd. XIX, 2: Logische Untersuchungen (1900/1), 2. Bd.: Untersuchungen zur
Phänomenologie und Theorie der Erkenntnis. 2. Teil, hrsg. v. U. Panzer, 1984.
Bd. III: Ideen zu einer reinen Phänomenologie und phänomenologischen
Philosophie. Erstes Buch. Allgemeine Einführung in die reine Phänomenolo-
gie (1913), Text der 1.–3. Auflage, neu hrsg. v. K. Schuhmann, 1976.
Bd. I: Cartesianische Meditationen (1929/1931), hrsg. u. eingeleitet v.
S. Strasser, 2. Aufl. 1963. (Erschienen auch als Bd. 29₁ der Philosophischen
Bibliothek, hrsg. v. E. Ströker, Hamburg 1977.)
Bd. VI: Die Krisis der europäischen Wissenschaften und die transzendentale
Phänomenologie. Eine Einleitung in die phänomenologische Philosophie,
hrsg. v. W. Biemel, 1954.
Die phänomenologische Methode. Ausgewählte Texte I. (Mit einer Einführung
in Husserls Phänomenologie) hrsg. v. K. Held, Reclams Universal-Bibliothek
8084, Stuttgart 1985.
Phänomenologie der Lebenswelt. Ausgewählte Texte II. (Mit einer Einführung
in Husserls Phänomenologie) hrsg. v. K. Held, Reclams Universal-Bibliothek
8085, Stuttgart 1986 (in den Reclambänden weitere Angaben zur Primär- und
Sekundärliteratur).

MAX SCHELER

Phänomenologie der Werte

Von Wolfhart Henckmann

Die Fragen, was das eigentlich sei: ein Wert; wodurch oder auf welche Weise sich Werte von anderen Gegebenheiten unterscheiden lassen, was für eine Seinsweise ihnen im Ganzen alles Seienden zukomme, welche Arten von Werten es gebe – diese und ähnliche Fragen haben im 19. Jahrhundert zur Begründung einer allgemeinen Werttheorie (Axiologie) geführt, zu einer Zeit also, als in einer sich umgestaltenden Gesellschaft die traditionellen sittlichen, ästhetischen und religiösen Werte ihre Geltung einzubüßen begannen. Doch ist hier nicht der Ort, die Geschichte der Wertphilosophie und ihre gesellschaftlichen Voraussetzungen zu verfolgen,[1] sondern die Lehre des Begründers der phänomenologischen Wertphilosophie vorzustellen,[2] die Wertphilosophie Max Schelers.

Ihrem Verständnis stellen sich bereits im Vorhof der sachlichen Fragen zwei Schwierigkeiten entgegen: Scheler hat kein systematisches Werk zur Wertphilosophie verfaßt, und er hat zweimal seinen philosophischen Standpunkt gewechselt. Daß er kein systematisches Werk wie etwa die ›Ethik‹ (1926) seines Kölner Kollegen N. Hartmann verfaßt hat, wird gelegentlich als Zeichen interpretiert, daß er für systema-

---

[1] Während sich die Behandlung einzelner Wertgattungen und Wertprobleme bis in die Antike zurückverfolgen läßt, ist eine allgemeine Werttheorie erst von H. Lotze im 19. Jahrhundert gefordert worden. Vgl. zur Geschichte der Wertphilosophie F. J. von Rintelen, Der Wertgedanke in der europäischen Geistesentwicklung, Tl. I: Altertum und Mittelalter, Halle 1932, und das freilich recht polemische Werk des Brentano-Schülers O. Kraus: Die Werttheorien. Geschichte und Kritik, Brünn 1937.

[2] Daß Scheler als Begründer der phänomenologischen Wertphilosophie anzusehen ist, wird allgemein zugestanden; vgl. z. B. J. Hessen, Wertphilosophie, Paderborn 1937, 18; 93. Ob sich dies Urteil angesichts der gleichzeitigen Forschungen von A. Pfänder, D. von Hildebrand sowie den wertphilosophischen Untersuchungen Husserls auch heute noch aufrechterhalten läßt, sei dahingestellt.

tisches Denken unbegabt gewesen[3] und bei einer wenn auch differenzierten Beschreibung vorgegebener Sachverhalte stehengeblieben sei.
Scheler hat sich jedoch selber ausdrücklich gegen solch eine „Bilder-
buchphänomenologie" und für eine systematische Philosophie ausgesprochen.[4] Faktisch begegnet man aber in seinen Schriften[5] einem un-
bekümmerten, immer neue Perspektiven entwerfenden Denken, das
mit nicht genügend analysierten Begriffen arbeitet und die Verbindung
der Begriffe zu widerspruchsfreien und lückenlosen Zusammenhängen
nicht kontrolliert. So ist Scheler in der Tat nicht als Systemdenker zu
bezeichnen,[6] aber auch nicht bloß als Bilderbuchphänomenologe, sondern als ein „Problemdenker", der darauf vertraut, daß bei hinreichend
radikaler Analyse der Probleme der systematische Zusammenhang, in
dem sie letztlich verwurzelt sind, aufgewiesen werden kann. Ein Phänomenologe wie Scheler wird also in dem Maße zu einem Systematiker, in
dem es ihm gelingt, den Phänomenen auf den Grund zu gehen. Scheler
war sich stets bewußt, zu einem philosophischen System unterwegs zu
sein. Sein früher Tod (1928 im Alter von 54 Jahren) verhinderte jedoch
die Vollendung seiner großangelegten Werke zur Anthropologie und
Metaphysik. Aber selbst wenn er das Alter Methusalems erreicht hätte,
würde er mit einem System, wie er es sich vorstellte, nicht ans Ende gekommen sein, weil die Sachverhalte selbst in einer unendlichen geschichtlichen Evolution stehen. Sein individuelles Unterwegs-Sein ist
nur ein Teilmoment im Prozeß der geschichtlichen Evolution. Daraus
hat Scheler die Idee eines „offenen Systems" abgeleitet, „offen" in Hinsicht auf die sich in einem individuellen Geiste ausbildende Philosophie, die progressiv in die Zusammenhänge der Sachen eindringt, „offen" aber auch in Hinsicht auf die geschichtliche Evolution der Sachge-
halte: In diesem Sinne ist Schelers Phänomenologie der Werte als inte-
graler Bestandteil eines „offenen Systems" zu verstehen.
Wie aber verhält sich hierzu Schelers zweimaliger Standpunktwech-

---

[3] So wirft z. B. J. Kraft, Von Husserl zu Heidegger. Kritik der phänomenologischen Philosophie, Leipzig 1932, Scheler eine „Erkenntnismystik" vor (63)
und spricht von einer Abdankung der wissenschaftlichen Philosophie (58, 66).
[4] Vgl. II, 10 f. (Zitate nach der Ausgabe der Gesammelten Werke. Vgl. Anm. 5
und Kurzbibliographie.)
[5] Schelers Gesammelte Werke werden seit 1954 herausgegeben von seiner
Witwe Maria Scheler, nach ihrem Tod (1969) von M. S. Frings; bis 1987 sind 12
Bände erschienen, zwei oder drei weitere sind geplant. Vgl. Vf.: Die Gesammelten Werke Max Schelers. Mit einer Nachlese unbekannter Buchbesprechungen,
in: Zeitschrift f. philosophische Forschung 39, 1985, 289–306.
[6] Vgl. dagegen G. Kraenzlin, Max Schelers phänomenologische Systematik,
Leipzig 1934.

sel? Läßt sich eine einheitliche Wertphilosophie noch erwarten, wenn man weiß, daß Scheler das Wertproblem bereits in seiner frühen, dem Neukantianismus nahestehenden Periode aufgegriffen hat, daß er es in der etwa von seiner Umhabilitation nach München (1906) an zu datierenden phänomenologischen Phase vor allem im Bereich der sittlichen Werte neu zu begründen versucht hat, daß er aber in den zwanziger Jahren fast nur noch soziologische, geschichtsphilosophische und metaphysische Aspekte des Wertproblems behandelt hat? Die damals aktuellen Schulen des Neukantianismus, der Phänomenologie und der Psychologie haben ihre Werttheorien sehr kritisch gegeneinander abgegrenzt[7] – wie hätten sie in einem einzelnen Denker wie Scheler widerspruchsfrei nebeneinander bestehen können? Da das in der Tat nicht denkbar ist, soll mit „Phänomenologie der Werte" nur die Wertlehre von Schelers mittlerer Phase (ca. 1906–1922) gemeint sein. Diese Beschränkung läßt sich sowohl biographisch als auch sachlich rechtfertigen. Der ersten, neukantianischen Phase gegenüber stellt die phänomenologische Philosophie eine grundlegende Korrektur dar, gegenüber der dritten Phase, die für die Öffentlichkeit durch die Abwendung von der katholischen Kirche geprägt war,[8] stellt sie eine nach wie vor aufrecht erhaltene, aber nicht mehr weitergeführte Grundlegung dar.[9]

Scheler hat seine Wertphilosophie fragmentarisch in mehreren Schriften dargelegt. Die wichtigste ist das Werk über den ›Formalismus in der Ethik und die materiale Wertethik‹ (1913–16), in dem er die Wertproblematik zwar überwiegend in Beziehung auf die sittlichen Werte

---

[7] Vgl. die Forschungsberichte von F.-J. von Rintelen, Über wertphilosophische Strömungen der Gegenwart, in: Deutsche Vierteljahrsschrift f. Literaturwissenschaft u. Geistesgeschichte 10, 1932, 504–526; O. Kraus a. a. O. und ders., Die Grundlagen der Werttheorie, in: Jahrbücher der Philosophie 2, 1914, 1–48.

[8] Im Vorwort zum ersten Band der Sammlung seiner ›Schriften zur Soziologie und Weltanschauungslehre‹ vom Dezember 1923 schreibt Scheler: „Obgleich sich der Verfasser stets klar bewußt war, daß er nach den strengen Maßen der Theologie der römischen Kirche sich einen 'gläubigen Katholiken' zu keiner Zeit seines Lebens und seiner Entwicklung nennen durfte ..., so wußte er sich während der Niederschrift dieser Aufsätze (der jüngste stammt aus dem Jahre 1921, W. H.) dem kirchlichen Gedankensystem immerhin erheblich näher als heute." (VI, 224).

[9] Im Vorwort zur 3. Auflage des Formalismusbuchs vom Dezember 1926 schreibt Scheler: „Die Änderungen der metaphysischen Ansichten des Verfassers sind außerdem überhaupt nicht auf irgendwelche Änderungen in seiner Philosophie des Geistes und der gegenständlichen Korrelate der geistigen Akte, sondern auf Änderungen und Erweiterungen seiner naturphilosophischen und anthropologischen Anschauungen zurückzuführen." (II, 17).

behandelt hat, aber nicht ausschließlich: Fragen der allgemeinen Werttheorie werden exkursartig aufgegriffen und andere Wertarten verglei-
chend mitreflektiert. Als Ergänzung sind wichtig der Aufsatz über ›Das
Ressentiment im Aufbau der Moralen‹ (1912), der als Keimzelle des
Formalismusbuchs bezeichnet werden kann,[10] die Schrift ›Zur Phänomenologie und Theorie der Sympathiegefühle und von Liebe und Haß‹
(1913; umgearbeitet und erweitert 1922 unter dem Titel ›Wesen und
Formen der Sympathie‹ erschienen), der posthum erschienene Aufsatz
›Ordo amoris‹ (1914–16)[11] und die 1921 erschienene Abhandlung über
›Probleme der Religion‹[12]. Die Wertproblematik hat also eine umfangreiche, nichtsdestoweniger unvollständige Behandlung erfahren, doch
ist sie stets im Vorgriff auf eine in den Sachverhalten begründete Systematik durchgeführt worden.

Zu dieser Systematik gehört eine Unterscheidung, die Scheler schon
in seiner ersten Phase übernommen hat, die Unterscheidung zwischen
Axiologie als der „Wissenschaft von den Werten überhaupt"[13] und den
speziellen Wertlehren (Logik, Ethik, Ästhetik usw.).[14] Obwohl Scheler
die Axiologie nur beiläufig thematisiert und deshalb nur unvollständig
entwickelt hat, sollen sich die folgenden Ausführungen auf sie beschränken, damit die Grundlagen, aber auch die Lücken und offenen
Probleme seiner allgemeinen Werttheorie zur Diskussion gestellt
werden können.[15]

Scheler hat im Zusammenhang mit speziellen Fragen verschiedene
Übersichten der Axiologie entworfen, von denen er jedoch keine systematisch begründet und ausgeführt hat.[16] Zu Beginn der Ethik-Vorle-
sung von 1921 hat er drei Fragen aufgeworfen, die am klarsten die Auf-
gabenstellung der Axiologie umreißen und deshalb im folgenden (in et-

[10] III, 33–147.
[11] X, 345–376.
[12] V, 101–354.
[13] I, 95.
[14] Im Sinne des Neukantianismus hat Scheler in seiner Frühphase die Logik
noch als eine Normwissenschaft aufgefaßt (I, 13, 96 ff.), sich später davon insofern distanziert, als er die Wahrheit nicht mehr als Wert gelten lassen wollte (II,
197), wohl aber noch von „Erkenntniswerten" spricht. Vgl. den Ethik-Bericht
1914 (bes. I, 382).
[15] Für die verkürzte Diskussion von Schelers Werttheorie ist bezeichnend,
daß E. Shimomissé von „Schelers Ausarbeitung der Axiologie bzw. der Grundlegung der Ethik" spricht (Die Phänomenologie und das Problem der Grundlegung der Ethik, Den Haag 1971, 67).
[16] Auf die „reine Axiologie", die er im Sinne Husserls der „reinen Logik" an
die Seite gestellt wissen will, ist Scheler am ausführlichsten im Formalismus-

was veränderter Reihenfolge) erläutert werden sollen: 1. Was sind Werte – und wie werden sie erfaßt? 2. Das Problem des Relativismus und Absolutismus der Werte. 3. Die Lehre von der objektiven Rangordnung der Werte.[17]

1. Was sind Werte – und wie werden sie erfaßt?

Mit der Frage nach dem Wesen der Werte ist die der Sache nach erste Frage der Wertlehre gestellt. Im Ethik-Forschungsbericht (1914) hat Scheler als die Grundfrage der allgemeinen Werttheorie die Frage bezeichnet, „durch welche aufweisbaren Tatbestände die Bedeutungen der sittlich(e) Werte bezeichnenden Worte 'gut', 'böse', 'edel', 'vornehm' usw. erfüllbar werden"[18]. Inwiefern kann eine Frage, die bloß auf eine Begriffsklärung abzuzielen scheint, als „systematische Grundfrage" bezeichnet werden? Die Antwort liegt in dem, was Scheler mit „Erfüllung von Wortbedeutungen durch aufweisbare Tatbestände" gemeint hat. Sie umschreibt den Sinn der für die ersten Husserlschüler typischen methodologischen Maxime, „zu den Sachen selbst" zurückzugehen und alle für die intersubjektive Mitteilung unerläßlichen sprachlichen Formulierungen den zur geistigen Anschauung gebrachten Sachen genau anzupassen. In Schelers Formulierung lassen sich drei Aspekte dieses Verfahrens unterscheiden: 1. Sprache als Leitfaden der Untersuchung, 2. Rückgang auf Tatbestände, 3. „Erfüllung" der Worte durch den Aufweis der Tatbestände. Dazu einige Erläuterungen.

ad 1: Sprache als Leitfaden der Untersuchung. Eine phänomenologische Untersuchung kann u. a. motiviert werden durch die Mehrdeutig-

buch eingegangen (II, 99 ff.). Eine systemtheoretische Reflexion über die „philosophische Axiologie" findet sich in einem nachgelassenen Fragment aus dem Jahre 1923 (XI, 54 ff.).
[17] Vgl. die Vorlesungsnachschrift von H. Leyendecker, die sich im Leyendecker-Nachlaß in der Handschriften-Abteilung der Bayerischen Staatsbibliothek befindet; den Hinweis verdanke ich E. Avé-Lallemant. Die zweite Frage, die Scheler nur auf die Ethik bezogen hat, habe ich verallgemeinert. Die sechs anderen Fragen der Ethikvorlesung behandeln ethikimmanente Probleme: 4. Ob die Sachwerte für die Person da sind – oder umgekehrt? 5. Das Problem der Tugenden und Laster; 6. Das Problem des Eudämonismus; 7. Welches ist das höchste Prinzip der Sozialethik? 8. Die Sympathieethik; 9. Das Verhältnis von Geschichtsphilosophie und Ethik, Metaphysik und Ethik, Religion und Ethik.
[18] I, 382.

keit der Sprache, so daß die im Alltagsleben und in den Wissenschaften „gesprochene Sprache" den Horizont bildet, von dem die phänomenologischen Untersuchungen ausgehen. Die Mehrdeutigkeit hat einen negativen und einen positiven Aspekt. Der negative besteht – bezogen auf den vorliegenden Kontext – darin, daß eine Wertbezeichnung nicht nur mehrere statt bloß eine Bedeutung haben kann, sondern zugleich dahingestellt sein läßt, welche davon die richtige ist. Der positive Aspekt besteht darin, daß der Ausdruck nicht nichts, sondern immerhin etwas bezeichnet; vielleicht sogar durch seine Mehrdeutigkeit etwas von der im Wesen des gemeinten Sachverhalts begründeten Vielschichtigkeit des Problems verrät. Die Sprache hat also gegenüber dem gemeinten Sachverhalt eine verdeckende als auch aufdeckende Funktion. Der Phänomenologe versucht, durch die Ambiguität des sprachlichen Ausdrucks hindurch zum wahren Sachverhalt zu gelangen – der zwar am Leitfaden der Sprache aufgefunden werden soll, aber nicht innerhalb des sprachimmanenten Zusammenhangs von Sprache und Bedeutung, sondern nur in Sachverhalten, die unabhängig von der Sprache bestehen und die durch ihrer Natur entsprechende „Anschauungen" erfaßt werden müssen – dies sind dann die genannten „Tatbestände".

ad 2: Rückgang auf die Tatbestände. Scheler beginnt den zweiten Teil des Formalismusbuchs mit dem kantisch klingenden Satz: „Jede Art von Erkenntnis wurzelt in Erfahrung."[19] Daran ist unkantisch, daß „Erfahrung" nicht bloß „Sinneserfahrung" bedeutet, sondern eine weit über Sensualismus und Empirismus hinausgehende Bedeutung hat, so daß auch von „über-" bzw. „unsinnlicher" Erfahrung gesprochen werden kann. Das wesentliche Merkmal von Schelers Erfahrungs- bzw. Anschauungsbegriff ist darin zu sehen, daß sich in „gebenden Akten", welcher Art sie auch sein mögen (die „sinnliche Wahrnehmung" ist nur eine von ihnen) etwas unmittelbar gegenwärtig als dasjenige darstellt, was es selbst ist – diese als sie selbst gegebenen Sachen sind die „Tatbestände". Sie sind „aufweisbar" in einem doppelten Sinne: dadurch, daß der an den Tatbeständen Interessierte aus dem Feld des so oder auch anders Meinens auf die unmittelbare Anschauung geführt werden kann, und dieser Tatbestand ist zweitens „aufweisbar" in dem Sinne, daß die Art und Weise, wie sich die Tatbestände in der Erfahrung darstellen, einer kritischen Reflexion unterzogen werden muß – der Tatbestand kann sich nämlich mehr oder weniger adäquat darstellen. Der erste Sinn von „aufweisbar" bezieht sich auf die Differenz zwischen Mei-

---

[19] II, 173.

nen und Erfahren, der zweite auf die Differenz zwischen inadäquatem und adäquatem Erfahren – dies führt auf die Frage der „Erfüllung".

ad 3: Erfüllung der Worte durch aufweisbare Tatbestände. Gemäß der doppelten Bedeutung von „aufweisbar" hat auch „Erfüllung" eine doppelte Bedeutung: Die Worte sollen erstens auf diejenigen Erfahrungen bezogen werden, die von den Wortbedeutungen gemeint sind; sie sollen aber zweitens nicht nur überhaupt auf Erfahrung zurückgeführt werden, sondern finden ihre eigentliche Erfüllung erst dann, wenn sie auf „adäquate" Erfahrung bezogen werden und wenn durch die Worte nichts anderes gemeint ist, als was sich in adäquater Erfahrung darstellt. Auf der Übereinstimmung von gemeinter Bedeutung und adäquat erfahrenem Tatbestand beruht die von den Phänomenologen zum grundlegenden Wahrheitskriterium erhobene „Evidenz"; für die Übereinstimmung zwischen sprachlichem Ausdruck und adäquater Erfahrung kann man von „sprachlicher Evidenz" sprechen – dies ist mit der „Erfüllung der Worte durch aufweisbare Tatbestände" gemeint.

In diesem Sinne kann man nicht nur auf die einzelnen Tatbestände zurückgehen, die mit „gut", „böse", „vornehm", „schön", „erhaben" usw. gemeint sind, sondern auch auf den Tatbestand, der ihnen allen gemeinsam ist, auf den Tatbestand des „Wert-Seins". Dieser allgemeine Tatbestand muß dann auch in einer Erfahrung gegeben sein, die in allen speziellen Werterlebnissen mitenthalten ist und durch die sie sich als „Werterfahrung" von allen anderen Arten der Erfahrung deutlich unterscheiden. Die Grundfrage der Axiologie nach dem Wesen der Werte nimmt demzufolge eine zweipolige Form an, die der Titel dieses Abschnitts wiedergibt: mit der Frage nach dem Wesen der Werte muß zugleich danach gefragt werden, wie wir Werte überhaupt erfahren, wie sie uns „gegeben" sind.

Darin kommt ein methodologisches Prinzip zum Ausdruck, das für die Phänomenologie von grundlegender Bedeutung ist: das Prinzip der Korrelativität von Erfahrungsarten und Erfahrungsgegenständen. Die Einsicht in diese Korrelativität hat für Husserl den Durchbruch zur Phänomenologie bedeutet.[20] Scheler hat dies Prinzip übernommen und bis zuletzt als „höchsten Grundsatz der Phänomenologie" anerkannt.[21]

---

[20] Vgl. E. Husserl, Die Krisis der europäischen Wissenschaften und die transzendentale Phänomenologie, hrsg. v. W. Biemel, 2. Aufl. Den Haag 1962 (Husserliana VI), 169, Anm. 1. Husserl verweist besonders auf die 5. und 6. logische Untersuchung, in denen sich das Korrelationsapriori „angemeldet" habe.

[21] Vgl. II, 90; 270.

Wenn die Maxime „zu den Sachen selbst" verlangt, auf die „aufweisbaren Tatbestände" zurückzugehen, wenn mit den Tatbeständen aber letztlich nur solche gemeint sind, die in „Erfahrungen" unmittelbar gegeben sind, dann müssen diese Erfahrungen nach dem Grundprinzip der Korrelativität als je spezifisches Verhältnis von Akten und Gegenständen aufgefaßt werden. Die werttheoretische Grundfrage „was sind Werte – und wie werden sie erfaßt?" deckt also die gesamte Grundproblematik der Werterfahrung ab. Eine vollständige phänomenologische Analyse besteht demzufolge aus drei Teilaufgaben:

1. die „Sachphänomenologie" untersucht das Wesen der objektiv gegebenen Sachen und Sachverhalte (Husserls „Noema");
2. die „Akt-" oder „Ursprungsphänomenologie" untersucht die Wesenheiten der Erfahrungsweisen und Aktarten des Subjekts, dem die Sachverhalte gegeben sind (Husserls „Noesis");
3. die „Korrelationsphänomenologie" untersucht die Wesenszusammenhänge zwischen Aktarten und ihren Gegenständen.[22]

Diese drei wesensmäßig zusammengehörenden Teilaufgaben stellen sich auch in Beziehung auf die Werterfahrung. Keine Teilaufgabe kann sachlich ohne Berücksichtigung der beiden anderen, praktisch aber können sie auch nicht alle zusammen, sondern nur nacheinander behandelt werden.

ad 1: Sachphänomenologisch betrachtet stellen sich Werte als „Qualitäten" einer besonderen Art dar, die von sinnlich wahrnehmbaren Qualitäten, etwa den Farben, scharf zu unterscheiden sind. Gemeinsam haben sie mit diesen einen positiv bestimmbaren qualitativen Gehalt, den „Wertgehalt" bzw. die „Wertmaterie" – in diesem Sinne sind alle Werte „objektiv" oder „gegenständlich" gegeben und nicht weiter rückführbar auf andere Gegebenheiten: Werte sind „Urphänomene", Letztgegebenheiten. Der positive Gehalt kann nur deskriptiv vermittelt werden für diejenigen, die ihn zu erfassen fähig sind – „definierbar" sind Werte nicht, nur „erschaubar". Dadurch ergibt sich, insbesondere in einer Zeit der „Abenddämmerung der Werte"[23], eine grundsätzliche erkenntnistheoretische Problematik, die sich ebenso auf die Frage der

---

[22] Vgl. II, 90.
[23] A. Pfänder, Philosophie auf phänomenologischer Grundlage. Einleitung in die Philosophie und Phänomenologie, München 1973, 128: „Mit der Wertewelt ist es heute wie zur täglichen Dämmerungszeit mit der Farbenwelt. Wie dann sukzessiv die Farben verschwinden, so schwinden heute sukzessiv die Werte von Personen, Leistungen, Kulturprodukten und Sachen. Die Generation, die in dieser Abenddämmerung der Werte aufwächst, ist wertblind, ohne es zu wissen, sie sieht überhaupt keine Werte mehr."

intersubjektiven Mitteilbarkeit wie auf den Inhalt der werttheoreti-
schen Aussagen bezieht. Gemeinsam mit den sinnlich wahrnehmbaren
Qualitäten ist den Wertqualitäten weiterhin, daß sie immer „an" etwas
erscheinen. Dasjenige, woran sie erscheinen, nennt Scheler „Wertträger", die Verbindung von Wertqualität und Wertträger das „Gut" oder
das „Wertding", und die Art, wie Wertqualität und Wertträger verbunden sind, das „Haften" der Werte am Träger. Die Unterscheidung zwischen Wertqualität und Wertträger ist erforderlich, weil die anderen Eigenschaften des Trägers auf eine ganz andere Art als die Werte erfahren
werden bzw. weil mit den Trägereigenschaften nie auf die gleiche Weise
auch die Wertqualitäten aufgenommen werden können. Weil die Wertqualitäten gleichsam zu den anderen Eigenschaften hinzukommen, sie
aber nicht verdrängen oder überdecken, ist der bildliche Ausdruck des
„Haftens" ganz zweckmäßig gewählt; unter Phänomenologen wurde er
allgemein akzeptiert.

ad 2: Aktphänomenologisch betrachtet sind die Werte erkennbar allein im „Fühlen", und zwar im „intentionalen Fühlen". Man spricht
deshalb auch von einer „emotionalistischen" Werttheorie, die einer „in-
tellektualistischen", etwa der neuscholastischen Werttheorie,[24] entge-
gengesetzt wird. Mit dieser These überwindet Scheler die traditionelle
Lehre, daß nur Sinnlichkeit und Verstand Quellen von Erkenntnis seien
– das Fühlen tritt als ein eigenständiges, von beiden anderen unabhän-
giges Erkenntnisorgan hinzu. Was aber versteht Scheler unter „intentio-
nalem Fühlen"?

F. Brentano, den Scheler gelegentlich als seinen eigentlichen Lehrer
bezeichnet,[25] hat in der ›Psychologie vom empirischen Standpunkt‹
(1874) „Intentionalität" als ein allgemeines Merkmal aller psychischen
Phänomene aufgewiesen, durch das sie sich von den physischen unterscheiden – psychisch seien diejenigen Phänomene, „welche intentional
einen Gegenstand in sich enthalten"[26]. Akt und Gegenstand lassen sich
zwar voneinander unterscheiden, stehen aber in einer bewußtseinsimmanenten Korrelation zueinander. Die „Intentionalität" alles Psychischen ist hauptsächlich durch drei Momente bestimmt: daß es „ausgerichtet" ist, daß es „etwas meinen" kann und daß es mit dem Gemeinten in einem bewußtseinsimmanenten Zusammenhang steht. „Inten-
tionales Fühlen" ist demzufolge ebenfalls „ausgerichtet" und nicht dif-

[24] Zur Neuscholastik gehört die scharfsinnige Kritik an Scheler von E. Przy-
wara, S. J., Religionsbegründung. Max Scheler – J. H. Newman, Freiburg 1923.
[25] Vgl. den Ethik-Bericht 1914 (I, 385).
[26] F. Brentano, Psychologie vom empirischen Standpunkt. Mit Einl., Anm. u.
Reg. hrsg. v. O. Kraus, Hamburg 1973 (Philos. Bibl. 192), 125.

fus, es ist ausgerichtet auf ein ihm eigentümliches Etwas, nämlich den Wertgehalt, und dieses Etwas ist „immanent", nicht außerhalb des Psychischen gegeben. Durch ein solches Wahrnehmen von Wertgehalten kommt dem Fühlen eine eigenständige kognitive Leistung zu.[27] Um diese eigentümliche Erkenntnisleistung nicht dem Verdacht des Irrationalismus auszuliefern, haben es Husserl und D. von Hildebrand vorgezogen, parallel zum „Wahrnehmen" von einem „Wertnehmen" zu sprechen.[28]

Scheler führt für die Anerkennung einer spezifischen Erkenntnisleistung des Fühlens einige Vorläufer an: Pascals Lehre, daß es außer und unabhängig von der logischen Vernunft auch eine «raison du cœur» gebe;[29] Lotzes Hinweis, daß „in jenem Gefühl für die Werte der Dinge und ihrer Verhältnisse unsere Vernunft eine ebenso ernst zu nehmende Offenbarung besitzt, wie sie in den Grundsätzen verstandesmäßiger Forschung ein unentbehrliches Werkzeug der Erfassung hat"[30], und Brentanos Anerkennung eines Gegenstandbezugs bei „gewissen Gefühlen"[31]. Durch den Hinweis auf Vorläufer erübrigt sich natürlich nicht der sachliche Aufweis der Intentionalität des Fühlens, denn die angeführten Theorien stimmen nicht miteinander überein, und außerdem hat Scheler seine Stellung zu ihnen nicht explizit dargestellt.

Der sachliche Aufweis kann nur im Rückgang auf die Werterfahrung selbst geführt werden. Es genügt nicht, durch psychologisch-empirische Introspektion diejenige Werterfahrung, die man sich exemplarisch vergegenwärtigt, einfach zu beschreiben, weil dadurch unausgemacht bleibt, ob der Wertgehalt in den Erfahrungen anderer Menschen als der gleiche erscheint. Die Phänomenologie gibt sich nicht zufrieden mit empirischen Erkenntnissen, sondern verlangt Erkenntnisse im strengstmöglichen Sinn: Erkenntnisse a priori.[32]

---

[27] II, 263, 269 u. ö.

[28] Vgl. D. von Hildebrand, Die Idee der sittlichen Handlung, in: Jahrbuch f. Philosophie u. phänomenologische Forschung 3, 1916, 126 ff., bes. 199 ff. Hildebrand beruft sich auf eine Vorlesung Husserls über „formale Axiologie und Praktik" (164, Anm. 1; 195, Anm. 1). Über Husserls Werttheorie vgl. A. Roth, Husserls ethische Untersuchungen, Den Haag 1960.

[29] Vgl. II, 82 f., X, 361 f.

[30] XI, 61. Das Zitat stammt aus H. Lotze, Mikrokosmos. Ideen zur Naturgeschichte und Geschichte der Menschheit, hrsg. v. R. Schmidt, Leipzig 1923 (Philos. Bibl. 185), Bd. 1, 275.

[31] F. Brentano a. a. O., 126.

[32] Vgl. Vf., Schelers Lehre vom Apriori, in: W. Baumgartner (Hrsg.), Gewißheit und Gewissen. Festschrift für F. Wiedmann, Würzburg 1987, 117–140.

Bekanntlich kritisiert Scheler an Kant, daß er das Apriori auf die formalen Bedingungen der Möglichkeit von Erfahrungen begrenzt habe. Gegenüber dem formalen Apriori Kants vertritt Scheler eine Lehre vom „materialen Apriori": Die Bedingungen der Möglichkeit von Erfahrungen liegen in materialen Wesensgehalten und Wesensgesetzen beschlossen; „Wesensgehalt" und „materiales Apriori" sind Synonyma.

Der Aufweis des materialen Apriori erfolgt durch ein Verfahren, das Scheler „phänomenologische Reduktion" nennt. Etwas Gegebenes wird darauf hin untersucht, was an ihm relativ ist auf die Realsphäre, in der es nach den Gesetzmäßigkeiten der psycho-physischen Organisation des Menschen erfahren wird – es ist sowohl an sich selbst veränderlich als es auch nach unterschiedlichen Interessenrichtungen und Graden der Erfahrungsfähigkeiten aufgenommen wird. Unter „Apriori" versteht Scheler im Unterschied dazu „alle jene idealen Bedeutungseinheiten und Sätze, die unter Absehen von jeder Art von Setzung der sie denkenden Subjekte und ihrer realen Naturbeschaffenheit und unter Absehen von jeder Art von Setzung eines Gegenstandes, auf den sie anwendbar wären, durch den Gehalt einer unmittelbaren Anschauung zur Selbstgegebenheit kommen"[33]. Durch die phänomenologische Reduktion scheidet sich die gesamte Sphäre der Realität von der Sphäre der Wesenheiten, die Sphäre des Daseins von der des wesenhaften Soseins, die Sphäre induktiver Erfahrungserkenntnis von der Sphäre intuitiver Wesenserkenntnis. Schelers Begriff der phänomenologischen Reduktion stimmt also weitgehend überein und bleibt beschränkt auf das, was Husserl die „eidetische Reduktion" genannt hat.

Die „phänomenologische Reduktion" stellt ein Verfahren akribischer Unterscheidungen dar und ist alles andere eher denn ein unkritisches Aufstellen von spontan vollziehbaren Intuitionen. Akribie der Unterscheidungen muß aber noch nicht eidetische Reduktion bedeuten – die erforderliche Reflexion auf die Unabhängigkeit von der Realitätserfahrung hat Scheler jedoch in den meisten Fällen nicht explizit ausgeführt, so daß alle Erkenntnisse, die er als Wesenserkenntnisse ausgibt, auf den behaupteten apriorischen Status hin kritisch geprüft werden müßten; was hier jedoch nicht geleistet werden kann.

Schelers Begriff des intentionalen Fühlens steht im Kontext einer systematischen „Phänomenologie des emotionalen Lebens"[34]. In drei

[33] II, 67.
[34] II, 331.

Schritten läßt sich der Begriff des „intentionalen Fühlens" konkreter bestimmen: durch die Abgrenzung der emotionalen von den nicht-emotionalen psychischen Phänomenen, durch die Unterscheidung zwischen intentionalen und nichtintentionalen Gefühlen innerhalb des emotionalen Lebens und schließlich durch die Unterscheidung verschiedener Arten von intentionalen Gefühlen.

Im erstgenannten Sinn hat die damalige werttheoretische Diskussion die Abgrenzung der (noetischen) Akte der Werterfahrung von den psychischen Phänomenen der Begehrungen[35], „Beurteilungen"[36], Strebungen[37] und des Wollens[38] erforderlich gemacht, in Beziehung auf noematische Korrelate die Widerlegung von Theorien, nach denen Werte „Wirkungskräfte" von Dingen seien, „Dispositionen", bestimmte Erlebnisse zu erregen[39] oder „Ideale" bzw. „Zwecke", die verwirklicht werden sollen. In kritischer Auseinandersetzung mit konkurrierenden Theorien hat sich für Scheler bestätigt, daß nur im Fühlen Wertgehalte jedweder Art zur Gegebenheit kommen können.

Im zweitgenannten Sinn macht Scheler deutlich, daß von den psychischen Phänomenen, die zum emotionalen Leben zählen, diejenigen, die keine Intentionalität aufweisen, nicht für Werterfahrung im strengen Sinn in Frage kommen. Zu den nichtintentionalen Gefühlen gehören die sinnlichen Empfindungen, die „zuständlichen Gefühle", die Affekte und Leidenschaften, deren noematische Korrelate nicht gefühls-immanent sind, sondern durch Vorstellungen vergegenwärtigt werden, sowie emotionale „Antwortreaktionen" (z. B. Rache), deren Gehalte ebenfalls nicht gefühlsimmanent sind.[40]

Unter den drei Bestimmungsschritten kommt dem dritten zweifellos die größte Bedeutung zu. Die verschiedenen Arten des intentionalen Fühlens lassen sich jedoch nur unterscheiden, wenn die noematischen Korrelate berücksichtigt werden.

ad 3: Das *Gesetz der Korrelativität* verlangt, daß die Unterscheidung verschiedener Arten des intentionalen Fühlens nicht an einem einzelnen Moment, sondern an der gesamten Korrelation ansetzt, und daß durch die phänomenologische Analyse die Eigenständigkeit und die Nichtreduzierbarkeit eines je eigenwesentlichen Erfahrungszusam-

---

[35] Vgl. XI, 57.
[36] II, 246, 248.
[37] Vgl. II, 57 ff.
[38] Vgl. II, 180 ff.
[39] II, 38, 46, 51, 251.
[40] Vgl. bes. Scheler, Ordo amoris, in: X, 370–373, und Formalismusbuch II, 334 ff.

menhangs erwiesen werde. So unterscheidet Scheler in kritischer Auseinandersetzung mit der damaligen Psychologie vier unreduzierbare
und eigenwesentliche Schichten des emotionalen Lebens:
a) die sinnlichen Gefühle oder „Empfindungsgefühle" (C. Stumpf):
extensiv und lokal leiblich bestimmte Gefühle von Lust und Unlust,
wie z. B. die Schmerzempfindungen;[41]
b) die vitalen Gefühle, die auf der Gesamtlebenstätigkeit eines Organismus beruhen, z. B. die Gefühle der Lebenskraft oder Mattheit,[42] die
ebenfalls, wenn auch unlokalisierbar, an den Leib gebunden sind;
c) die nicht leibgebundenen seelischen Gefühle, wie Wehmut, Freude,
Trauer;[43] sie sind relativ auf das psychische Ich;
d) die geistigen Gefühle wie Seligkeit oder Verzweiflung, die allein auf
den Akten der geistigen Person beruhen.[44]
Von diesen Gefühlsschichten haben nur die drei letzten einen „klar
hervorstechenden intentionalen Charakter"[45]. Während die Vitalge-
fühle und die seelischen Gefühle einen intentionalen Charakter haben
„können", ist er bei den geistigen Gefühlen wesensnotwendig gegeben.[46]
Dem Gesetz der Korrelation zufolge ordnen sich den intentionali-
tätsfähigen Arten des Fühlens spezifische Wertarten zu.[47] Scheler ordnet aber nicht nur den drei Arten des intentionalen Fühlens, sondern
auch dem sinnlichen Gefühl spezifische Wertgehalte zu, so daß er vier
Wertklassen aufstellt; sie sind durch die für alle Wertarten charakteristische Gegensätzlichkeit von positiven und negativen Werten struktu-
riert, was Scheler jedoch nur an den Grundwerten ausführt. Die sinnlichen Werte gliedern sich in die beiden Grundwerte angenehm–unange-
nehm, die vitalen Werte in edel–gemein, die geistigen Werte nach ihren
Hauptarten in die ethischen Werte recht–unrecht, in die rein ästhetischen Werte schön–häßlich und in die Werte der reinen Wahrheitser-
kenntnis wahr–falsch; viertens schließlich die religiösen Werte in die
Grundwerte des Heiligen und Unheiligen. Auf diesen Grundwerten beruhen eine Vielzahl von untergeordneten „Konsekutivwerten", auf die
Scheler nicht weiter eingegangen ist. Durch eine solche Klassifikation,
die die materialen Gemeinsamkeiten und Unterschiede herausstellt,
wollte er falsche Verallgemeinerungen und Vermengungen aus dem

---

[41] II, 247.
[42] II, 340 ff.
[43] II, 340.
[44] II, 344 f.
[45] II, 269.
[46] II, 269.
[47] Vgl. II, 122–126.

Wege räumen, die die Wertdiskussionen schon damals orientierungs-
und ausweglos erscheinen ließen.

Die von Scheler nur skizzenhaft ausgeführte Systematik der „Wertmodalitäten" hat einige Unklarheiten hinterlassen.

Den rein seelischen Emotionen ist keine Wertklasse zugeordnet worden, obwohl sich seelischen Emotionen wie Trauer oder Freude durchaus intentionale Wertgehalte zuordnen lassen. Für diese Lücke findet
sich keine Erklärung.

Während die seelischen Emotionen in der Ausführung der Systematik zu kurz gekommen sind, hat Scheler die geistigen Gefühle gleich
in drei Unterklassen eingeteilt. Offengeblieben ist die Frage, welche
Arten geistigen Fühlens den Grundwerten der drei großen Kultur-
gebiete von Recht und Sittlichkeit, Kunst und Wissenschaft korrelieren. Scheler betont zwar nachdrücklich, daß wir keine Wertarten voraussetzen dürfen, „wo sich nicht auch zum Erleben dieser Wertarten
zugehörige Akt- und Funktionsarten finden"[48], und daß absolute
Werte nur in einem „reinen", von unserem organischen Leben unab-
hängigen Fühlen existieren, aber auf die Frage, welche besonderen Arten des Fühlens den geistigen Werten entsprechen, ist er nur mit
wenigen Hinweisen eingegangen.[49] Schelers Anregungen hat erst D. v.
Hildebrand zu einer detaillierten Theorie der „Wertantwort" ausge-
arbeitet.[50]

Schließlich das Problem der religiösen Werte – welcher Schicht des
emotionalen Lebens sind sie zuzuordnen? Scheler bezeichnet „Verzweiflung" und „Seligkeit" mehrfach als religiöse Gefühle und definiert diese als Person- oder geistige Gefühle – sollen also die geistigen
Gefühle noch um eine vierte Hauptart erweitert werden? Dadurch
würde aber der absolut höchste Rang der religiösen Werte gegenüber
den anderen geistigen Werten nivelliert, was Scheler nicht einmal in seiner Spätphase zugelassen hat.

Die genannten Schwierigkeiten konvergieren in dem einen Grund-
problem des Korrelationsgesetzes: Wie lassen sich die verschiedenen
Gefühlsarten mit den unendlich vielen, in der Ranghöhe vielfach abge-
stuften Werten in Einklang bringen, ohne daß der evident einsehbare
eigenständige Sinn der noetischen und noematischen Aspekte des
Wertphänomens unter- oder mißinterpretiert wird? Das Problem ist
über die wertphilosophische Problematik hinaus auch insofern von Bedeutung, als von der widerspruchsfreien Durchführung der Korrela-

---

[48] II, 115.
[49] Vgl. z. B. II, 124 f.
[50] Vgl. D. von Hildebrand, a. a. O., bes. 162 ff.

tionsthematik die Gültigkeit des Korrelationsgesetzes überhaupt betroffen ist.

2. Die Wertmodalitäten und die objektive Rangordnung der Werte

Bereits die 1912 erschienene, von Nietzsches ›Genealogie der Moral‹
motivierte Abhandlung über das ›Ressentiment im Aufbau der Moralen‹ beruht auf der Lehre, „daß es evidente ewige Vorzugsgesetze und
eine ihnen entsprechende ewige Rangordnung unter den Werten"[51]
gibt. Die Grundzüge einer objektiven Wertrangordnung hat Scheler im
Formalismusbuch skizziert. Sie zeichnet nach, was Scheler für a priori
gegeben und evident einsehbar gehalten hat.

Die Korrelation zwischen den verschiedenen Arten des Fühlens und
ihren Wertgehalten bedeutet noch nicht die Aufstellung einer einheitlichen und alle Werte umfassenden Rangordnung. Das Höher- und
Niedriger-Sein von Werten gibt sich in den geistigen Akten des Vorziehens und Nachsetzens zu erkennen, denen Scheler eine eigene selbständige Erkenntnisleistung zuerkennt. Diese zweite, vergleichende Erkenntnisart des Fühlens setzt die erste, das intuitive Erfassen einzelner
Wertgehalte, voraus. Das durch sie nach und nach freigelegte, in sich
gegliederte und dem Rang nach abgestufte Wertreich macht das eigentlich Materiale jeder Werttheorie aus – Scheler hat diesem Lehrstück
eine große, ja zentrale Bedeutung für jede Werttheorie zugesprochen.[52]

In der angeführten Reihenfolge der Wertschichten drückt sich bereits
die Rangordnung aus: Die obersten Werte sind die religiösen, denen
die geistigen, vitalen und sinnlichen Werte folgen. Diese globale, von
gesellschaftlichen und geschichtlichen Faktoren unabhängige Wertrangordnung kann durch zusätzliche Gesichtspunkte beliebig verfei-
nert werden. Scheler geht noch auf drei weitere Gruppen von Wertrang-
kriterien ein: 1. auf die apriorischen Beziehungen, die zwischen dem
Höher- bzw. Niedriger-Sein und anderen Wesenseigentümlichkeiten
der Werte selbst bestehen; 2. auf die apriorischen Beziehungen, die zwischen dem Höher-Niedriger-Sein der Werte und den möglichen Wertträgern bestehen; und 3. auf den materialen Gehalt der einzelnen Werte
selbst.

Die zuerst genannten Beziehungen faßt Scheler in fünf Punkten zusammen – summativ, also nicht aufgrund einer bestimmten Theorie.[53]

---

[51] III, 69.
[52] II, 122.
[53] Vgl. II, 107 ff. und das Resümee im Ethik-Bericht (I, 385).

Werte sind um so höher, 1. je dauerhafter sie sind, d. h. je mehr ihnen der Sinn des „durch die Zeit hindurch existieren Könnens"[54] zukommt; 2. je weniger sie gebunden sind an die Extensität und Teilbarkeit der Güter, an denen sie zur Erscheinung kommen; 3. je weniger sie durch andere Werte fundiert sind, sondern selber andere Werte fundieren; 4. je tiefer die Befriedigung ist, die mit ihrem Fühlen verknüpft ist; 5. je weniger ihr Fühlen relativ ist auf die reale Setzung bestimmter wesenhafter Träger des Fühlens und Vorziehens.

Bei den apriorischen Beziehungen zwischen Werten und möglichen Wertträgern führt Scheler erneut einen ganzen Katalog von Gesichtspunkten an,[55] der offensichtlich aus detaillierten Untersuchungen abstrahiert, aber nicht zu einer eigenen Theorie verarbeitet worden ist. Im Ethik-Bericht 1914 hat Scheler die Gesichtspunkte folgendermaßen zusammengefaßt: „Hinsichtlich ihrer wesenhaften Träger scheiden sich die Werte in Person- und Sachwerte; in Eigen- und Fremdwerte; in spontane Aktwerte, Funktionswerte und Reaktionswerte; in Gesinnungswerte, Handlungswerte und Erfolgswerte; in Intentions- und Zustandswerte; in Fundamentwerte, Formwerte und Beziehungswerte; in Individual- und Kollektivwerte; in Selbst- und Konsekutivwerte, zwischen denen wieder apriorische Höhenunterschiede (bzw. Verhältnisse der Gleichheit der Höhe) bestehen, die von der positiven oder negativen Natur der Werte sowie von ihrer Größe unabhängig sind."[56] Diese Unterscheidungen beziehen sich offensichtlich auf die sittlichen Werte. Durch geeignete „Variationen" im Vergleich mit anderen Wertsphären ließen sich diejenigen Gesichtspunkte herauskristallisieren, die Bestandteil einer allgemeinen Werttheorie sein könnten.

Die dritte Gruppe ist die wichtigste. Auf ihr beruht „das eigentliche materiale Apriori für unsere Werteinsicht und Vorzugseinsicht"[57], weil die Werterkenntnisse nur vermitteln, was objektiv und a priori gegeben ist. Scheler geht indessen nur sehr kurz[58] auf die Bestimmung der verschiedenen Wertmodalitäten ein, ja genaugenommen geht er gar nicht auf diese Frage ein, sondern interpretiert die vier Wertschichten mit Hilfe der wichtigsten Gesichtspunkte aus den vorher genannten Katalogen. Die grundlegende Bedeutung, die er immer wieder der objektiven Rangordnung der Werte zuspricht, steht also in einer auffallenden Diskrepanz zu den skizzenhaften Ausführungen, die er zu ihrer

---

[54] II, 109.
[55] II, 117 ff.
[56] I, 385.
[57] II, 122.
[58] II, 122–126.

Entfaltung und Begründung gegeben hat. Es sei jedoch daran erinnert, daß Scheler das Formalismusbuch nur als eine vorbereitende Untersuchung aufgefaßt hat, der die Entwicklung einer materialen Ethik „auf der breitesten Basis phänomenologischer Erfahrung"[59] erst noch folgen sollte.

Den obersten systematischen Rückhalt gibt Scheler der Wertrangordnung auf der Gegenstandsseite in der Idee eines zeitlos gültigen, unveränderlichen und absoluten Wertreichs, auf der Aktseite korrelativ dazu in der Idee einer absoluten Geistperson. Durch die Anerkennung der Notwendigkeit einer absoluten Geistperson wahrt Scheler das Korrelationsapriori und unterscheidet sich dadurch grundsätzlich von N. Hartmanns Ontologisierung eines von möglichen geistigen Akten unabhängig bestehenden Ideen- und Wertehimmels.[60] Wie sich die in der Menschheitsgeschichte erschlossenen Werte in die objektive Wertrangordnung einfügen, so fügen sich die endlichen Personen im Vollzug der geistigen Akte in das Aktgefüge der absoluten Person ein.[61] Der das Aktgefüge der endlichen Personen fundierende Akt ist die Liebe. Sie ist der fundierende Akt überhaupt. Deshalb geht die Sphäre des Wertnehmens allen anderen Weltverhältnissen des Menschen, dem theoretischen, moralischen, ästhetischen Weltverhältnis voraus: „Der Mensch ist, ehe er ein ens cogitans ist oder ein ens volens, ein ens amans."[62] Die richtige, nicht die „vergaffte" Liebe führt den Menschen tiefer und tiefer in das Wertreich hinein und macht ihn progressiv konform mit der objektiven Wertrangordnung. Die Erschließung neuer Werte vollzieht sich nicht jederzeit und durch beliebige Menschen, sondern nur durch geniale Geister in geschichtlichen Situationen, die für neue Werte und Wertsysteme aufgeschlossen sind. Jeder Wertklasse entspricht ein bestimmter Vorbild-Typus: Die sinnlichen Werte werden erweitert durch die „Künstler des Genusses", die vitalen Werte durch „Helden", die geistigen Werte durch „Genies", die religiösen Werte durch „Heilige".[63]

In der Korrelation der Wertrangordnung und dem in der Liebe fundierten Aktgefüge der Person, also mit der durch die Wertthematik konkretisierten letzten und grundlegenden Korrelation von Person und Welt[64] findet die materiale Werttheorie ihren Abschluß. Da aber für

[59] II, 29.
[60] II, 21.
[61] X, 361.
[62] X, 356.
[63] Vgl. ausführlich hierzu das posthum veröffentlichte Manuskript: Vorbilder und Führer (1911–1921), X, 255–344.
[64] II, 392 ff.

Scheler die Frage der Relativität der Werte zunehmend an Bedeutung gewann und sich zu der Frage nach der Vereinbarkeit von Absolutheitsanspruch und Geschichtlichkeit entwickelte, soll sie abschließend mitberücksichtigt werden.

3. Relativismus und Absolutismus der Werte

Scheler bekennt sich in seiner mittleren Phase unzweideutig zu einer „absoluten Ethik".[65] Daraus läßt sich entnehmen, daß er prinzipiell eine kritische Einstellung zu jeder Art von Relativismus in der Ethik, in den anderen Wertlehren und in der Axiologie überhaupt einnehmen muß. Scheler weiß jedoch, daß eines der wichtigsten Ergebnisse der neueren Ethik in der Erkenntnis besteht, „daß es in der Welt nicht eine, sondern verschiedene 'Moralen' gegeben hat"[66], ja, daß empiristische und relativistische Werttheorien die zeitgenössische Diskussion fast gänzlich beherrschen.[67] Er weiß ebenso, daß der Relativismus eine Vielzahl verschiedener Deutungen erfahren hat – all dies verlangt, daß die Problemstellung erneut überdacht und auf ihre eigentlichen Grundlagen zurückgeführt wird. Dies hat Scheler in seiner „Lehre von der Daseinsrelativität der Werte " zu tun versucht, die als Versuch aufgefaßt werden kann, eine absolute Lehre vom Relativen aufzustellen – „eine Aufgabe von fast unermeßlicher Ausdehnung"[68].

Der für die Lösung des Relativismus-Problems entscheidende Ansatz besteht in der für die Phänomenologie charakteristischen Unterscheidung zwischen der Sphäre des Apriorischen und der des Daseins. Scheler greift auf den Grundsatz zurück, daß die objektive Rangordnung der Werte unabhängig bestehe von den „am" Menschen (als Träger) vorkommenden Akten des Wertfühlens und der Werterkenntnis. Das Korrelationsgesetz ist dadurch zwar nicht aufgehoben, weil die These unangetastet bleibt, daß Werte nur im intentionalen Fühlen zur Gegebenheit kommen, aber es ist relativiert insofern, daß das intentionale Fühlen nicht Bedingung für das objektive Sein, sondern nur für das Erkennen der Werte ist. Daraus folgt, daß von der Absolutheit der Werte und ihrer Rangordnung nur in zweierlei Beziehung gesprochen

[65] Vgl. Das Ressentiment im Aufbau der Moralen, III, 68, Anm. 1; den Ethik-Bericht 1914, I, 386.

[66] III, 68.

[67] Vgl. den Ethik-Bericht 1914, I, 381, 383, 384, 386.

[68] X, 399. Vgl. hierzu das Kapitel über „Historische Relativität der ethischen Wertschätzungen und ihre Dimensionen" (II, 300–321) und den nachgelassenen Aufsatz über „Phänomenologie und Erkenntnistheorie" (1914), bes. X, 399 ff.

werden kann: in Beziehung auf das Sein und Sosein der Werte in ihrem idealen An-sich-Sein und in Beziehung auf adäquates Fühlen der an sich seienden Werte und Wertordnungen.

In der gesamten Sphäre der daseinsrelativen Werterkenntnis kann es nur induktive Erfahrungserkenntnis geben. Das bedeutet, daß alle Aussagen über die Relativität von Werten, sollen sie sich nicht selber relativieren, nur absolute Gültigkeit beanspruchen können, sofern sie sich auf apriorische Wesenserkenntnisse stützen und innerhalb des durch die apriorischen Erkenntnisse vorgegebenen Rahmens von daseinsrelativen Variationen verbleiben. Theorien, die eine uneingeschränkte Relativität aller Werterfahrungen behaupten, wie z. B. die Evolutionstheorie der menschlichen Werterfahrungen, unterliegen dem Fehler, die Relativität ihrer eigenen Position absolut zu setzen.[69] Dabei anerkennt Scheler seinerseits, daß in der Tat überall dort, wo von Werterfahrungen der real existierenden Menschen gesprochen wird, ihr relativer Charakter zugestanden werden muß, und zwar a priori. Der Umfang der Sphäre daseinsrelativer Wertaussagen läßt sich bis in metaphysische Problemdimensionen hinein an dem folgenden Satz ermessen: „Die Menschheit ist wie jede Rasse, jedes Volk und jedes Individuum ein prinzipiell veränderliches und in ihrer psychophysischen Konstitution durchaus gewordenes Ergebnis der universellen Lebensentfaltung."[70] Sofern Wertungen einzelner Individuen zur Diskussion stehen, ist den wertrelativistischen Aussagen der Psychologie zuzustimmen; desgleichen der Soziologie in ihren Aussagen über die gesellschaftliche Bedingtheit von Werten, der Ethnologie in Aussagen über die Unterschiede der Wertmaßstäbe der verschiedenen Rassen, der Geschichtswissenschaft und Kulturgeschichte in ihren Aussagen über den Wandel der Wertungen und Wertmaßstäbe – Scheler geht sogar so weit zu behaupten, daß die gesamte Menschheit, die irgendwann einmal in der Geschichte des Universums aufgetreten ist, ein durch und durch zufälliger Träger von Werterfahrungen sei. Scheler lehnt deshalb jede sogenannte „humane Ethik" und damit auch jede „humane Axiologie" ab, die behaupten, daß Werterkenntnisse nur relativ auf den Menschen gedacht werden können.[71]

Metaphysische Dimensionen nimmt die Frage an, wenn Scheler die Menschheit als ein Ergebnis der universellen Lebensentfaltung bezeichnet, sie also auf ein universales, nicht unbedingt nur irdisches

---

[69] II, 275 f.

[70] II, 275 f.

[71] Vgl. II, 275; 279 f., und die Kritik am „Humanitarismus" im Vortrag über „Die christliche Liebesidee und die gegenwärtige Welt" von 1917 (V, 365 ff..

Lebensprinzip[72] zurückführt – keineswegs erst in seiner Spätphilosophie hat sich der Begriff des Lebens (später: „Drang") als der eigentliche Gegenbegriff des „Geistes" dargestellt.[73]
Dem in Vergleich zum Absolutheitsanspruch negativ belasteten
Begriff der Relativität steht bei Scheler die positive Entwicklung der
Lehre von der Daseinsrelativität der Werte gegenüber, die er anhand
„eines reichen phänomenologischen Begriffsgefüges über die möglichen Dimensionen der Relativität der Wertschätzungen" auf das Maß
von Sinn und Harmonie hin zu beurteilen versucht, „die in den historischen Schätzungen und ihren Systemen (des 'Geschmacks' und 'Stils',
des 'Gewissens' und der 'Moralen' usw.) liegen mögen".[74] Scheler hat
im Ethik-Bericht drei Problemkreise genannt, auf die sich das Relativi-
tätsproblem konzentriert: auf die Variationen des Ethos, der Ethik und
der praktischen Moralität.[75] Im Formalismusbuch – noch nicht aber im
Aufsatz über das Ressentiment[76] – hatte er diese Problemkreise als Beispiele für analoge Probleme in anderen Wertsphären, also als eine
Frage der allgemeinen Werttheorie aufgefaßt. Darüber hinaus hatte er
noch zwei weitere Problemkreise genannt: die Variationen der „Institu-
tions-, Güter- und Handlungseinheitstypen", d. h. der Typisierungen
von komplexen, wiewohl einheitlichen Wertverhaltensweisen (die
Wertschätzung der „Ehe", des „Diebstahls" etc.), und schließlich die
Variationen von Handlungs- und Ausdrucksformen, die durch lebendige Traditionen vermittelt werden (Sitten, Bräuche).
Von diesen fünf Problemkreisen der Relativität der Werte hat die
Frage des „Ethos" die größte Bedeutung, vor allem in Schelers Spätphilosophie, aber auch in systematischer Perspektive. Das Ethos stellt den
in einer Zeit herrschenden Inbegriff der dem sittlichen Bewußtsein immanenten Regeln des Vorziehens und Nachsetzens von Werten dar, die
die Normen des Handelns und die Gesetze der sittlichen Billigung und
Mißbilligung beherrschen;[77] es liegt also allen anderen Problemkreisen
zugrunde. Analog zum Ethos, das die Regeln des Vorziehens sittlicher
Werte umfaßt, liegt der theoretischen Sphäre die „natürliche Welt-

---

[72] II, 288.
[73] Vgl. II, 294; Ressentiment-Aufsatz 1912, III, 76. Zum Ganzen M. S. Frings,
M. Scheler: Drang und Geist, in: J. Speck (Hrsg.), Grundprobleme der großen
Philosophen. Philosophie der Gegenwart II, 2. erg. Aufl. Göttingen 1981, 9–42.
[74] II, 301.
[75] I, 386.
[76] Im Ressentiment-Aufsatz nannte Scheler „Ethos" noch „Moral" und
stellte diese nur der wissenschaftlichen Systematisierung und Darstellung entgegen (III, 70).
[77] I, 373.

anschauung", der „Glaube" der religiösen Sphäre und der „Geschmack" der ästhetischen Sphäre zugrunde.[78] Diese sphärenspezifischen Inbegriffe von Vorzugsregeln sind „Beispiele", deren Gemeinsamkeiten durch das „phänomenologische Begriffsgefüge" erfaßt werden sollen – „phänomenologisch" und nicht empirisch-hypothetisch ist das Begriffsgefüge nur dann, wenn die Gemeinsamkeiten nicht auf dem Wege der Abstraktion, sondern auf dem der Wesensschau gewonnen werden. Scheler geht also nicht von einer Art platonischer Unterscheidung zwischen einer Welt des Apriorischen und einer Welt daseinsrelativer Erfahrungen aus, sondern überbrückt diese gleichwohl grundsätzliche Differenz durch seine Lehre vom „relativen Apriori".[79] Die materialen Wesensgehalte stehen in einer hierarchisch geordneten Fundierungsordnung, in der die fundierenden gegenüber den fundierten Gehalten immer relativ a priori sind.

Die Lehre vom Wandel der Ethosformen in verschiedenen Kulturen und Zeiten versteht Scheler als die radikalste Fassung des Werteperspektivismus. Sie bezieht sich nicht auf den Wandel der einzelnen Wertungen, die von bestimmten Individuen, gesellschaftlichen Klassen oder Völkern vorgenommen worden sind, sie betrifft auch nicht die Anpassung der Wertvorstellungen an veränderte gesellschaftlich-geschichtliche Verhältnisse, sondern sucht den Wandel in der „Erlebnisstruktur der Werte und der ihr immanenten Vorzugsregeln"[80] aufzudekken, der gleichsam hinter der praktizierten Moral oder der ausformulierten Ethik bestimmter Völker oder Zeiten stattfindet. Wie Scheler in der theoretischen Sphäre eine „Funktionalisierung der Vernunft" zu erkennen glaubt, müßte er in der Wertsphäre eine geschichtliche „Funktionalisierung des Fühlens" anerkennen. In diesem Sinne spricht er vom Ethos der altindischen Kastenordnung, vom Ethos des griechischen Volkes, der christlichen Welt[81] oder der „modernen bürgerlichen Moral"[82]. Er nimmt diese Ethosformen auch nicht bloß empirisch zur Kenntnis, sondern versteht sie als eine notwendige Folge aus der Idee einer absoluten Werttheorie – der Absolutismus müsse geradezu einen

---

[78] Vgl. II, 303, Anm. 2; X, 357.
[79] Scheler hat die Unterscheidung zwischen relativem und absolutem Apriori im Formalismusbuch angedeutet, aber nicht systematisch entwickelt; auch nicht in seinen anderen Schriften. In dem postum veröffentlichten Artikel ›Phänomenologie und Erkenntnistheorie‹ (1914) bestimmt Scheler das relative Apriori in Beziehung auf die feste Ordnung, in der uns apriorische Wesenheiten zur Gegebenheit kommen (X, 415–419).
[80] II, 306.
[81] II, 306 f.
[82] III, 70.

Relativismus radikalstmöglicher Art fordern.[83] Wenn Scheler sagt, „daß das volle und adäquate Erleben des Kosmos der Werte und seiner Rangordnung, und damit die Darstellung des sittlichen Sinnes der Welt wesenhaft an eine Kooperation verschiedener und sich eigengesetzlich historisch entfaltender Formen des Ethos geknüpft"[84] sei, dann bedeutet das nichts anderes als die Behauptung der Notwendigkeit des geschichtlichen Hervortretens verschiedener Ethosformen, und zwar so vieler und so lange, bis der gesamte Gehalt der absoluten Wertordnung in Erscheinung getreten ist – dies aber ist ein unabschließbarer Prozeß. Scheler schreibt, daß „die ganze Fülle der sittlichen Werte und der zwischen ihnen bestehenden Rangordnungen dem Menschen erst sukzessiv und allmählich und gleichsam von verschiedenen Seiten her und mit besonderen, der Volksveranlagung je entsprechenden Durchblikken zu fühlbarem Bewußtsein komme und eben dieser Prozeß niemals als abgeschlossen gelten kann"[85]. Aufgrund der Notwendigkeit verschiedener Ethosformen bestreitet Scheler auch, daß jemals in einer Zeit und in einer Theorie der Gehalt der objektiven Wertrangordnung und die Fühlfähigkeit des menschlichen Geistes für Werte vollständig realisiert werden könne,[86] so daß er jede Ethik ablehnt, die in Anspruch nimmt, das gesamte sittliche Sein erschöpfend auf den Begriff gebracht zu haben. Eine Ethik bzw. Werttheorie könne nur begrifflich fassen, was ihr im Ethos und im sittlichen Verhalten vorgegeben sei. Konsequenterweise muß auch seine eigene Ethik und Werttheorie als geschichtlich begrenzt gedacht werden. Das tut aber ihrem Absolutheitsanspruch keinen Abbruch. Im Ethik-Bericht 1914 schreibt er: „Scheidet man nur scharf die Wertqualitäten selbst von den Güterwerten und Zwecksammenhängen, in denen sich diese und ihre Vorzugsgesetze jeweils historisch darstellen, so zeigt sich auch ein materialer Bestand solcher Werte und deren Rangordnung von geschichtlichem Wechsel unabhängig – wie sehr auch jeweilig noch neue Werte und neue Vorzugsregeln zu den gegebenen hinzutreten können. Die alten werden dadurch nicht umgestoßen, sondern höchstens relativiert. Daß an sich ewige Rangverhältnisse zwischen objektiven Werten sich nur in Form eines reichen und mannigfaltigen historischen Prozesses, in welchen Rassen und Völker verschiedener Anlagen immer intensiver eintreten, erlebnismäßig darstellen – das gehört selbst zum Wesen einer solch möglichen

---

[83] Vgl. den Ressentiment-Aufsatz 1912 (III, 69), Formalismusbuch (II, 307 f.), Ethik-Bericht 1914 (I, 386 f.

[84] II, 307.

[85] I, 387; II, 307 f.

[86] II, 308.

Darstellung und ist mitnichten ein Beweis gegen die Sachhaftigkeit und absolute Natur jener Wertrangordnung."[87]

Kurzbibliographie Scheler

Der Formalismus in der Ethik und die materiale Wertethik (1913/16), 5., durchges. Aufl. hrsg. v. M. Scheler, Bern 1966 (Gesammelte Werke Bd. 2 – vgl. Anm. 5).
Vom Umsturz der Werte. Abhandlungen und Aufsätze, 5. Aufl. hrsg. v. M. Scheler, Bern 1978 (Gesammelte Werke Bd. 3). Daraus als Paperback: Das Ressentiment im Aufbau der Moralen (1912), m. e. Nachw. hrsg. v. M. S. Frings, Frankfurt a. M. 1978.
Wesen und Formen der Sympathie (1913/22), hrsg. m. e. Anh. v. M. S. Frings, Bern 1973 (Gesammelte Werke Bd. 7). Daraus als Studienausgabe: Wesen und Formen der Sympathie, hrsg. v. M. S. Frings, Frankfurt a. M. 1974.
Vom Ewigen im Menschen (1921), 5. Aufl. hrsg. v. M. Scheler, Bern 1968 (Gesammelte Werke Bd. 5).
Die Wissensformen und die Gesellschaft (1926), 2. durchges. Aufl. m. Zusätzen, hrsg. v. M. Scheler, Bern 1960 (Gesammelte Werke Bd. 8). Daraus als Paperback: Erkenntnis und Arbeit, hrsg. m. e. Nachw. v. M. S. Frings, Frankfurt a. M. 1977.

---

[87] I, 387.

MARTIN HEIDEGGER

Die Philosophie und die Problematik der Interpretation

Von OTTO PÖGGELER

Im Jahre 1927 erschien im ›Jahrbuch für Philosophie und phänomenologische Forschung‹ Martin Heideggers Abhandlung ›Sein und
Zeit‹, Edmund Husserl, dem Begründer der Phänomenologie, gewidmet. Heideggers hermeneutische Phänomenologie versuchte den Brük-
kenschlag zur Arbeit von Wilhelm Dilthey, der das Philosophieren an
die Auslegung der Geschichte gebunden hatte. Als Georg Misch, der
Hauptherausgeber von Diltheys ›Gesammelten Schriften‹, vom Standpunkt Diltheys aus eine Auseinandersetzung mit der phänomenologischen Philosophie führte, schrieb er, Heideggers Abhandlung habe
„eingeschlagen wie der Blitz"; das Steuer des Husserlschen Jahrbuchs
sei wie mit einem Ruck in eine neue Richtung gerissen.[1] Die Abhandlung ›Sein und Zeit‹, die fragmentarisch vorgelegt worden war und
Fragment blieb, faßte das Philosophieren selbst als ein Interpretieren.
Mit einem Wortindex kann man leicht feststellen, daß dreihundert
Male das Wort „Interpretation" vorkommt und sechzig weitere Male
Worte wie „interpretieren" und „interpretatorisch". Die Philosophie,
die als Ontologie nach dem Sein fragt, kann dieses Sein nicht mehr dem
traditionellen Ansatz gemäß als „Ousia" oder als ständiges Anwesen
nehmen; sie stellt das Sein in unterschiedliche Weisen der Zeitigung
von Zeit zurück und begründet sich somit selbst als eine „temporale
Interpretation". Sie ringt diese Selbstbegründung der Tradition ab, die
mit ihren maßgeblichen Texten auf vergessene Fragestellungen hin
interpretiert wird. Es war vor allem die Theologie, die in diesem Ansatz
eine Hilfe fand. So hat Heideggers Freund Rudolf Bultmann zwei Generationen von Theologen dadurch geprägt, daß er den existentiellen

---

[1] G. Misch, Lebensphilosophie und Phänomenologie, in: Philosophischer
Anzeiger 3 u. 4, 1928–1930. Über Heideggers Verhältnis zu Dilthey vgl. die verschiedenen Aufsätze im Dilthey-Jahrbuch 4, 1987; vgl. auch meine Einleitung
zu Wilhelm Dilthey, Das Wesen der Philosophie, Hamburg 1984. Zum folgenden vgl. R. A. Bast / H. P. Delfosse, Handbuch zum Textstudium von Martin
Heideggers 'Sein und Zeit'. Bd. 1, Stuttgart-Bad Cannstatt 1979.

Glauben mit den Begriffen von ›Sein und Zeit‹ existential (von den natürlichen Fragen der Existenz aus) zu interpretieren versuchte.

Heidegger entnahm in den Jahren der Abfassung von ›Sein und Zeit‹
leitende Begriffe wie „temporale Interpretation" oder „präsenzialer"
Sinn von Sein der lateinischen Sprache. Bald nach der Publikation von
›Sein und Zeit‹ aber wurde ihm deutlich, daß man das, was die Grie-
chen als Sein verstanden, nicht von der mittelalterlichen Aristoteles-
Interpretation her fassen kann, wie noch Franz Brentano, der Lehrer
Husserls, vorausgesetzt hatte. Ist der leitende Sinn von Sein überhaupt
die „Ousia" als ständige Anwesenheit einer Substanz oder nicht viel-
mehr die „Energeia", die ein Am-Werke-sein und somit ein Ereignis ist?
In den Jahren 1936 bis 1938 schrieb Martin Heidegger, nach vielen Wir-
rungen in tiefe Einsamkeit gestürzt, sein zweites Hauptwerk. Diese
›Beiträge zur Philosophie‹ haben als eigentlichen, verschwiegenen Titel
„Vom Ereignis".

Die ›Beiträge‹, die wiederum unvollendet blieben und erst zum hun-
dertsten Geburtstag Heideggers postum ediert wurden, sind im Sils-
Maria-Wind Nietzsches geschrieben und gleichen dessen Aphorismen-
Büchern. Die immer noch unpublizierte Schrift ›Das Ereignis‹ von
1941 spricht in einer viel verhalteneren und zurückgenommeneren
Weise. In den düsteren Jahren 1944/45 schrieb Heidegger ein Gespräch
über Gelassenheit, 1946/47 versuchte er mit einem chinesischen Bekannten eine Übersetzung der Sprüche des Laotse. Heidegger gab nicht
nur die aus dem Lateinischen kommenden Worte wie „Interpretation"
auf; er verzichtete auch auf griechische Worte wie „Philosophie" oder
neuzeitliche Kunstworte wie „Ontologie", „Phänomenologie" und
„Hermeneutik" zur Kennzeichnung seines eigenen Anliegens. Doch
immer noch brachte er das Denken mit dem Bringen und Auslegen
einer Botschaft in Zusammenhang, wenn er es zu altchinesischen oder
japanischen Worten wie „Tao" und „Iki" in Bezug setzte.

Was soll uns das heute, wo die Problematik des Interpretierens längst
zur Sache der Geisteswissenschaften, Kommunikationswissenschaften,
Medienwissenschaften geworden ist? Einerseits ist Heidegger nicht
wegzudenken, wenn gefragt wird nach der Bedeutung der Vorsokrati-
ker oder Nietzsches und Hölderlins im zwanzigsten Jahrhundert. Andererseits muß man gegen Heideggers Interpretationen die schwersten
Einwände vorbringen. Ist nicht selbst jene Zerstörung der Interpretation, die man heute in Amerika beklagt, mit seinem Einfluß verknüpft?
Heidegger wollte aber nicht nur Texte, er wollte das Leben selbst philosophisch interpretieren. Doch spricht nicht das Engagement für Hitler
im Jahre 1933, das ihn in der Umsturzzeit das Rektorat seiner Freiburger Universität annehmen ließ, gegen ihn? Heidegger hat damals

dem Kanzler der nationalen Koalition angesonnen, sich über seine Partei zu erheben und verhängnisvolle Programmpunkte (wie die Rassenlehre, die falsch geplante Universitätsreform) zu ändern. Ein Blick in Hitlers ›Mein Kampf‹ hätte ihn darüber belehren können, wie sehr dieser Führer gerade hinter den von Heidegger abgelehnten Programmpunkten stand. Kann man jemanden, der so interpretiert hat, noch ernst nehmen?

Zum mindesten kann dieser Philosoph durch seine Überlegungen und direkt auch durch sein Tun uns die Problematik der Interpretation bewußtmachen. Daß hier eine Problematik in vielfachem Sinn vorliegt, mag ein letztes Beispiel zeigen. Der Lyriker Paul Celan besuchte 1970, kurz vor seinem Tode, ein zweites Mal Heidegger in Freiburg; man verabredete, daß Heidegger ihn bei einem weiteren Besuch zu den naheliegenden Hölderlin-Stätten führen werde. Eine Verabredung mit dem große Romanisten Hugo Friedrich hat Celan damals plötzlich doch nicht eingehalten. Er war immer der Auffassung, daß Friedrichs populäres Buch über moderne Lyrik dem Dichten, so wie er es verstand, keine Luft zum Atmen ließ. Von dem Rektor des Jahres 1933, dem er das Schuldbekenntnis in keiner Weise erlassen wollte, hat Celan sich ein Verständnis erhofft, von dem großen Philologen, dem Verfasser glänzender Interpretationen, kaum. Warum das so sein konnte, müssen unsere Überlegungen deutlich machen.

I. Formal anzeigende Hermeneutik: der Augenblick

Es ist bekannt, daß Heidegger sein Universitätsstudium als katholischer Theologe begann. Jene philosophische Theologie, wie sie von Aristoteles über Thomas bis Hegel ausgebildet wurde, war auch für ihn Gipfel und Fundament der Philosophie. Doch mitten im Ersten Weltkrieg, am 1. August 1917, hielt der junge Privatdozent und Landsturmmann im privaten Kreis einen beeindruckenden Vortrag über Schleiermachers ›Reden über die Religion‹. Der Akzent fiel auf die zweite dieser Reden, die die religiöse Dimension als Tiefe der Welt vorsichtig aufdecken will, gerade deshalb aber die philosophische Theologie der Tradition zurückweisen muß, wenn diese uns vorweg Begriffe von Gott und Unsterblichkeit an die Hand gibt.[2] Eine intensive Auseinandersetzung führte der junge Heidegger mit Wilhelm Dilthey, der die Tradition Schleiermachers in einer verwandelten Zeit fortgeführt hatte. Bekannt

---

[2] Das Maß des Verborgenen. Heinrich Ochsner zum Gedächtnis, hrsg. v. L. Ochwadt u. E. Tecklenborg, Hannover 1981, 92; zum folgenden 159.

ist auch, daß Heidegger damals seinen neuen Lehrer, den Begründer
der phänomenologischen Philosophie Edmund Husserl, auf Rudolf
Ottos Phänomenologie des Heiligen aufmerksam machte, in der Schleiermachers Anliegen fortgesetzt wurde. Husserl schrieb am 5. März
1919 dem einstigen Kollegen Rudolf Otto nach Marburg, Heidegger und dessen Freund hätten ihm Ottos Buch ›Das Heilige‹ gebracht; dieses Buch enthalte in der Tat den Anfang einer Religionsphänomenologie, doch werde dieser Anfang auch wieder durch eine vor-
schnelle „philosophische Theoretisierung" verdeckt: „Der Metaphysiker (Theologe) in Herrn Otto hat, scheint es mir, den Phänomenologen
Otto auf seinen Schwingen davon getragen, und ich denke dabei als
Gleichnis an die Engel, die mit ihren Schwingen die *Augen verdecken.*"
Mit Erstaunen beobachtete Husserl, daß seine Tätigkeit in dieser Um-
bruchszeit etwas Revolutionierendes hatte: Jüdische Schüler wie Edith
Stein wurden katholisch, katholische wie Heidegger evangelisch. Er
selbst aber, so sagte Husserl, wolle auf alle wahrhaftigen Menschen
wirken. Heidegger blieb jedoch von Schleiermacher, Dilthey und
Rudolf Otto dadurch getrennt, daß er mit einigen Außenseitern der damaligen Theologie (Albert Schweitzer, Friedrich Overbeck und Johannes Weiß etwa) die urchristliche Eschatologie wieder ernst nahm – jene
Lehre also, daß die letzten Dinge in einem unverfügbaren Augenblick
geschehen. Konnte die phänomenologische Philosophie Edmund
Husserls so gefaßt werden, daß sie diesen Dimensionen des Lebens gerecht wurde?
  Es verwundert nicht, daß Heidegger auf die ›Psychologie der Weltanschauungen‹ von Karl Jaspers ansprach, die 1919 erschien. In einer
Besprechung, die damals freilich ungedruckt blieb, stellte Heidegger
heraus, daß er die Lehre von den Grenzsituationen für die Mitte des
Buches halte. Wir leben in vielen Situationen, verfolgen dort z. B. unsere Ziele. Werden wir mit dem Tode konfrontiert, dann kommen wir an
eine Grenze; unsere Ziele werden zuerst einmal nichtig. Eine andere
Grenzsituation ist die der Schuld: Wenn wir handeln, können wir die
Situation, in der wir stehen, nie voll überblicken; vielmehr werden wir
durch einseitige Perspektiven unserer Herkunft geleitet, bleiben dem
Augenblick des Handelns also etwas schuldig. Jaspers zitiert Goethes
Wort: „Der Handelnde ist immer gewissenlos." Heidegger wiederholt
das Wort in der Vorlesung vom Sommer 1925, die These noch in ›Sein
und Zeit‹.[3] Die Situationen, in denen wir stehen, werden zu Grenzsitua-

---

[3] K. Jaspers, Psychologie der Weltanschauungen, Berlin–Göttingen–Heidel-
berg [4]1954, 55 u. 274; M. Heidegger, Prolegomena zur Geschichte des Zeitbe-
griffs, Frankfurt a. M. 1979, 441; Sein und Zeit, 288. Vgl. ferner Anmerkungen zu

tionen, wenn sie an den Augenblick herangeführt werden, in dem es um die letzten Dinge geht. Das Referat, das Jaspers von Kierkegaard gibt, bleibt aber gerade in bezug auf Kierkegaards Lehre vom Augenblick blaß. Auch Heidegger stellt erst Jahre später, nämlich in ›Sein und Zeit‹, diese Kierkegaardsche Lehre in die Mitte seines Philosophierens. Heidegger faßt in ›Sein und Zeit‹ Philosophie in einem weiten Sinne als Ontologie: Die Fülle des Seienden, zu der auch der Mensch gehört, soll in seinem unterschiedlichen Sein bestimmt werden. In einer Fundamentalontologie muß die Philosophie sich selber begründen, nämlich aufweisen, wie dieses Bestimmen des Seienden in seinem Sein eigentlich in unserem Dasein aufbricht. Man kann in ›Sein und Zeit‹ den Versuch sehen, den Hinweis von Jaspers auf die Grenzsituationen so für die Philosophie fruchtbar zu machen, daß diese aus ihrem überlieferten Wesen heraus in eine neue Gestalt geführt wird. Doch führt ›Sein und Zeit‹ erst spät Grundbegriffe wie „Situation" und „Augenblick" ein. Das liegt daran, daß die Lehre von der Situation unterbaut wird durch eine Umweltanalyse: Längst bevor die Radikalität theoretischer Fragen in uns aufbricht, bewegen wir uns in einer Umwelt; das Umgehen mit Zuhandenem in der Umwelt gehört bleibend zum Beispiel zum selbstvergessenen Werken des Handwerkers. Das Philosophieren kann nicht in dieser Weise selbstvergessen bleiben. So grenzt Heidegger die Redeweise der Philosophie, die neu zu bestimmen ist, ab von alltäglichen Phänomenen wie dem „Gerede", der „Neugier", dem „Man". Von dem Gerede wird gerade deshalb gesprochen, weil es die philosophische Rede verstellt. Die Neugier muß thematisiert werden, weil das Denken in der Philosophie gemäß einer einseitigen Ausrichtung an der Theorie seit je als Sehen gefaßt wurde. Das Man verbirgt die Selbstverantwortlichkeit, die zur Philosophie gehören soll.

Der erste Abschnitt von ›Sein und Zeit‹ hebt jedoch auch heraus, was als Grundstruktur des seinsverstehenden Daseins für alle weiteren Analysen verbindlich bleibt. Im Menschen bricht das Dasein auf, in dem das Seiende in seinem Sein offen wird und so „verstanden" werden kann. Dieses Dasein ist In-der-Welt-sein, wobei „Welt" nicht das All des Vorhandenen ist, sondern das Ganze der Weisen, wie überhaupt etwas gegeben ist. Das Dasein befindet sich immer schon in dieser Welt, doch kann es diese seine Befindlichkeit verstehend übernehmen. Die Befindlichkeit und das Sich-Verstehen-auf artikulieren das Ganze der Welt; diese Artikulation wird, da es um die Redeweise der Philosophie geht, als Rede genommen. Das vielgliedrige Ganze der

Karl Jaspers' ›Psychologie der Weltanschauungen‹, in: M. Heidegger, Wegmarken, Frankfurt a. M., 1976, 1 ff.

Grundstruktur der Befindlichkeit, Verstehen und Rede wird einheitlich als Sorge aufgefaßt, in der es dem Dasein um sein In-der-Welt-sein geht. In der verstehenden Gestimmtheit der Angst, die wesentlich Todesangst ist, bricht auf, daß es dem Dasein immer neu um sein In-der-Welt-sein gehen muß.

Der zweite Abschnitt von ›Sein und Zeit‹ führt zu den Grenzsituationen des Todes und der Schuld. So kann dieser Abschnitt deutlich machen, daß die vielgliedrige Grundstruktur des Daseins und damit das Seinsverstehen von der Zeit her verdeutlicht werden können. Die Befindlichkeit, nach der wir „immer schon" in der Welt sind, verweist auf die Vergangenheit, die von Heidegger als Gewesenheit gefaßt wird. Das Verstehen dieser Befindlichkeit benötigt die offene Zukunft. Gewesenheit und Zukunft gehören zur Gegenwart, die zum Augenblick werden soll. Die Innerzeitigkeit, die das Immer-schon-in-der-Zeit-sein ausarbeitet, ist gleichursprünglich mit der Geschichtlichkeit, die das In-der-Zeit-sein eigens übernimmt und der Selbstvergessenheit entreißt. Wie Innerzeitigkeit und Geschichtlichkeit ineinanderpielen, soll aufgewiesen werden.

Heidegger konnte nur diese ersten beiden Abschnitte von ›Sein und Zeit‹ publizieren, das doch sechs Abschnitte enthalten sollte. So fehlt die ganze zweite Hälfte, welche zeigen sollte, daß die Frage nach Sein und Zeit die vergessene Frage in der philosophischen Tradition seit Aristoteles ist. Es fehlt aber auch der dritte Abschnitt der ersten Hälfte, der nachweisen sollte, wie ein Verständnis der Seinsweisen des Daseins schon eine Bestimmung des vielgliedrigen Sinnes von Sein voraussetzt. Erst in diesem Abschnitt wäre auseinandergelegt worden, welcher „Methode" die Abhandlung eigentlich folgt. Damit wäre auch neu Problem geworden, was in Kierkegaards Auseinandersetzung mit der philosophischen Tradition in einem philosophischen Sinn nicht neu aufgearbeitet worden war. In einer langen Anmerkung zu seiner Schrift über den Begriff „Angst"[4] beruft Kierkegaard sich seinerseits auf Platon. Wie läßt sich eigentlich das Eine des Seins, von dem Parmenides gesprochen hatte, fassen, wenn es doch nicht das Eine unter vielen Etwas sein soll? Plötzlich, so sagt Platon, geschieht der Umschlag der Grundbegriffe; in diesem Plötzlichen (exaiphnes) berühren wir die Ewigkeit, es liegt außer der Zeit. Kierkegaard ist aber der Auffassung, die Griechen hätten zwar die Täuschung im Erkennen kritisiert, nicht jedoch die Sünde ernstgenommen, die in einem Existieren aufbricht, das von der Schöpfung der Welt aus Nichts ausgeht und so in die Angst

---

[4] S. Kierkegaard, Der Begriff Angst, Gesammelte Werke, 11. und 12. Abt., Düsseldorf 1965, 83 ff.

getrieben wird. Das Plötzliche, von dem Platon gesprochen habe, sei in Wahrheit der Augenblick dieses Existierens, zu dem die Zeit gehöre. In dieser Weise habe der Apostel Paulus von dem Augenblick gesprochen, auf den wir nur in Furcht und Zittern gerichtet sein können. Die Dialektik, in der nach Platon die Philosophie gründet, wird so zur experimentierenden Dialektik des Existierens, die aus der Philosophie hinausführt – zum Beispiel zum Glauben. Hat Kierkegaard nicht recht? Wie kann die Philosophie, die auf das Allgemeine verpflichtet ist, vom Augenblick handeln, der je und jäh aufbricht und immer auf dem Sprunge bleibt – offen, nicht greifbar? Nach Heidegger wird der Augenblick jedoch begriffsfähig, wenn die Philosophie Interpretation wird, nämlich Phänomenologie als formal anzeigende Hermeneutik.

Heidegger hat den dritten Abschnitt von ›Sein und Zeit‹ nie publiziert, offenbar nicht einmal fertiggestellt; die vorliegenden Ausarbeitungen hat er nach eigenem Zeugnis verbrannt. Was eine formale Anzeige ist, hat er jedoch in seinen Vorlesungen dargelegt, vor allem in der ›Einleitung in die Phänomenologie der Religion‹ vom Wintersemester 1920/21. In der ersten Hälfte dieser Vorlesung greift Heidegger jenen Philosophen und Theologen frontal an, der damals als Philosoph der religionsgeschichtlichen Schule auf der Höhe seines Ruhms stand und das „freie Christentum" vertrat, zu dem auch Heidegger sich hingezogen fühlte: Ernst Troeltsch. Troeltsch hat sich mit der Religionspsychologie beschäftigt, mit der erkenntnistheoretischen Ausgrenzung des Bereiches der Religion, auch mit der Religionsgeschichte. Doch alle diese Disziplinen werden bei ihm durch eine Metaphysik überwölbt, die den Religionen noch einmal einen philosophischen Gottesbegriff vorgibt. Wenn die Theologie dann weiter nachweist, daß zum Beispiel Jesus als Christus für die neue Gemeinde eine gemeinschaftsbildende Funktion hatte, fügt sie die Religion in das geschichtliche und soziale Feld ein. Heidegger muß jedoch von dieser Religionsphilosophie sagen, daß sie die urchristliche Eschatologie nicht ernst zu nehmen vermag, die z. B. von Luther wieder geltend gemacht worden sei. In der zweiten Hälfte seiner Vorlesung interpretiert Heidegger den Abschnitt über die Wiederkunft Christi aus dem ersten Thessalonicher-Brief des Apostels Paulus, dem ältesten Text im Neuen Testament. Jesus hatte die Menschen seiner Zeit darauf verwiesen, daß es in ihrem Leben um die letzten Dinge, die Gottesherrschaft, gehe. Zwar war er verurteilt worden (auch durch den Tempel); aber nach dem Glauben der Gemeinde hatte Gott ihn erhöht und der Geschichte als Maß gesetzt. Diese seine Ankunft ist der Kairos, der bei Paulus im Rahmen der mythologischen Vorstellungen seiner Zeit ausgestaltet wird. Für alle Menschen aber ist in diesem Glauben entdeckt, daß unser Leben als ein faktisches und

historisches auf den Augenblick ausgerichtet ist, der unverfügbar bleibt
und chronologisch nicht berechnet werden kann. Die Philosophie kann
nicht als philosophische Theologie das, was in diesem Augenblick zur
Entscheidung steht, etwa als „Idee" christlichen Lebens auf den Begriff
bringen. Sie kann aber einweisen in diesen Augenblick als in die entscheidende Situation unseres Lebens.

Bezieht die Philosophie als Phänomenologie sich in dieser Weise auf
das Leben, dann wird sie zur formal anzeigenden Hermeneutik. Husserl hatte im § 13 seiner ›Ideen‹ (I) zwischen der Generalisierung und
der Formalisierung unterschieden. Die Generalisierung steigt zu immer
höheren Allgemeinheiten auf – vom Grau dieses Anzuges zur Farbe
Grau, von der einen Farbe zu den Farben überhaupt, von diesen zu den
Qualitäten usf. Die Formalisierung dagegen geht zurück zu den logischen und kategorialen Formen, die im Erkennen immer schon vorausgesetzt sind. Mit der formalen Anzeige macht Heidegger darauf aufmerksam, daß das Zusammenwirken von Generalisierung und Formalisierung in unterschiedlichen Bereichen verschieden sein muß. Wenn
ich das Pult als ein verfügbares Möbel nehme und mich auf es stütze,
glaube ich es als Fall eines allgemeinen und bekannten Was zu kennen.
So aber kann man den Menschen nicht auffassen, der sich als geschichtliche Existenz versteht und nicht als bloße Realisierung eines
allgemeinen Was. Der Handwerker mag sich in sein Werken selbstvergessen verlieren; für den religiösen Menschen ist der Vollzug des Existierens in den unterschiedlichen Situationen des Lebens maßgeblich.
In diesem Bereich bekommt die formale Anzeige einen weiteren Sinn:
sie weist in die Situation ein, kann aber die dort nötige Entscheidung
nicht vorwegnehmen. Sie muß die Glaubensentscheidung in der
Schwebe lassen, da sie – die Phänomenologie ist und nicht mehr Metaphysik im alten Sinn sein will – von Gott nichts weiß.[5]

Von 1921 an hat Heidegger jahrelang seine phänomenologische
Philosophie in einem Buch über Aristoteles darstellen wollen. Dabei
ging Heidegger aus vom sechsten Buch der ›Nikomachischen Ethik‹,
das eine Orientierung in den unterschiedlichen Situationen hier unter
dem wechselnden Mond sucht. Dieser Ansatz wird freilich durch eine

---

[5] Heideggers Vorlesung vom Winter 1920/21 ist nur aus Nachschriften bekannt; vgl. den Bericht auf Grund der Mitteilungen O. Beckers in O. Pöggeler,
Der Denkweg Martin Heideggers, Pfullingen 1963 u. 1983, 36 ff. Für die vorlie-
gende Darstellung konnte ich dank der Vermittlung von S. IJsseling auch eine
Nachschrift aus dem Husserl-Archiv Löwen benutzen. Einen ersten Hinweis
auf die formale Anzeige (wenn auch noch nicht mit diesem Titel) gab Heidegger
in der ersten Nachkriegsvorlesung 1919, vgl. Martin Heidegger, Zur Bestimmung der Philosophie, Frankfurt a. M. 1987, 114.

bestimmte ontologische Option überspielt, die „Sein" nur als ständige Anwesenheit verstehen kann. So konnte Aristoteles auch die Erfahrung von Zeit, die er in seiner ›Physik‹ analysierte, nicht angemessen zur Sprache bringen. Die Pointe des geplanten Buches über Aristoteles, das niemals fertig wurde, rückte dann in den letzten Abschnitt von ›Sein und Zeit‹, der die Zeitabhandlung der Aristotelischen ›Physik‹ als Diskrimen der ontologischen Tradition destruieren sollte. Aristoteles wies jedoch auch einen Weg vorwärts, wenn er in seiner Hermeneutik die spezifische Leistung der Aussage, wahr oder falsch sein zu können, von anderen Sprechformen abhob. Unter diesen Formen hat etwa die Frage für Heidegger eine überragende Bedeutung; sie hat ihren Wahrheitsbezug, ohne einfach der Alternative „wahr oder falsch" unterworfen werden zu können. Im Anschluß an die Hermeneutik des Aristoteles unterschied Heidegger das apophantische Als, das in einer Aussage etwas als etwas (z. B. als Hammer) sehen läßt, vom hermeneutischen Als, in dem uns zum Beispiel ein Hammer auch im theorielosen Umgang als Hammer zuhanden ist. Im Wintersemester 1925/26 hat Heidegger die geplante Aristoteles-Vorlesung abgebrochen und ihre Thematik in Ausführungen über Kants Lehre von der Schematisierung der Vernunft weitergeführt. Neben Schemata wie das genannte doppelte Als traten andere Schemata, und das Zusammenspiel aller ergab ein Prinzipiengefüge, von dem her unterschiedliche Weisen von Sein und Sphären von Welt unterschieden werden können. So eröffnet die Vorherrschaft des Schemas der eigentlichen Zukunft (des „Umwillens") die religiöse Dimension. Schlägt dieses Schema um in das „Wozu" der uneigentlichen Zukünftigkeit, so kann der Handwerker selbstvergessen in seinem Werken seine Zwecke verfolgen. Wird auch noch diese Ausrichtung auf Zukunft eliminiert und schlägt das hermeneutische Als um in das apophantische, so wird eine neutrale theoretische Untersuchung möglich. Heidegger hat selber gesagt, es sei ihm (im Zusammenhang mit der Vorlesung vom Winter 1925/26) wie Schuppen von den Augen gefallen, als er Kants Lehre von der Schematisierung auf dem Hintergrund von Husserls Phänomenologie der Zeit gelesen habe.[6] Als Heidegger jedoch 1928 Husserls erste Phänomenologie des Zeitbewußtseins edieren mußte, deutete er in einem kurzen Vorwort an, daß Husserl in traditionellen Ansätzen verbleibt: Er stellt die Zeiterfahrung zu den unteren in-

---

[6] Martin Heidegger, Phänomenologische Interpretation von Kants Kritik der reinen Vernunft, Frankfurt a. M. 1977, 431. Vgl. dazu meinen Beitrag Zeit und Sein bei Heidegger, in: Phänomenologische Forschungen 14, 1983, 152 ff. – Zum folgenden vgl. E. Husserls Vorlesungen zur Phänomenologie des inneren Zeitbewußtseins, hrsg. v. M. Heidegger, Halle 1928.

tellektiven Akten, von denen die eigentliche Erkenntnis abgehoben wird. Eine Hilfe fand Heidegger dagegen bei Max Scheler, der in der mathematischen Physik der Neuzeit eine bestimmte Schematisierung unserer Welteinstellung gefunden hatte.

Der § 69 von ›Sein und Zeit‹ zeigt die temporale Interpretation als Schematisierung kurz an und verweist so voraus auf die Problematik des ausgebliebenen dritten Abschnittes. Wenn die Phänomenologie nicht nur formal anzeigende Hermeneutik ist, sondern temporale Interpretation, dann kann sie die Ontologie als Lehre vom Sein der unterschiedlichen Regionen des Seienden grundlegen. Ein Philosophieren, das sich als Interpretieren versteht und in seiner Selbstbegründung exemplarische Texte der Tradition interpretiert, muß sich in einen Bezug setzen zu den Wissenschaften, die in besonderer Weise auf das Interpretieren angewiesen sind. So verwundert es nicht, daß es zu einem Kontakt kam zwischen Heidegger und jenen, die 1922 die ›Deutsche Vierteljahrsschrift für Literaturwissenschaft und Geistesgeschichte‹ begründeten, um in freier Weise die Dilthey-Tradition fortzuführen. Fast hätte diese Zeitschrift den ersten Entwurf von ›Sein und Zeit‹ publiziert, wenn nur der eine der beiden Herausgeber (Erich Rothacker) den anderen hätte überreden können, einen zu langen Aufsatz wegen seiner überragenden Bedeutung doch zu akzeptieren. Was Heidegger an der neuen Zeitschrift überzeugte, war die programmatische Absicht, dem Muster von Savignys ›Zeitschrift für geschichtliche Rechtswissenschaft‹ zu folgen; da Heidegger ein Seminar über Droysen gab, konnte er die Neuedition von Droysens Grundriß der Historik, wie Rothacker sie besorgte, sogleich nutzen. Selbst germanistische Beiträge der ›Deutschen Vierteljahrsschrift‹ fanden bei Heidegger ein Echo, wenn sie nur genial waren oder einen neuen Bezug zur Philosophie von der Interpretationsproblematik her suchten. So haben Konrad Burdachs Arbeit über Faust und die Sorge, aber auch Rudolf Ungers „Problemgeschichte" ihre Spuren in ›Sein und Zeit‹ hinterlassen.[7]

Eine produktive Zusammenarbeit mußte Heidegger aber vor allem mit jener Wissenschaft suchen, die seit bald zweitausend Jahren mit großer Relevanz interpretiert – mit der Theologie. Als Heidegger im Herbst 1923 an die Universität Marburg ging, kam es zu der Zusammenarbeit mit dem Theologen Rudolf Bultmann. Über diese Zusammenarbeit sind viele Legenden entstanden; wie es in Wirklichkeit zum Zusammentreffen kam, hat jedoch Rudolf Bultmann in seinen Briefen genau festgehalten. So schreibt er über sein Seminar über die

---

[7] Vgl. dazu Th. Kisiel, Why the First Draft of Being and Time was never published, in: Journal of the British Society for Phenomenology 20 (1989), 3–22.

Ethik des Paulus am 23. Dezember 1923 an Hans von Soden: „Das Seminar ist diesmal besonders lehrreich, weil unser neuer Philosoph Heidegger, ein Schüler Husserls, daran teilnimmt. Er kommt aus dem Katholizismus, ist aber ganz Protestant, was er neulich in der Debatte nach einem Vortrag Hermelinks über Luther und das Mittelalter bewies. Er hat nicht nur eine vortreffliche Kenntnis der Scholastik, sondern auch Luthers und brachte Hermelink einigermaßen in Verlegenheit; er hatte offenbar die Frage tiefer erfaßt als dieser. – Es war mir interessant, daß Heidegger auch sonst mit der modernen Theologie vertraut und besonders ein Verehrer Herrmanns ist – auch Gogarten und Barth kennt und besonders den ersteren ähnlich einschätzt wie ich. Sie können sich denken, wie wesentlich es mir ist, daß Sie hierherkommen und an dieser Auseinandersetzung teilnehmen. Die ältere Generation ist dazu unfähig, da sie die Problematik garnicht mehr versteht, um die wir uns bemühen..."[8]

Rudolf Bultmann und Martin Heidegger hatten längst ihren jeweiligen Weg gefunden, als sie zusammentrafen. Für beide hatte Schleiermacher eine entscheidende Bedeutung bekommen, doch war Bultmann diesem großen Theologen über eine ungebrochene Tradition verbunden. Mit der Hermeneutik Schleiermachers und Diltheys hat Bultmann sich freilich erst sehr spät auseinandergesetzt, da er als Exeget mit der Ausbildung neuer Methoden beschäftigt war (vor allem mit der sog. formgeschichtlichen Auflösung der Evangelien in kleinste Texteinheiten). Heidegger dagegen hatte nicht nur die Geschichte der Hermeneutik verfolgt, sondern als Student in einer katholisch-theologischen Fakultät auch noch eine Hermeneutik-Vorlesung (bei Hoberg) hören können. Es verwundert nicht, daß Bultmann die Interpretation, durch die Philosophie und Theologie verbunden sind, weder als formal anzeigende Hermeneutik noch als temporale Interpretation faßt. Gestützt auf Kierkegaard und auf ›Sein und Zeit‹ spricht er von einer existentialen Interpretation, die etwas Existentielles (den christlichen Glauben) mit neutralen Begriffen (Existentialien) faßt. So kann die Frage beantwortet werden, wie die Theologie, die in einem Glauben wurzelt, sich an der Universität im Kreis der Wissenschaften halten kann. Nach dem Untergang der philosophischen Theologie der metaphysischen Tradition kann die Philosophie der Theologie keine inhaltlich erfüllten

---

⁸ Vgl. Antje Bultmann-Lemke, Der unveröffentlichte Nachlaß von Rudolf Bultmann, in: Rudolf Bultmanns Werk und Wirkung. Hrsg. v. B. Jaspert, Darmstadt 1984, 202. – Zur Begegnung zwischen Bultmann und Heidegger vgl. meinen Düsseldorfer Akademievortrag Philosophie und hermeneutische Theologie, Opladen 1990.

Begriffe (von Gott und Unsterblichkeit) vorgeben; sie muß den Glauben der Offenbarung überlassen, welche wissenschaftlich-philosophisch nicht vorwegzunehmen ist. Die Theologie kann jedoch die philosophische Arbeit dadurch nutzen, daß sie die Antwort des Glaubens auf jene „natürlichen" Fragen bezieht, die jeder Mensch hat, die philosophisch in formal anzeigenden Begriffen herausgestellt werden. Die Philosophie kann ihrerseits die Theologie nicht dirigieren, weil die Theologie dem unverfügbaren Glauben entspringt; doch kann die Philosophie in der „mitanleitenden Korrektur" einer formal anzeigenden Hermeneutik die Theologie im Kreis der wissenschaftlich-philosophischen Fragen halten. Auf diese Weise verweist die Philosophie die Theologie auf die Fragen, die den Glaubensantworten wirklich zugrunde liegen; so wird die Theologie auch zu Korrekturen gezwungen, zum Beispiel zu einem nicht vorschnell mythologisierenden, konkretistischen Verständnis von Auferstehung. (Bekanntlich hat Bultmann später in mißverständlicher Weise von „Entmythologisierung" gesprochen.) Heidegger hat dieses Verhältnis von Philosophie und Theologie in einem Vortrag ›Phänomenologie und Theologie‹ entfaltet, der eigentlich zusammen mit einem entsprechenden Aufsatz Bultmanns in einer gemeinsamen Publikation vorgelegt werden sollte. Dieser Plan wurde aufgegeben, und so erschien Heideggers Vortrag erst mehr als vierzig Jahre später. Ein Blick in Bultmanns Vorlesungsreihe ›Theologische Enzyklopädie‹ zeigt aber, wie eng die Zusammenarbeit war: Bei Bultmann kommen die gleichen Formulierungen wie in Heideggers Vortrag vor, und es ist oft nicht klar, wer eine bestimmte Formulierung zuerst gefunden hat.[9]

Es ist Rudolf Bultmanns Verdienst, daß er den Geistbegriff, der einmal der idealistischen Theologie zugrunde lag, durch einen philosophisch ausgearbeiteten Begriff von der endlichen und geschichtlichen Existenz zu ersetzen suchte. Indem er jedoch von einer existentialen Interpretation sprach, geriet er in die Gefahr, die Theologie und schon die philosophische Interpretation anthropologistisch zu verengen. Die Weiterbildung der formal anzeigenden Hermeneutik zur temporalen Interpretation wird nicht mitvollzogen. So können Bultmann und Heidegger gelegentlich dieselben Worte in einem ganz verschiedenen Sinn gebrauchen. Bultmann spricht von „Entweltlichung", wenn er das eschatologische „Haben, als hätte man nicht" meint. Heidegger be-

---

[9] Vgl. M. Heidegger, Phänomenologie und Theologie (vgl. Kurzbibliographie); R. Bultmann, Theologische Enzyklopädie, Tübingen 1984. Vgl. ferner A. Gethmann-Siefert, Das Verhältnis von Philosophie und Theologie im Denken M. Heideggers, Freiburg / München 1974.

zeichnet mit diesem Begriff die Abstraktion, in der die mathematische Physik absieht von einem qualitativen und geschichtlichen In-der-Welt-sein. Die entscheidende Frage ist, ob die formal angezeigten Existentialien in jedem Fall überzeitlich faßbare Strukturen sind oder nicht. Davon geht Bultmann aus, und er meint, Philosophie könne sich um nichts anderes bemühen. Heidegger dagegen wollte diese Frage erst im dritten, nicht mehr publizierten Abschnitt von ›Sein und Zeit‹ klären. Gleich nach der Publikation von ›Sein und Zeit‹ wurde heftig die Frage diskutiert, ob nicht dieses Buch überhaupt eine Säkularisierung Kierkegaards darstelle, die Theologie der Philosophie also nur entnehme, was sie an sie abgegeben habe. Liegt nicht auch in ›Sein und Zeit‹ gegen die erklärte Absicht ein Existenzideal zugrunde? Hans Jonas, der als Schüler Bultmanns und Heideggers eine existentiale Interpretation der Religionsgeschichte der Gnosis gab, ging später davon aus, dieser Versuch sei möglich geworden, weil ›Sein und Zeit‹ selber Züge einer gnostischen Welteinstellung zeige. Mußte die Theologie nicht (etwa im Ausgang vom Alten Testament) nach einem konkreteren Begriff von Geschichte suchen, diesen Begriff der Geschichte dann mit der ursprünglich griechischen Geschichtserfahrung (etwa in den großen Tragödien) konfrontieren? Hans-Georg Gadamer hat 1960 in seinem Buch ›Wahrheit und Methode‹ nicht nur von einem auszuarbeitenden Vorverständnis in jeder Interpretation gesprochen, sondern von wechselnden Vorurteilen, die geschichtlich ins Spiel kommen. Damit hat diese philosophische Hermeneutik aber die Aufgabe einer philosophisch verbindlichen Auslegung von Strukturen aufgegeben, mögen diese nun überzeitlich zum In-der-Welt-sein überhaupt oder zu einer geschichtlichen „Konstellation" gehören. Gerade diese allgemeine Verbindlichkeit einer hermeneutischen Philosophie suchte Heidegger jedoch in seiner temporalen Interpretation festzuhalten.[10]

II. Sigetik: Lichtung für das Sichverbergen

Man spricht immer wieder davon, Heidegger habe in den dreißiger Jahren eine „Kehre" vollzogen; ja, man unterscheidet den Heidegger von ›Sein und Zeit‹ als Heidegger I von einem Heidegger II (ähnlich wie bei Wittgenstein das Frühwerk vom Spätwerk abgehoben wird).

[10] Vgl. H.-G. Gadamers Bultmannkritik in: ders., Wahrheit und Methode, Tübingen 1960, 314. Zum Begriff und den Formen einer hermeneutischen Philosophie vgl. meine Darstellung Heidegger und die hermeneutische Philosophie, Freiburg / München 1983.

Solche Etikettierungen sind sicherlich allzu summarisch. Doch weisen
sie darauf hin, daß sich Heideggers Denken in den dreißiger Jahren
grundlegend wandelte. ›Sein und Zeit‹ hatte das Dasein auf jene Zeitlichkeit hin ausgelegt, die es im Wechselspiel von Situation und Augenblick erreicht. Nicht mehr publiziert wurden die Abschnitte, die zeigen
sollten, daß das Dasein Seiendes in seinem Sein (also den Hammer als
Zuhandenes, den Menschen als Existenz) nur verstehen kann, wenn
der Sinn oder die Offenheit von Sein geschieht (also das Zuhandene
und die Existenz in wechselnden Konstellationen ihr jeweiliges Sein
gewinnen). Der Zirkel, in dem das Seinsverständnis des Daseins und
diese Geschichte des Seins verbunden sind, wurde in ›Sein und Zeit‹
noch nicht konkret ausgeschritten. Dagegen machte Heideggers Denken in den dreißiger Jahren damit ernst, daß es selbst in einer Situation
oder epochalen Konstellation steht und dabei immer schon durch ein
bestimmtes Verständnis von Sein geleitet ist.

In ›Sein und Zeit‹ war Heidegger noch mit Franz Brentano, dem
Lehrer Husserls, davon ausgegangen, daß Aristoteles alle Bedeutungen
von Sein ausrichtet auf eine leitende Bedeutung, die Ousia als ein
ständiges Anwesen. Die Vorlesung ›Grundprobleme der Phänomenologie‹ vom Sommersemester 1927 suchte noch griechische Leitworte wie
Eidos, Ousia, Morphe von der mittelalterlichen Bestimmung der Es-
sentia (im Unterschied zur Existentia) her zu begreifen. In den folgenden Jahren ging Heidegger davon aus, daß die leitende Bestimmung von Sein bei Aristoteles die Energeia sei, die eine offene Möglichkeit in sich enthalte. So konnte die Energeia aufgefaßt werden als
das Ereignis, durch das Seiendes in sein Eigenes findet. Dieses Eigene
darf nicht in jedem Fall aufgefaßt werden als ein ständiges Wesen.
Heidegger suchte das Am-Werke-sein der Energeia nunmehr auch in
Mythos und Kunst sowie auf dem politischen Feld in der Staatsbil-
dung und den sozialen Fragen auf. Als die Weltwirtschaftskrise von
Amerika nach Europa herüberdrängte, forderte Heidegger in der Vorlesung vom Wintersemester 1929/30 auf, die Not zu sehen, die schon
mit dem Ersten Weltkrieg in Europa unübersehbar aufgebrochen sei.
Er sah im Nietzscheanismus von Autoren wie Spengler, Klages und
Scheler die maßgebliche Diagnose der Zeit. Mit Nietzsche suchte er
die apollinischen Formen aus dem dionysischen Werden zu gewinnen.
Bald aber glaubte Heidegger zu sehen, daß Hölderlin diesen Ansatz
reiner herausgehoben habe, wenn er in einem seiner Gedichte sage:
„Lang ist/die Zeit, es ereignet sich aber/das Wahre." Auch der Deutsche Idealismus wurde wichtig; doch ging Heidegger davon aus, daß
Hegel die Energeia zu Unrecht wieder als Entelecheia gefaßt habe,
nämlich als einen geschichtlichen, aber teleologischen Prozeß. So

wurde der Versuch vorsokratischer Denker wie Heraklit bestimmend, die Wahrheit auf ein unverfügbares Aufbrechen (physis) zu beziehen schienen.

Indem Heidegger nach dem Wesen der Wahrheit fragte und diese als ein Geschehen deutete, mußte er Abschied nehmen von seinem Lehrer Husserl und seinem Freunde Bultmann. Sicherlich hatte auch Husserl – etwa in seinen ›Cartesianischen Meditationen‹ – Wahrheit nicht nur in eine Entsprechung zur Wirklichkeit und Nichtwirklichkeit gesetzt, sondern auch mit der Wahrscheinlichkeit verbunden; letztlich glaubte Husserl aber für den maßgeblichen theoretischen Bereich eine volle Durchsichtigkeit als Maßstab fordern zu müssen. Rudolf Bultmann hatte in bedeutenden Aufsätzen eine Klärung der Geschichte jenes Wortes zu erreichen versucht, das auch für Heidegger die größte Bedeutung bekam: des Wortes „Aletheia" als des griechischen Wortes für Wahrheit. Bultmann ging dabei nicht so vor, wie es mancher Artikel des Kittelschen Wörterbuches zum Neuen Testament tut: Einem hellenistischen Text, der das Griechische repräsentieren soll, wird das jüdisch-christliche Verständnis von Zeit und Geschichte entgegengestellt. Bultmann glaubte aber als Theologe das Verständnis von Aletheia im Neuen Testament erfüllt zu sehen und verdeckte sich von diesem Vorgriff aus Züge der Wahrheit, die Heidegger für das früheste griechische Denken glaubte beanspruchen zu müssen. Bei Heidegger fiel dagegen aus, was vom Alten Testament her die griechischen Begriffe umformte. Die Weise, wie Heidegger und Bultmann Mitte der dreißiger Jahre die ›Antigone‹ des Sophokles interpretierten, mag die Unterschiede und die Einseitigkeit der beiden Ansätze genauer belegen.

Heidegger hat in der Vorlesung ›Einführung in die Metaphysik‹ vom Sommer 1935 das erste Standlied aus der ›Antigone‹ interpretiert, um den Hintergrund des Denkens im tragischen Zeitalter der Griechen aufzuweisen. Dabei geht Heidegger davon aus, daß dieses Standlied tiefste Dichtung und der Kern der ganzen Tragödie sei, nicht nur die Sprichworte und Trivialitäten des Volkes vortrage. Sophokles läßt den Chor sagen, der Mensch, der die Gesetze halte, rage hoch auf in der Polis (sei somit hypsipolis); wer dagegen die Gesetze breche, sei verbannt (apolis). Sicherlich folgt Heidegger der Übersetzung Hölderlins, wenn er „hypsipolis" und „apolis" zu einem Oxymoron zusammenfaßt: Der tragische Mensch ragt zugleich hoch auf in der Polis und stürzt in seiner Hybris ins Nichts. Kreon kommt in dieser Interpretation nicht vor; Antigone vollzieht eine reine Gegenbewegung, in der sie als die Ausgesetzte und Einmalige für eine ganze Zeit eine Wende bringt. In diesem anderen Anfang wird auch neu bestimmt, was künftig als „heilig" gelten soll.[11] Rudolf Bultmanns Aufsatz ›Polis und Hades in der Antigone des Sophokles‹ erschien 1936 in der Festgabe für Karl Barth. (Noch die umstrittene Sophokles-Auslegung des Studienrats in der Tetralogie ›November 1918‹ von Alfred Döblin ist offenbar durch Bultmanns Aufsatz bestimmt.) Bultmann hört in den schaurigen Worten der Chorlieder offenbar die Akklamationen mit, wie sie damals Hitler entgegengebracht wurden. Die Tragödie im ganzen zeigt für ihn die Grenzen der Staatsmacht: Antigone und Haimon sehen, daß die Menschen in ihrer Sterblichkeit und ihrer Liebe auf ein „Jenseits" für alles Verfügen treffen; dieses Jenseits darf vom Staat nicht angetastet werden, wenn die Staatsmacht nicht zur Tyrannei werden soll. Nach Bultmann zeigt die griechische Geschichte exemplarisch, daß diese Mahnung der Tragödie nicht gehört wurde. So mußte der christliche Glaube zeigen, wie der einzelne den Sinn des Lebens im unverfügbaren Augenblick gewinnt – gegebenenfalls auch in der Abwendung von den herrschenden Auffassungen. Es ist die theologisch-konkretisierte Sprache von ›Sein und Zeit‹, die Rudolf Bultmann hier spricht.

Nach den Irrungen und Wirrungen, in die Heidegger durch sein verhängnisvolles politisches Engagement gestürzt wurde, hat er sich wieder auf seine Aufgabe konzentriert, die Philosophie in ein neues, unserer Situation entsprechendes Wesen finden zu lassen. Die ›Beiträge zur Philosophie‹ entfalten jene Fragen im Zusammenhang, wie Heidegger sie zum Beispiel in seinen Nietzsche-Vorlesungen am Schluß kurz andeutet. Der zurückhaltende Titel ›Beiträge‹ deutet hin auf den Versuchscharakter des Ganzen. Heidegger spricht nicht mehr von Interpretation; sein Denken aber ist der Sache nach insofern in einem radikalen Sinn Interpretation, als es nicht mehr Systematik und Geschichte auf verschiedene Ausarbeitungen verteilt, sondern von Anfang an das Denken zu sich selbst finden läßt aus der Erfahrung der Wahrheit des Seins selbst als Ereignis. Seiendes – ein Ding oder Mensch – findet in sein Sein in jener Geschichte der Wahrheit des Seins, die als

---

[11] Vgl. M. Heidegger, Einführung in die Metaphysik, Tübingen 1953, 112. f. Die abgedruckte Übersetzung ist nicht die von 1935, sondern eine spätere Überarbeitung. Vgl. M. Heidegger, Aus der Erfahrung des Denkens, Frankfurt a. M. 1983, 35 f. und 246. Beide Abdrucke sind in der Strophenabgrenzung fehlerhaft; vgl. dagegen den richtigen Abdruck in M. Heidegger, Hölderlins Hymne 'Der Ister', Frankfurt a. M. 1984, 71 f. – R. Bultmanns Antigone-Interpretation ist wiederabgedruckt in: ders., Glauben und Verstehen, Bd. 2, Tübingen ³1961, 20 ff. – Zur Frage, wie Hölderlins späte Dichtung und seine Sophokles-Übersetzung angemessen aufzufassen sind, vgl. Jenseits des Idealismus. Hölderlins letzte Homburger Jahre (1804–1806), hrsg. v. Ch. Jamme u. O. Pöggeler, Bonn 1988.

Ereignis am Werke ist, in unterschiedliche Konstellationen führt und auch immer verschlossen und verdeckt bleibende Tiefen behält. Diese sich verschließenden Tiefen muß das Denken „erschweigen" als Voraussetzung für alles jeweilige Sagen von Seiendem und dessen Sein. So kann Heidegger die „Logik" der Philosophie in der „Sigetik" finden (von griechisch „sigan", schweigen).

Auf sechs unterschiedlichen Wegen versuchen die ›Beiträge‹ dasselbe jeweils anders zu fassen. „Was gesagt wird, ist gefragt und gedacht im 'Zuspiel' des ersten und des anderen Anfangs zueinander aus dem 'Anklang' des Seyns in der Not der Seinsverlassenheit für den 'Sprung' in das Seyn zur 'Gründung' seiner Wahrheit als Vorbereitung der 'Zukünftigen' des 'letzten Gottes'."[12] Der „Anklang" läßt die Verlassenheit von jener Wahrheit des Seins anklingen, die zum Beispiel über das Sein des Göttlichen oder des Naturhaften neu entscheiden müßte; der Zugriff auf das Seiende, wie ihn die Wissenschaften pflegen, verschärft nur diese Verlassenheit. Im „Zuspiel" spielt der erste Anfang des Denkens, aber auch der Deutsche Idealismus uns einen anderen Anfang des Denkens zu. Dieser andere Anfang kann jedoch nur in einem „Sprung" erreicht werden, der auch den ersten Anfang als solchen erst sichtbar macht. Nach Kierkegaards Überlegungen hält die Erfahrung der Angst den Augenblick immer auf dem Sprung; dieser Sprung wird nun geltend gemacht als ein Sprung in eine neue Situation des Denkens selbst. In der „Gründung" geht es um jene Wahrheit, die als ein Geschehen erfahren werden soll, in dem die gewährte Entbergung mit der Verbergung streitet. Diese Wahrheit ist abgründig, weil die Frage keine Antwort enthält, warum sie überhaupt aufbricht; sie ist ungründig, weil die gewährte Offenheit immer andere auch mögliche Offenheiten verdeckt. So ist sie die Lichtung für das Sichverbergen, die im Da des Daseins ihre Augenblicks-Stätte sucht.

Die letzten beiden Abschnitte der ›Beiträge‹ („Die Zukünftigen", „Der letzte Gott") sind skizzenhaft und kurz geblieben. Die Zukünftigen sind jene, in denen das Dasein erwacht als Augenblicks-Stätte der Wahrheit des Seins. So stehen sie in der Entscheidung, ob die Natur bloßes Ausbeutungsgebiet und zusätzliche Erholungslandschaft oder die Kunst eine bloße Erlebnis-Veranstaltung bleiben soll. Die Philosophie muß auch fragen, ob denn die Wahrheit des Seins wieder eine Wegspur zum Heiligen hin werden kann, welches dem Dasein die Mitte

---

[12] Vgl. meine Zusammenfassung der Beiträge in der Festschrift für Gerhard Ebeling: Verifikationen, hrsg. v. E. Jüngel u. a., Tübingen 1982, 475 ff. Über Heideggers politische Verstrickung vgl. Heidegger und die praktische Philosophie, hrsg. v. A. Gethmann-Siefert u. O. Pöggeler, Frankfurt a. M. 1988.

gibt. Der „letzte Gott", von dem Heidegger spricht, ist nicht der letzte in einer Reihe, sondern jener, der das Heilige und Göttliche in sein letztes und höchstes Wesen hebt. Wenn die Zeit sich im Augenblick sammelt, kehrt sie zurück zu ihrem Ursprung, der „Ewigkeit" genannt wurde. Der Mensch mit seinem Warumfragen kann Göttliches berühren, so daß sein Fragen gestillt wird. Das Zeitliche und Endliche gewinnt dann die Freiheit, wieder abtreten zu können. Das Göttliche mit seiner Ewigkeit ist aber nur da im Vorbeigang und bleibt unverfügbar für den philosophischen Zugriff. Der Nihilismus, der uns von dem Staunen der Griechen vor der Fülle des Seins trennt, vermag zu der Erfahrung zu führen, daß alles Göttliche jeweils seine Stunde hat. So können wir nicht auf die Rückkehr etwa der griechischen Götter hoffen, doch geht es der Philosophie auch nicht darum, nach zwei Jahrtausenden endlich wieder (wie Nietzsche sagte) einen neuen Gott zu verkünden. Vielmehr versucht die Philosophie, das Sein oder Wesen des Heiligen und Göttlichen neu vorauszudenken, ohne die konkrete Erfahrung vorwegzunehmen.

Die ›Beiträge‹ sind nicht fragmentarisch geblieben wie ›Sein und Zeit‹, aber sie sind unfertig liegengeblieben. Der Philosoph sah den eigentlichen Gegner seines Fragens in den totalen Weltanschauungen, die sich gegeneinander zu behaupten suchten und sich so nicht in Frage stellen lassen wollten. Immer wieder beschäftigte Heidegger sich kritisch mit jener „völkischen" Weltanschauung, die das, was nur Bedingung sein kann, vergötzt zu einem Unbedingten: das Volk, das dazu auch noch in der obsoletesten Weise als Rasse verstanden wurde. Man kann nicht zweifeln, daß Heidegger seine Stellung und seine Freiheit gefährdet hätte, wenn er seine Ausarbeitungen unmittelbar der Öffentlichkeit bekanntgemacht hätte. Heidegger stellt den Nationalsozialismus als völkische Weltanschauung jedoch neben die maßgeblichen Weltanschauungen der Zeit, die miteinander kämpfen, aber auch die verschiedensten Vermischungen eingehen: zur christlichen Apologetik, zum liberalen Wert- und Kulturbewußtsein, zum Bolschewismus als der Endform des Marxismus. Heidegger zeigt sich aber unfähig, eine konkrete Orientierung gegenüber den Formen des Politischen und Religiösen zu geben, und so kann er dem politischen Irrweg seines Landes und seiner Zeit auch keine andere Position, keinen konkreten Widerstand entgegensetzen. Vielmehr versucht er, im Rückzug auf die einfachsten Fragen mit Hölderlin den anderen Anfang einer Erfahrung der Wahrheit des Seins und des Heiligen zu gewinnen.

Die Zukünftigen, die sich auf den Vorbeigang des „letzten Gottes" vorbereiten, sammeln sich hinter dem Dichter, für dessen Wort die Philosophie erst noch das Gehör finden muß. Hölderlin hat in einem

Brief an seinen Förderer und Freund Ebel geklagt, die Zeit verstehe nicht mehr, was der Apostel Paulus (im Thessalonicher-Brief) die Zukunft des Herrn nenne. Diese Zukunft, der eschatologische Augenblick, wird bei Hölderlin zu der Augenblicks-Stätte, in der eine Polis oder eine Epoche durch ausgesetzte und tragische einzelne wie Antigone Göttliches berührt. In diesem Sinn spricht die Hymne ›Friedensfeier‹ vom Augenblick. In Entwürfen zu dieser Hymne sagt Hölderlin, alles Himmlische sei „schnellvergänglich". Damit sagt Hölderlin nur, was die Religionsphänomenologie auf ihre Weise als Charakter des Numinosen herausgehoben hat: daß es sich nur plötzlich, im schnell vergehenden Augenblick, zeige. In der Hölderlin-Vorlesung vom Wintersemester 1934/35 nimmt Heidegger diese Bestimmung auf, um den Charakter des Ewigen neu zu fassen: Ewigkeit meint nicht Sempiternitas (das stete Fortgehen der Zeit), aber auch nicht Aeternitas (die Einholung des zeitlich Verstreuten in eine bleibende Wesensordnung), sondern den Vorbeigang in der Zeit. Dieser Vorbeigang ist allein gegeben in dem „Wink", in dem ein Abschiednehmender sich noch einmal zuwinkt, oder in der „Spur", die er hinterläßt. Immer wieder weist Heidegger hin auf Hölderlins Elegie ›Brot und Wein‹, die den Dichtern die Aufgabe zuweist, auf der Spur der entflohenen Götter zu bleiben. Für Heidegger verweist Hölderlins Dichten auf die Frage, ob es auch künftig eine Spur zum Heiligen und Göttlichen gäbe. So konnte er seiner Vorlesung einen Zettel beilegen, in dem er gegen Paul Böckmanns Buch ›Hölderlin und seine Götter‹ polemisiert: In Büchern wie diesen nehme man Hölderlin „historisch" und verkenne das Wesentliche, die Gründung des Anfangs einer anderen Geschichte! Paul Böckmann mußte diese pauschale Polemik zurückweisen und konnte seinerseits dem Philosophen schwerste Fehler in der Auffassung der Details nachweisen. In solchem Streit zeigen sich zwei Weisen der Interpretation: Der Philologe und Historiker zeigt geistes- und bildungsgeschichtlich die Wege auf, auf denen Hölderlin zu seiner Rede von Göttern kommen konnte. Dabei gerät er in die Gefahr, schon mit seiner Sprache den Vorurteilen von gestern zu folgen. Der Philosoph läßt sich durch den Dichter zu der Frage führen, wie vielleicht in Zukunft wieder vom Göttlichen gesprochen werden könne. Dabei gerät er in die Gefahr, daß Hölderlins Sprechen ihm zum bloßen Anlaß eigener Sprechversuche wird.[13]

[13] Vgl. M. Heidegger, Hölderlins Hymnen 'Germanien' und 'Der Rhein', 1 (vgl. Kurzbibliographie); dazu P. Böckmann im Jahrbuch der deutschen Schiller-Gesellschaft 24, 1980, 202. Über die verschiedenen Stadien von Heideggers Begegnung mit Hölderlin vgl. O. Pöggeler, Die Frage nach der Kunst, Freiburg/München 1984, 20 ff., 220 ff.

Blieben die ›Beiträge‹ nicht in sich selbst widersprüchlich, wenn sie das Wesen des Göttlichen in den Vorbeigang setzten, dieses Geschehen dann aber doch als ein letztes und höchstes Wesen nehmen wollten? Heidegger hat die Rede von einem „letzten Gott" denn auch bald aufgegeben und das „Anfängliche" ohne solche Festlegungen gesucht. Doch noch die Hölderlin-Vorlesung vom Sommer 1942 hofft, die Deutschen könnten den Göttern ein „Gast-Haus" bauen und stiften, dem die Tempel der Griechen nicht mehr nachkämen. Der Lyriker Paul Celan hat dagegen in seinem großen Gedicht ›Engführung‹ die furchtbaren Vernichtungslager als eine „untrügliche Spur" genommen und als den Ort, der allein noch auf Tempel verweisen kann. Trotzdem konnte Celan über Abgründe hinweg das Gespräch mit dem Philosophen suchen, weil es ihm um ein Gedicht ging, das nicht irgendeine Tradition fortsetzt, sondern ganz aus den Erfahrungen unserer Zeit und für eine zukünftige Zeit spricht.[14]

Kurzbibliographie Heidegger

Sein und Zeit, Halle 1927 u. ö.
Nietzsche, 2 Bde., Pfullingen 1961.
Phänomenologie und Theologie, Frankfurt a. M. 1970.
Hölderlins Hymnen ›Germanien‹ und ›Der Rhein‹ (Wintersemester 1934/35), Gesamtausgabe Bd. 39, hrsg. v. S. Ziegler, Frankfurt a. M. 1980.
Beiträge zur Philosophie, Frankfurt a. M. 1989.

[14] Vgl. das Kapitel 'Todtnauberg' in O. Pöggeler, Spur des Worts. Zur Lyrik Paul Celans, Freiburg/München 1986, 259 ff.

ALBERT CAMUS

Die Frage nach dem Sinn in einer absurden Zeit

Von ANNEMARIE PIEPER

Albert Camus wäre im November 1988 75 Jahre alt geworden. Er starb 1960 im Alter von 46 Jahren bei einem Autounfall. Das Œuvre, das er hinterlassen hat, ist verhältnismäßig schmal. Die zweibändige französische Pléiade-Ausgabe seiner Werke[1] bietet in dem ›Essais‹-Band auf 1166 Seiten die zeitkritischen und philosophischen Abhandlungen – darunter ›Der Mythos von Sisyphos‹ und ›Der Mensch in der Revolte‹ als die beiden wohl bekanntesten Schriften; der andere Band, der die Theaterstücke, Erzählungen und Romane enthält – darunter ›Der Fremde‹ und ›Die Pest‹ –, umfaßt 1686 Seiten. Dennoch zählt Camus längst zu den Klassikern des 20. Jahrhunderts – nicht nur weil er den Nobelpreis erhalten hat –, und einige seiner Werke sind geradezu zu Kultbüchern geworden. Dies hat seinen Grund wohl vor allem darin, daß er es verstanden hat, das Lebensgefühl des modernen Menschen zu beschreiben, der die Erfahrung macht, daß alles absurd ist, weil seine berechtigten Sinnansprüche ins Leere gehen und dadurch er selbst als Mensch in seiner Identität zutiefst fragwürdig wird. Was gegen Ende des Zweiten Weltkriegs Camus' Zeitgenossen aufrüttelte, bewegt auch uns heute. Angesichts der Zerstörung der Natur, des Elends in der dritten Welt, in der Camus seine Heimat hatte, der Bedrohung durch die atomare Endlösung – um nur einige der uns bedrängenden Probleme anzusprechen – erweist sich Camus' Ausgangspunkt beim Absurden als von ungebrochener Aktualität. Wohin man auch blickt: Überall dominiert Unvernunft, breitet sich Sinnlosigkeit aus.

Ich möchte mich im folgenden Camus' Denkansatz dadurch annähern, daß ich sein Anliegen zunächst im weiteren Rahmen der philosophischen Tradition erörtere, um dann auf die Sinnfrage, wie sie in den beiden philosophischen Hauptschriften ›Der Mythos von Sisyphos‹ und ›Der Mensch in der Revolte‹ entwickelt wird, einzugehen.

Die gesamte abendländische Philosophie hat seit jeher Sinnfragen gestellt. Solche Fragen wie die nach dem Sinn von Sein, dem Sinn der

[1] A. Camus, Théâtre, Récits, Nouvelles, Paris 1962; Essais, Paris 1965.

Welt oder dem Sinn des Lebens zielen auf eine ungeteilte Ganzheit, eine alles umfassende Einheit. Wem Sinn zuteil wurde, der hat keine Fragen mehr; er hat etwas gefunden, das sein Bedürfnis nach Wissen und Klarheit voll und ganz befriedigt. Aber Sinn liegt nicht offen zutage wie die Dinge, mit denen man umgeht, und die Menschen, mit denen man zu tun hat. Sinn ist überhaupt nicht gegenständlich antreffbar. Er haftet auch nicht an den Dingen; selbst wenn wir sagen, etwas habe Sinn, meinen wir nicht, es habe den Sinn so, wie z. B. ein Ball eine rote Farbe oder ein Kind eine fröhliche Natur hat. Was aber meinen wir dann letztlich mit Sinn, und was ist der Ursprung von Sinn? Sinn ist offensichtlich etwas, das *wir* einer Sache hinzufügen. Wir sprechen ihr Sinn dann zu, wenn die Sache einer vollkommenen Vorstellung entspricht, die wir von ihr im Bewußtsein haben. Aber wie kommt die Vorstellung von Vollkommenheit in unser Bewußtsein? Woher nehmen wir das Vorbild, die Norm, an der wir die Dinge messen, um bei Übereinstimmung Sinn zu konstatieren? Diese Frage haben die Philosophen abendländischer Überlieferung höchst unterschiedlich beantwortet. Man könnte die Antworten vielleicht grob vereinfachend in zwei Klassen einteilen. Während die einen, die in einer vorchristlichen oder nichtchristlichen Tradition stehen, davon ausgehen, daß der Mensch von Natur aus im Besitz eines Sinnvermögens ist und dieses Sinnvermögen mit der Vernunft oder der menschlichen Kreativität identifizieren, bestreiten die anderen, die sich der christlichen Tradition verpflichtet wissen, daß der Mensch von sich aus Sinn erkennen oder begründen kann. Zwar konnte er dies einst, im Garten Eden, als er in der Gemeinschaft mit Gott noch einer unüberbietbaren Sinnfülle teilhaftig war. Aber dadurch, daß er an die Stelle des göttlichen Sinns seinen eigenen Menschensinn zu setzen versuchte, ging er im Sündenfall jeglichen Sinns verlustig, wie es die Vertreibung aus dem Paradies veranschaulicht. Sein Sinnverlangen geht nunmehr ins Leere, denn der Menschensinn vermochte nicht das zu leisten, was allein der göttlichen Schöpferkraft vorbehalten war: die vollständige Integration des Weltalls, inklusive die Lebenswelt des Menschen, in eine alles umfassende Sinneinheit. Entsprechend nimmt jede christlich fundierte Philosophie ihren Ausgang bei der Erfahrung der Sinnlosigkeit eines Daseins ohne Gott und erkennt dem menschlichen Tun nur dann eine sinnstiftende Funktion zu, wenn dieses Tun sich auf die Voraussetzung gründet, daß es einen Gott gibt, der den Gesamtsinn dieser Welt verbürgt.[2] Wer die

---

[2] Diese Position wird z. B. von S. Kierkegaard vertreten. In seiner Schrift ›Die Krankheit zum Tode‹ (1849) charakterisiert er den menschlichen Existenzvollzug als Sichverhalten – zu sich selbst, zur Welt, zu den Mitmenschen. Dieses

Welt gewissermaßen mit den Augen Gottes betrachtet, der sieht Sinn; aber er sieht Sinn nicht als etwas bereits Verwirklichtes, in das er sich kontemplativ versenken kann, sondern als eine Aufgabe: Er soll in einer sinnentleerten Welt Sinn herstellen. Es gilt in jedem Augenblick von neuem Sinn zu stiften und eben damit Gott als Inbegriff von Sinnhaftigkeit zu bestätigen.

Weitaus schwerer mit der Sinnfrage haben es diejenigen Philosophen, die nicht auf einen Gott als Sinngaranten rekurrieren wollen oder können. Auch sie konstatieren, daß die Welt, insbesondere die Lebenswelt des Menschen, alles andere als ein Sinnganzes darstellt. Ohne einen Sündenfall einzuräumen, geben sie dennoch zu, daß die Menschen selber in einem hohen Ausmaß für den Mangel an Sinn in unserer Lebenswelt verantwortlich sind. Wenn aber die Menschen selber Urheber von Sinnlosigkeit sind, dann vermögen sie auch das Gegenteil von Sinnlosigkeit zu bewirken, d. h. Sinn ursprünglich hervorzubringen. In einer Welt ohne Gott kommt alles darauf an, die Menschen dazu zu bewegen, so zu handeln, daß sie durch ihre Handlungen dazu beitragen, der Welt einen Sinn zu verleihen, den sie von sich aus nicht hat. So läßt Nietzsche Zarathustra gleich in der Vorrede zu ›Also sprach Zarathustra‹ verkünden, „dass Gott todt ist"[3]. Mit ihm starb am Kreuz aller Sinn, und Zarathustra ist derjenige, der zu einem neuen Sinn aufruft: „Seht, ich lehre euch den Übermenschen! Der Übermensch ist der Sinn der Erde. Euer Wille sage: der Übermensch *sei* der Sinn der Erde!"[4] Um diesen neuen Sinn hervorbringen zu können, müssen zuerst die alten Sinnvorstellungen überwunden und als Sinnverfehlungen entlarvt werden. Nach Nietzsche hat die christliche Moral dem Menschen, als er an der Sinnlosigkeit der Welt schier verzweifelte, zum Trost eine jenseitige Welt geschaffen, ein übersinnliches Reich, in dem aller Sinn, den wir hier auf Erden vermissen, unverlierbar präsent ist.

Sichverhalten wird ermöglicht durch ein ursprünglicheres Verhältnis – zu Gott. Der Mensch wird dadurch zu einem „Selbst", daß er in allen seinen Tätigkeiten sich auf sich selbst bezieht und in dieser Selbstbezüglichkeit zugleich Gott als deren Ermöglichungsgrund anerkennt: „indem es sich zu sich selbst verhält, und indem es es selbst sein will, gründet sich das Selbst durchsichtig in der Macht, welche es gesetzt hat" (Die Krankheit zum Tode, Düsseldorf 1957, 10). Dies ist Kierkegaards Formel für existentielle Sinnstiftung. Der Terminus für den Sinnverlust ist „Verzweiflung": Verzweiflung ist die „Krankheit zum Tode", in der das Selbst nicht mehr existieren kann, da es sich seines Sinnfundaments beraubt hat, mithin selbst-los geworden ist.

[3] F. Nietzsche, Sämtliche Werke. Kritische Studienausgabe, hrsg. v. G. Colli u. M. Montinari, München – Berlin – New York 1980, Bd. 4, 14.

[4] Ebd.

Zarathustras Denkbemühungen gelten daher zunächst der Destruktion dieser Fiktion eines Jenseits, das er als eine gigantische Lebenslüge zu erweisen trachtet. Nur wem es gelingt, den alten Menschen hinter sich zu lassen und mit diesem die tradierten abendländischen Werte und Normen, der wird frei und begreift, daß es keine anderen für ihn verbindlichen Werte und Normen geben kann als die, die er selbst aus eigener Kraft, aus der Selbstmächtigkeit seines Willens, aus seinem „Willen zur Macht" heraus schafft. „Einen neuen Stolz lehrte mich mein Ich, den lehre ich die Menschen: nicht mehr den Kopf in den Sand der himmlischen Dinge zu stecken, sondern frei ihn zu tragen, einen Erden-Kopf, der der Erde Sinn schafft!"[5]

Von Nietzsche führt ein Weg zu Albert Camus, der Nietzsches Ansatz bei der prekären Situation des Menschen in einer gottlosen Welt ohne Sinn noch weiter radikalisiert hat. Für Camus spitzt sich das Sinnproblem auf die Frage zu, ob nicht angesichts der Absurdität unserer Existenzsituation jegliches Auslangen nach Sinn bereits von vornherein unmöglich, ein sinnloses Unterfangen ist. Wenn es dem Menschen versagt ist, aus der – wie Nietzsche noch meinte – unerschöpflichen Potenz des Willens zur Macht Sinn hervorzubringen, wenn er statt dessen ohnmächtig, ja zur Ohnmacht geradezu verurteilt ist, müßte er dann nicht eigentlich auf Sinn verzichten, d. h. resignieren oder verzweifeln? Oder bestünde nicht vielleicht sogar der einzige Sinn seines Lebens darin, sich umzubringen? Camus hat alle diese Formen des Neinsagens, der Absage an einen Sinn, abgelehnt und ihnen entgegengehalten: „Der absurde Mensch sagt Ja, und seine Mühsal hat kein Ende mehr."[6] Dieses Zitat aus dem ›Mythos von Sisyphos‹ legt die Frage nahe, wie es denn um den Menschen steht, wenn er Nein sagt. Hat seine Mühsal dann ein Ende? Ja, würde Camus darauf antworten, sie hätte ein Ende – aber um den Preis des Glücks. Mit dieser paradoxen Auskunft befinden wir uns bereits mitten in der Problematik der menschlichen Existenz, in der sich das manifestiert, was Camus das Absurde nennt. Das Absurde ist untrennbar mit der Existenz als Mensch verbunden; dort hat es seinen Ort und überzieht alles, was ist und gilt, mit dem Attribut „absurd". Das Absurde ist für Camus jener archimedische Punkt, von dem aus sich dem modernen Menschen der Kosmos erschließt – aber eben nicht als ein im ganzen geglücktes Sinngebilde, sondern als das schlechthin Verschlossene, Fremde, Feindliche, Sinnwidrige. In diesem Ausgangspunkt beim Absurden zeigt sich der ganze Abstand Camus' von der traditionellen Metaphysik einerseits und der neuzeitlichen Existenzphilo-

---

[5] Ebd., 36 f.
[6] S 101.

sophie andererseits; obwohl sein Anliegen ein ebensosehr metap
sches wie existenzphilosophisches ist. Dies möchte ich ein wenig erläutern, um Camus' Position und die Besonderheit seines Denkens genauer charakterisieren zu können.

Die traditionelle griechische Metaphysik, so wie sie vor allem von
Platon betrieben wurde, den Camus sehr geschätzt hat, machte es sich
zur Aufgabe, die Einheit alles Seienden im Rückgang auf ein erstes
Prinzip zu begründen. Die Leistung dieses Prinzips bestand darin, daß
es nicht nur die heterogene Vielfalt dieser unserer empirischen Wirklichkeit zu einem Sinnganzen zusammenfügt, sondern auch jene über-
empirischen Orte miteinbezieht, an denen sich die Seelen nach dem
Tode des Leibes und auch die Götter aufhalten. So hat Platon versucht,
das gesamte Weltall, eingefangen im Modell des Höhlengleichnisses[7],
der Idee des Guten als seinem höchsten Struktur- und Ordnungsprin-
zip zu unterstellen. Was den Menschen aus der Höhle heraus ans Licht
treibt, ist der philosophische Eros, das Verlangen der Vernunft nach
einer alles umfassenden Befriedigung, die sie im bedrückenden Schat-
tenreich der Höhle nicht zu finden vermag. Die Seele als Sitz der Vernunft drängt es aus der Enge des Höhleninneren in die kosmische Weite
als ihre eigentliche Heimat, und genau dieser Drang ist es, von dem zu
reden auch Camus nicht müde wird. Ja, er charakterisiert den Menschen geradezu als das nach Einheit, Ganzheit, schlechthinniger Erfüllt-
heit strebende Wesen. Zwei Zitate aus dem ›Mythos von Sisyphos‹
sollen dies belegen. „Das tiefe Verlangen des Geistes stößt selbst bei
seinen verwegensten Schritten noch auf das unbewußte Gefühl des
Menschen vor seinem Universum: das Bedürfnis nach Vertrautsein, das
Verlangen nach Klarheit."[8] „Dieses Heimweh nach der Einheit, dieses
Verlangen nach dem Absoluten enthüllt das wesentliche Agens des
menschlichen Dramas."[9] Der menschliche Geist ist ständig unterwegs,
auf der Suche nach einem Zuhause, in dem er er selbst sein kann.

Was Platon durch das Bild der Höhle zum Ausdruck brachte, das hat
bei Camus seine Entsprechung im Bild der Mauern[10], die das Einge-
schlossensein des Geistes signalisieren, die Tatsache, „daß er in Fesseln
liegt"[11]. Was den Menschen zum Menschen macht, sein Geist, seine
Vernunft, seine Seele, ist gezwungen, sich an einem Ort aufzuhalten,
den er nicht als den seinen, als Heimat anerkennen kann. Denn Heimat

---

[7] Vgl. Platon, Politeia, 514a–517a.
[8] S 20.
[9] Ebd.
[10] Vgl. S 14 ff.
[11] S 23.

bedeutet Vertrautheit, Verwurzeltsein, Einssein mit sich und der Welt. Eingekerkert hinter Mauern und festgehalten unter Bedingungen, die alles Geistige negieren, bleibt dem Menschen nur seine Sehnsucht, sein Heimweh nach einem wahrhaft menschlichen Ort, das ihn dazu treibt, sich von den Fesseln zu befreien und auf die Suche nach diesem Ort zu machen. Platon schildert die Suche des Menschen nach dem wahren Aufenthaltsort und damit nach sich selbst als einen mühseligen Aufstieg aus der Höhle, außerhalb derer er schließlich an sein Ziel gelangt: Er vereinigt sich in der Schau der Ideen mit seinem geistigen Ursprung. Ein Analogon zu dieser transzendierenden Bewegung, die in jene Ursprungsdimension führt, in der sich der Mensch unterschiedslos eins fühlt mit allem, was ist, findet sich in den frühen Schriften Camus', in denen er die Hingabe an die Natur und die Liebe als zwei ausgezeichnete Formen der Identitätsfindung nahezu hymnisch beschreibt. So wie im Medium von Wind, Sand und Meer der Mensch sich über seine Sinne die Natur erschließt und dabei zugleich selber zu einem Teil der Natur wird, so geschieht auch in der Vereinigung mit einem geliebten Menschen eine Aufhebung der Grenzen des eigenen Seins, das in der Verschmelzung mit dem anderen als entgrenztes, zu sich selbst befreites wahres Leben erfahren wird.[12]

Der Mensch vermag also in der Natur und in der Liebe unmittelbare Vorformen zu jenem „Glück des Geistes"[13] zu finden, das für Camus die unüberbietbare Erfüllung alles menschlichen Verlangens bedeutet. Aber das Glück, das der Geist begehrt, nach dem er „glühend" verlangt, dieses Glück bleibt aus. Es gelingt dem Menschen nicht, einen ununterbrochenen Zustand dauerhaften Glücks herbeizuführen, in dem die Trennung zwischen Begehren und Erfüllung ein für allemal aufgehoben ist. Die Suche des Geistes nach seiner Heimat scheint nur für kurze Augenblicke an ihr Ziel gelangt zu sein, wenn ein Mensch seine Identität findet, indem er ein Stück Natur, ein anderes menschliches Wesen in den Horizont seiner Ichhaftigkeit integriert bei gleichzeitigem Eintauchen in den Horizont des anderen. Die Schranken zwischen Ich und Welt sowie zwischen Ich und Du verschwinden: Alles ist Ich, und es ist nichts anderes als Ich. Alles Getrennte ist in der Einheit des Geistes aufgehoben. Um so schmerzhafter werden dem Menschen nach diesem Aufschwung die Fesseln bewußt, die ihn wieder an sein Gefängnis erinnern. Die Welt, die zuvor für einen Moment als ein

---

[12] Dieses Erlebnis der Selbstentgrenzung und -auflösung beschreibt Camus vor allem in ›Licht und Schatten‹, ›Hochzeit des Lichts‹, ›Heimkehr nach Tipasa‹ (vgl. Kurzbibliographie).

[13] S 20.

durchsichtiges und klares Sinngebilde erschien, verschließt sich wieder im horizontlosen Dunkel der undurchdringlichen Mauern, die das Auslangen des Geistes nach einem unverlierbaren Glück als ein vergebliches Bemühen erweisen und die Erfahrungen von Einheit – in der Natur und in der Liebe – als Phantasieprodukte entlarven: „in einem Universum, das plötzlich der Illusionen und des Lichts beraubt ist, fühlt der Mensch sich fremd. Aus diesem Verstoßensein gibt es für ihn kein Entrinnen, weil er der Erinnerungen an eine verlorene Heimat oder der Hoffnung auf ein gelobtes Land beraubt ist."[14]

Dieses Gefühl der Fremdheit und Verlorenheit, des Verstoßenseins, das den Menschen angesichts seiner hoffnungslosen Situation im Lager des ihn gleichgültig negierenden Feindes überfällt, ist ein Indiz für das, was Camus das Absurde nennt. Mit diesem Begriff des Absurden verläßt Camus den Boden der antiken Metaphysik und knüpft an die neuzeitliche Existenzphilosophie an. Im Unterschied zu Platon nämlich, der in der Idee des Guten den bleibenden, unerschütterlichen und unverlierbaren Sinngaranten sah, der das zersplitterte Universum in einer Einheit zusammenhält, derer auch der Mensch teilhaftig werden kann – wenn nicht in diesem, dann in einem zukünftigen Leben –, im Unterschied zu Platon also betrachtet Camus die Gebrochenheit der menschlichen Existenz als einen heillosen Zustand. Es gibt keinen Sinngaranten – weder in Gestalt einer Idee des Guten noch eines Gottes –, der allen menschlichen Erfahrungen von Uneinheit, Zerrissenheit, Sinnlosigkeit zum Trotz einen übergreifenden Sinnzusammenhang verbürgt und dem Menschen Erlösung von der Qual der Fesseln verspricht. Für Camus hat sich aus einer Analyse der conditio humana der unumstößliche Befund ergeben, daß es dem Menschen nicht möglich ist, an einer alles umfassenden Einheit zu partizipieren, geschweige denn eine solche hervorzubringen oder herzustellen. Er ist ein bedürftiges Wesen, das zur Erfüllung seiner naturalen und geistigen Bedürfnisse auf etwas anderes angewiesen ist, mit dem es sich zur Einheit zusammenschließen will. Ohne dieses andere als das Erfüllende ist Einheit nicht möglich. Gleichwohl kann der Mensch diesen Anspruch auf Einheit nicht aufgeben, ohne sich selbst zu verlieren, denn nur in einer durch und durch menschlichen, ichhaft gemachten Welt vermag er sich heimisch zu fühlen. Diesen in der menschlichen Existenz verwurzelten Widerspruch zwischen dem Streben des Geistes nach einer absoluten Einheit und dem gleichzeitigen Wissen um das Scheitern dieses Strebens bezeichnet Camus als absurd. „Absurd ... ist die Gegenüberstellung

[14] S 11.

des Irrationalen und des glühenden Verlangens nach Klarheit, das im tiefsten Innern des Menschen laut wird."[15] Der Mensch „fühlt in sich sein Verlangen nach Glück und Vernunft. Das Absurde entsteht aus dieser Gegenüberstellung des Menschen, der fragt, und der Welt, die vernunftwidrig schweigt."[16] Es ist absurd, daß der Mensch, um sich eine Heimat zu schaffen, Einheit, Sinn will, dasjenige aber, was zur Einheit bzw. in einen Sinnzusammenhang gebracht werden soll, nicht nur das genaue Gegenteil von Einheit und Sinn ist, sondern sich in seinem gleichgültigen Verharren in der Zerrissenheit und im Widersinnigen dem menschlichen Streben geradezu widersetzt. Man könnte diese Absurdität vielleicht durch die folgende Analogie erläutern. Der Mensch hat Augen, um zu sehen. Aber das Sehen realisiert sich nur dann als wirkliches Sehen, wenn es *etwas* sieht. Nehmen wir nun an, daß es zwar ein Etwas gibt, dieses Etwas aber kein Etwas für das Sehen ist. Obwohl das Sehen sich auf dieses Etwas richtet, gelangt der Sehvorgang nicht an sein Ziel, sondern schlägt leer in sich zurück, weil das Etwas sich entzieht. Das Auge, zum Sehen fähig, sieht dennoch nichts, da das Objekt sich ihm verweigert: Der Mensch wird so verstanden dazu degradiert, „ein Blinder (zu sein), der sehen möchte und weiß, daß die Nacht kein Ende hat"[17]. Diese Form der Blindheit als unerfülltes Sehen wäre absurd. Analog ist es für die menschliche Vernunft absurd, daß sie ihrem Wesen nach auf Einheit hin tendiert und nicht anders kann, als ihren Sinn im Streben nach Einheit zu sehen, obwohl sie ständig die Erfahrung macht, daß ihr Streben ins Leere geht. Dieser als absurd konstatierte Widerspruch zeigt sich als solcher nur auf der Ebene der Vernunft, denn anders als das Auge, das um seine Sehfähigkeit und damit um sein Sein als Auge gar nicht weiß, wenn ihm nie ein Objekt in den Blick gekommen ist, ist die Vernunft ein reflexives Vermögen, das nicht bloß geradlinig auf etwas gerichtet ist, sondern sich stets zugleich auf sich selbst zurückbezieht und insofern um seine Fähigkeit weiß. Daher weiß die Vernunft um ihren Sinnanspruch und um die Vergeblichkeit ihres Auslangens nach Sinn. Dieses Wissen läßt sie an sich selber irre werden und schier verzweifeln. Ihre Verzweiflung erfaßt den ganzen Menschen, der sich durch den absurden Befund seiner ausweglosen Lage in seiner Existenz bedroht sieht, denn existieren heißt nichts anderes als Ziele zu verwirklichen, durch die man dem Leben einen Sinn gibt. Sofern jedoch mit der Sinndimension alles Gültige, Nor-

---

[15] S 23.
[16] S 29.
[17] S 101.

mative, Unbedingte dem Absurden zum Opfer gefallen ist, wird auch
der Anspruch der Vernunft auf Einheit selber zu etwas Sinnlosem.
Damit aber ist die menschliche Existenz als ganze radikal in Frage
gestellt. Was gilt dann noch das Leben? Lohnt es sich trotzdem, oder
wäre nicht der Selbstmord die einzig angemessene Lösung für das
Problem des Absurden? Diese Frage ist das zentrale Thema des ›Mythos von Sisyphos‹. Oder folgt aus dem Absurden ein Freibrief für
Mord und Totschlag, wenn nichts allgemein gilt und deshalb alles erlaubt ist? Dies ist das zentrale Thema des ›Homme révolté‹.In beiden
Schriften versucht Camus den Nachweis zu erbringen, daß das Faktum des Absurden nichts gelten läßt und damit jedweden Sinnanspruch des Menschen außer Kraft setzt – bis auf einen: und das ist
der Wert menschlichen Lebens. Camus begründet diese These, indem
er vom Standpunkt des Absurden aus folgendermaßen argumentiert:
Das Absurde hat seinen Ort im menschlichen Bewußtsein, in welchem sich die wiederholte Erfahrung der Vergeblichkeit des Auslangens nach einem unverlierbaren Sinn zu der Gewißheit verdichtet
hat, daß alles sinnlos ist. Das Absurde existiert somit nicht anders als
in der Konfrontation von Anspruch und verweigerter Erfüllung bzw.
im Wissen um die Unaufhebbarkeit dieses Widerspruchs. Dieser
Widerspruch ist demnach die Bedingung des Absurden, die durch
das Absurde nicht in gleicher Weise negiert werden kann wie das
Streben des Menschen nach Einheit und Versöhnung aller Gegen-
sätze. Der Widerspruch als solcher ist nur im menschlichen Bewußtsein antreffbar, das ihn als die Mauern konstatiert, in die es unent-
rinnbar eingeschlossen ist. Aber diese Mauern existieren nur im und
für das Bewußtsein, weil in ihm das Verlangen nach einer alles in
sich begreifenden Einheit und die als in sich zerrissen erfahrene Welt
zusammenstoßen. In diesem Zusammenstoß konstituiert sich das Absurde, und von ihm lebt es gewissermaßen. Jedesmal wenn das Sinnverlangen des Menschen an der sich diesem Verlangen verschließenden Feindseligkeit der Welt abprallt und leer in sich zurückschlägt,
findet das Absurde seine Bestätigung. Es bedarf also des Bewußtseins, und dies ist genau der Punkt, an dem der Mensch dem Absurden, dessen Diktat er sonst durchgängig hinzunehmen gezwungen ist,
überlegen ist. Das Bewußtsein ist das einzige, das vom Absurden
nicht negiert werden kann, ohne daß es dabei sich selbst aufheben
würde. Menschliches Bewußtsein wiederum setzt Leben voraus, denn
Bewußtsein hat nur ein lebendiger Mensch. Auf diese Weise erweist
sich der Anspruch auf Leben als der einzige Sinnanspruch, der dem
Absurden nicht zum Opfer fällt, weil Leben die Bedingung auch des
Absurden selber ist. Leben ist ursprünglicher als das Absurde. Der

Geltungsanspruch, der mit dem Wert des Lebens verbunden wird,
kann daher auch nicht nachträglich dem Verdikt des Absurden ver-
fallen, weil das Absurde damit seine eigene Prämisse aufheben
würde.[18]

Man könnte also sagen: Nach Camus ist das Absurde die erste Evidenz, auf die das Bewußtsein stößt, sobald es sich selbst im Hinblick
auf seine Bedingungen analysiert. Die zweite Evidenz besteht in der
Einsicht, daß – obwohl das Diktat des Absurden den Menschen durchgängig determiniert – er es gleichwohl an einer Stelle durchbrechen
kann, nämlich an jener Bedingung, die sowohl den Menschen als auch
das Absurde ermöglicht. Das Leben ist der einzige Wert, der vom Menschen unangefochten geltend gemacht werden kann, d. h., ohne daß
dieser Wert im gleichen Atemzug vom Absurden negiert würde. Diese
Evidenz, daß die Forderung, Leben solle sein, unbestritten bleibt, genügt nach Camus, um inmitten von Sinnlosigkeit durch das Leben
einen Sinn zu realisieren. Sisyphos und Prometheus sind die beiden
mythologischen Zeugen, die dies exemplarisch vorführen. Sisyphos
muß einen schweren Felsbrocken einen Berg hinaufwälzen; kaum oben
angelangt, rollt der Stein wieder hinab – eine sinnlosere Tätigkeit ist
kaum vorstellbar. Trotzdem begeht Sisyphos nicht Selbstmord,[19] sondern trotzt seinem Leben einen Sinn ab, und zwar einen ihn vollauf be-

---

[18] Die Rede vom Absurden erweckt bei Camus manchmal den Eindruck
einer Personifikation, als handle es sich um das verkörperte Böse. Dies trifft jedoch nicht zu, denn die Vorstellung des Absurden entsteht ausschließlich im
menschlichen Bewußtsein durch die wiederholte Erfahrung, daß es für unbedingte Sinnansprüche kein erfüllendes Korrelat gibt. Die eigentliche Absurdität
dieses Sachverhalts hat ihre Spitze darin, daß sich nach Camus kein Verantwort-
licher für eine derartige Sinnwidrigkeit ausfindig machen läßt, weder ein Gott –
den leugnet Camus – noch der Mensch – der findet sich nach Camus unschuldig
mit dem Faktum des Absurden konfrontiert.

Camus hat Descartes sehr geschätzt, und ein wenig erinnert seine Suche nach
einem Sinn, der vom Standpunkt des Absurden her nicht negiert werden kann,
ohne daß er im Akt der Negation wieder bestätigt wird, an Descartes' methodischen Rückgang auf ein unbezweifelbares Prinzip, dessen Gültigkeit nicht einmal unter der fiktiven Annahme eines den Menschen boshaft täuschenden ge-
nius malignus bestritten werden könnte.

[19] Strenggenommen kann im Kontext des antiken Mythos von „Leben" resp.
„Selbstmord" im physiologischen Sinn nicht die Rede sein, da Sisyphos seine
Strafe nicht in der empirischen Welt, sondern nach seinem Tod in der Unterwelt
verbüßen muß. Insofern Camus den Mythos jedoch als Analogie heranzieht,
um die absurden Lebensbedingungen des modernen Menschen zu veranschau-
lichen, steht die Seinsweise des Sisyphos exemplarisch für die menschliche Existenz als solche. Die Pointe der Analogie liegt im Festhalten an einem unbe-

friedigenden Sinn, denn Camus läßt den ›Mythos von Sisyphos‹ mit
dem Satz enden: „Wir müssen uns Sisyphos als einen glücklichen
Menschen vorstellen"[20], und das heißt doch wohl soviel wie: Er hat
dem Absurden zum Trotz seine Identität gefunden. Wie ist dies zu
verstehen? Sisyphos hat ja gesagt, und seine Mühsal hat kein Ende
mehr. Dieses Ja ist jedoch nicht als Ausdruck der Resignation zu deuten, so als hätte Sisyphos sich in sein Schicksal ergeben. Sisyphos, wie
Camus ihn interpretiert, hat im Gegenteil seine aussichtslose Lage
genau erkannt; hellsichtig hat er jedoch den schwachen Punkt entdeckt, an dem er das Absurde zwar nicht aus den Angeln heben, wohl
aber seinen Herrschaftsbereich einschränken kann. Der einzige Punkt,
auf den sich die Herrschaft des Absurden nicht zu erstrecken vermag, ist das lebendige menschliche Bewußtsein, von dem das Absurde abhängig ist, weil es sich nur darin erzeugt. Dieser Punkt erweist
sich daher als der Ort, an dem das Absurde dem Ja des Menschen
kein Nein entgegensetzen kann. Damit ist alles verändert. Wenn Sisyphos ja sagt, setzt er sein Leben als einen unbedingten und unzerstör-
baren Wert, und in diesem Akt der Setzung, der zugleich ein Akt der
Selbstbestätigung ist, dokumentiert sich seine Freiheit. Diese eine
Stelle, an der er den Herrschaftsbereich des Absurden durchbrochen
hat, ist der Ort seiner Freiheit: Dort gilt *sein* Ja, *sein* Geltungsanspruch, *seine* Forderung nach Sinn für *sein* Leben. Aber, so ist nun zu
fragen, was bewirkt diese Freiheit denn eigentlich? Worin zeigt sie
sich? „Der absurde Mensch sagt Ja, und seine Mühsal hat kein Ende
mehr." Der zweite Teil dieses Satzes läßt erkennen, daß sich für das
Selbstverständnis des Sisyphos alles geändert hat, während die Faktizität als solche objektiv unverändert geblieben ist: Die absurden Mauern
bestehen nach wie vor; der Stein des Sisyphos bleibt nicht oben liegen,
sondern rollt wie eh und je den Berg wieder hinab. Aber ist dies nicht
gerade ein Indiz für die Ohnmacht der menschlichen Freiheit, wenn sie
an der grundsätzlichen Absurdität des menschlichen Daseins nichts zu
ändern vermag?

Camus faßt die Freiheit und das Glück des Sisyphos in drei kurzen
Sätzen zusammen: „Darin besteht die ganze verschwiegene Freude des
Sisyphos. Sein Schicksal gehört ihm. Sein Fels ist seine Sache."[21] Die
entscheidende Veränderung des absurden Helden Sisyphos drückt sich
in dem Possessivpronomen aus. *Sein* Fels ist *seine* Sache. Was zuvor im

---

dingten Sinnanspruch, dessen Berechtigung weder empirisch noch metaphysisch bestritten werden kann.

[20] S 101.
[21] S 100.

Sinne der von den Göttern verhängten Strafe als ein unerträglicher, den
Menschen entwürdigender Zwang erschien, das macht Sisyphos nun zu
seiner ureigensten Angelegenheit. Er akzeptiert den Stein: nicht weil er
sich mit ihm als Erfüllung eines drastisch reduzierten Sinnanspruchs
zufriedengibt, sondern um genau im Gegenteil seinen Anspruch auf
unverbrüchliche Identität zu demonstrieren. Sisyphos hat ja gesagt, ja
zu seinem Leben und damit verbunden zu seinem Recht auf Menschen-
würde. Diese Bejahung seiner selbst als eines Wesens, das seine Ziele
frei zu bestimmen und zu realisieren verlangt, drückt sich darin aus,
daß Sisyphos das Auf und Ab seiner Tätigkeit nicht mehr als zwei disparate Momente einer fruchtlosen Bemühung begreift, sondern Aufstieg und Abstieg zu einer in sich zusammenhängenden Kreisbewegung
zusammenschließt. Er erwartet nicht mehr, daß der Stein eines Tages
doch einmal oben liegen bleibt und die Mühsal ein Ende hat. Solange
er diese Erwartung hegt, empfindet er das Herabrollen des Steins als
ein Unglück, das sein Streben nach Einheit immer wieder von neuem
zunichte macht. Erst wenn er das Herabrollen des Steins als ein Faktum
annimmt, an dem er nichts ändern kann, gewinnt der Stein für sein
Leben eine neue Bedeutung. Auch wenn er das Herabrollen nicht verhindern kann, so kann Sisyphos gleichwohl beim Weg hinauf den Stein
als Mittel benutzen, als Mittel zur Demonstration *seines* Zwecks und
damit jenes Zwecks, den selbst zu setzen der Mensch aufgrund seiner
Vernünftigkeit imstande und berechtigt ist. Sisyphos bedient sich des
Steins als Mittel des Protestes und seiner Verachtung der Götter, die ihn
in seiner Würde vernichten wollten und doch seine Autonomie, vermöge derer er sich selbst ein Ziel zu setzen vermag, sein Selbstverständnis als eines nach Einheit und Sinn verlangenden geistigen Wesens
nicht zerstören konnten. Indem Sisyphos den Stein wälzt, sagt er nicht
nur ja, sondern auch nein, wobei das Nein sich in der Haltung des Protestes manifestiert. Sisyphos wälzt den Stein nämlich nicht unter
Zurschaustellung einer Demutsgebärde, sondern unter Protest. Aber
wie bewerkstelligt er diesen Protest, wenn doch die Anstrengung des
Wälzens seine ganze Kraft in Anspruch nimmt, so daß für eine Demonstration gar keine Gelegenheit bleibt? Die Demonstration erfolgt in der
Bewegung des Abstiegs. Sisyphos geht nicht verzweifelt und als gebro-
chener Mann den Berg hinunter, sondern glücklich als einer, der unter
absurden Bedingungen, gegen die sich sein Protest richtet, gleichwohl
den Sinn seines Lebens gefunden hat. Sein Glück besteht darin, daß er
seine Identität gefunden hat und sein Leben sich eben dadurch als ein
ge-glücktes erweist. Für ihn schließt sich das Hinauf und Hinab seines
Tuns zum Kreis, der das Sinnbild für Einheit und Identität schlechthin
ist. Solange er sein Streben sozusagen linear versteht als das Zugehen

auf ein Ziel am Ende eines Weges, verfehlt er seine Identität und sein Glück, da er dann die Bewegung des Abstiegs nicht freiwillig vollzieht, sondern als erzwungenen Abbruch seines geradlinigen Strebens nach Sinn empfindet. Solange Sisyphos den Abstieg als etwas betrachtet, das nur uneigentlich zu seinem Leben gehört und das er deshalb möglichst schnell hinter sich zu bringen trachtet, um sich wieder seinem eigentlichen Tun zuzuwenden, dem Wälzen des Steins in der Hoffnung, daß der Gipfel sich vielleicht doch eines Tages als Endziel erweisen wird, an dem die Mühsal ein Ende hat, so lange fällt das Leben des Sisyphos in zwei disparate Stücke auseinander, da Aufstieg und Abstieg keine Einheit bilden. Jedesmal, wenn er glaubt, sein Ziel ergreifen zu können, wird er aus der Bahn gerissen und muß seinem Ziel den Rücken kehren. Diese die menschliche Identität zerstörende innere Zerrissenheit war die unmenschliche, von den Göttern vorgesehene Strafe. Aber Sisyphos hat eine Möglichkeit der Selbstfindung entdeckt, die auch die Götter nicht verhindern konnten. Anstatt sein Glück am Ende eines Weges in einem Ziel zu suchen, das sich dem Zugriff des Menschen immer wieder entzieht, verlegt Sisyphos das Ziel seines Lebens in das Gehen des Weges selber. Es geht nun nicht mehr darum, endgültig und für immer anzukommen, sondern zu leben, jeden Augenblick des Daseins bewußt zu er-leben und darin das Leben zu bejahen als das einzige Gut, das dem Menschen in dieser absurden Lage verblieben ist. Auch den Abstieg betrachtet Sisyphos von nun an als sein eigenes Tun, in dem er er selbst ist, da er sich das Gehen des Weges selbst zum Ziel gesetzt hat. Jeder Punkt dieses nun nicht mehr linearen, sondern kreisförmigen Weges ist zugleich Anfang und Ziel: Mit jedem Schritt, den er tut, geht Sisyphos von sich selbst aus und kommt zugleich bei sich selbst an. Darin besteht seine „verschwiegene Freude", daß es ihm den Göttern zum Trotz gelungen ist, die auseinanderklaffenden Teile seines Seins zu einer Einheit zusammenzufügen, die sein Verlangen nach Sinn befriedigt. Dieser Sinn ist, solange er in jedem Augenblick eines Lebens gelebt wird, unverlierbar. Er existiert nicht in einem transzendenten Jenseits oder in einer fernen Zukunft, sondern nur je jetzt in der Anstrengung desjenigen, der sein Leben stets von neuem bejaht in allem, was er denkt, fühlt, will und tut.

Leben ist, wie Camus sich in ›Der Mensch in der Revolte‹ ausdrückt, „an sich schon ein Werturteil"[22], das jedoch der ständigen Bestätigung bedarf. Von daher verbieten sich Selbstmord und Mord von selber, insofern die Destruktion des Lebens den endgültigen Sieg des Absurden zur Folge haben würde. Jede Art von Tötung bedeutet den Verzicht auf

[22] R 11.

Sinn und Menschlichkeit und Glück; damit beraubt sich ein Mensch
der einzigen Möglichkeit, sein berechtigtes Sinnverlangen zum Ausdruck zu bringen. Der andere Held des Absurden, Prometheus, lebt
exemplarisch das Nein des Menschen in der Revolte vor. Während Camus in der Gestalt des Sisyphos den Schwerpunkt auf das Ja legt, das Ja
zum Leben als einem lebenswerten, geglückten, sinnvollen Dasein, betont er in der Gestalt des Prometheus stärker das Nein, das Sich-nicht-
einverstanden-Erklären mit der Absurdität der conditio humana. „Was
ist ein Mensch in der Revolte? Ein Mensch, der nein sagt. Aber wenn er
ablehnt, verzichtet er doch nicht, er ist auch ein Mensch, der ja sagt."[23]
Gegenstand der Bejahung ist die „menschliche Natur" und damit verbunden das Verlangen nach Einheit, Sinn, Glück. Gegenstand der Verneinung ist die Blockierung dieses Verlangens durch das unbegreifliche
Sichverschließen der Welt, das Herabrollen des Steins. In der Konfrontation mit dem Absurden wird Identität als das Seinsollende affirmiert
und die Gespaltenheit durch das Absurde als das Nichtseinsollende deklariert. Das Medium der Negation des Absurden ist der Protest, die
Revolte. Schon Sisyphos nahm, wie wir gesehen haben, seine Mühsal
unter Protest auf sich. Obwohl es ihm gelungen ist, seine durch das Absurde zerrissene Existenz vermöge eines neuen Verständnisses von Einheit und eines nahezu übermenschlichen Bemühens um diese Einheit
wieder als einen in sich geschlossenen, ge-glückten Lebensvollzug zu
behaupten, protestiert er gegen die absurde Unmöglichkeit, sein Recht
auf vollständige, endgültige Selbstverwirklichung ungeteilt und unge-
hindert wahrnehmen zu können. Um dieses Recht, das Camus an keiner Stelle in Frage stellt, zu unterstreichen, läßt es idealtypisch von
Gestalten der griechischen Mythologie einklagen, da diese sich gewissermaßen im Status vorchristlicher Unschuld befinden, so daß bei ihnen nicht unterstellt werden kann, das Absurde sei die Folge eines Sün-
denfalls, einer Erhebung des Menschen gegen Gott und somit selbst-
verschuldet – der Mensch habe mit seinem Abfall von Gott nicht nur
das Paradies, sondern auch das unverrückbare absolute Ziel verloren,
das seiner Existenz einst Einheit und Sinn gab. Camus hat die Lehre
des Christentums zeit seines Lebens abgelehnt und daran festgehalten,
daß die absurde Nichtübereinstimmung zwischen Glücksverlangen
und Glückserfüllung nicht einem schuldhaften Vergehen des Menschen
gegenüber Gott anzulasten sei. In diesem Sinn verkörpert auch Prometheus den absurden Menschen, der zugleich ja und nein sagt, indem er
dem Absurden nur Faktizität, aber keine Normativität zugesteht. Es *ist*,
aber es soll nicht sein. Das Recht, normative Setzungen vorzunehmen,

[23] R 14.

kommt allein dem Menschen zu als einem vernunftbegabten Lebewesen, und obwohl dieses Recht durch die Faktizität des Absurden aufs äußerste eingeschränkt ist, kann es unangefochten durch die unaufhebbare Voraussetzung des Absurden dort in Anspruch genommen werden, wo das Leben auf dem Spiel steht. Das Leben als Mensch wird durch das Faktum des Absurden zu einer unmenschlichen Angelegenheit, da das angestrengte Bemühen der Vernunft um einen bleibenden Sinn, ein dauerhaftes Glück ständig sabotiert wird und letztlich daran scheitert, daß sich im gesamten Universum nichts zeigt, das als erfüllendes Korrelat der Suche nach Sinn und Glück in Frage käme. Im Gegenteil: Die Welt begegnet als das vernunftwidrig Schweigende, als dichte Mauer, an der die Sinnfragen des Menschen abprallen. Dagegen richtet sich der Protest sowohl des Sisyphos wie auch des Prometheus. Während jedoch Sisyphos seinen Protest im Kampf mit dem Stein *allein* laut werden läßt und in der Bejahung seiner selbst als eines freien und vernünftigen Lebewesens eben jene Erfüllung findet, die die Welt ihm versagt, macht Prometheus die Revolte zu einem allen Menschen gemeinsamen Anliegen. Zwar ändert sich auch dann nichts an der conditio absurda der menschlichen Existenz, wenn möglichst viele oder gar alle Menschen sich zum Protest zusammenschließen. Aber es ändert sich sehr wohl etwas für den einzelnen, der begreift, daß er nicht allein ist, sondern als Glied einer menschlichen Gemeinschaft noch darin bestärkt wird, daß er ein Recht auf alles das hat, was ihm absurderweise verweigert wird: ein Recht auf Sinn, Glück, Identität, kurz: ein Recht auf ein seine Vernunft befriedigendes, menschenwürdiges Leben. Die Lösung des Problems des Absurden, die Camus im Rekurs auf die Gestalt des Prometheus vorschlägt, läuft über den Begriff der Solidarität. Wenn die Sinnfragen des Menschen an der Welt abprallen, so deshalb, weil in der Welt nichts ist, das der Vernunft korrespondiert. Verbünden sich die Menschen jedoch und begründen, wie Camus dies durch ein Bild sehr schön ausdrückt, eine „Solidarität der Kette"[24], so treffen die Sinnansprüche der Individuen nicht mehr auf die absurden Mauern, sondern auf andere Individuen, die vor diesen Mauern eine Kette gebildet haben. Und von dieser aus menschlichen Individuen gebildeten Kette prallen die Sinnansprüche nicht mehr ab; sie stoßen vielmehr auf etwas, das selber vernünftig ist und Antwort gibt, damit nicht nur Verstehen signalisiert, sondern die Rechtmäßigkeit dieser Ansprüche bestätigt, indem es sie selbst geltend macht. Im solidarischen Miteinander der gegen das Absurde Verbündeten stellt sich ein neuer Sinn her, eine neue Identität, die dadurch gewonnen wird, daß einer im

---

[24] R 227.

anderen und über den anderen sich selbst findet. In der Anerkennung der Sinnansprüche der anderen bejaht der einzelne sich selbst und wird durch die Anerkennung seiner Sinnansprüche von seiten der anderen als der bejaht, der er ist. Stellt man sich die Kette, die durch den Zusammenschluß der solidarisch miteinander verbundenen Individuen gebildet wird, ringförmig als einen in sich geschlossenen Kreis vor, so wiederholt sich darin das Bild für den subjektiven Menschensinn, das wir schon aus dem ›Mythos von Sisyphos‹ kennen: die Kreisgestalt als Indiz für die gelungene Erfüllung, deren Name Glück ist. Auch das Glück der Kette ist ein prekäres, stets gefährdetes Glück. Jedes einzelne Glied muß an seiner Stelle in höchster Angespanntheit für den Zusammenhalt kämpfen. Wo die Kette bricht, weil der Mensch selber zum Feind des Menschen wird und an die Stelle der Vernunft die Maske der Unvernunft in Form von Haß, Grausamkeit, Intoleranz tritt, bricht das Absurde auch in jenen Freiraum im Inneren der geschlossenen Kette ein, den die Menschen unter großen Anstrengungen dem Absurden abgetrotzt haben, und zerstört mit der Solidarität der Kette den einzigen Sinn menschlichen Lebens.[25]

Kurzbibliographie Camus

L'envers et l'endroit (1937), Paris 1958
    Licht und Schatten, übers. v. G. G. Meister, in: Literarische Essays, Hamburg 1959.
Noces (1938), Paris 1950
    Hochzeit des Lichts, übers. v. P. Gan, ebd.
Le mythe de Sisyphe. Essai sur l'absurde, Paris 1942
    Der Mythos von Sisyphos. Ein Versuch über das Absurde, übers. v. H. G. Brenner u. W. Rasch, Hamburg 1959 (Sigel: S).
L' homme révolté, Paris 1951
    Der Mensch in der Revolte, übers. v. J. Streller, Hamburg 1953 (Sigel: R).
L'été, Paris 1954
    Die Heimkehr nach Tipasa, übers. v. M. Lang, in: Literarische Essays, Hamburg 1959.

[25] Ausgewählte Sekundärliteratur zum philosophischen Werk Camus': M. Lebesque, Albert Camus in Selbstzeugnissen und Bilddokumenten, Reinbek 1960; A. Pieper, Albert Camus – Leben, Werk, Wirkung, München 1984; M. Rath, Albert Camus – Absurdität und Revolte, Frankfurt a. M. 1984; H. R. Schlette (Hrsg.), Wege der deutschen Camus-Rezeption, Darmstadt 1975; ders., Welt und Revolte, Freiburg/München 1980; W. Wernicke, Albert Camus. Aufklärer – Skeptiker – Sozialist, Hildesheim 1984.

JEAN-PAUL SARTRE

Zwischen Absurdität und Freiheit

Von Peter Kampits

Philosophen, die in vielfältiger Hinsicht über die Grenzen ihres Faches hinweg Aufmerksamkeit erregten, gelten in der Tradition des deutschen Sprachraumes immer noch als suspekt. Dies trifft in besonderem Maß auf das Werk Jean-Paul Sartres zu. Neben seiner eigentlichen und im engeren Sinn als philosophisch zu bezeichnenden, überaus reichhaltigen Produktion ist Sartre bekanntlich auf dem Gebiet der Literatur mit mehreren Novellen und Romanen, auf dem des Theaters und des Filmes sowie des politischen Essays und der Polemik hervorgetreten. Er selbst sorgte auch durchaus nicht ungern immer wieder für neue Provokationen: War es zunächst der mit dem Odium des Nihilistischen, Negativen beladene Existentialismus, der es auf Grund seines ausdrücklichen Atheismus sogar dazu brachte, auf den vatikanischen Index gesetzt zu werden, so verlief das darauf folgende politische Engagement Sartres nicht weniger wechselvoll. Von der Gründung einer eigenen Partei in der Nachkriegszeit bis zur Übernahme der Patenschaft über maoistische Blätter in Paris nach der Mai-Revolte 1968, von Äußerungen der Verklärung revolutionärer Gewalt bis zum spektakulären Besuch in Stammheim bei der Baader-Meinhof-Gruppe sorgte Sartre für Schlagzeilen. Der Linksintellektuelle Sartre, der dem Marxismus zunächst eine nahezu gläubige Reverenz erwies und in ständiger Bereitschaft, gegen Bürgerlichkeit zu protestieren, schließlich dem Zeitgeist des 68er Jahres Ausdruck verlieh, um schließlich in seinem letzten großen Werk, der vielbändigen Flaubert-Untersuchung, in einer Synthese von Hermeneutik, Psychoanalyse und sozioökonomischen Untersuchungsmethoden nahezu der Postmoderne Tribut zollte – dieser Sartre scheint immer auf der Höhe, zumindest des Sartreschen Zeitgeistes, einmal mit diesem, dann wieder gegen ihn. Der bereits zu seinen Lebzeiten zu einem Monument gemachte Sartre ist nicht zuletzt auf Grund der Editionslage seiner nachgelassenen Schriften auf bestem Weg, zu einem Klassiker des 20. Jahrhunderts zu werden. Der Philosoph Sartre, der Ärgerniserreger Sartre, der blendende Dramatiker Sartre – wie auch immer es sich mit den vielfachen Ausdrucksformen seines Denkens verhalten mag: daß Sartre in vielfacher Hinsicht die Gegenwartsphilosophie geprägt und bereichert hat, steht außer Frage, wobei dies sowohl für den frühen „Existentialisten" wie auch den Sartre der „individuellen Praxis" gilt.

Sartres Weg von einer ontologischen, durch die Phänomenologie charakterisierten Freiheitsphilosophie zum Entwurf einer Philosophie der individuellen Praxis in und gegenüber der geschichtlichen Totalität ist ein äußerst vielschichtiger und komplexer. Gleichwohl läßt sich gerade die Frage nach der Freiheit als eine Art Leitmotiv des Sartreschen Denkens ebenso ausmachen wie das Festhalten an einer grundlegenden Absurdität, Kontingenz und Zufälligkeit des menschlichen Daseins. Die vielfachen Verschlingungen dieses wahrhaft monumentalen Werkes eines Philosophen, der im Schreiben, im literarischen Medium der ›Wörter‹, wie seine schonungslos offene Autobiographie betitelt ist, seine Hauptaufgabe erblickte, machen den Nachvollzug seines Weges nicht eben einfach.

Sartre hat zunächst in einer eigenwilligen und durchaus originären Weise zentrale Momente und Motive der Phänomenologie Husserls ebenso aufgegriffen und transformiert, wie er Grundgedanken der Philosophie Heideggers, aber auch Hegels aufnahm und verwandelte. Ähnliches gilt auch für die auf diese Phase existential-ontologischen Denkens folgende Überleitung in eine Philosophie der Praxis, die in Aufnahme wesentlicher Grundthesen des Marxismus schließlich in eine Theorie der „individuellen Besonderung des Allgemeinen" mündete. Sartres Schriften der späteren Periode, wie sie in einem Versuch des Entwurfes einer strukturellen und historisch angelegten Anthropologie kulminieren, kreisen in ständiger Auseinandersetzung mit dem philosophischen Theoriebestand der Zeit um die Stellung des Individuums gegenüber der Gesellschaft, gegenüber der Geschichte, gegenüber dem, was Sartre in marxistischer Terminologie die Totalität nennt.

Dieser Weg soll nun in groben Zügen nachgezeichnet werden, wobei das Hauptgewicht auf die Entfaltung der Freiheitsproblematik beim frühen Sartre gelegt werden soll, nicht nur um zu zeigen, woraus und woher das nahezu emphatische Plädoyer für die Freiheit seinen Ursprung hat, sondern in der Überzeugung, daß Sartre selbst in seiner am meisten dem Marxismus angenäherten Schaffensperiode seinen frühen phänomenologischen Standpunkt zwar entscheidend modifiziert, nicht aber aufgegeben hat. Schließlich ließe sich auch zeigen, daß der späte Sartre zumindest ansatzweise vornehmlich in Hinblick auf die Frage nach einer Moral in sozialer und individueller Hinsicht wieder zu den Motiven seiner Anfangsphilosophie zurückkehrt.[1] Sartres gleichzeitige Produktion auf dem Gebiet der philosophischen Analyse, die durchaus zunächst in der akademischen Tradition des Frankreichs der Zwischenkriegsjahre steht, und auf literarischem Gebiet hat nicht selten dazu geführt, daß manche seiner Thesen in äußerst plakativen Sätzen zusammengefaßt werden. So ist etwa die Formel vom Menschen als einer « passion inutile », also einer „nutzlosen Leidenschaft", ebenso provokant wie etwa die Kennzeichnung der zwischenmenschlichen Beziehungen durch die Formel: „Die Hölle, das sind die anderen."[2] Ähnliches gilt aber auch etwa von der Kennzeichnung des Revolutionärs, die nahezu mythisch anmutet: „Ein zufälliges, nicht zu rechtfertigendes, aber freies Wesen, vollständig untergetaucht in eine Gesellschaft, die es unterdrückt, jedoch fähig, über diese Gesellschaft hinauszugehen durch seine Anstrengungen, sie zu verändern."[3]

Vor allem die durch den frühen Roman ›Der Ekel‹ ausgedrückte gewissermaßen „existentialistische" Grundstimmung hat dazu geführt, im Werk Sartres in erster Linie eine den negativen Tatsachen des Lebens zugewandte Literatur zu sehen. Tatsächlich aber liegt der philosophisch-literarische Ausgangsort Sartres in der Aufnahme von Thesen der Phänomenologie Husserls, und jenes Werk, das ihn sozusagen mit einem Schlag berühmt machte, nämlich ›Das Sein und das Nichts‹ verweist in seinem Untertitel 'Versuch einer phänomenologischen Ontologie' bereits auf diese Intention. Sartre hatte Husserls Philosophie relativ früh, nämlich bereits 1933 anläßlich eines Stipendienaufenthaltes in Berlin, entdeckt und in der Phänomenologie eine entscheidende Möglichkeit gesehen, Bewußtsein und Welt nicht als zwei isolierte und voneinander getrennte Größen aufzufassen, sondern durch die fundamentale Struktur der Intentionalität gleichzeitig die Souveränität des Bewußtseins und das realistische Gewicht der Welt zu erhalten. Diese Sicht auf Husserls Phänomenologie als einer Position jenseits von Realismus und Idealismus, und damit jenseits erkenntnistheoretischer

---

[1] Vgl. dazu: J.-P. Sartre, Cahiers pour une morale, Paris 1983 (Entstehungszeit 1947/1948), sowie B. Waldenfels, Phänomenologie in Frankreich, Frankfurt a. M. ²1987, bes. 120 ff. – Sartre hat in zahlreichen Interviews (etwa in Merkur 33, 1979) darauf hingewiesen, daß eine ontologisch fundierte Moral, die er auch als Moral des Wir bezeichnet, ihn zur Zeit beschäftige. (Vgl. dazu auch Obliques 1979.)

[2] J.-P. Sartre, Bei geschlossenen Türen, übers. v. H. Kahn, in: Drei Dramen, Reinbek 1965, 42.

[3] J.-P. Sartre, Materialismus und Revolution, in: Drei Essays, Frankfurt a. M. 1968, 89.

Streitigkeiten, ist auch in der Parole der Phänomenologie „zu den Sachen selbst" vorgezeichnet. Außen und innen, die Welt der Innerlichkeit, der Psyche, und die Welt der gewissermaßen positivistischen Gegebenheiten sind für Sartre durch Husserl in der grundlegenden Bezogenheit des Bewußtseins auf die Welt übergestiegen.

In den frühen Arbeiten Sartres ›Die Transzendenz des Ego‹, ›Die Imagination‹ oder ›Entwurf einer Theorie der Gefühle‹ wird aber bereits eine kritische und selbständige Transformation des Ansatzes Husserls sichtbar. Die Thesen von der Transzendenz des Ich, was in diesem Zusammenhang vornehmlich seine Weltzugehörigkeit bedeutet, und auch die vom „präreflexiven cogito", das dann in der Ontologie eine entscheidende Bedeutung bekommen wird, sind in diesen Frühwerken bereits skizziert und umrissen. Sartre wendet sich in diesem Zusammenhang strikt gegen jede Auffassung vom Ich als eine Art substantiellen Bewohners des Bewußtseins und verweist zugleich auf eine grundsätzliche Differenz im Bewußtsein selbst, die nicht erst mit der Reflexion offenbar wird, sondern das Bewußtsein von Anfang an prägt. Gerade diese Auffassung wird für die spätere Ontologie grundlegend. Es gibt kein Bewußtsein, das nicht völlig von sich selbst erhellt und durchdrungen wäre, ohne daß dies aber den vergegenständlichenden Abstand der Reflexion in sich einschlösse. Dieses „präreflexive cogito" wird von Sartre zugleich auch in seiner Existenzstruktur aufgewiesen, etwa nach dem Schema, daß gemäß der intentionalen Struktur des Bewußtseins jedes Bewußtsein Bewußtsein von etwas, aber zugleich eben auch Bewußtsein von sich selbst (als eben ein solches Bewußtsein von etwas) darstellen müßte. Diese Bewußtseinsbestimmung, die bereits die spätere ontologische Struktur des Für-sich-seins (être-pour-soi) enthält, verweist aber auch bereits auf jenes Nichts, das dann in Sartres Ontologie eine gewaltige Bedeutung annehmen wird. Von der intentionalen Struktur des Bewußtseins ausgehend, läßt sich nach Sartre bereits anläßlich der Imagination die Bezogenheit des Bewußtseins auf ein Nichtexistierendes ausmachen, das nur in Distanz und Negation des Realen erscheinen kann. Die Spontaneität des Bewußtseins, die Gerichtetheit des Bewußtseins auf etwas bleibt dabei für Sartre ebenso gewahrt, wie andererseits das Nichts als entscheidende Struktur des Bewußtseins in den Blick genommen wird.

Diese vielleicht abstrakt und theoretisch anmutenden Überlegungen hat Sartre in seinem Roman ›Der Ekel‹ bereits in mehrfacher Hinsicht zu konkretisieren versucht. Die im genannten Roman beschriebene Existenzerfahrung bedeutet ebenso eine Beschreibung der Bewußtseinsstruktur wie eine solche der Existenz, die sich außerhalb des Bewußtseins enthüllt. Wenn Sartre in sehr eindringlichen Wendungen diese Existenzerfahrung nachzeichnet und ihre Uneinholbarkeit ebenso darstellt wie die Grundlosigkeit und Überflüssigkeit all dessen, was ist, so bedeutet dies für Sein und Bewußtsein zugleich eine fundamentale Strukturerfahrung. Im Roman ›Der Ekel‹ macht die Hauptfigur schrittweise die Erfahrung einer solchen nackten Existenz, die zugleich aber auch eine Erfahrung des Bewußtseins darstellt. Sie ist eine Daseinserfahrung, die sich vor jedweder Begrifflichkeit zuträgt und deren Unabwendbarkeit zugleich auch eine Inhaltslosigkeit des Ich nach sich zieht. Ebenso wie die Gegenstände der natürlichen Erfahrung auf ihre Existenz hin verändert begriffen werden, wird auch die geläufige Erfahrung des Ich transformiert: „Wenn ich jetzt 'ich' sage, so erscheint mir das inhaltslos. Es gelingt mir nicht mehr völlig, mich zu empfinden... Alles, was an Wirklichem in mir verbleibt, ist Existenz, die fühlt, daß sie existiert."[4]

Die hierin beschriebene Existenzerfahrung bildet das Gerüst von ›Das Sein und das Nichts‹. Der tragende und den gesamten ontologischen Entwurf prägende Unterschied von An-sich-sein (être-en-soi) und Für-sich-sein (être-pour-soi) wird von Sartre in einer Fülle von verschiedenen Argumentationsverfahren in seinem ganzen Reichtum aufgewiesen. Auch wenn hier zweifellos an Heideggers Fundamentalontologie gemahnende Elemente, wie beispielsweise die Frage nach dem Sinn von Sein und der prinzipiellen Verstehensstruktur des Bewußtseins und Momente der Hegelschen Seins- und Wesensdialektik sich ausmachen lassen, kann der Grundzug dieser Ontologie durchaus als ein eigenständiger und originärer Entwurf gelten. Sartre geht davon aus, daß ontologisch gesehen das Bewußtsein und das dem Bewußtsein begegnende Phänomen letztlich zwei heterogene, wenn auch aufeinander bezogene Seinsformen darstellen, und hebt damit zugleich das Bewußtsein über jede substantielle Bestimmung traditioneller Art hinaus. Aus der phänomenologischen Perspektive ergibt sich damit jene Bestimmung des Für-sich-seins, die gewissermaßen eine existentialistische Variante der Fundamentalontologie Heideggers darstellt: Während Seiendes von der Seinsweise des An-sich-seins (um es möglichst korrekt zu formulieren) in sich selbst als reine Positivität und Identität, an sich und ohne jede Andersheit aufzufassen ist, muß das Für-sich-sein von Anfang an als etwas bestimmt werden, das nie mit sich selbst identisch sein kann, das immer auch schon Bezogenheit, Andersheit in sich einschließt. Sartre, der das Für-sich-sein auch als «réalité humaine» bezeichnet, hat dies in einer sehr griffigen Formel auf den Punkt gebracht: Er bestimmt das Für-

---

[4] J.-P. Sartre, Der Ekel, übers. v. H. Wallfisch, Reinbek 1968, 178.

sich-sein als ein Sein, das „nicht ist, was es ist, und das ist, was es nicht ist"[5].

Wie kommt Sartre aber nun dazu, dem Bewußtsein und das heißt in seiner Sprache immer auch schon dem Menschen diese eigenartige und paradox anmutende Grundbestimmung zuzuschreiben? Sartre hat ausgehend von der intentionalen Struktur des Bewußtseins dessen prinzipielle Bezogenheit gewissermaßen ontologisiert. Sie wird zu einer Beziehung zum Sein, innerhalb derer das Bewußtsein überhaupt erst als ein solches konstituiert werden kann. Als Bewußtsein von etwas ist es auf etwas gerichtet, das eben gerade nicht es selbst ist. Es muß ein anderes in sich einbeziehen, als es selbst ist, und als solches ist es sozusagen immer außerhalb seiner, ist es immer „draußen". Daraus folgt nicht nur, daß das Sein überhaupt erst durch die spezifische Seinsweise des Bewußtseins, die Sartre hier einfach phänomenologisch zu beschreiben meint, aufbricht, sondern zugleich auch, daß dieses Nichts in einer konstitutiven Weise das Für-sich-sein durchzieht. Das bedeutet aber, um es in Begriffen herkömmlicher Ontologie zu formulieren, daß das Wesen des Bewußtseins nur in seiner Existenz selbst liegen kann, oder wie Sartre unmißverständlich formuliert: „Das Bewußtsein ist ein Sein, dessen Dasein das Sosein setzt."[6] Dies bedeutet aber nichts anderes, als daß der Mensch nicht durch ein vorausgehendes Wesen, eine wie auch immer geartete menschliche Natur oder dergleichen bestimmt ist, sondern zunächst und überhaupt nur durch seine Existenz bestimmt werden kann. Dieser ontologische Charakter muß mitbedacht werden, will man nicht die gelegentlich von Sartre in verkürzter Form geäußerte These, daß der Mensch sich in seinen Entwürfen und Handlungen überhaupt erst ein Wesen schaffe, mißverstehen.[7] Sartres Versuch, das Nichts in die menschliche Seinsweise miteinzubeziehen, muß so von Anfang an in einem sachlichen Horizont angesiedelt werden. Dies gilt auch für eher umständliche Formulierungen wie die folgende: „Das

---

[5] SN 132 (vgl. Kurzbibliographie).

[6] SN 29.

[7] So hat Sartre etwa in der popularisierenden Schrift ›Ist der Existentialismus ein Humanismus?‹ (vgl. Kurzbibliographie) die Formel aufgestellt, der Mensch sei nichts anderes als das, wozu er sich macht. Sartre weist in diesem Zusammenhang darauf hin, daß der Mensch zunächst existiere und erst auf dem Boden dieser Existenz sich entwerfe, und er spricht in diesem Zusammenhang diesem Entwurf eine extreme Subjektivität zu. Freilich bedeutet der Hinweis auf eine ontologische Argumentation noch keineswegs eine Anerkennung von deren Gültigkeit. Es gilt nur, darauf aufmerksam zu machen, daß ähnliche, von Sartre gewissermaßen leichtfertig hingeworfene Thesen erst im Horizont einer längeren Argumentationskette und Analyse verständlich werden können.

Sein, durch das das Nichts in die Welt kommt, ist ein Sein, dem es in seinem Sein um das Nichts des Seins geht: *das Sein, durch das das Nichts in die Welt gelangt, muß sein eigenes Nichts sein.*"[8] Dies bildet sozusagen die Kernbestimmung des Menschen in ontologischer Hinsicht. Der Mensch, die menschliche Realität, um die Sartresche Formulierung beizubehalten, ist konstitutiv dadurch ausgezeichnet, daß in seinem Sein ein Sein einbezogen sein muß, daß er eben nicht ist. Der Mensch ist nie Identität mit sich selbst, er ist immer durch dieses Nichts von sich selbst getrennt oder, wie Sartre durchaus konsequent weiterformuliert, er hat vielmehr zu sein und ist nicht bloß, gerade weil er nicht ist, was er ist. Darum kann es kein Wesen des Menschen geben, sondern nur eine von dieser Struktur der Existenz bestimmte und durchdrungene Seinsweise.

Dies alles mag gerade für unsere heutigen Ohren reichlich konstruiert und abstrakt erscheinen, erfreut sich doch auch die Ontologie zur Zeit nicht eben einer besonderen Hochkonjuktur. Aber die gewissermaßen „existentiellen" oder praktischen Konsequenzen dieser Theorie sind äußerst schwerwiegend. Denn nur ein solchermaßen bestimmtes Wesen kann nach Sartre überhaupt frei sein. Mehr noch: ein durch eine derartige Grundverfassung oder Grundstruktur bestimmtes Existierendes kann nicht nur frei sein, sondern muß es sein, es hat gar keine andere Möglichkeit, als eben diese Freiheit existierend zu vollziehen.

Vereinfachen wir die ontologische Position Sartres noch einmal zusammenfassend: Es gibt zwei Weisen von Sein, von denen sich die eine (in groben Zügen) mit dem nichtmenschlichen, dinglichen Sein in eins setzen läßt: Sie ist an sich, ist das, was sie ist, und sie ist. Die andere, menschliche, zeichnet sich gerade dadurch aus, daß sie nie mit sich zusammenfällt, daß sie „für sich" ist, was auch bedeutet, daß sie durch ein Nichts für immer von sich getrennt und distanziert sein muß und damit zugleich auch über sich hinaus ist. Alle näheren Grundbestimmungen, die Sartre in der Folge gibt, lassen sich als Erläuterung dieser fundamentalen Struktur verstehen: ob es sich nun um das Zusammenspiel von Faktizität und Transzendenz im menschlichen Dasein handelt, um die in der Reflexion aufbrechende gespaltene Einheit und nichtende Kraft des Bewußtseins in seiner Selbstbezüglichkeit oder um die Ekstasen der Zeitlichkeit in ihren Dimensionen von Vergangenheit, Gegenwart und Zukunft, ob es um den Überstieg zur Welt oder um das geht, was Sartre mit dem Titel der „mauvaise foi" (Unaufrichtigkeit) bezeichnet und was an die Unterscheidung Heideggers von Eigentlichkeit und Uneigentlichkeit gemahnt. Eben dieses Nichts in der Be-

[8] SN 63.

wußtseinsstruktur, das das Für-sich-sein in seiner Selbstbezogenheit auszeichnet und von allem anderen, was ist, abhebt, steht am Ursprung der Freiheit.

Sartre hat diese Freiheit der menschlichen Existenz bekanntlich in einer Radikalität, ja Absolutheit, angesetzt, für die sich in der Geschichte der Philosophie kaum ein Beispiel finden läßt. (Nicht einmal Fichte. der Freiheitsphilosoph des Deutschen Idealismus par excellence, hat das Problem der Freiheit in dieser Radikalität gedacht.) Freiheit kann für Sartre zunächst nur auf ontologischer Ebene angemessen dargestellt und vollzogen werden. Nicht allein im philosophischen Hauptwerk dieser Periode ›Das Sein und das Nichts‹, sondern auch in Theaterstücken wie ›Die Fliegen‹ oder der Roman-Tetralogie ›Die Wege zur Freiheit‹ hat Sartre unentwegt die Notwendigkeit dieser radikalen Freiheit umkreist und ihr Ausdruck verliehen. Der Weg zur Einsicht in diese Freiheit mag vielleicht auf dem Gebiet des Theaters und des Literarischen leichter zugänglich sein, er ist aber nur dann angemessen zu erfassen, wenn man wieder auf diese ontologische Grundlage zurückgreift. So wird etwa Sartres Versuch in ›Die Fliegen‹, Wege zur Befreiung von der selbstgewählten Unfreiheit zu zeigen, nur auf dem Hintergrund der ontologischen Konzeption angemessen interpretierbar. Die dort von Orest vollzogene Befreiungstat zielt wohl auf die Befreiung der anderen, sie ist aber zugleich auch Selbstbefreiung, ein Weg zur Einsicht in die ursprüngliche Freiheit.[9] Eine ontologisch verstandene Freiheit kann daher für Sartre keine Bestimmung am Menschen, keine Eigenschaft, keine Sache eines menschlichen Vermögens, etwa des Willens, sondern nur eine Seinsweise selbst darstellen. Sartre hat dies an mehreren Stellen unmißverständlich formuliert: „Die menschliche Freiheit geht dem Wesen des Menschen voraus und ermöglicht es, das Wesen des menschlichen Seins ist hineingehalten in dessen Freiheit ... Der Mensch ist keineswegs *zunächst*, um *dann* frei zu sein, sondern es gibt keinen Unterschied zwischen dem Sein des Menschen und seinem 'Freisein'.“[10] Freiheit und menschliche Existenz sind für Sartre identisch, denn ein Wesen, das sich angesichts der Fülle und Identität des An-sich-seins als Mangel, als Nichtung, als Differenz erfährt, kann nicht anders als frei sein. Eine der Folgen dieser Gleichsetzung von Sein und Freiheit besteht dann darin, daß diese Freiheit so radikal gefaßt werden muß, daß ihr selbst gegenüber kein Freiheitsakt

---

[9] Vgl. dazu: M. Fleischer, Die Verantwortlichkeit für den Anderen im Handeln. Zum Verhältnis von Existentialismus und Marxismus in Sartres früher Philosophie, in: Philosophisches Jahrbuch 93, 1986, 165 ff.

[10] SN 66.

mehr möglich sein kann oder mit anderen Worten: „Der Mensch ist verurteilt, frei zu sein."[11]

Sartre hat in ›Das Sein und das Nichts‹ diese Freiheit gegen alle nur möglichen Angriffe zu verteidigen versucht, Gegenargumente, wie sie teilweise aus der philosophischen Tradition, teilweise aber auch aus der „Common-Sense"-Überzeugung stammen, zurückgewiesen. Er wehrt sich sowohl gegen eine deterministische Interpretation, die den Menschen in eine wie immer geartete Kausalreihe spannt, wie auch gegen eine Reduzierung der Freiheit zu einer bloßen Wahlfreiheit, wodurch sie erneut eine Eigenschaft wäre, während die ontologisch verstandene Freiheit jedwedem Willensakt vorausliegt. Das ständige Transzendieren des Für-sich-seins läßt auf dem Grund des auch in meinen Entwürfen, Handlungszielen und Absichten auftauchenden Nichts die freie Handlung als einen ständigen Bruch mit dem Gegebenen erscheinen. Dies geschieht nach Sartre bereits in jedem Akt der Wahl. Er sagt, „daß für die menschliche Realität Sein soviel wie *sich wählen* ist: nichts kommt zu ihr von außen, aber auch von innen nicht, was sie *empfangen* oder *annehmen* könnte"[12]. Auf dem Grund einer sogenannten Urwahl, der «choix fondamentale», vollziehen sich alle jene Entwürfe und Realisierungen, die schließlich das Insgesamt eines menschlichen Lebensweges ausmachen. Dabei kommt immer die grundsätzliche Unbegründetheit und Absurdität der Existenz mit ins Spiel, die gewissermaßen auch die Kehrseite dieser total angesetzten Freiheit darstellt. Denn diese Urwahl, die ontologisch gesehen Welt als Ganzes überhaupt erst auftauchen läßt, indem sie sie transzendiert, offenbart sich als kontingent, als zufällig und damit letztlich als absurd. Die Wahl des eigenen Seins bedeutet wohl die Schaffung einer Art von Wesen, von Sosein aus den Akten der Existenz selber, sie ist aber gerade auf Grund ihrer Uneinholbarkeit in sich selbst grundlos. Sartre scheut sich nicht, sie auch als absurd zu bezeichnen: „Sie ist absurd, weil sie jenseits aller Gründe ist."[13] Diese Grundlosigkeit, die nach Sartre vornehmlich in der Angst erfahren wird, macht erst diese Rückseite der Freiheit deutlich. Alles, was diese Freiheit zu begrenzen scheint, kann nur auf dem Entwurfshorizont eben dieser Freiheit selbst auftauchen und damit als eine ohnedies nur mögliche Grenze der Freiheit erscheinen. Das bedeutet aber auch, daß auch in Hinblick auf die Kontingenz der Urwahl die Freiheit unbegrenzt bleibt.

---

[11] J.-P. Sartre, Ist der Existentialismus ein Humanismus? 16 (vgl. Kurzbibliographie).

[12] SN 561.

[13] SN 608.

Sartre hat die Bezogenheit der Freiheit im Zusammenspiel von Faktizität und Transzendenz als äußerst wesentlich erachtet. Ohne Bezug auf
das, was er die Faktizität nennt, auf das Gegebensein von Situationen,
von Dingen und Welt würde die Freiheit zu einer Abstraktion verküm-
mern. Sartre betont immer wieder, daß Freiheit nur als „eingesetzt" in
eine Widerstand leistende Welt denkbar sein kann, daß Freiheit eben
nicht ohne Situation bestehen kann. Für ihn stehen Freiheit und Situation der jeweiligen Wahl und Entscheidung in einer Art wechselseiti-
gem Bedingungsverhältnis: „es gibt Freiheit nur in *Situation*, und es
gibt Situation nur durch Freiheit."[14]

Alles das, was auf den ersten Blick als Beschränkung der Freiheit erscheinen könnte, erweist sich als bloße Faktizität und damit als deren
Bedingung. Weder meine historische Situation noch meine Leiblichkeit, weder meine Vergangenheit oder Umwelt, noch auch die Mitmenschen, ja nicht einmal mein Tod kann eine Beschränkung der Freiheit
darstellen. Denn alle als faktisch scheinenden Beschränkungen meiner
Freiheit können überhaupt erst im Licht dieser meiner Freiheit als solche erscheinen. Jede Grenze ist sozusagen eine freie, zumindest frei ge-
wählte, im Horizont meines Daseinsentwurfes auftauchende Grenze.

Dies mag vornehmlich am Problem des Todes oder in der Beziehung
zu anderen problematisch erscheinen. Aber auch hier weist Sartre jed-
wede Beschränkung meiner Freiheit zurück. Die grundlegende Absurdität und Kontingenz des Daseins etwa macht aus dem Tod für Sartre
ein Ereignis, das das Für-sich-sein gewissermaßen nur von außen betrifft und in keiner Weise in eine Endlichkeitsstruktur des Daseins eingehen kann. Wohl hängen Endlichkeit und Freiheit eng zusammen,
aber der Tod ändert, wie Sartre meint, nicht das geringste an dieser
Endlichkeit. Sartre versucht – im Gegensatz zu Heidegger –, dem Tod
jede wesenhafte Beziehung zur Existenz abzusprechen und ihn in ein
von draußen kommendes, zufälliges, absurdes Ereignis zu verwandeln.
Ähnliches gilt aber auch für meine Beziehung zum anderen, die im
übrigen einen erheblichen Stellenwert innerhalb des Gesamtentwurfes
von ›Das Sein und das Nichts‹ ausmacht. Auch hier will Sartre zeigen,
daß selbst die durch die Existenz des anderen vorgegebenen Situationen und vermeintlichen Beschränkungen keinerlei Einschränkung meiner Freiheit darstellen können, weil ich auch hier gezwungen bin, die
mir durch den anderen vorgegebene Situation oder Faktizität im Lichte
meines eigenen Freiheitsentwurfes zu übernehmen.

Gerade am Tod und am Problem der Beziehung zum anderen tauchen freilich viele unaufgelöste Spannungen auf. Bekanntlich zählt

---

[14] SN 619.

Sartres Analyse der Beziehungen zum anderen zu einer der originellsten Partien seines ontologischen Gesamtentwurfes und stellt das Scheitern, die Vergeblichkeit der auf Freiheit zentrierten menschlichen Existenz in besonderem Maße heraus. Sartres Einsatz bei einer Analyse des Blickes hebt bei einem Vorrang des mich anblickenden anderen an und setzt so bei einer Entfremdungsstruktur ein, deren ontologischer Charakter sie als nahezu unaufhebbar erscheinen läßt. Die verschiedenen Strukturmomente dieser Beziehung zum anderen (unmittelbare Evidenz, Vergegenständlichung, Entfremdung, Objektivation meiner Transzendenz) geben eine grundsätzlich unauflösbare Situation wieder: Die Objektivierung, Erstarrung und Entfremdung meiner Freiheit unter dem Blick des anderen kann nur auf zwei verschiedene Weisen von mir aufgefangen werden: durch eine Objektivierung des anderen meinerseits oder eine Art Angleichung meiner Freiheit an die des anderen, um auf diese Weise der vom anderen ausgehenden Bedrohung zu entgehen. Dies sind die beiden einzig möglichen Grundhaltungen, die sich für Sartre abzeichnen. Es ist nahezu überflüssig zu erwähnen, daß beide zum Scheitern verurteilt sind, da es unmöglich ist, sich einer fremden Freiheit anzugleichen, auf sie einzuwirken und sie zugleich auch als Freiheit anzuerkennen – oder um es kürzer auszudrücken: sie als Freiheit in Besitz zu nehmen. Dies ist für Sartre exemplarisch im Anspruch der Liebe der Fall. Der mich liebende andere, der von mir als reine Subjektivität gefordert werden muß, verwandelt sich indes seinerseits in ein Objekt, das auf mich wirken will, und läßt dadurch das Unternehmen Liebe ebenso scheitern, wie dies dann geschieht, wenn ich meinerseits den anderen liebend auf ihn einzuwirken versuche. Ähnliches geschieht aber auch dort, wo etwa in der Begierde oder im Haß der andere auf seine bloße Gegenständlichkeit reduziert werden soll, um gerade durch diese hindurch seiner Freiheit habhaft zu werden.[15]

Aus diesen Grundhaltungen gibt es keinen Ausweg, wie in einem infernalischen Zirkel taumelt das Für-sich-sein von einer Haltung in die andere, um überall sein eigenes Scheitern zu erfahren. Dies ist der ontologische Hintergrund des berühmt gewordenen, schon zitierten Satzes: „Die Hölle, das sind die anderen."

Daraus wird deutlich, daß es nach Sartre keine gelingende Sozietät, keine glückende zwischenmenschliche Beziehung geben kann. Der Konflikt bleibt nach Sartre das Wesen der zwischenmenschlichen Be-

---

[15] Vgl. zur Problematik des anderen besonders P. Kampits, Sartre und die Frage nach dem Anderen. Eine sozialontologische Untersuchung, München – Wien 1975.

ziehung. Der mich mit seinem Blick fixierende andere bleibt jener, der, wie Sartre pathetisch formuliert, „mir die Welt gestohlen hat"[16].

Andererseits vermag aber auch der in dieser wesenhaften Konfliktsituation zu mir stehende andere keine ernsthafte Begrenzung meiner Freiheit darzustellen. Er bleibt eine Dimension meines eigenen Seins, die ich nicht zu realisieren vermag, die ich nur als Grenze im ständigen Transzendieren meiner Freiheit in Faktizität verwandle. Auch hier wird deutlich, daß die unaufhebbare Kontingenz und Absurdität dieser meiner Seinsdimension, des Für-andere-seins, nicht zu überspringen ist.

Alle diese Erwägungen zur Freiheitsproblematik stehen in einem engen Zusammenhang zu Sartres atheistischer Position. Sartres Atheismus muß als wesenhafter Bestandteil seiner Ontologie gesehen werden. Die grundsätzliche Kontingenz der menschlichen Existenz, des Seins überhaupt und damit aber auch die Kontingenz der Freiheit implizierten den ständigen Versuch, die eigene Nichtsstruktur des Für-sich-seins aufzuheben, oder, um es hegelianisch zu formulieren, von einem Für-sich-sein zu einem An-und-für-sich zu werden. Gerade dies aber erweist sich nach Sartre als grundsätzlich scheiterndes und vergebliches Unterfangen. Der grundlegende Entwurf der menschlichen Realität wäre der Versuch der Aufhebung der eigenen Nichtigkeit, der Differenz, des Über-sich-hinaus-seins: „Jede menschliche Wirklichkeit ist eine Leidenschaft, insofern sie entwirft, sich selbst zu vernichten, um das Sein zu gründen und um zugleich das An-sich zu konstituieren, das als sein eigener Grund der Kontingenz entgeht, das *Ens causa sui*, das die Religionen Gott nennen... Aber die Idee Gottes ist widerspruchsvoll, und wir richten uns umsonst zugrunde; der Mensch ist eine nutzlose Leidenschaft."[17]

Hatte diese Konzeption der Freiheit mit ihrem Appell an die durch nichts zu stützende und zu rechtfertigende freie Wahl und Erfindung des eigenen Wesens für Sartre auch die volle Verantwortlichkeit für das Handeln nach sich gezogen, so ergänzt Sartre diese nicht zufällig in Nähe einer grundsätzlich anarchistischen Position stehende Perspektive auch noch durch Überlegungen, die Freiheit nur als verwirklichte Freiheit möglich erscheinen lassen. Dies geschieht im wesentlichen im Begriff des Engagements, das für Sartres Literaturtheorie ebenso bedeutsam ist wie für sein politisches Denken. Daß Sartre genötigt ist, aus dieser radikalen Freiheitstheorie eine ebenso radikale Verantwortungstheorie abzuleiten, liegt auf der Hand. Sartre geht in diesem Zusammenhang so weit, den Menschen wörtlich „das ganze Gewicht der

---

[16] SN 341.
[17] SN 770.

Welt"[18] zuzusprechen. Er läßt keinerlei Entschuldigungen, keine Faktizitäten, keine Ausreden gelten, die diese Verantwortlichkeit aufheben könnten. Das Zusprechen der totalen Verantwortlichkeit, obwohl ich, wie Sartre ausdrücklich betont, nicht die Grundlage meines Seins sein kann, schließt neuerlich an die Problematik der totalen und radikal gedachten Freiheit an. Daß Sartre in diesem Zusammenhang immer wieder Angst und Verlassenheit als ontologische Bestimmtheiten erwähnt, hat nicht unerheblich dazu beigetragen, die existentialistische Grundstimmung zu verstärken, die von diesen ontologischen Analysen ausgeht. Darin enthüllt sich aber auch zugleich die einzig mögliche Weise, aus der Ontologie moralische Leitvorstellungen abzuleiten. Nur die Freiheit allein, ohne Entschuldigung, ohne Ausflüchte kann eine solche Handlungsorientierung abgeben. Darum ist auch als einzig mögliches Beurteilungskriterium für die Handlung selbst ihr befreiender Charakter anzusehen.

Sartre hat das in allen seinen Dramen, besonders in ›Die Fliegen‹ oder in ›Der Teufel und der liebe Gott‹ zu illustrieren versucht. Zugleich bedeutet dies aber auch, daß es keinerlei vorausliegenden, vorgegebenen Werthorizont für meine Entscheidung geben kann. Damit entsteht aber auch die Gefahr, daß jede konkretere Bestimmung der Tat sich selbst wieder aufhebt. Sartre verkündet völlig folgerichtig in ›Das Sein und das Nichts‹, „... daß alle menschlichen Tätigkeiten gleich viel wert sind – denn sie zielen alle darauf ab, den Menschen zu opfern, um die Ursache ihrer selbst auftauchen zu lassen – und daß grundsätzlich alle zum Scheitern verurteilt sind. Demnach läuft es auf das gleiche hinaus, ob man sich im stillen betrinkt, oder ob man die Geschicke der Völker lenkt."[19]

Diese grundsätzliche Bejahung der Befreiung, die ja nicht in Abstinenz von jedweder Handlung stehen kann, weil Freiheit eben nur als Freiheit in Situation gedacht zu werden vermag, bildet eine der Entwicklungslinien über ›Das Sein und das Nichts‹ hinaus. Innerhalb der von Sartre in den 50er Jahren entwickelten Literaturtheorie, die hier nur ganz am Rande gestreift werden kann, hat Sartre den Begriff der «littérature engagée», geprägt, der sowohl in Hinblick auf das politische Handeln wie auch in Hinblick auf die Konkretisierung der Freiheit einige wesentliche Konzeptionen enthält. Sartre hat in seinem Aufsatz ›Was ist Literatur?‹ aus dem Jahr 1948 diese als Appell an die Freiheit verstanden und in Auseinandersetzung mit politisch-gesellschaftlichen Problemstellungen immer mehr den Akzent auf die Befreiungstat

[18] SN 696.
[19] SN 784 f.

verlegt. Damit stehen wir am Ursprung seines gewundenen und viel-schichtigen Weges zu einer „individuellen Praxis" im Umfeld von Ge-schichte und Gesellschaft. Sie ließe sich unter den zugegebenermaßen ebenfalls sehr plakativen Titel „Von der Freiheit zur Befreiung" stellen. Die ebenso wie Sartres Freiheitskonzeption auf ontologischer Basis von vielen Spannungen und Unausgeglichenheiten gekennzeichnete Entdeckung des Feldes des Sozialen und der Geschichte hebt zwar Freiheit für Sartre in ihrer Radikalität keineswegs auf. Sie transformiert sie aber, indem sie nunmehr die Dimension der Geschichte und der Ge-sellschaft erschließt. Damit markiert sich in besonders augenfälliger Weise der Weg Sartres von der Philosophie zur politischen Aktion.

Hatte schon die Schrift ›Materialismus und Revolution‹ die Grund-züge einer Marx mit Sorel und einer Art revolutionären Syndikalismus verbundenen Stoßrichtung offenbar gemacht, so zeigt die ›Kritik der dialektischen Vernunft‹ von 1960 deutlich auf, daß die nunmehr ent-deckte individuelle Praxis in ihrer Spannung zur geschichtlichen Tota-lität gesehen werden muß. Nicht bloß, daß Sartre programmatisch eine Art Integration des Existentialismus in den Marxismus vornimmt, den er nun die „unüberholbare Philosophie der Zeit" nennt,[20] – er versucht auch umgekehrt die Singularität des Universellen gegenüber der Uni-versalität des Singulären festzuhalten. In diesem Zusammenhang kann nur herausgearbeitet werden, welche Konsequenzen sich dadurch für die Problematik der Freiheit ergeben.

In der ›Kritik der dialektischen Vernunft‹ wandelt sich die Kategorie der Existenz zunehmend zur Kategorie der Praxis. Die nunmehr nicht bloß auf die Veränderung im Sinne der Eigenveränderung der Indivi-dualität angelegte Handlung, sondern auf eine Veränderung der Welt zielende menschliche Tätigkeit, in der der Revolutionär nunmehr an die Stelle des um sich selbst und seine individuellen Entwürfe kreisen-den Bewußtseins tritt, muß sich damit dem Insgesamt der sozioökono-mischen Bedingungen stellen. Sartres grundsätzliche Bejahung des Marxismus entdeckt freilich auch eine Reihe von Defiziten innerhalb des marxistischen Konzeptes, wobei in erster Linie das Problem der In-dividualität, nun als individuelle Praxis, als zentral erachtet wird. Das im orthodoxen Marxismus gewissermaßen versteinerte Verhältnis von Theorie und Praxis soll durch Aufnahme einiger existentialistischer Momente aufgebrochen und verändert werden. Dazu entwickelt Sartre eine „regressiv-progressive Methode", die den Weg von der Individua-lität der jeweiligen Einzelpraxis zur Totalität der Geschichte nachzu-konstruieren versucht. Dabei werden die Bedingungen der menschli-

---

[20] J.-P. Sartre, Marxismus und Existentialismus, 27 (vgl. Kurzbibliographie).

chen Existenz und ihrer Freiheit zu einer Art Logik der „schöpferischen Aktion" veschmolzen. Zusammengefaßt könnte man den von Sartre im übrigen gutgeheißenen Satz von Marx „...daß die Umstände den Menschen ebenso machen, wie der Mensch die Umstände" durch die Formel Sartres ergänzen, „...daß der Mensch immer aus dem etwas machen kann, was man aus ihm gemacht hat"[21].

Der Versuch, Freiheit unter Bedachtnahme auf die Bedingungen, die die individuelle Praxis vorfindet, nunmehr als konkrete Freiheit zu erweisen, führt auch zu einer veränderten Form der Rolle der Beziehung zum anderen: Auch hier bleibt wohl die Entfremdung, nunmehr in den Strukturen von Serialität, Gruppe, Klasse und ähnlichem entscheidend. Es ist aber typisch für Sartre, daß letztlich die einzige Form gelingender Gemeinsamkeit in der sich spontan konstituierenden Gruppe zu suchen ist, die auf unvorhergesehene, kontingente, uninstitutionalisierte Weise die Freiheit der Praxis des einzelnen zugleich auch als allgemeine Freiheit ausweist. Die dabei von Sartre beschriebene «groupe en fusion», die sich sozusagen von Situation zu Situation zu einer Einheit verschmilzt, gerät sofort wieder zur Entfremdung, wenn sie nach Stabilisation dieser Spontaneität verlangt. Das von Sartre dabei beschriebene Kollektiv, in dem die Leitungsfunktion an eine herrschende Person oder Gruppe vergeben werden muß, bedeutet neulich eine objektivierende Entfremdung der sich spontan konstituiert habenden praktischen Freiheit.

Um die Freiheit zu bewahren, gilt daher eigentlich das Gesetz einer spontanen und permanenten Revolte, die, sobald sie institutionalisiert wird, sich wieder in entfremdete Freiheiten einzelner Praxen auflöst. Das Ideal, das der Gruppenbildung innewohnen sollte, wäre eine organische Einheit der Praxis, die allerdings immer wieder in die Unüberwindlichkeit des Konfliktes des Individuellen mit dem Gemeinsamen führt. Die unaufgelöste Spannung zwischen einzelnem und Gemeinschaft, zwischen individueller Freiheit und deren Zusammenspiel mit der Freiheit des anderen ist letztlich nicht nur Grund der Begeisterung Sartres für die 68er Bewegung, die ihn im übrigen herzlich wenig ernst nahm, sondern auch Zeichen dafür, daß der von Sartre nahezu als notwendig in den Marxismus hineingeführte Denkweg sich als problematisch herausstellte.

Sartres Versuch in seiner nahezu monströsen Flaubert-Studie ›Der Idiot der Familie‹, die regressiv-progressive Methode an einem Fallbeispiel sichtbar zu machen und damit die individuelle Praxis neulich dialektisch mit dem Horizont des Allgemeinen zu verbinden oder, um

---

[21] J.-P. Sartre, Kritik der dialektischen Vernunft (vgl. Kurzbibliographie).

es präziser mit ihm selbst auszudrücken, „das einzelne Allgemeine:
Mensch" im Insgesamt seiner Bezüge darzustellen, ist im Grunde genommen nur eine Fortsetzung des bisherigen Planes, Freiheit im Horizont individueller Praxis aufscheinen zu lassen. Sartres detaillierte und
erstaunliche Methodenvielfalt, die er in dieser Studie zur Anwendung
bringt, muß freilich im gegebenen Zusammenhang beiseite gelassen
werden.

Wie auch immer – Sartre schien, will man vornehmlich den letzten
autobiographischen Äußerungen folgen,[22] seine Frühposition dabei
wieder wenn auch modifiziert und differenziert aufzugreifen. Sartres
Bemühen um ein ontologisches Auslegen der menschlichen Freiheit
mit allen existentiellen Folgen und Ansprüchen bedeutet das Affirmie-
ren einer Position, der es wie selten sonst im 20. Jahrhundert philosophisch und literarisch um den Menschen, seine Möglichkeiten und
seine Grenzen zu tun ist.

Es wäre darum zu gering angesetzt, wollte man Sartres Freiheitsphilosophie einfach als antibürgerlichen, in gewisser Nähe zu anarchistischen Positionen liegenden Individualismus bestimmen, der sich dann,
sich selbst durchschauend, in der Folge auf eine Konkretisierung eines
abstrakt-theoretischen Prozesses verlegt hat. Sartres Denken ist über
alle zeitgebundenen Entwicklungen und Ansätze hinaus zweifellos ein
Versuch, die Strukturen, Möglichkeiten und Grenzen der menschlichen
Freiheit philosophisch auszudrücken. Die Tatsache, daß Sartre die
Freiheit in den Mittelpunkt seines Denkens rückt, stellt sein Philosophieren sicherlich auch in eine Tradition des neuzeitlichen Denkens,
deren Stationen über Descartes und die Aufklärung zum Idealismus
des 19. Jahrhunderts und dessen Überwindung führten.

Damit ist die Frage, ob das Denken Sartres noch zeitgemäß sei angesichts einer Situation, in der Metaphysik und Ontologie im Denken der
Postmoderne eine freilich verwandelte Auferstehung feiern, sicher
nicht beantwortet. Es ist auch nicht einfach, über Aktualität oder Über-
holtheit einer derartigen Denkposition entscheiden zu wollen. Denn
Sartres Denken ist in seiner Kompromißlosigkeit auch dann schwer
einzuordnen, wenn man Kategorien wie Existentialismus, individueller
Marxismus oder dergleichen in Anschlag bringt. Der Ontologe Sartre,
der Dialektiker Sartre oder auch der sich einer allgemein humanwis-
senschaftlich-integrativen Analyse verschreibende Sartre lassen sich
aber sehr wohl in einem philosophischen Anspruch zusammenfassen,
der auch dem Intellektuellen Sartre und seiner ständigen, manchmal zu

---

[22] Vgl. dazu vor allem: Sartre über Sartre. Autobiographische Schriften, hrsg.
v. T. König, Bd. 2, Reinbek 1977.

Kopfschütteln Anlaß gebenden Bereitschaft zum politischen Engagement entspricht. Sartre hat nicht nur versucht, einer Grundstimmung des 20. Jahrhunderts und der trotz fortschreitender wissenschaftlicher Weltbeherrschung und sich ausbreitender Beförderung menschlicher Ansprüche und Bedürfnisse entstehenden Krisensituation zu antworten, indem er den Menschen auf seine ureigenen Möglichkeiten in einer Welt, die den Halt im Transzendenten verloren hat, aufmerksam machte. Darüber hinaus will er einem philosophischen Nachdenken in jener Dimension Wege weisen, die sich allen historischen Wandlungen zum Trotz als wesentlich herausstellte: ob dies nun sein Appell an den Humanismus, an die Freiheit, seine Ermunterung zum Wert des Individuellen oder seine Konsequenz aus dem bei ihm nicht bloße Phrase bleibenden Tod Gottes gewesen ist. Vielleicht läßt sich Einheit und Wandlung im Werk Sartres am besten durch zwei Stellen aus seinen Werken verdeutlichen, die eine Schaffensperiode von beinahe 40 Jahren umfassen. In seinem 1942 geschriebenen Theaterstück ›Die Fliegen‹ läßt Sartre Jupiter zu Ägist sagen: „Das ist das schmerzliche Geheimnis der Götter und der Könige, daß nämlich die Menschen frei sind. Wenn einmal die Freiheit in einer Menschenseele aufgebrochen ist, können die Götter nichts mehr gegen diesen Menschen. Denn das ist eine Menschenangelegenheit …"[23] Und in einem Interview aus dem Jahr 1975 formulierte Sartre: „Entweder geht der Mensch unter – dann wird man nur sagen können: in den zwanzigtausend Jahren, seit es Menschen gibt, haben einige vergeblich versucht, den Menschen zu erschaffen –, oder die Revolution gelingt und erschafft den Menschen, indem sie die Freiheit verwirklicht."[24]

Diese Selbstschöpfung des Menschen bleibt jene Utopie, zu der Sartre aufgebrochen war und deren Scheitern nicht allein die Widersprüche und Spannungen seines Werkes aufdeckt, sondern auch zeigt, bis zu welchen Grenzen ein Werk vorangetrieben werden kann.

Kurzbibliographie Sartre

La transcendance de l'Ego (1936/37), Paris 1965
Die Transzendenz des Ego. Philosophische Essays 1931–1939, hrsg. v. B. Schuppener, übers. v. U. Aumüller u. a., Reinbek 1982.
L'être et le néant. Essai d'ontologie phénoménologique, Paris 1943
Das Sein und das Nichts. Versuch einer phänomenologischen Ontologie, übers. v. J. Streller, Reinbek 1962 (Sigel: SN).

[23] J.-P. Sartre, Die Fliegen, übers. v. B. Baerlocher, Reinbek 1961, 47 f.
[24] Sartre über Sartre, ebd. 241.

L'existentialisme est un humanisme, Paris 1946
Ist der Existentialismus ein Humanismus? Übers. v. H. Schmitt, in: Drei Essays, Frankfurt a. M. 1981.
Critique de la raison dialectique (précédé de Question de méthode), Bd. I, Paris 1966
Marxismus und Existentialismus. Versuch einer Methodik, übers. v. H. Schmitt, Reinbek 1964 (rde 196)
Kritik der dialektischen Vernunft, Bd. I, übers. v. T. König, Reinbek 1967.
L'idiot de la famille. Gustave Flaubert de 1821 à 1857, 3 Bde., Paris 1971/72
Der Idiot der Familie. Gustave Flaubert 1821–1857, 5 Bde., übers. v. T. König, Reinbek 1977–1980.

MAURICE MERLEAU-PONTY

Phänomenologie an den Grenzen der Subjektivitätsphilosophie

Von ERICH CHRISTIAN SCHRÖDER

I

Je durchsichtiger und geschlossener die Lehre eines Denkers erscheint, die er der Nachwelt hinterlassen hat, um so leichter läßt sie sich von der Entwicklung seiner Grundfrage ablösen und „vorstellen", d. h. jemandem von außen ansichtig machen, der sie noch nicht in der Entfaltung ihres inneren Reichtums kennengelernt hat. Viele neigen dazu, solche ablösbaren Lehren für die Philosophie selbst zu halten – und Denker, deren Werk am leichtesten im Überblick darzustellen ist, für die bedeutendsten Philosophen.

Es könnte aber auch sein, daß die Freiheit und Originalität, mit der ein Denker die Herausforderungen seiner historischen Situation annimmt, ohne dabei zu einer bündig vorstellbaren Lehre zu gelangen, seine Größe ausmacht. Unter diesem Aspekt wäre es, wie ich meine, zu rechtfertigen, sich heute noch und immer wieder mit einer der unbequemsten, von einer objektivierbaren Lehre weit entfernt gebliebenen, aber in ihrer Grundhinsicht bemerkenswertesten und im einzelnen reichsten philosophischen Gestalten unseres Jahrhunderts einzulassen: mit Maurice Merleau-Ponty.

1908 in Rochefort-sur-Mer geboren, könnte er jetzt noch leben. Doch mit 53 Jahren wurde er durch einen plötzlichen Tod mitten aus der Arbeit an einem neuen großen Buch gerissen. Sein äußerer Werdegang ist von der Schulzeit bis zur Lehrtätigkeit auf dem Lehrstuhl Bergsons am Collège de France (ab 1952) bemerkenswert geradlinig. Nicht so sein Ringen um eine neue Philosophie.

Natürlich kann man sagen, welches sein zentrales Thema und sein methodischer Habitus gewesen ist: Sein Thema war das Verhältnis zwischen einem inkarnierten Bewußtsein und dem Sein selbst, und seine Methode war eine phänomenologische. Doch damit ist viel zuwenig oder viel zuviel gesagt, je nachdem, ob man die bezeichnenden Begriffe in irgendeinem traditionellen Sinn gebraucht oder nicht. Selbst wenn man den Gang der Entfaltung von Merleau-Pontys Denken beschreibt, indem man sagt: zuerst habe ihn der Zusammenhang von psychischen und physischen Phänomenen gefesselt, und er habe versucht, diesen Zusammenhang ohne naive Überzeugungen oder vorurteilsbehaftete theoretische Konstruktionen zur Erkenntnis zu bringen, später hingegen habe sich die Hoffnung auf Freilegung eines einheitlichen Strukturganzen aller wesentlichen Grunderfahrungen durch die Auseinandersetzung mit den Phänomenen verflüchtigt und der Sinn der phänomenologischen Hinsicht bis zur Unkenntlichkeit verändert, weil dem tiefer bohrenden Fragenden immer deutlicher geworden sei, daß den Erfahrungen selbst eine prinzipielle Vieldeutigkeit eignet, die allen begrifflich-theoretischen Fixierungsversuchen widerstreitet – selbst dann hat man lediglich genannt, was der Philosoph im Auge hatte, ohne etwas davon gezeigt zu haben, geschweige denn zu wissen, welches Motiv ihn gerade so fragen ließ und wieso die Annahme der Herausforderungen der Situation ihn gerade in diese Richtung und zu seiner eigentümlichen Hinsicht führte.

Freilich darf ich am Beginn dieser einführenden Darstellung die Trauben nicht zu hoch hängen, wenn wir uns nicht genötigt sehen wollen einzugestehen, sie seien uns zu sauer gewesen. Die Vorbemerkung soll nur die besondere Schwierigkeit andeuten, in das „Bewegungszentrum" dieser Philosophie zu gelangen, was die Übernahme einer von traditionellen Einstellungen (auch der phänomenologischen Philosophie) verschiedenen Hinsicht voraussetzt.

Wenn Merleau-Ponty in einer Arbeitsnotiz von Januar 1959 über „unseren Zustand der Nicht-Philosophie" spricht und sagt: „Die Krise war nie so radikal"[1] und wenn er sich in einer etwas späteren Aufzeichnung die Suche nach dem Ursprung „unserer Nicht-Philosophie … vermittels … einer Selbstbesinnung auf unsere Kultur, die Wissenschaft ist"[2], vornimmt, so erinnert das an Husserls späte Bemühung, die „Krisis der europäischen Wissenschaften"[3] zu verstehen und Wege zu ihrer Überwindung zu weisen. Aber während Husserl „die geschichtsphilosophische Idee (oder den teleologischen Sinn) des europäischen Menschentums"[4] in der Wissenschaft fand, deren bisherige historische Gestalten unter dem Einfluß der „positivistischen Reduktion der Idee der

---

[1] VI 219/215 (Die Ziffer vor dem Schrägstrich bezeichnet die Seitenzahl der französischen Originalausgabe, die hinter dem Schrägstrich diejenige der deutschen Übersetzung. – Vgl. Kurzbibliographie).

[2] VI 237/237.

[3] E. Husserl, die Krisis der europäischen Wissenschaften und die transzendentale Phänomenologie, Husserliana Bd. VI, hrsg. v. W. Biemel, Den Haag 1954.

[4] Ebd., 314.

Wissenschaft auf bloße Tatsachenwissenschaft"[5] schließlich in eine „'Krisis' der Wissenschaft als Verlust ihrer Lebensbedeutsamkeit"[6] geführt haben, die durch die phänomenologische Philosophie als „strenge Wissenschaft" – d. h. als letztbegründende und letztverantwortliche Erfüllung jenes teleologischen Sinnes – überwunden werden könne und solle, beurteilt Merleau-Ponty die Krise als so radikal, daß sie mit den traditionellen Mitteln philosophischer Reflexion nicht mehr darstellbar ist.

Ich will zunächst versuchen zu sagen, was ich damit meine, und zwar eher in freier Paraphrase als durch textnahe Interpretation. Wenn damit die Grundperspektive des Merleau-Pontyschen Denkens und Fragens ein wenig deutlich geworden sein mag, möchte ich den Sinn, den Merleau-Ponty für die philosophische Reflexion als Ursprung einer „neuen Philosophie" reklamiert, erörtern. In einem dritten und letzten Teil werde ich mich bemühen, die immer noch aktuelle Bedeutung dieses Denkens, wie ich sie sehe, in einem breiteren Strich anzudeuten.

II

Im Untertitel meines Beitrags ist die Rede von den Grenzen der Subjektivitätsphilosophie. Der Ausdruck „Subjektivitätsphilosophie" ist nun gewiß alles andere als eindeutig. Doch ist hier nicht der Ort, die Subjektivitätsphilosophie von Descartes bis Husserl und Sartre mit der Absicht auf zulängliche begriffliche Erfassung dieser Hauptströmung neuzeitlicher Philosophie darzustellen. Ich möchte sie vielmehr nur als Hintergrund nehmen, vor dem sich die Figur der Philosophie Merleau-Pontys besonders deutlich abhebt, weil sie aus ihm herauswächst und sich dabei in zunehmendem Maße kritisch zu ihm verhält. Dabei mag sich zwischen Figur und Hintergrund ein wechselseitig verdeutlichendes, ein „diakritisches" Verhältnis ergeben.

Im Vergleich mit den Verheißungen einer philosophischen Reflexion, wie sie seit Descartes die Grundlegung des Selbstbewußtseins, des Ich-denke oder Cogito, als ihren absolut gewissen Ausgangspunkt genommen und damit die endlich gelingende Erfüllung des Anspruchs auf sicheres Wissen in Aussicht gestellt hat, scheint die Reflexion bei Merleau-Ponty stets auf Paradoxes hinauszulaufen. So heißt es etwa in dem Text, an dem er gerade arbeitete, als er starb, und der unter dem Titel

[5] Ebd., 3.
[6] Ebd.

›Le visible et l'invisible‹ (›Das Sichtbare und das Unsichtbare‹) postum veröffentlicht wurde, an einer Stelle im 1. Kapitel: „Die Welt ist das, was ich wahrnehme, aber ihre absolute Nähe wird, sowie man sie prüft und ausdrückt, auf unerklärliche Weise auch zur unwiderruflichen Distanz."[7] Und in einer Randbemerkung schreibt Merleau-Ponty etwas weiter unten: „Gleichzeitig kann ich rechnen mit dem, was ich sehe, das eng verbunden ist mit dem, was der Andere sieht – alles spricht freilich dafür: wir sehen wirklich dasselbe Ding und das Ding selbst –, und gleichzeitig hole ich das Erleben des Anderen niemals ein. Die Welt ist der Ort, an dem wir zusammenkommen. Jeder Versuch, die Illusion des 'Dinges selbst' wiederherzustellen, stellt in Wirklichkeit den Versuch dar, auf meinen Imperialismus und auf den Wert *meines* Dinges zurückzukommen."[8]

Diese Zitate sind ohne ihren Kontext noch dunkel. Ich habe sie nur angeführt, um ihnen einen Wink zu entnehmen, der auf die Grundhinsicht der Reflexion Merleau-Pontys weist. Das Problem, das hier angedeutet wird, ist dasjenige „meines Imperialismus", d. h., des Imperialismus des Cogito, der sichere Erkenntnis verspricht, weil es ja „subiectum" aller Vorstellungen von Seiendem ist, d. h. das Seiende, soll es denn als Seiendes gewiß sein, in sich muß finden können – als mit sich vereinigt in Koinzidenz –, wobei das Subjekt in einer extremen Spannweite von Bedeutungen verstanden werden kann: sowohl als das, was das Seiende nur als seinen Eindruck kennt, dem es unterworfen („subjiziert") ist, wie auch als das, wofür es – das Ich – selbst Bedingung der Möglichkeit („transzendentales Subjekt") oder gar Bedingung der Wirklichkeit („absolutes Subjekt") ist. Diese prinzipielle Koinzidenzmöglichkeit spielt Merleau-Ponty mit dem Ausdruck „mein Imperialismus" an. Seine Reflexion auf die historischen Sinngestalten einer Koinzidenz zwischen Wahrnehmungssubjekt und Ding, zwischen dem Cogito und dem Seienden und den anderen, die zu einer Welt gehören, überhaupt führt zu der Frage, was hinter dem Willen zur Koinzidenz durch Erkenntnis als Motiv wirksam ist – und im Vollzug dieser Frage ergeben sich viele Paradoxien, die den Imperialismus der Koinzidenz allmählich korrodieren.

Daß seit dem 17. Jahrhundert die Erkenntnis zum Herrschaftsinstrument geworden ist, dürfte als Diagnose nicht mehr so befremdlich sein. Das hängt mit Anfang und Entfaltung der Subjektivitätsphilosophie zusammen. Zwar genügt der Hinweis auf häufig gebrauchte Zitate, von denen ich gleichwohl eine Auswahl anführen möchte, nicht, um den

---

[7] VI 23 / 23 f.
[8] VI 26/26.

durchgreifenden Wandel, der sich im Übergang zur Neuzeit ergeben hat und der in seinen Auswirkungen bis heute immer sichtbarer und bedrohlicher geworden ist, verständlich zu machen. Aber die Zitate können doch vielleicht wenigstens den Blick in die gemeinte Richtung dirigieren.

Vor 1620 begann Francis Bacon mit dem programmatischen Versuch einer großen Erneuerung der Wissenschaften auf dem Boden einer von anthropomorphen Vorurteilen zu befreienden Erfahrung, der dem Zweck dienen sollte, der Natur ihre Geheimnisse zu entreißen und sie so zu beherrschen. Am Anfang des ›Novum Organum‹ steht der bekannte Satz: „Natura enim non nisi parendo vincitur" („Denn wir besiegen die Natur nur dadurch, daß wir ihr gehorchen"); d. h., daß wir uns der Natur als Erkennende zu unterwerfen haben, indem wir unser von Vorurteilen gereinigtes Bewußtsein allein bestimmen lassen von ihren eigenen Strukturen und Gesetzen, um sie als Handelnde gemäß diesen Strukturen und Gesetzen rekonstruieren und damit beherrschen zu können.

René Descartes hat in seinem zuerst veröffentlichten ›Bericht über die Methode‹ (›Discours de la méthode‹) von 1637 für die Herstellung wirklich gewisser Erkenntnis die strengste Unterwerfung des menschlichen Geistes unter die Forderung nach mathematischer Klarheit und Distinktheit aller erkenntnisrelevanten Vorstellungen für unerläßlich gehalten und einer so geregelten „objektiven" Erkenntnis prophezeit, sie würde uns zu «maîtres et possesseurs de la nature», zu Beherrschern und Besitzern der Natur machen.

Gottfried Wilhelm Leibniz fand die eigentlichste Erkenntnis in derjenigen Definition von Seiendem, die „sowohl real als auch kausal (ist), weil sie dann die mögliche Erzeugung der Sache in sich schließt", wie es in seinem ›Discours de Métaphysique‹ (›Metaphysische Abhandlung‹) von 1686 heißt.

Und Kant schrieb ein Jahrhundert später in der ›Kritik der Urteilskraft‹ von 1790: „denn nur so viel sieht man vollständig ein, als man nach Begriffen selbst machen und zu Stande bringen kann". Die Reihe der Beispiele könnte fortgesetzt werden.

Allein solche Zitate sind, so isoliert, nur oberflächlich andeutend. Erst wenn man im historischen Zusammenhang sieht, welches Motiv diese Wendung zur Naturbeherrschung durch Erkenntnis hervorgetrieben hat, kann man sie in ihrer Tragweite ermessen. Das Motiv ist viel älter als die neuzeitliche Philosophie. Es trägt die ganze okzidentale Geistesgeschichte und stammt aus der Antike. Ich kann es nur kurz andeuten.

Nach Platon und Aristoteles ist der Mensch – der Sterbliche – ein natürliches Lebewesen, das zugleich am Göttlichen teilhat, nämlich sofern die Vernunft seine Wesensauszeichnung ist und es daher in der freien, d.h. nicht zu irgendeinem praktischen Zweck nützlichen, Erkenntnis des göttlichen Seins sich dem Gott angleichen und auf diese Weise die Sterblichkeit mit all ihrem Elend zwar nicht völlig zu überwinden, aber ins Erträgliche zu relativieren vermag. Diese „Revolution der Denkungsart" ist der Ursprung des europäischen Geistes. Um ihre Amplitude vorläufig zu taxieren, mag man sich vergegenwärtigen, daß in der Darstellung der mythischen Religion der Griechen in ihrer klassischen antiken Dichtung die Anmaßung von Göttlichkeit – Hybris – das schlimmste der menschlichen Verbrechen und der ständige Grund sich rächender Schuld in der Tragödie war. (Es ist in diesem Zusammenhang vielleicht tunlich, daran zu erinnern, daß auch in der jüdischen Religion das Essen vom Baum der Erkenntnis, also das Seinwollen wie Gott, mit der Vertreibung aus dem Paradies geahndet wurde.)

Das Grundmotiv der Angleichung an das Göttliche durch theoretisch-selbstgenügsame Vernunfterkenntnis hat sich in mannigfachen Wandlungen als bestimmendes in der europäischen Geistesgeschichte durchgehalten, was sich besonders eindrucksvoll in der Versöhnung und Verschmelzung von philosophischem Erkenntnisanspruch und christlichem Glauben – nach anfänglicher entschiedener Gegnerschaft bei Paulus und den ersten Kirchenvätern – im Laufe des Mittelalters zeigt.

Die Verschmelzung von philosophischem Wissenwollen und christlichem Glauben führt zu einer bedeutsamen Wandlung des Gottesverständnisses selbst: Aus dem Gott, der als die immanente Weltvernunft die ungeschaffene, ewige Physis ordnend in Bewegung hielt – aber auch aus dem Gott, der am Anfang Himmel und Erde unbegreiflicherweise allein durch das Wort seines Geistes ins Sein rief –, wurde der extramundane Hersteller des Universums, wie Thomas von Aquin es mit aristotelischen Denkmitteln durch Analogie mit dem menschlichen artifex – dem Hersteller von Werken – zu begreifen versuchte. Und damals – bei Thomas im 13. Jahrhundert – war der Gedanke schon deutlich, daß die gewisseste Erkenntnis diejenige des Herstellers in bezug auf sein Werk ist.[9]

Wenn nun das Grundmotiv der Angleichung an das göttliche Sein und Wirken durch theoretisch-selbstgenügsame Erkenntnis immer noch in Kraft ist, dann nimmt die theoretische Erkenntnis selbst einen

---

[9] Vgl. z.B. Thomas von Aquin, Quaestiones disputatae de veritate, qu. II, art. 5.

technisch-herstellenden Grundzug an – und das kann man an der neuzeitlichen Erkenntnisidee und ihrer Verwirklichung in den Wissenschaften verfolgen.

Solange die theologisch-metaphysische Begründung alles Wissens
auch in den Wissenschaften noch allgemein bewußt und akzeptiert
war, d. h., solange ein mathematischer Physiker wie Newton z. B. noch
vom absoluten Raum als „sensorium dei" („Sinnlichkeit Gottes") sprechen konnte, war eine Haltung des Sichbestimmenlassens vorherr-
schend, welche die Subjektivität primär im Unterworfensein des
menschlichen Bewußtseins unter die „göttliche" Ordnung der Natur
und *damit* unter die methodische Selbstdisziplin objektiver Erkenntnis
erblickte, wenngleich in der Absicht, letzten Endes das Paradies als
Herrschaft über die Natur kraft der „göttlichen" Mitgift des Erkennt-
nisvermögens wiederherzustellen.

Wenn aber damit gleichzeitig die Macht dieser methodischen Selbstdisziplin objektiver Erkenntnis, der Rückzug auf das Ich-denke des
Selbstbewußtseins als auf die einzige Bühne für das Auftreten von
Wirklichem überhaupt als Grund des Erfolgs in der Rekonstruktion natürlicher Prozesse erfahren wird, dann tritt allmählich die theologische
Basis des Erkenntnismotivs in den Hintergrund. Die Entscheidung, nur
das als wahrhaft wirklich gelten zu lassen, was im Fortschrittsprozeß
rücksichtsloser Objektivierung der Natur zu zählen vermag – also auf
der Subjektseite das sich zur freien Bühne reduzierende, von allen stö-
renden Einmischungen des menschlichen Lebens gereinigte wissenschaftliche Bewußtsein, auf der Objektseite das zum mathematisch Be-
rechenbaren reduzierte Seiende – diese Entscheidung läßt den Menschen mehr und mehr als allmächtigen Manipulator, Beherrscher und
Ausbeuter der Natur (auch seiner eigenen „Natur") erscheinen. Das
Streben nach Gottgleichheit, das seinen eigentlichen Kern – die angst-
bestimmte Verweigerung einer Anerkennung und damit einer Erkenntnis der menschlichen Endlichkeit – immer deutlicher enthüllt, zeitigt
nicht mehr nur neue metaphysische Theorien, sondern eine reale Veränderung der Welt mit katastrophaler Tendenz.

Der im Todesjahr veröffentlichte Essay Merleau-Pontys ›Das Auge
und der Geist‹ beginnt mit den Sätzen: „Die Wissenschaft manipuliert
die Dinge und verzichtet darauf, sie zu bewohnen. Sie macht sich von
ihnen interne Modelle, arbeitet nach deren Unterscheidungsmerkma-
len oder Variablen die durch die Definition dieser Modelle erlaubten
Umformungen aus und stellt sich dabei nur ab und zu der wirklichen
Welt. Sie ist und ist immer gewesen dieses bewundernswert aktive, er-
finderische, unbekümmerte Denken, dieser Entschluß, jedes Seiende
als 'Objekt schlechthin' zu behandeln, d. h. zugleich so, als wenn es uns

gar nichts anginge und doch für unsere Kunstgriffe prädestiniert
wäre."[10]

Von Anfang an war Merleau-Pontys Denken darauf aus, gegen diese
Tendenz der Wissenschaften, die er im übrigen keineswegs mißachtet,
den Eigensinn des Seienden zur Geltung zu bringen, auf die „Sachen
selbst" hinzuschauen und sie sozusagen ausreden zu lassen. Von einer
solchen Absicht her wird es verständlich, daß er von der „phänomenologischen Bewegung", deren Feldruf ja „Zu den Sachen selbst!" lau-
tete, stark geprägt wurde. Aber er hielt dabei im Auge, daß das phänomenologische Erkennen nicht selbst wiederum dem Anspruch der Subjektivitätsphilosophie auf Positivität, durchgehende Koinzidenz von
erkennendem Subjekt und erkanntem Objekt und vollständigem Überblick (und damit auf Herrschaft über das Seiende) erliegen dürfe. Für
eine neue Philosophie war es nach seiner Einsicht unerläßlich und vor-
dringlich, entgegen dem Grundzug einer so langher wirkenden Geschichte die „Fähigkeit des Vernehmens, das nicht herrschen will"[11]
auszubilden. Der Vorbehalt, daß die neue und andere phänomenologische Reflexion die Subjektivitätsphilosophie solle überwinden können,
bestimmte auch Merleau-Pontys Verhältnis zur Phänomenologie Husserls und führte zu der immer deutlicher werdenden Erkenntnis, daß
die Krise, die „noch nie so radikal" war, eine Krise des „göttlichen"
Herrschaftsanspruchs der Subjektivitätsphilosophie, ihrer Vorläufer
und ihrer Töchter, der neuzeitlichen Wissenschaften, ist, deren folgen-
schwere Zukunftsperspektive eine radikale Wandlung der Erkenntnis-
einstellung verlangt, zu der an erster Stelle eine neue Einsicht in die wesenhafte Endlichkeit menschlichen Weltdaseins gehört, welche einen
Verzicht auf Gottähnlichkeitsanspruch – in welchem Sinn auch immer –,
auf jede Konstruktionseuphorie des theoretischen Denkens, auf das
eigentliche Koinzidenzstreben im Wissenwollen als möglich und notwendig erscheinen läßt. Das menschliche Erkennen sollte seine (seit
der Antike bekannte, aber noch nicht verstandene) Endlichkeit nicht
mehr als etwas zu Überwindendes, sondern als seine eigene Ermöglichung begreifen. In der Arbeit an dieser Aufgabe bedient sich Merleau-

---

[10] M. Merleau-Ponty, L'œil et l'esprit, in: Les Temps Modernes, 17e année,
numéro spécial 184–185, Paris 1961, 193; dt. üb. in: M. Merleau-Ponty, Das
Auge und der Geist, Philosophische Essays, hrsg. u. übers. v. H. W. Arndt, Reinbek 1967, 13, Neuaufl. Hamburg 1984 (Sigel: OE).
[11] Die zitierte Formulierung stammt von L. Landgrebe, Der Weg der Phänomenologie. Das Problem einer ursprünglichen Erfahrung, Gütersloh 1963, 141.
Landgrebe gehört zu den deutschen Phänomenologen, welche die Phänomenologie aus dem Bannkreis der Subjektivitätsphilosophie hinauszuführen versuchen.

Ponty der methodischen Möglichkeiten der Phänomenologie, ohne jedoch deren ursprünglichen Husserlschen Anspruch auf „strenge Wissenschaftlichkeit", der nun auch noch als später Ausdruck der Koinzidenzphilosophie erscheint, beizubehalten. Er gibt so der Phänomenologie ein eigentümliches Gepräge, in dem das stets sich noch verfeinernde Gespür für das Imperialistische der bisherigen Philosophie, für deren verhängnisvolle Neigung, sich das Seiende in einer «pensée de survol», in einem es überfliegenden, es überfallenden Denken anzueignen, zum wirksamsten kritischen Potential wird.

<h1 style="text-align:center">III</h1>

Wenn gesagt wird, daß bei Merleau-Ponty das menschliche Erkennen seine Endlichkeit nicht als zu überwindende Beschränkung, sondern ihre Schranken zugleich als seine eigene Ermöglichung zu verstehen versuche, daß also die Grundintention dieser Philosophie auf Akzeptieren und Bejahen der Endlichkeit aufgrund eines neuen Verständnisses ihres Wesens und damit gegen jede Aspiranz auf Gottähnlichkeit geht, so ist das natürlich noch nicht einmal als bloße Behauptung verständlich. Ich möchte daher in diesem Teil meiner Ausführungen versuchen, die Behauptung am Leitfaden der von Merleau-Ponty entfalteten Reflexionsproblematik wenigstens andeutungsweise zu erläutern.

Ich sagte eingangs bereits, daß Merleau-Ponty sich zwar wie Husserl „radikale Reflexion" vornimmt, daß er sich aber genötigt sieht, sie in ihrem Sinn und in ihrer Leistungsfähigkeit entsprechend seiner „antiimperialistischen" Denkhaltung ganz anders aufzufassen.

Husserl war davon überzeugt gewesen, daß die „Krisis der europäischen Wissenschaften" nur überwunden werden könne, indem eine „radikale Reflexion" als Rückgang auf letztbegründende, im strengsten Hinblick auf das sich von sich her Zeigende, eben das Phänomenale in aller Erfahrung, Erkenntnis und Praxis, herzustellende absolute Evidenzen den gemeinsamen Ursprung von Erkenntnis und Lebenssinn der Menschen in einem transzendentalen Ur-Subjekt enthülle und damit allem theoretischen „Wissen um seiner selbst willen" in Philosophie und Wissenschaften seine „Lebensbedeutsamkeit" zurückerstatte. Husserl meinte, daß die Welt, die Dinge, die anderen und ich selbst, so wie ich sie rein phänomenologisch – also in ihrem Sinn – erfahren und verstehen kann, Produkte einer ursprünglichen Konstitution seien, daß die philosophische Reflexion daher das Konstitutionsprinzip entdekken könne, d.h., daß die Reflexion mit diesem zusammenzufallen, zu

ko-inzidieren vermöchte. Das würde voraussetzen, daß das Konstitu-
tionszentrum als Ursprung alles Sinnes ein transzendentales Ur-Ich
wäre, das als bisher latent gebliebenes, aber aufklärbares, sich selbst
konstituierendes Bewußtsein in der untersten Fundierungsschicht unserer je eigenen menschlichen Subjektivität freizulegen ist, wenn wir
uns nur in eine phänomenologische, also rein hinsehende Einstellung
versetzen.

Dieser Gedanke macht verständlich, wieso Husserl den Anfang der
philosophischen Reflexion in einem freien Entschluß finden konnte.
So heißt es z. B. in seinem Buch ›Ideen I‹[12] von 1913: „Anstatt nun in
dieser (scil. der natürlichen) Einstellung zu verbleiben, wollen wir sie
radikal ändern."[13] Eine solche Änderung sei „Sache unserer vollkommenen Freiheit"[14].

Freilich, wenn die Reflexion von der natürlichen Erfahrung zurück
zu den letzten Konstitutionsgründen und der Weg der ursprünglichen
Konstitution vom transzendentalen Ur-Ich „vorwärts" bis zur natürlichen Erfahrung zur Deckung gebracht werden können und nur rich-
tungsverschieden sein sollen, wenn also mein individuelles, aktuelles
Bewußtsein mit dem konstituierenden Ur-Ich soll koinzidieren können,
dann mag ein freier Entschluß genügen, um eine Konstitutionstheorie
auf den Weg zu bringen, die endlich in strenger Gewißheit und völliger
Transparenz erfaßt, was die Welt im Innersten zusammenhält, und die
damit auch die Krisis der europäischen Rationalität überwinden
könnte.

Für Merleau-Ponty hingegen ist die Vorstellung eines allen Seinssinn
konstituierenden Urbewußtseins, mit dem unser Denken koinzidieren
könnte, ein deutlicher Ausdruck des imperialistischen Habitus der bisherigen Philosophie. „Die Suche nach den Möglichkeitsbedingungen
ist grundsätzlich später als eine aktuelle Erfahrung, und daraus folgt:
selbst wenn man nachträglich das 'sine qua non' dieser Erfahrung
streng bestimmt, so wird sich dieses dennoch niemals von seinem ange-
borenen Makel befreien können, erst *post festum* entdeckt worden zu
sein, noch kann es dasjenige werden, was diese Erfahrung positiv begründet."[15] Im Lichte dieser Einsicht erscheinen die bisherigen Bemü-

---

[12] Das ist der übliche Kurztitel von: E. Husserl, Ideen zu einer reinen Phänomenologie und phänomenologischen Philosophie. Erstes Buch: Allgemeine
Einführung in die reine Phänomenologie, zuerst ersch. als I. Bd. des Jahrbuchs
für Philosophie und phänomenologische Forschung, Halle (Saale) 1913, jetzt
in: Husserliana Bd. III, hrsg. v. W. Biemel, Den Haag 1950.
[13] Ebd., 63, bei Husserl hervorgehoben.
[14] Ebd., 65, bei Husserl hervorgehoben.
[15] VI 69/68.

hungen einer transzendentalen Reflexionsphilosophie als naiv. „Durch die Reflexion findet das in seine Wahrnehmungen verlorene *Ich* sich selbst wieder, indem es diese Wahrnehmungen als Gedanken wiederfindet."[16] D.h., es kann als reflexiv bewußtes Selbstbewußtsein gar nicht völlig identisch werden mit dem in seine Wahrnehmungen, die eben als solche nicht Gedanken sind, verlorenen Ich. So verfehlt die Reflexion „ihre Aufgabe und ihren Radikalismus, der ihr Gesetz ist: denn die Bewegung der Wiedereroberung, der Rückgewinnung, der Rückkehr zu sich selbst, der Fortgang zur inneren Adäquation, selbst das Bestreben, mit einem erschaffenden Prinzip zu koinzidieren, das wir selbst schon sind ..., – alle diese nachträglichen Operationen der Re-konstitution oder der Wiederherstellung können prinzipiell kein Spiegelbild der inneren Konstitution und des Zustandekommens (scil. der Dinge und der Welt) sein ...: Die Reflexion gewinnt alles zurück außer sich selbst als das Bestreben der Rückgewinnung, sie klärt alles auf außer ihrer eigenen Rolle."[17]

Die Naivität der bisherigen transzendentalen Reflexion liegt in ihrer Meinung, sie könne ihre „Gegenstände" unberührt, unverändert so rekonstruieren, wie sie von einem transzendentalen Ursprung konstituiert worden seien, darin, daß sie meint, „unsere ursprüngliche Verbundenheit mit der Welt nur verstehen zu können, indem sie sie *auseinandertrennt,* um sie dann *wiederherzustellen,* indem sie sie konstituiert und verfertigt"[18]. Was hier also die Naivität ausmacht, ist die nicht begründbare Überzeugung, daß das reflexive Denken mit dem wirklichen Sein koinzidieren könne in dem Versuch, „die existierende Welt auf ein *Denken* der Welt zu gründen"[19], da sich die Reflexion doch „in jedem Augenblick aus der vorgängigen Gegenwart der Welt, der sie tributpflichtig ist und aus der sie ihre ganze Energie bezieht, nährt"[20]. M. a. W.: Die Naivität liegt in dem Glauben, daß „unsere ursprüngliche Verbundenheit mit der Welt" überhaupt und in der Tat auseinandertrennbar, analysierbar wäre.

Diesem Glauben liegt die Vorstellung zugrunde, daß die Welt und jedes Ding und auch unser Bewußtsein aus lauter positiven Elementen mit vollständiger Bestimmtheit und eindeutigem (begrifflich adäquat fixierbarem) Sinn zusammengesetzt sei (daß also die Welt und das Sei-

---

[16] VI 68 / 68.
[17] VI 55/54. (Die Übersetzung ist hier und gelegentlich in späteren Zitaten v. Vf. leicht verändert worden.)
[18] VI 54/53.
[19] VI 55/55.
[20] Ebd.

ende wenigstens „an sich" für irgendein begriffliches Denken – und sei
es ein göttliches – in ihrer Existenz und in ihrer Genese vollkommen
transparent werden könnten). Doch dem phänomenologischen Blick
Merleau-Pontys zeigt sich vielmehr, daß fixierbare Bedeutungen,
begrifflich faßbare Sinneinheiten nur Kristallisationen der lebendigen
Sinngenese unseres Weltlebens sind, die aus der nicht objektivierbaren
Liquidität des aktuellen Erfahrungsvollzuges aus-fallen (so wie ein Salz
aus einer Lösung ausfällt) und als Sedimente die relativ stabile Vergangenheit unseres Sehens, Denkens und Erfahrens ausmachen, an denen
das Bewußtsein seinen Anhalt hat. Aber diese Aus-fällungen sind ohne
den fungierenden Erfahrungsfluß nicht möglich, und ebensowenig gelangen wir durch ihre Elementaranalyse auf diesen Erfahrungsfluß zurück.

Die Welt unserer jeweils aktuellen, lebendigen Erfahrung ist ein Feld
von „*Dimensionen*, Artikulationen, Ebenen, Scharnieren, Angeln, Kon-
figurationen"[21], die nicht jeweils für sich genommen eine positive Bedeutung haben, sondern die durch die Beziehungen zwischen ihnen
einander erst bedeutsam machen, sich einen Sinn stiften. Und Merleau-
Ponty hat sich von Anfang an und in immer neuen Annäherungen bemüht, diese „Sinnflora" zu beschreiben, den Reichtum der Erfahrung
und ihrer Aussparungen, Abschattungen, symbolischen und metapho-
rischen Beziehungen zu beschwören, die Wahrnehmung, die Erfahrung, das Denken daraufhin zu *befragen*. Phänomenologische Reflexion ist im Gegensatz zur überkommenen transzendentalen Reflexion
so gerade nicht Rekonstruktion unserer Lebenspraxis aus ihren nur positiven Elementen, sondern *Befragung* („interrogation", ein Wort, das
im Fragment ›Das Sichtbare und das Unsichtbare‹ zu mehreren Kapi-
telüberschriften dient).

„Befragung" ist mithin das Programm einer Philosophie der Endlichkeit, die nicht das Seiende beherrschen, sondern dem noch nicht in
positiven Bedeutungen kristallisierten, dem noch stummen, vorprädikativen Sein («être brut») begegnen will. Ein Satz aus Husserls Schrift
›Cartesianische Meditationen‹ hat Merleau-Ponty immer wieder fasziniert, aber auch seinen Argwohn erweckt: „Der Anfang ist die reine
und sozusagen noch stumme Erfahrung, die nun erst zur reinen Aus-
sprache ihres eigenen Sinnes zu bringen ist."[22] Fasziniert hat Merleau-
Ponty die paradoxe Aufgabe der Philosophie, die „noch stumme Erfahrung" zur Sprache zu bringen, sein Argwohn galt dem Optimismus, in

---

[21] VI 277/284.
[22] E. Husserl, Cartesianische Meditationen, Husserliana Bd. 1, hrsg. v.
S. Strasser, Den Haag 1950, 77.

solchem Zur-Sprache-Bringen könnte es zur wirklichen Koinzidenz der stummen Erfahrung mit dem, was wir darüber sagen können, kommen. Zwar beziehen sich alle aussprechbaren Bedeutungen „auf ein Universum des unbearbeiteten Seins und der Koexistenz, in das wir immer schon geworfen sind, seit wir sprechen und denken", aber „dieses Universum selbst läßt prinzipiell kein objektivierendes oder reflexives Vorgehen der *Annäherung* zu, denn es ist stets auf Distanz, am Horizont, latent oder verborgen. ... Das wirkliche, gegenwärtige, das letzte und erste Seiende, das Ding selbst, kommt zu durchsichtiger Klarheit grundsätzlich nur durch seine Perspektiven hindurch, es bietet sich nur demjenigen dar, der es nicht haben, sondern sehen will, ... der bereit ist, es sein zu lassen ... es verbietet sich, in der Philosophie von *Lösung* zu sprechen: als Annäherung an das Ferne als Fernes ist die Philosophie auch Frage an das, was nicht spricht. Sie befragt unsere Erfahrung der Welt auch daraufhin, was die Welt ist, bevor sie etwas ist, von dem man spricht, und wie sie sich von selbst versteht, bevor sie auf einen handlichen und verfügbaren Bedeutungszusammenhang reduziert worden ist; sie stellt diese Frage an unser stummes Leben, sie richtet sich an jene Mischung zwischen der Welt und uns, die der Reflexion vorausgeht ... Doch im übrigen, was sie bei diesem Rückgang auf die Quellen findet, spricht sie aus. ... Wenn dieses Paradox keine Unmöglichkeit ist und wenn die Philosophie dennoch sprechen kann, so deshalb, weil die Sprache nicht nur die Bewahranstalt fixierter und erworbener Bedeutungen ist, sondern weil ihre Akkumulationskraft selbst aus einer Fähigkeit der Vorwegnahme oder des Voraushabens stammt ... und weil die entstehende Sprache, zumindest auf indirekte Weise" – im Text heißt es «latéralement», d. h. nicht geradezu, sondern sozusagen von der Seite her – „eine Ontogenese zum Ausdruck bringt, an der sie selbst teilhat. Aber daraus ergibt sich, daß die reichhaltigsten Begriffe der Philosophie nicht notwendigerweise diejenigen sind, die in sich einschließen, was sie sagen, es sind eher die, die sich am energischsten dem Sein öffnen..."[23]

Philosophische Reflexion in diesem neuen Sinne schert also aus der Unmittelbarkeit des Aufgehens in einer Praxis aus, aber nicht aufgrund eines „freien Entschlusses", sondern weil die Praxis unseres Weltlebens selbst zur Auslegung drängt, um ihren Sinn darin zu vollenden, weil sie selbst ständig zu einem „Bruch in unserem Vertrautsein mit der Welt" neigt, wie es in der ›Phänomenologie der Wahrnehmung‹[24] heißt. Doch das besagt, daß der Philosophie prinzipiell die Möglichkeit genommen

---

[23] VI 137–139/137f.
[24] PhW VIII/11 (vgl. Kurzbibliographie).

ist, mit der Praxis, deren Sinn sie auslegt, zu koinzidieren. Von den Vorurteilen der bisherigen Subjektivitätsphilosophie her gesehen würde
das die Unmöglichkeit von eigentlicher Erkenntnis bedeuten, denn die
Koinzidenz von Denken und Sein war deren erster Glaubensartikel.
Wenn man sich aber von diesem „Glauben" löst, dann zeigt sich, daß
sich menschenmögliche Erkenntnis des Seins eben nur ergibt aus dieser
grundsätzlich exzentrischen Position des Denkens zum lebendigen
Vollzug des Seins, die Merleau-Ponty in dem mehrfach zitierten nachgelassenen Fragment eine „privative Nicht-Koinzidenz", eine „Koinzidenz aus der Ferne" genannt hat.[25] An anderer Stelle habe ich diese
wichtige Wendung etwa folgendermaßen zu erläutern versucht[26]: Bewußtsein und Wirklichkeit können nur auf eine Weise übereinstimmen,
die grundsätzlich der Vollendung beraubt bleibt, nämlich wegen des
Bruchs in der Vertrautheit mit der Welt, wegen des Ausscherens aus
dem Aufgehen in einer lebendigen Praxis, aus dessen Distanz heraus
überhaupt erst Seiendes als solches offenkundig werden kann. Diese
Offenkundigkeit des „etwas als etwas" – im weitesten Sinne verstanden
und auf jede mögliche Praxis bezogen – verdankt sich somit einer „Privation". Aber dieser Privation ist es eigentümlich, die Offenheit der
Welt, unsere Offenheit für die Dinge, für die anderen (und auch eines
jeden für sich selbst) ständig gegen das Gefälle zur Unmittelbarkeit des
Lebensvollzuges auseinanderzuhalten und auszulegen. Der Anspruch
der Reflexion geht auf positive Koinzidenz mit dem Wirklichen.
Diesen Anspruch kann sie indessen nur erheben, weil sie ja aus der in
jeder fungierenden Praxis immer schon geschehenen Koinzidenz entspringt, heraus-springt, indem sie auf diejenige Distanz geht, aus der
überhaupt erst etwas zu denken ist. So hat sie ihr Ziel gleichsam immer
im Rücken und kann es deswegen nie erreichen. Aber dieser Sachverhalt stiftet allererst den Zugang zum Seienden als solchen, zu seinem
Verständnis „als etwas". – Auf den tieferen Grund für die prinzipielle
Unerreichbarkeit einer Koinzidenz von Denken und Sein kann hier nur
gerade noch hingewiesen werden. Er stand Merleau-Ponty schon früh
vor Augen. Bereits in der ›Phänomenologie der Wahrnehmung‹ sprach
er von dem „Paradox der Zeit"[27]. Wir reden zwar von *der* Zeit, als könnten wir sie als ganze überblicken und objektivieren, aber „von meiner

---

[25] Vgl. VI 166/165.
[26] Vgl. v. Vf.: „Jede Rede ist Schweigen". Annäherung an Merleau-Ponty's
Hermeneutik der Erfahrung, in: Sein und Geschichtlichkeit – Karl-Heinz Volk-
mann-Schluck zum 60. Geburtstag, hrsg. v. I. Schüßler u. W. Janke, Frankfurt a. M. 1974, 154.
[27] PhW 419/418.

Zeit kann ich nie wirklich Besitz ergreifen, ehe ich mich nicht gänzlich
verstehe, und dieser Augenblick kann niemals kommen, denn käme er,
so wäre er immer noch bloß ein Augenblick, von einem Zukunftshorizont umgeben, der seinerseits der Entfaltung bedürfte, um verstanden
zu werden"[28]. Auf dieses Paradox bezieht sich die Rede von der „Ver-
wurzelung des objektiven Seins in den Zweideutigkeiten der Zeit"[29]:
„Ich kann die Welt nicht verstehen als eine Summe der Dinge, noch die
Zeit als eine Summe punktförmiger 'Jetzt', da kein Ding sich in seinen
vollen Bestimmtheiten darbieten kann, wenn nicht die anderen Dinge
sich in die Vagheit der Ferne zurückziehen, kein Gegenwärtiges sich
darbieten kann in seiner Wirklichkeit, ohne die gleichzeitige Gegenwart von vorangegangenem und künftigem Gegenwärtigen auszu-
schließen, und somit eine Gesamtheit von Dingen oder Gegenwärtigem
ein Unsinn ist."[30] Daher heißt „ein Ding erleben, weder mit ihm koinzidieren noch es denkend gänzlich durchdringen"[31]. Denn mit dem erleb-
ten Ding zu koinzidieren würde bedeuten, mit ihm identisch zu werden,
sozusagen in ihm aufzugehen; aber dann fehlte uns die Distanz, aus der
heraus wir es als etwas, das einen Sinn, eine Bedeutung hat, auffassen
könnten. „Erleben" (Erfahren) besagt also nicht „koinzidieren", sondern den Dingen „den Hohlraum, den freien Raum gewähren, den sie
einfordern"[32], um als etwas, das einen Sinn hat, das überhaupt verstanden werden kann, erscheinen zu können. Ebensowenig bedeutet „erleben" des Seienden aber auch eine völlige denkende Durchdringung,
also seine Aufhebung mit allem, was es ist und was an ihm und mit ihm
ist, ins denkende Bewußtsein, denn in diesem Fall büßte es die Transzendenz und Verschlossenheit seines An-sich-Seins, seinen Eigensinn
und seine ontologische Selbständigkeit ein, was alles ja doch zum Sinn
eines erfahrenen Wirklichen gehört. Dieses Weder-Noch einer Koinzidenz, bei der das „Erleben" im Ding verschwindet oder das Ding völlig
im Bewußtsein aufgeht, ist zugleich ein Sowohl-Als-auch: sowohl
Koinzidenz auf Entfernung, der Vollendung beraubt („privative Nicht-
Koinzidenz"), als auch denkende Erfassung von Sinn, aber grundsätzlich eingeschränkte, die das Ding in seiner Transzendenz
beläßt.

Unsere ganze leiblich vermittelte Erfahrung weist diese Zweideutigkeit auf: Wir sind niemals nur Objekt, Sache, Ding, und wir sind nie nur

---

[28] PhW 398/397.
[29] PhW 384/384.
[30] Ebd.
[31] PhW 376/376.
[32] VI 138/137.

Subjekt, für sich selbst transparentes Bewußtsein – und andererseits: das Seiende ist niemals nur Konstitutivum eines (transzendentalen oder göttlichen) Bewußtseins und aber auch nie nur reines, in sich verschlossenes An-sich. Erfahrung, Erkenntnis, Verständnis des Wirklichen ohne Abschattungen und ohne Undurchdringlichkeit ist unmöglich, weil keine noch so bemühte Reflexion die Undurchdringlichkeit der Dauer, die sich zwischen eine gelebte Existenz und ihre reflexive Betrachtung schiebt, überwinden kann. Die Zweideutigkeit der Zeit ist fundiert in der ur-sprünglichen Dissoziation von Gegenwart und Vergangenheit und Zukunft, die sich ständig als „Übergangssynthese" vollzieht und welche der eigentliche Vollzug unserer Existenz, unseres Lebens, Leibens und Bewußt-seins ist: „Die zeitliche Perspektive, die Konfusion der zeitlichen Ferne, diese Art 'Verschrumpelung' der Vergangenheit, deren Grenze die Vergessenheit ist, sind nicht Zufälle des Gedächtnisses, nicht Ausdruck der Degradierung eines im Prinzip totalen Zeitbewußtseins in seiner empirischen Verwirklichung, sondern Ausdruck einer anfänglichen Zweideutigkeit: Behalten ist ein Halten, aber auf Abstand. Nochmals: die 'Synthesis' der Zeit ist eine Übergangssynthese, die Bewegung eines sich entfaltenden Lebens, und sie ist auf keine Weise zu vollziehen als durch das Leben dieses Lebens, es gibt keinen Ort der Zeit, die Zeit ist es selbst, die sich selber trägt und immer neu hervorbringt."[33] Das aber heißt: „Zeitlichkeit ist keine mindere Existenz. Objektives Sein vielmehr ist nicht volle Existenz."[34]

Die Reflexion, die nach Merleau-Ponty wirklich radikal ist und ihre eigene Rolle mitreflektiert, darf den naiven wie den objektivistischen Weltglauben „nur außer Kraft setzen, um die *Welt zu sehen*, ... sie muß das Geheimnis unserer wahrnehmungsmäßigen Bindung an die Welt in dieser selbst suchen, sie muß die Worte dazu benutzen, um diese vorlogische Bindung zu *sagen* (scil. darauf hinzuweisen), sie muß sich in die Welt versenken, statt sie zu beherrschen ..., sie muß die Welt befragen ..."[35]. Damit ist angedeutet, wieso die Endlichkeit unseres Seinsverstehens, die in dem unaufhebbaren Vorenthalt der vollendeten Koinzidenz besteht, zwar eine Beschränkung bedeutet; aber darin etwas zu sehen, was überwunden werden sollte, beruht auf einer Verkennung dessen, daß sie zugleich die Ermöglichung aller Offenkundigkeit des Seins und aller unserer Offenheit für Sein ist.

[33] PhW 483 f. / 481.
[34] PhW 383/383.
[35] VI 61/61.

IV

Vielleicht haben die vorangehenden Ausführungen wenigstens ahnbar gemacht, daß bei Merleau-Ponty ein neues Verständnis von Philosophie angebahnt ist, demzufolge Wahrheit nicht mehr transzendentalsubjektiv gestiftete vollendbare Übereinstimmung von Denken und Sein wäre, aufgrund deren das Denken die Herrschaft über das Seiende übernehmen könnte, sondern „privative Nicht-Koinzidenz", eine sehr indirekte, „laterale" und prekäre Beziehung zwischen Denken und Sein, die dem Traum von einer universalen Herrschaft durch Wissen angesichts des Reichtums an Artikulationen des Seins, an Dimensionen der Seinserfahrung und im Blick auf die niemals völlig aufzulösende „Undurchdringlichkeit der Welt" ein Ende zu machen geeignet wäre.

Das heißt nun aber nicht, daß Merleau-Ponty die Wissenschaften, die das Wirkliche zu manipulieren lehren, anhalten oder abschaffen möchte. Er würde auch Heideggers Satz nicht unterschreiben: „Inmitten der Wissenschaften denken, heißt: an ihnen vorbeigehen, ohne sie zu verachten."[36] Vielmehr läßt er sich intensiv auf sie ein, wofür sein ganzes Werk Zeugnis ablegt, freilich um dem Kontakt mit dem „unbearbeiteten Sein", der sich durchaus auch für das wissenschaftliche Denken ergeben kann, obwohl es ihn gar nicht beabsichtigt, nachzuspüren, aber auch, um die wissenschaftliche Sicht auf die Dinge als eine von der ursprünglichen indirekten, durch Vorenthaltung der Koinzidenz ermöglichten Erfahrung des Seins *abkünftige* zu relativieren und damit der wissenschaftlichen Rationalität natürlich auch zu bestreiten, daß sie die ausschließliche legitime Verwalterin unserer Erkenntnisbeziehungen zur Wirklichkeit sein könne. In ›Das Auge und der Geist‹ sagt Merleau-Ponty, die wissenschaftliche Einstellung, der zufolge die konstruktive Praxis der Forschung sich für autonom ausgibt, habe kein Gefühl für die „Undurchdringlichkeit (opacité) der Welt"[37]. Sie nimmt die Wirklichkeit als reine objektive Positivität und ist darin vielleicht am meisten Erbin der philosophischen Tradition Europas. Sie tut so, als gäbe es unsere unvordenkliche Situiertheit in der Welt nicht, die auch noch die objektivste Abstraktion allererst möglich macht. Das Denken der Wissenschaften ist ein „überfliegendes Denken (pensée de survol), ein Denken des Objekts überhaupt"[38]. „Zu sagen, daß die Welt definitionsgemäß das Objekt X unserer Operationen *ist*, heißt die Er-

---

[36] M. Heidegger, Holzwege, Frankfurt a. M. 1950, 195; jetzt auch: Gesamtausgabe Bd. 5, hrsg. v. F.-W. Herrmann, Frankfurt a. M. 1977, 212.
[37] OE 196/13.
[38] OE 194/14.

kenntnissituation des Wissenschaftlers absolut zu setzen, als wäre alles,
was war und ist, nur für das Laboratorium bestimmt."[39] Merleau-Ponty
respektiert die Wissenschaften wegen ihres gelegentlichen, wenn auch
unbeabsichtigten Durchdringens zum Sein selbst, aber er relativiert
ihre Definitionsmachtansprüche und sucht der gefährlichen Tendenz
entgegenzuwirken, daß sich „das Denken entschlossen auf die Gesamtheit der Eroberungs- und Aneignungstechniken, die es erfindet, reduziert"[40].

Hatte Husserl versucht, die für unsere Menschenwelt bedrohlich
werdende Krisis der wissenschaftlichen Rationalität durch eine fundierende, absolute philosophische Rationalität zu unterfangen und sie damit zu meistern, was freilich voraussetzen würde, daß unsere philosophische Vernunft mit der des konstituierenden Ursprungs koinzidieren
könnte, so versteht Merleau-Ponty aufgrund seiner Untersuchungen in
der phänomenologischen Perspektive eines „Vernehmens, das nicht
herrschen will", Vernunft überhaupt nicht mehr als die eine und immer
selbe konstitutive, die irgendwo aufzufinden wäre – in einer göttlichen
Natur, in den Strukturen einer transzendentalen Subjektivität, in der
Sprache, in der Geschichte –, sondern als einen prekären, pluralen,
endlichen Praxis-Sinn, der überall nur von uns Menschen in die Welt
hineingearbeitet werden kann und soll und der die Struktur eines Dia-
Logos hat, der gelingen, der aber auch scheitern kann.

Man mag finden, daß ich Merleau-Pontys Hinsicht zu positiv, zu
„unkritisch" dargestellt habe; doch vielleicht ist eine solche Vereinfachung für eine einführende Darstellung, die für einen zu Unrecht nicht
mehr so aktuellen Denker auch ein wenig werben darf, verzeihlich. Natürlich hat es Entwicklungen im Denken des Philosophen gegeben und
mit ihnen auch Schwankungen, Sackgassen und Holzwege. Doch dies
alles vorzuführen, ist ohnehin auf kleinem Raum nicht möglich. Es kam
mir darauf an, die Grundrichtung dieses originellen Fragens und etwas
von der Faszination dieser „Phänomenologie an den Grenzen der Subjektivitätsphilosophie" anzudeuten, ohne auf Einzeluntersuchungen, in
denen der eigentliche Ertrag und die ganze Farbigkeit und Neuheit
dieses Denkens liegt, eingehen zu können. Vielleicht habe ich manche
Erwartung enttäuscht, die Merleau-Ponty als „Phänomenologen der
Leiblichkeit" oder als „Existentialisten" oder als „Strukturalisten"
avant la lettre behandelt zu sehen wünschte. Mir schien es für die Gelegenheit tunlicher, seine Grundhinsicht und -haltung auf eine erste
Weise zu skizzieren.

---

[39] Ebd.
[40] OE 193/13.

Eine belangvolle und immer noch aktuelle Relevanz dieser Philosophie sehe ich darin, daß und wie sie gezeigt hat, daß die Phänomenologie wegen der Unerfüllbarkeit ihrer ursprünglichen konstitutionstheoretischen Absichten sich in eine Hermeneutik der Erfahrung verwandeln muß – und daß sie auf diesem neuen Wege der Auslegung des Seins in bisher noch unausgeschöpfte Tiefen vorgedrungen ist. Merleau-Ponty hat vor Augen geführt, wie man in Umkehrung traditioneller Reflexionsrichtungen durch allen bereits fixierten Sinn hindurch nach der Begegnung mit dem nicht objektivierbaren „noch unbearbeiteten Sein" suchen und die endliche, durch Praxis entstehende, aber nicht gemachte und nie verfügbare Welt davor bewahren kann, als ein bloß gedachter Sinnkosmos verinnerlicht und damit aufgehoben (im Sinne von zu leicht – zu leicht manipulierbar gemacht), in bloße Phänomenalität für ein selbst auch schon abstraktes Subjekt aufgelöst zu werden, – um also das Gewicht ihres „Faktizitätsindexes" spürbar zu halten, ohne das allemal anzustrebende Vernünftigkeit unserer menschlichen Lebenspraxis nicht erreichbar sein dürfte.

Merleau-Ponty hat deutlich gemacht, daß und warum jede Positivität, sei es der alltäglichen, sei es der aristotelischen oder auch der neuzeitlich-wissenschaftlichen Erfahrung philosophisch immer wieder einzuschmelzen ist. „Was den Philosophen ausmacht", hat er in seiner Antrittsvorlesung am Collège de France gesagt, „ist die Bewegung, die unablässig vom Wissen zum Nichtwissen, vom Nichtwissen zum Wissen führt, und eine gewisse Ruhe in dieser Bewegung."[41] Das heißt: der anschauenden Erfahrung wird „jener Bestandteil an Negativität und Zweideutigkeit zurückerstattet, ohne den sie blind wäre"[42].

Kurzbibliographie Merleau-Ponty

La structure du comportement (1942), 7e éd. Paris 1972
Die Struktur des Verhaltens, übers. u. eingef. v. B. Waldenfels, Berlin – New York 1976.
Phénoménologie de la perception (1945), Paris 1972
Phänomenologie der Wahrnehmung, übers. u. eingef. v. R. Boehm, Berlin 1966 (Sigel: PhW).
Signes, Paris 1960.

[41] M. Merleau-Ponty, Eloge de la philosophie, Paris 1953 u. 1960, 11; dt. Üb. in: ders., Vorlesungen I, übers. u. eingef. v. A. Métraux, Berlin – New York 1973, 16.
[42] Ebd. 29/26.

Le visible et l'invisible – suivi de notes de travail, texte établi par C. Lefort, Paris 1964
Das Sichtbare und das Unsichtbare – gefolgt von Arbeitsnotizen, hrsg. v. C. Lefort, übers. v. R. Giuliani u. B. Waldenfels, München 1986 (in der Reihe: Übergänge, hrsg. v. R. Grathoff u. B. Waldenfels, Bd. 13) (Sigel: VI).
La prose du monde, texte établi et présenté par C. Lefort, Paris 1969
Die Prosa der Welt, hrsg. v. C. Lefort, übers. v. R. Giuliani, eingel. v. B. Waldenfels, München 1984 (in der Reihe: Übergänge, hrsg. v. R. Grathoff u. B. Waldenfels, Bd. 3).

MICHEL FOUCAULT

Auskehr des Denkens

Von BERNHARD WALDENFELS

„'Irgendwer spricht', doch was er sagt, sagt er nicht von irgendwo aus", so äußert sich Foucault mit den halben Worten Becketts.[1] Wer derart das Wer an das Wo des Sprechens bindet, verschreibt sich einer Anonymität, die weder in die Einmaligkeit selbständiger Individuen aufgelöst noch zur Allgemeinheit einer allumfassenden Vernunft ausgeweitet werden kann. Was hinter den bekannten Todeserklärungen: Gott ist tot, der Mensch ist tot, der Autor ist tot ... steht, ist die Absage an jede Zentrik, sei es eine des Ausgangs oder des Rückgangs. Wer das Wort ergreift, tut dies „jenseits jeden möglichen Anfangs"[2]. Er tut es, indem er sich in Redeketten und Redefelder einfügt, die einiges zu sagen erlauben, anderes nicht. Wer sich Gehör verschaffen will, muß Position beziehen unter Bedingungen, die er nicht beherrscht. Eine Absage an *das* Subjekt, an *die* Vernunft ist dies gewiß, doch eine schlichte Abschaffung gewiß nicht. Wie Lacan assistierend bemerkt, geht es nicht um die schlichte Negierung des Subjekts, sondern um seine Abhängigkeit als Sub-jekt.[3] Es geht um eine Abhängigkeit von der Materialität des Signifikanten – so Lacan, um eine Abhängigkeit von Wissensformen, Diskurspraktiken und Machtstrategien – so Foucault. Subjektive Aneignung und intersubjektive Versöhnung sind nicht länger in Sicht.

Doch von welchem Ort aus läßt sich sagen, daß es ein Überall und Immerzu des Sagens nicht geben kann? Bedarf es dazu nicht doch wieder eines Ortes, der eine Überschau und eine Überrede gestattet? Wie

---

[1] AS 161/178 (Die Ziffer vor dem Schrägstrich bezeichnet die Seitenzahl der französischen Originalausgabe, die hinter dem Schrägstrich diejenige der deutschen Übersetzung. – Vgl. Kurzbibliographie.) Der Wortlaut der Übersetzung wurde hier wie in anderen Fällen nach Bedarf präzisiert. Vgl. ferner: Was ist ein Autor?, ein Vortrag von 1969, wiederabgedruckt in: M. Foucault, Schriften zur Literatur, Frankfurt a. M. – Berlin – Wien 1979.

[2] Vgl. den Anfang der Antrittsvorlesung: L'ordre du discours, Paris 1971, dt. Üb.: Die Ordnung des Diskurses, Frankfurt – Berlin – Wien 1977.

[3] Vgl. die Diskussion, die sich an den in Anm. 1 erwähnten Vortrag anschloß: Bulletin de la Société française de Philosophie, 63. Jg., No 3, 1969, 104.

läßt sich ein Denken *in Grenzen* verbinden mit einem Reden *über Grenzen*, ohne daß das eine durch das andere desavouiert wird? Kann es ein *penser du dehors* geben, das nicht nur ein Denken *des Außen* wäre, sondern ein Denken, das sich *nach außen* kehrt?[4] Eine 'Flucht' in die *diversen Logoi* der Geschichte wäre nur eine historistische Ausflucht. Das Ausweichen auf den *formalen Logos* einer generellen Diskurs-Theorie wäre gar ein theoretizistischer Widerruf. Gegen beide Versuchungen war Foucault nicht völlig gefeit, doch die Militanz seines Denkens ließ ihn nicht vorschnell zur Ruhe kommen. Der Impuls eines *penser autrement* hält sein Denken bis ans Ende in Atem. Dies verbindet ihn mit einer Reihe von Zeitgenossen, auch dort, wo er von ihnen abrückt.

I

Von wo aus spricht dieser Autor, der am liebsten seiner Autorschaft entsagen und in der Namenlosigkeit eines Diskurses untertauchen würde? Auf der Ebene der Tatsachengeschichte läßt sich die Frage leicht beantworten. Folgt man den geläufigen Etikettierungen, so gehört Foucault zu den sogenannten (Neo-)Strukturalisten, die um die Mitte der 60er Jahre, wie auf Verabredung, mit einer dichten Folge spektakulärer Werke an die Öffentlichkeit traten. Die Titel sprechen für sich. 1962 erscheint von Lévi-Strauss, dem Altmeister des französischen Strukturalismus, mit einer Widmung an den soeben verstorbenen Merleau-Ponty ›Das Wilde Denken‹, eine ethnologische Abhandlung, in der den Abstraktionskünsten der abendländischen Wissenschaft die konkret-sinnliche Logik sogenannter Primitiver entgegengehalten wird. Im gleichen Jahr trumpft Deleuze mit seiner provokativen Nietzsche-Deutung auf: ›Nietzsche und die Philosophie‹, so heißt es lapidar. 1963 schreckt Roland Barthes die Sorbonne-Philosophie auf mit seiner semiotisch geschulten Studie ›Über Racine‹. 1965 fordern Althusser und seine Mitarbeiter eine strukturale Marx-Lektüre: ›Das Kapital lesen‹, so lautet die Parole. 1966 erscheinen Lacans über Jahrzehnte verstreute Studien erstmals in Buchform; diese ›Schriften‹ dokumentieren die allmähliche sprachtheoretische Umfärbung der Freudschen Psychoanalyse. Im gleichen Jahr präsentiert Foucault seine neuartige Geschichtskonzeption; das Werk ›Les mots et les choses‹, dessen deutsche Über-

---

[4] Vgl. Das Denken des Außen (La pensée du dehors), in: M. Foucault, Das subversive Denken, München 1974. Der Aufsatz bezieht sich vor allem auf Blanchot. Vgl. dazu auch das Nachwort von W. Seitter, dem Herausgeber dieses Bandes.

setzung den Titel ›Die Ordnung der Dinge‹ trägt, wird zum philosophischen Bestseller. 1967 erscheint als kritischer Beigesang zur Rezeption der Saussureschen Semiologie die ›Grammatologie‹ von Derrida, begleitet von seinen Studien über ›Die Schrift und die Differenz‹, die einen neuen, 'dekonstruktiven' Umgang mit Schrifttexten anbahnen. Wir erleben hier eine erstaunliche Konjunktur im vielfältigen Sinne des Wortes. Doch was schlagartig hervortritt und sich in verschiedene Richtungen verzweigt, hat sich schon von langer Hand vorbereitet. Ablesbar ist die Konjunktur an einem deutlichen Sprachwandel. Statt von Sinn, Intention, Ursprung, Ziel, Totalität, Entfremdung, Befreiung und Dialektik spricht man neuerdings von Sinneffekten, Mechanismen, Signifikantenketten, Einschnitten, Ausschlüssen, Machtstrategien und Diskursen. Ältere Autoren wie Bachelard, Bataille, Blanchot, Saussure oder Jakobson treten aus dem Halbschatten.[5] Im Hintergrund taucht überlebensgroß die Figur Nietzsches auf, nicht die eines Denkers existentieller Schwebe oder die eines letzten Metaphysikers, sondern die Figur eines fröhlichen Genealogen, der den Glauben an einen durchgehenden Sinn der Geschichte und den Stolz eines sinngebenden Subjekts und einer zum Besseren fortschreitenden Menschheit untergräbt und zersetzt. Es ist der Nietzsche einer lachenden Vernunft, der sich hier Gehör verschafft, nicht der Urheber eines neuen Mythos. Zielscheibe der Kritik ist ein bisweilen bis zum Popanz gesteigertes Gemisch aus Phänomenologie, Existentialismus, Marxismus und Humanismus, für das der Name Sartre am besten herhalten kann. Ein spektakulärer Neuanfang braucht klare Fronten. Deshalb geht man diffizileren Kontrahenten wie Merleau-Ponty, Levinas oder Ricœur, die auf ihre Weise ähnliches versuchten, tunlichst aus dem Wege.[6] Das Verklingen des Theaterdonners läßt erkennen, wie sehr die Frontlinien sich von Anfang an überschnitten haben. Es tritt eine Gedankenarbeit zutage, die viel beträchtlicher ist, als es der Modeanstrich des 'Strukturalismus' vermuten ließ.[7]

Das Feld, in dem Foucault seine eigenen Versuche plazierte, ist damit in groben Zügen umrissen. Doch würden diese Versuche sich auf einen

---

[5] Bekannt waren sie auch vorher. Bataille taucht in Sartres 1. Band seiner ›Situations‹ auf. Saussure wurde von Merleau-Ponty schon in den 40er Jahren entdeckt (s. Sens et non-sens), Levinas, der immer in naher Beziehung zu Blanchot stand, veröffentlichte 1975 ein Buch über Blanchot. Dies erklärt manche untergründigen Beziehungen zwischen der älteren und der jüngeren Generation.

[6] Eine rühmliche Ausnahme ist der profunde Levinas-Essay von Derrida aus dem Jahre 1964, wiederabgedruckt in ›Die Schrift und die Differenz‹.

[7] Mehr dazu findet sich in meiner Monographie: Phänomenologie in Frankreich, Frankfurt a. M. 1983, Kap. VII.

methodisch initiierten und ontologisch endenden und verendenden Strukturalismus reduzieren, dann wäre Baudrillards polemischer Wunsch ›Foucault vergessen‹[8] längst in Erfüllung gegangen. Dies ist offensichtlich nicht der Fall.

Michel Foucault, der 1926 in einem Ärztehaus zu Poitiers geboren wurde, der die übliche Ausbildung eines «Normalien» durchlief, mit Phänomenologie, Marxismus und Humanwissenschaften aufwuchs, Sartre und Merleau-Ponty vor Augen hatte, Heidegger und Nietzsche las[9], fand bald seinen eigenen Boden, indem er im Umkreis von Bachelard, Canguilhem und Dumézil Fuß faßte. Versehen mit einer epistemologischen Rückendeckung begann er seine nie endenden Streifzüge in die Geschichte, die sich mit Psychopathologie, Medizin und Jurisprudenz befaßten und institutionelle Einrichtungen wie Klinik und Gefängnis miteinbezogen. Doch sein Schreib- und Tätigkeitsdrang machte auch hier nicht halt. Vergewisserung für sein eigenes Denken suchte er in den diffizilen literarischen Grenzgängen eines Bataille, Blanchot und Roussel sowie in Magrittes vertrackten Verschränkungen von Bild, Zeichen und Wirklichkeit. Hinzu kommen gezielte Ausflüge in die Politik bis hin zur Teilnahme an der Basisarbeit mit Gefängnisinsassen. Am Umdenken der französischen Linken, an ihrer Abkehr von grandiosen Welterlösungsformeln, hat Foucaults Denken und Tun einen beträchtlichen Anteil. Seinen institutionellen Ort fand er, in Nachfolge von Merleau-Ponty und Hyppolite, am Collège de France, wo er seit 1970 lehrte und forschte, zunächst bei weit geöffneten Türen und unter großer Anteilnahme der Öffentlichkeit. Mit den Studien zur Geschichte der Sexualität, die ihn in seinen letzten Jahren beschäftigten und auf die Fährte der antiken Lebenskunst brachten, wurde es stiller um ihn. 1984 wurde er durch den plötzlichen Tod aus seiner Arbeit gerissen.

Foucault, dem seine Studiengenossen angesichts seines listigen Spürsinns den deutschen Spitznamen „Fuchs" gaben, verstand es ausgezeichnet, seine eigenen Spuren zu verwischen. Doch die Schriftzüge sprechen für sich. Was sich aus der Distanz mit zunehmender Deutlichkeit abzeichnet, ist mehr als ein strukturalistisches Gehabe, von dem Foucault sich übrigens selbst zeitig distanziert hat. Was sich abzeichnet, sind spezifische Versuche, *Vernunft, Geschichte und Subjekt neu zu den-*

---

[8] J. Baudrillard, Oublier Foucault, Paris 1977; dt. Üb. unter dem gleichen Titel, München 1978.

[9] Beides hat Foucault nachhaltig geprägt, wie er in einem Interview kurz vor seinem Tode ausdrücklich bekannt hat: «... Nietzsche et Heidegger, ça a été le choc philosophique!» (Les Nouvelles, 28.6.–5.7.1984, 40).

ken. Damit steht er in einer Reihe mit Denkern der Krisis wie Husserl, Heidegger, Merleau-Ponty und Levinas,[10] aber auch mit den Autoren der ›Dialektik der Aufklärung‹, die er selbst nur am Rande und reichlich spät zur Kenntnis genommen hat[11]. Einige Etappen, Schwerpunkte und Engpässe dieses Umdenkungsprozesses sollen im folgenden vorgestellt werden.

II

In dem Versuch, sich im Denken nach außen zu kehren, flüchtet Foucault zunächst in die Positivität historischer Materialien, deren direkte Bearbeitung eine indirekt faßbare Bearbeitungsweise erkennen läßt, ähnlich wie es bei den Zivilisationsstudien von Norbert Elias der Fall ist. In der Sprache Merleau-Pontys könnte man von einer vielfältig implizierten Philosophie sprechen. Dies gilt für die frühen Werke, für ›Wahnsinn und Gesellschaft‹ von 1961, für ›Die Geburt der Klinik‹ von 1963 und teilweise auch noch für das großangelegte Werk ›Die Ordnung der Dinge‹, das 1966 erschien.

Die maßgebenden historischen Epochen, von denen aus Foucault seine Geschichtskonzeption entwickelt, sind immer wieder die Renaissance, dann vor allem das französische klassische Zeitalter und schließlich die gegen Ende des 18. Jahrhunderts einsetzende Wende zur Moderne. Dementsprechend ist die *Geschichte des Wahnsinns,* die Foucault in seinem ersten großen Werk vorführt, gezeichnet durch zwei epochale institutionelle Einschnitte, durch die Hospitalisierung in der Mitte des 17. Jahrhunderts und durch die von Pinel geförderte Medikalisierung im ausgehenden 18. Jahrhundert. Leprosorien und Narrenschiffe werden zunächst durch Hospitäler, dann durch Irrenhäuser ersetzt. Mit dem Wechsel der Behandlungsorte des Wahnsinns ändert sich auch die Behandlungsweise. Doch dabei geht es Foucault keineswegs um eine bloße Erforschung der Medizingeschichte. Ihm kommt es nicht an auf eine pure Geschichte des Wissens und der Wissenschaft, sondern auf die Geschichtlichkeit der Vernunft selbst, die in der Aussonderung eines Widerparts der Unvernunft ihrerseits spezifisch beschränkte Ge-

---

[10] Vgl. zu diesen Zusammenhängen meine Studie: Verstreute Vernunft, in: Studien zur neueren französischen Philosophie (Phänomenologische Forschungen, Bd. 18), hrsg. v. E. W. Orth, Freiburg – München 1986.

[11] Vgl. hierzu das mit G. Raulet geführte Gespräch, abgedruckt in: Spuren, Nr. 1 u. Nr. 2, 1983, unter dem Titel ›Um welchen Preis sagt die Vernunft die Wahrheit?‹

stalten annimmt. Insofern gibt es keine Geschichte *der* Vernunft und *des* Wahnsinns, sondern vielmehr eine Geschichte wechselnder und begrenzter Formen der Rationalität. Im Hintergrund steht eine *große Scheidung in Vernunft und Unvernunft,* die dazu führt, daß der Wahnsinn auf verschiedene Weise, am Ende mit den Mitteln humanwissenschaftlicher Forschung, zum Schweigen gebracht wird. Was wie eindeutiger Fortschritt aussieht, bedeutet eine Bewältigung und Überwältigung der Leidenserfahrung mit anderen Mitteln. Fluchtpunkt dieser ersten kritischen Archäologie ist noch eine „Poesie der Welt", in der eine unterdrückte Erfahrung freigesetzt und zur eigenen Sprache gebracht wird. Diesen „romantischen Positivismus", wie Deleuze es genannt hat, gibt Foucault später auf, und er wird auch nicht mehr von *einer* großen Gabelung der Vernunft sprechen, sondern von einer vielfältigen Gabelung. Doch was bleibt, ist der Gedanke einer Historisierung und Institutionalisierung der Vernunft, die erst durch spezifische Ordnungen Raum schafft für bestimmte 'Subjekte', seien es Patienten, Delinquenten, Geschlechtspartner oder Wissenschaftler.

In der ›Geburt der Klinik‹, die Foucault im Untertitel als „Archäologie des ärztlichen Blicks" charakterisiert, erscheint die Klinik als Ort der „*Verräumlichung* und *Versprachlichung* des Pathologischen …, wo der beredte Blick, den der Arzt auf das giftige Herz der Dinge richtet, entsteht und sich sammelt"[12]. Zwischen harmlos klingenden Fragen wie „Was haben Sie?" oder „Wo tut es Ihnen weh?" tut sich ein diskursiver Abgrund auf. Die Einfügung der Krankheit in den lebendigen Organismus des Kranken weicht der modernen Lokalisierung der Krankheit in einem Körper, der nunmehr anatomisch vom Tod her gedacht wird. Die Rationalität der Medizin haust in einem *savoir-faire,* zu dem Nosographie und Diagnose, Skalpell und Stethoskop, Krankenhausmauern und Kassenscheine das ihrige beitragen. Die angebliche Nichtphilosophie des klinischen Diskurses verweist „auf die gemeinsame Struktur, die gliedert und artikuliert, was *gesehen* und *gesagt* wird"[13].

Mit der ›Ordnung der Dinge‹ betreten wir den schwankenden Boden historisch variabler Großformationen, die Foucault Epistemai nennt. Diese Ordnungen gehören einer „mittleren Region" an, die sich geläufigen Unterscheidungen wie transzendental-empirisch, universal-individuell oder ideal-real entziehen. Sie stammen nicht aus der Erfahrung, sind aber auch nicht aller Erfahrung voraus. „Die Ordnung ist zugleich das, was sich in den Dingen als ihr inneres Gesetz, als ihr geheimes

---

[12] M. Foucault, Die Geburt der Klinik. Eine Archäologie des ärztlichen Blicks, übers. v. W. Seitter, München 1973, 9.

[13] Ebd., 17.

Netz ausgibt, demzufolge sie auf gewisse Weise einander betrachten, und das, was nur durch den Raster eines Blicks, einer Aufmerksamkeit, einer Sprache existiert." Als wechselnde Formen eines „historischen Apriori" sind sie positiv und fundamental zugleich, fundamental, weil wir nicht hinter sie zurück können, positiv, weil sie keiner Grundsetzung entstammen und keiner Grundregelung unterliegen. 'Es gibt Ordnungen', so wie es laut Heidegger Wahrheit, laut Merleau-Ponty Rationalität oder Sinn 'gibt'.[14]

Das überaus reich instrumentierte Buch hebt an mit einer exemplarischen Deutung von Velasquez' ›Las Meniñas‹. Das Bild gilt Foucault als Emblem der *klassischen* Episteme: Der Platz des Königs, der zugleich der Platz des Bildsujets und des Betrachters ist, bleibt leer. Die *moderne* Episteme setzt ein, sobald der Mensch versucht, sich selbst als „untertäniger Herrscher" und „betrachteter Zuschauer" zu etablieren. Die philosophischen und epistemologischen Folgen dieses Versuches führt Foucault uns in den beiden Schlußkapiteln eindringlich vor Augen. Die Folgen sind tödlich für den Menschen, aber auch für alle Wissenschaften, die sich ihm zuwenden, und für jede Philosophie, die im Menschen ihr Fundament sucht. Arbeit, Leben und Sprache, die als die drei maßgeblichen, geschichtsbestimmenden Mächte der Moderne angesetzt werden, entwickeln eine eigene, quasi-transzendentale Gesetzlichkeit, derer der Mensch vergebens Herr zu werden versucht. Der Versuch, das Ungedachte zu denken und den ständig sich entziehenden Ursprung einzuholen, führt zu einer unaufhörlichen Verdoppelung in Empirie und Transzendentalität, die keinen Schritt weiterhilft. Der Tod des Menschen resultiert aus der Einsicht in die Unmöglichkeit eines Logos, der im Anthropos sein Fundament sucht. Mit dieser Kritik macht Foucault insbesondere einer anthropologisierten Phänomenologie und Hermeneutik den Prozeß; inwieweit die Kritik zutrifft, kann hier nicht erörtert werden.[15] Daß sie zur Schärfung der Problemlage entschieden beiträgt, ist das mindeste, was man von ihr behaupten kann. Am Ende ruft Foucault Psychoanalyse, Ethnologie und Linguistik auf den Plan als *Gegenwissenschaften,* die außerhalb des menschlichen Bewußtseins Fuß fassen. In ihrer Forschung praktizieren sie bereits ein Denken im Außen, das der Philosoph zu explizieren hat. Doch die Explikation führt im Rahmen des vorliegenden Werkes lediglich zu

---

[14] Vgl. das Vorwort zu ›Die Ordnung der Dinge‹ (vgl. Kurzbibliographie), das bis in sprachliche Details hinein an Merleau-Pontys spätere Philosophie erinnert.

[15] Vgl. hierzu Derridas Aufsatz ›Les fins de l'homme‹ von 1968, dt. Üb. in: Randgänge der Philosophie, Frankfurt-Berlin-Wien 1976.

einem *Sein der Sprache,* das mit den Tönen Heideggers, Merleau-Pontys und Mallarmés mehr beschworen als begriffen wird. Foucaults eigenem Geständnis zufolge bleibt weiterhin Raum für ein vages ideen- und geistesgeschichtliches Denken, das sich dem Fluß der Zeit anheimgibt, ohne die Differenzen von Zeit und Geschichte wirklich zu denken.

III

Wie wir wissen, ist Foucault hier nicht stehengeblieben. Die ›Archäologie des Wissens‹, die drei Jahre später erscheint, enthält nicht nur eine methodische Nachlese der vorangegangenen Materialstudien, sondern rückt deren Einseitigkeiten zurecht. Gleichzeitig schlägt Foucault härtere Töne an; er erkauft dies allerdings mit einer Einbuße an Flexibilität. Die Wissenschaftsformationen der Epistemai werden transformiert in *diskursive Praktiken,* die nun in einer Form präzisiert werden, in der die Möglichkeit einer generellen Diskurs-Theorie zumindest gestreift wird.

Doch was ist ein Diskurs? Besser sollte man fragen: Wie funktioniert ein Diskurs, was leistet er und was nicht? Der Diskurs, so können wir mit einer gewissen Vereinfachung feststellen, ist eine „regulierte Praxis"[16], die jeweils festlegt, was von wem in welchem Zusammenhang in welcher materialen Form geäußert werden kann. Indem die Diskursanalyse bestimmte Aussagen (énoncés) als Momente eines Aussagefeldes untersucht, fragt sie nicht, wie es zu bestimmten Aussageereignissen kommt oder welchen transzendentalen Bedingungen sie unterliegen, vielmehr fragt sie: „Wie kommt es, daß eine bestimmte Aussage erschienen ist und keine andere an ihrer Stelle?"[17] Diese Frage ist durch die Angabe von Sinn- und Wahrheitsbedingungen nicht hinreichend zu beantworten, da die 'Verknappung' des Sinnes, die den Raum des Sagbaren einschränkt, keine Frage des bloßen Sinnes, geschweige denn der bloßen Wahrheit ist. Den Nachweis führt Foucault, indem er sich vor allem auf die klinischen, ökonomischen und naturgeschichtlichen Diskurse beruft, deren materiale Bedingungen Foucault in seinen früheren Werken untersucht hat. Doch im Schlußkapitel verweist Foucault auf die weitere Möglichkeit ethischer, pikturaler und politischer Diskurse, die teilweise in späteren Untersuchungen eine Rolle spielen.

Der springende Punkt der Diskursanalyse ist die *Spezifität und Pro-*

---

[16] AS 106/116.
[17] AS 38/42.

duktivität der diskursiven Praxis. Die Diskursanalyse hat es in ihrer Eigentümlichkeit weder mit dem *Ungesagten* zu tun wie eine Hermeneutik, die auf eine prädiskursive Erfahrung zurückgeht, noch mit generellen Regeln der *Sagbarkeit* wie die formalistischen Disziplinen, einschließlich des Strukturalismus, die sich auf transdiskursive Redeformen beziehen. Sie hat es vielmehr zu tun mit dem, was sich im Diskurs selbst ereignet, nämlich mit den Ereignissen des *Gesagten* in seiner Positivität. Dieses Gesagte fällt in den Raum einer *Äußerlichkeit,* wo es keine „inneren Geheimnisse", keinen „sammelnden Logos" und keine „Teleologie der Vernunft" gibt, desgleichen kein Cogito, sei es ein individuelles, kollektives oder transzendentales Subjekt. Es bleibt ein „anonymes Feld, dessen Konfiguration den möglichen Platz der Subjekte definiert"; als „Ort von Ereignissen, Regularitäten, Bezugsstiftungen, bestimmten Modifikationen, systematischen Transformationen" ist das Aussagefeld nicht „Resultat oder Spur von etwas anderem", sondern ein „praktisches Gebiet, das autonom (wenn auch abhängig) ist".[18] Es ist deutlich, was Foucault ausschließen will, nämlich eine diskursive Praxis, die im Grunde nichts *tut,* sondern nur ausführt, was anderswo angeordnet oder angelegt ist, und die in diesem „Anderswo"[19] den Garanten einer Rückkehr zu sich selbst sucht. Gleichwohl, wäre das Denken in Diskursen bei aller Positivität nicht *außer sich,* so bliebe es in seine eigene Positivität eingeschlossen wie in ein Schalengehäuse. Alle Grenzüberschreitung könnte nur noch einseitig *von außen her* beobachtet oder bewerkstelligt werden. Hätte dasjenige, das im Diskurs auftaucht, und hätte derjenige, der im Diskurs auftritt, überhaupt *keine Spur eines anderen* an sich,[20] so würde der Diskurs zu einem System, das sich in sich abschließt. Er wäre schlicht, was er ist. Diese Schwierigkeit blieb Foucault nicht verborgen; doch ob er sie bewältigen konnte, erscheint zweifelhaft.

Um nur den entscheidenden Punkt zu benennen: Foucault betrachtet die diskursive Praxis als „Gesamtheit von Regeln", die der jeweiligen konkreten Praxis immanent sind. Doch damit gerät er in ein deutliches Dilemma.[21] Die diskursive Praxis müßte für ihre eigenen Regeln auf-

[18] Vgl. den wichtigen Abschnitt zur *extériorité* in AS 158–61/175–77.
[19] AS 160/177.
[20] Daß man Spuren auch anders verstehen kann, nämlich als Zeichen unwiderruflicher Abwesenheit, zeigt die Begriffsverwendung bei Levinas und Derrida.
[21] Ausführlicher dazu: H. L. Dreyfus u. P. Rabinow, Michel Foucault. Jenseits von Strukturalismus und Hermeneutik, Frankfurt a. M. 1987, Kap. 4; vgl. ferner meine eigenen Ausführungen zum Diskursbegriff Foucaults in dem Aufsatz: Ordnung in Diskursen, in: Spuren Nr. 26/27, 1989, 45–49.

kommen, sonst wäre sie in entscheidender Hinsicht nicht produktiv, sondern reproduktiv. Doch Regelungen, die für ihre eigene Entstehung, Anwendung und Veränderung aufkommen sollen, führen zu einem unendlichen Regreß, da Regelstiftung und Regelanwendung immer wieder neu zu regeln wären. Das Zwitterding einer „regulierten Praxis" eignet sich nicht für eine Produktion, die in ihrer Autonomie zugleich Autoproduktion sein müßte. *Nichtdiskursive* Praktiken politischer, ökonomischer oder technischer Art, mit denen Foucault sich in der ›Archäologie des Wissens‹ behilft, lösen das Problem auch nicht. Abgesehen davon, daß der Status dieser Praktiken ziemlich dunkel bleibt, können nichtdiskursive Faktoren die diskurseigene Produktivität ebenfalls nicht erklären. „Die abhängige Autonomie" der Diskurse erinnert auf fatale Weise an den „untertänigen Herrscher", der nur einen nie endenden „gemischten Diskurs" zuläßt. Die Diskursanalyse hat einen blinden Fleck, den sie selbst nicht tilgen kann.

IV

In der Folge tritt Foucault eine Flucht nach vorn an. Die gesuchte und nicht gefundene Autoproduktion entlädt sich in Strategien, die Wirkungen produzieren und nicht bloß Regeln generieren. Die diskursiven Praktiken wandeln sich in *Machtdispositive,* ein unzertrennliches Aggregat aus Können und Wissen. Wahrheit und Sinn unterliegen nicht nur spezifischen Bedingungen, sie geraten in die Fänge eines „Willens", der Wahrheiten begehrt, erzeugt und sich zunutze macht. Die Wende zu dieser neuen Sichtweise zeichnet sich bereits ab in der Antrittsvorlesung am Collège de France, die 1971 noch unter dem vertrauten Titel ›Die Ordnung des Diskurses‹ erscheint, die aber schon deutlich auf die kommenden Untersuchungen vorausdeutet. Die erneuten Materialstudien, vor allem die Untersuchung ›Überwachen und Strafen‹ von 1975, die nach der Geburt der Klinik nun die Geburt des Gefängnisses nachzeichnet, und der ein Jahr später erscheinende erste Band zur Geschichte der Sexualität, der den bezeichnenden Titel ›Der Wille zum Wissen‹ erhält, tragen der neuen Problemlage Rechnung. Das Gefängnis wird analysiert als „Kerkerdispositiv", in dem Straffestsetzungen, Strafvollzug, Körperpolitik und Körpertechnik sich vereinen zu einem Konglomerat, das in Benthams Panopticum, einem Ort allseitigen Gesehenwerdens ohne Sehen, seinen vollendeten Ausdruck findet. Das „Sexualitätsdispositiv" stellt sich dar als eine Vorrichtung, in der nicht etwa die Stimme des Begehrens unterdrückt wird, in der vielmehr mittels religiös, therapeutisch oder hygienisch ausgerichteter

Gesprächstechniken das Begehren zum Sprechen gezwungen und so beherrscht wird. Bedeutet dies, wie manche meinen, daß am Ende in der „Umkehrung der Abhängigkeitsverhältnisse zwischen Wissensformen und Praktiken der Macht" Wahrheit durch Macht ersetzt wird?[22] Gegen diesen Vorwurf würde Foucault sich damit verteidigen, daß er in seiner ›Mikrophysik der Macht‹ nie von *der* Macht gesprochen habe, sondern stets von Machtfeldern, Machtwirkungen, Machtstrategien in pulverisierter Form, ja daß es ihm letztes Endes gar nicht um *Macht an sich* gegangen sei, sondern um die Machtspiele, die sich im Felde des Wissens und der Wahrheit selbst abspielen. Das zentrale Thema heißt nicht *Macht statt Wahrheit,* sondern *Wahrheit und Macht.* In einem Gespräch, das Foucault 1977 unter diesem Titel geführt hat, spricht er von einem „Kampf um die Wahrheit", einer „Produktion der Wahrheit" und einer „neuen Politik der Wahrheit". „Es geht nicht darum, die Wahrheit von jeglichem Machtsystem zu befreien – das wäre ein Hirngespinst, denn die Wahrheit selbst ist Macht –, sondern darum, die Macht der Wahrheit von den Formen gesellschaftlicher, ökonomischer und kultureller Hegemonie zu lösen, innerhalb derer sie gegenwärtig wirksam ist."[23] Daß Wahrheit ohne bestimmte Machtkomponenten nicht zu denken ist und daß selbst ein methodisch ausgedachter „herrschaftsfreier Diskurs" zu den gutgemeinten Hirngespinsten gehört, folgt aus der Natur der Sache. Wenn jeder Diskurs ein Außen hat, wenn seine Geltungen Bedingungen unterliegen, die sich zwar verändern, aber nicht endgültig verstehen und wahrmachen lassen, dann kann es keinen Superdiskurs geben, der einen Widerstreit zwischen Diskursen beilegen könnte. Die Positivität, die jeglicher Ordnung anhaftet, läßt nicht zu, daß grundlegende Konflikte mit zwingenden Gründen beigelegt werden, und wird dies dennoch versucht, so springt ein eigentümlicher Zwang heraus, der sich in das Gewand der Wahrheit hüllt. Dies läßt sich nicht erst bei Foucault lernen, sondern schon bei Hobbes, Nietzsche oder Max Weber. Schwerer zu beantworten ist die Frage, wie die „Macht der Wahrheit" sich von den Formen der Hegemonie lösen soll, es sei denn, Diskurse und Dispositive unterliegen Ansprüchen, in denen sie sich selber überschreiten.[24]

---

[22] So J. Habermas, Der Diskurs der Moderne, Frankfurt a. M. 1985, 316. Ähnlich äußert sich M. Frank in: Was ist Neostrukturalismus? Frankfurt a. M. 1983.

[23] Siehe: Dispositive der Macht. Michel Foucault. Über Sexualität, Wissen und Wahrheit. Berlin 1978, 54; franz. in: L'Arc 70, 1977, 26. Vgl. auch das unter Anm. 11 zitierte Gespräch: Spuren, Nr. 2, 40.

[24] Vgl. dazu meinen in Anm. 10 erwähnten Aufsatz.

In den späteren Jahren, die ihm noch blieben, hat Foucault diese
Frage nicht auf direktem Wege weiterverfolgt, sondern auf einem indirekten Seitenweg. In zwei weiteren Bänden zur Geschichte der Sexualität, die kurz vor seinem Tod unter den Titeln ›Der Gebrauch der Lüste‹
und ›Die Sorge um sich‹ erschienen, gewinnt die „Geschichte der
Wahrheit" nochmals eine neue Dimension. Den bisher untersuchten
Wissensformationen und Machtsystemen werden auf einer dritten Pro-
blemebene Formen der *Subjektivation* hinzugefügt.[25] Der Blick wandert
zurück in die Ethik der Antike, die den Menschen zu einer geformten
Lebensführung anhält, ohne sein Verhalten strengen Geboten und universalen Regeln zu unterwerfen. Der Blick in die historische Ferne läßt
unsere europäisch-neuzeitlichen Formen der Subjektbildung als *eine*
Form unter möglichen anderen erscheinen.

Bedeutet dies, daß das Denken, das sich nach außen kehrt, am Ende
doch wieder zu sich zurückfindet? Mit Sicherheit bedeutet es dies
nicht. Ein Subjekt, das – mit Nietzsche zu reden – ebenso wie seine Welt
'zurechtgemacht' wird, ist nie völlig bei sich, im Gegenteil, das Außen
dringt bis in das Arcanum des Selbst vor, das stets *auch* ein anderes ist.
Gabelung der Vernunft, Epistemai, Diskurse, Machtdispositive, Sub-
jektbildungen – das sind Stationen eines Diskurses, der sich nach außen kehrt, wiederholt in unwegsames Gelände gerät und immer wieder
neu ansetzt. Ein Denken, das bestrebt ist, von sich selbst abzulassen
und doch eine Art Denken zu bleiben, hält sich nicht irgendwo auf, es
läuft über einen schmalen Grat. Dem, der sich an diesem Denken versucht hat, wird man wohl zubilligen, was er selbst dem totgesagten Autor noch zuschreibt: eine einmalige Form der Abwesenheit, die seine
Art der Anwesenheit ist.

Kurzbibliographie Foucault

Folie et déraison. Histoire de la folie à l'âge classique, Paris 1961, ²1972
    Wahnsinn und Gesellschaft, übers. v. U.Köppen, Frankfurt a.M. 1969.
    Taschenbuchausgabe: stw 39.
Les mots et les choses, Paris 1966
    Die Ordnung der Dinge, übers. v. U. Köppen, Frankfurt a.M. 1971.
L'archéologie du savoir, Paris 1969 (Sigel: AS)

[25] G.Deleuze nutzt diese verführerische Dreizahl, um Foucaults Denken
einer dreifaltigen Ontologie von Wissen, Macht und Selbst zuzuordnen (s.
G.Deleuze, Foucault, Frankfurt a.M. 1987, 160). Was dabei verlorengeht, ist
der historische Charakter der Konstellationen und die Variabilität der Grenzziehungen.

Die Archäologie des Wissens, übers. v. U. Köppen, Frankfurt a. M. 1973. Taschenbuchausgabe: stw 356.
Surveiller et punir, Paris 1975
Überwachen und Strafen, übers. v. W. Seitter, Frankfurt a. M. 1976. Taschenbuchausgabe: stw 184.
Histoire de la sexualité, Paris: Bd. 1: La volonté de savoir, 1976; Bd. 2: L'usage des plaisirs, 1984; Bd. 3: Le souci de soi, 1984
Sexualität und Wahrheit, übers. v. U. Raulff u. W. Seitter, Frankfurt a. M.: Bd. 1: Der Wille zum Wissen, 1977; Bd. 2: Der Gebrauch der Lüste, 1986; Bd. 3: Die Sorge um sich, 1986. Taschenbuchausgabe: stw 448, 717, 718.

THEODOR W. ADORNO

Denken in Konstellation – konstellatives Denken

Von HERMANN SCHWEPPENHÄUSER

Adornos Begriff der Philosophie ist in allen seinen charakteristischen Bestimmungen entwickelt zu Anfang der dreißiger Jahre und von ihm bewährt bis zuletzt, bis zu seinem unerwarteten Tod Ende der sechziger. Er zeigt heute, in Diskursen des angeblichen Posthistoire, eine frappante Aktualität. So urteilt etwa Habermas: Angesichts der „ausgebliebene(n) Revolution im Westen", der „stalinistische(n) Entwicklung" im Osten und des „Sieg(s) des Faschismus in Deutschland" konnte sich „der Eindruck verfestigen", „daß der letzte Funken von Vernunft aus dieser Realität entwichen sei und die Trümmer einer in sich zerfallenden Zivilisation trostlos zurückgelassen habe. Die Idee der Naturgeschichte," von Adorno 1932 als die Idee einer aktuellen Philosophie entfaltet,[1] „schien sich realisiert zu haben. Die Geschichte war, im Augenblick ihrer äußersten Beschleunigung, zur Natur erstarrt, zur Schädelstätte einer unkenntlich gewordenen Hoffnung verblichen".[2] Bevor die katastrophischen Figuren augenfällig waren, las aktuelle Philosophie[3] an den Zügen des spätkulturellen Zustands ab, als was er sich schließlich ohne Rest manifestieren würde: als die „vollendete Negativität"[4], die auf erhöhter Stufenleiter erneuerte Barbarei.

Die Kunst, aus den „Zügen" des Bestehenden „das Eingeständnis seiner Falschheit (zu) lesen"[5], lehrt eine Philosophie nicht länger der transzendentalen Konstitution, der phänomenologischen Reduktion, der Sinn-, der Seins-, der Symbolhypostasen, sondern der Deutung, der

---

[1] Vgl. Th. W. Adorno, Philosophische Frühschriften, Gesammelte Schriften in 20 Bänden, hrsg. v. R. Tiedemann u. a., Frankfurt a. M. (Sigel: GS), Bd. 1, 1973, 345 ff.

[2] J. Habermas, Der philosophische Diskurs der Moderne. Zwölf Vorlesungen, Frankfurt a. M. 1985, 141 f.

[3] Vgl. Th. W. Adorno, Die Aktualität der Philosophie (Sigel: APh), GS, Bd. 1, 1973, 325 ff. [Antrittsvorlesung; Ms. datiert 7. 5. 1931].

[4] MM 281 (vgl. Kurzbibliographie).

[5] M. Horkheimer u. Th. W. Adorno, Dialektik der Aufklärung. Philosophische Fragmente (1947), GS, Bd. 3, 1981, 41.

unabgeschreckten Versenkung ins heterogen und opak Gegebene, ins schockhaft uns widerfahrende und bestürmende Seiende. „Keine rechtfertigende Vernunft" kann sich mehr „in einer Wirklichkeit wiederfinden, deren Ordnung und Gestalt", wie die der jüngeren Gegenwart, „jeden Anspruch der Vernunft niederschlägt".[6] Als widerständig, offensiv, „polemisch"[7] zeigt sich diese Wirklichkeit – Hohn auf die rechtfertigende Vernunft, die doch an ihr abprallt, und die, soweit sie sie als sinnhaft sich affin macht, nur dazu dient, sie „zu verhüllen und ihren gegenwärtigen Zustand zu verewigen"[8]. So wird die Frage unabweisbar, „ob Philosophie ... überhaupt aktuell sei"[9]; ob „nach dem Scheitern der letzten großen Anstrengungen ... noch eine Angemessenheit zwischen den philosophischen Fragen und der Möglichkeit ihrer Beantwortung" bestehe.[10] Anders gesagt: Sind diese Fragen nicht gerade die Art, zusammen mit den durch sie präjudizierten Antworten das zu verstellen, was sie ans fragende Subjekt heranlassen müßten; die Art in der Stellung zu den Dingen, die sich aufzugeben hätte, um diesen rückhaltlos sich zu öffnen? Jede Philosophie, der es auf Wahrheit ankommt, auf adaequatio des Vernünftigen und Wirklichen, sieht sich angesichts der Kluft zwischen beiden unausweichlich „dem Problem der Liquidation der Philosophie selber gegenüber"[11], desto unausweichlicher, je unversöhnlicher mit dem Geist das Wirkliche sich zeigt. Gibt aber die Philosophie die Idee der Wahrheit preis, kann sie Philosophie nicht bleiben. Sucht sie in dem Dilemma sich zu behaupten: ihren Anspruch an dem einzutreiben, was ihr seine Einlösung verwehrt, dann verändert sich die ihr essentielle Figur einer analogia, gar identitas entis et rationis bis zur disproportio beider und nötigt sie zu der Anstrengung, im vernunftlosen Wirklichen noch der entlegensten Korrespondenzen mit dem Vernünftigen und Besseren, vielleicht bloß einiger Spuren und Zeichen des andern sich zu versichern, dem erst der Weg zu bereiten wäre. Angesichts der prekären Konstellation des Wirklichen und des Vernünftigen, deren als stabiler Philosophie sie sich sicher war und die sie zu beherrschen glaubte, gewahrt sie sich bloß als Element in der Konstellation, und indem sie dem zu entsprechen sucht, verändert sich ihre Idee. Es ist nicht sowohl die der Gewißheit der Wahrheit – der Geistdominante im Verhältnis von esse und verum – als die ihrer Verdunklung – des Domi-

[6] APh 325.
[7] Ebd.
[8] Ebd.
[9] APh 331.
[10] Ebd.
[11] Ebd.

nantseins des Vernünftigen vom Wirklichen in der Ungewißheit ihrer
Versöhnung. Es ist die Idee der Philosophie unter dem Druck des Wirklichen, der sie dazu nötigt, Deutung zu werden; zu erkunden, ob die
analogia entis et rationis je eine sein wird, ob das Sein je vernünftig, die
Vernunft je wirklich wird. Philosophie als Deutung[12] sucht sich der Spuren zu vergewissern, die das erhoffen lassen.

Die Liquidation der traditionellen Philosophie findet sich längst und
„mit kaum je dagewesenem Ernst von der Wissenschaft ... in Angriff
genommen"[13]. Gestützt auf ihre maßgeblichen, so ernüchternden wie
erhellenden Funde, die mit dem Wähnen aufräumen, kann „fortge-
schrittenste Logik" darauf insistieren, „alle eigentliche, weiterführende
Erkenntnis der Erfahrung ausschließlich vorzubehalten ... jedes Hin-
ausgehen über das kraft der Erfahrung Verifizierbare wird verwehrt"[14].
Andererseits werden gerade „durch die Schärfe, mit der (die Wiener
Schule) formuliert, was an Philosophie Wissenschaft ist," „die Konturen alles dessen" hervorgetrieben, „was an Philosophie anderen Instanzen als den logischen und den einzelwissenschaftlichen untersteht".[15]
So vorab das „Problem des Sinnes von 'Gegebenheit' selber" samt dem
des „zugehörigen Subjekt(s)",[16] dem das Gegebene gegeben ist – als
das, was ihm widerfährt; dem es sich assimiliert oder das es sich gleich-
macht: Probleme, die „nur geschichtsphilosophisch sich beantworten"[17] lassen. Daß „die Philosophie den Kontakt mit den Einzelwissenschaften" wiedergewann, ist als eines der „glücklichsten Resultate der
jüngsten Geistesgeschichte" anzusehen. Die „Fülle und Konkretion"
ihrer Probleme wird sie nicht länger erschleichen müssen, sofern sie
nicht vorweg zu sterilem Formalismus weiter sich selber beschränkt:
Sie wird sie „allein dem jeweiligen Stand der Einzelwissenschaften entnehmen können"[18]. Daß aber deren Funde des philosophischen Denkens bedürfen, liegt daran, daß die einzelne Wissenschaft sie „als un-
auflöslich und in sich ruhend hinnimmt", während Philosophie, die dabei nicht verharren kann, sie „als Zeichen auffaßt, das zu enträtseln ihr
obliegt".[19] – Ist die „Idee der Wissenschaft ... Forschung", so „die der
Philosophie Deutung",[20] lautet Adornos lapidare Formulierung.

12 APh 334.
13 APh 331.
14 APh 332.
15 APh 333.
16 APh 332.
17 APh 333.
18 Ebd.
19 APh 334.
20 Ebd.

Charakteristisch sind einerseits Anstrengung, Beharrlichkeit und
Umsicht, das ingeniöse Experiment, womit die Investigation den Be-
fund eruiert und sichert; dabei bezeugt sich im gesicherten Befund die
Angemessenheit des Erbohrten und des Erbohrens. Auf der anderen
Seite erfolgt das Wagnis des Deutens, jenes andere Experiment: der
Versuch, „Essay"[21], der der Entschlüsselung des Befundes dient, wobei
dessen enigmatische Zeichenhaftigkeit mitnichten die Angemessenheit
des Zeichens und des Sinns verbürgt, das eine durch das andere ohne
Rest sich erhellte. Es bleibt hier „das große, vielleicht das immerwährende Paradoxon: daß Philosophie stets und stets und mit dem Anspruch auf Wahrheit", auf adäquate repraesentatio des Sinnes durch
das Zeichen, „deutend verfahren muß, ohne jemals einen gewissen
Schlüssel der Deutung zu besitzen".[22] Das Manko des Schlüssels ist das
des vorgegebenen Sinns. Es an der Differenz des wissenschaftlichen
und des philosophischen Vorgehens sich vergegenwärtigt zu haben,
verbietet dem ernsthaften philosophischen den Symbolismus des sinn-
schwangeren, doch befundlosen Wähnens ein für allemal. Der strenge
Sinn und die Not des Deutens lassen die Substitution, die Erschlei-
chung eines wie immer gearteten höheren Symbolisierten durch projek-
tiv-modelnde Anschauung eines Seienden oder Zeichens als eines Sym-
bols nicht zu – die jenes fragwürdigen symbolisch Repräsentierten, von
dem her ein Fragliches als Fragloses sich wie von selbst expliziere.
Philosophie muß sich der hyperphysischen, der metahistorischen Gewißheit ihrer „Hinterwelt"[23] entschlagen, die das Wirkliche im Vordergrund als deren bloßes Sublimat erscheinen läßt. Deutung bleibt auf
die physische, die historische Dimension verwiesen – dies gerade treibt
das Rätselvolle des Wirklichen hervor. Ihr ist „mehr nicht gegeben ...
als flüchtige, verschwindende Hinweise in den Rätselfiguren des Seienden und ihren wunderlichen Verschlingungen"[24]. Wir haben nur sie und
bleiben im eigenen Feld dieser Figuren auf den „geringsten Faden" angewiesen, „der vielleicht gerade die Lineatur ergänzt" und allein so
„die Chiffern in einen Text verwandeln könnte"[25] – in ein Lesbares,
dem durch die Dechiffrierung die stumme Gewalt des in sich Ver-
schlossenen genommen wäre.

Es zeigt sich, daß „die Idee der Deutung keineswegs mit dem
Problem eines 'Sinnes' zusammen(fällt), mit dem sie meist verwirrt

[21] APh 343 f.
[22] APh 334.
[23] APh 335.
[24] APh 334.
[25] Ebd.

wird"[26]. Jede „Rechtfertigung des Seienden" durch solchen höheren oder absoluten Sinn, der in ihm sich bezeuge, „ist durch die Brüchigkeit im Sein verwehrt".[27] Diese liest sich mitnichten einzig von einem obersten Sinn her. Das im Sein Brüchige kann an der Trümmerhaftigkeit des Seienden sich interpretieren, seinen Fragmenten, die wie die Scherben einer Vase nur geduldig zueinandergefügt werden müssen, um wie als Teile sich in einem Ganzen aufzuheben. Dies Ganze wäre, wie die Gestalt der Vase, der Sinn, nach dem, so wie deren Scherben, die Fragmente sich interpretierten; es bliebe nichts Rätselhaftes an ihnen. Aber sind Ganze, sind Gestalten nur darum etwas Rätselloses, weil sie Gestalten, gefügte Ganze sind? Wovon sind ihrerseits Vasen, Krüge, Schalen – sind alle die gefügten und geprägten Gestalten, Gebilde und Bilder, Embleme und Figuren erster und zweiter Natur selber die Fragmente? Von welchen Gefügen die Stücke, in die sie zerbrachen und die über Zeiten und Räume verstreut liegen? Gestalten lösen per se das Rätsel nicht auf, sie sind es, sie stellen es nachdrücklicher als jene Trümmer, in denen sie doch vorgezeichnet sind. „In der Welt der ... Gestalten und Gebilde", sagt Hegel von den symbolischen Formen, „ist uns ... nicht recht geheuer; wir fühlen, daß wir unter Aufgaben wandeln."[28]

„Mögen immer unsere Wahrnehmungsbilder Gestalten sein", heißt es bei Adorno, „die Welt, in der wir leben, und die sich anders konstituiert als aus bloßen Wahrnehmungsbildern, ist es nicht."[29] Wir dürfen die Plausibilität solcher Bilder *von* der Welt nicht mit der Plausibilität, dem Sinn *der* Welt verwechseln. Tun wir es, substituieren wir einen Schein – den vielgestaltigen Plausibilitätsschein – für das Sein selbst. Die Gestalt- und die Bild-Evidenzen erweisen sich gerade in *ihrer* claritas und distinctio, der Selbstgenügsamkeit des Anschaulichen, als trügerisch. Gestalten und Bilder sind aber andererseits *wegen* ihres Geprägtseins – dessen, was durch die Prägung und in ihr sich manifestiert – nicht schlechterdings trughafter Schein; Illusion, die in Nichts sich auflösen ließe. Sie sind, im Hegelschen Sinn, erscheinendes Wesen. Dabei muß freilich das, was in ihnen sich offenbart, nicht schon darum, daß es das tut, ein Gediegenes und Wahres sein. In der unverklärten Geschichte und Natur zeigt es sich als Unwesen, zeigen sich Charaktere, Gestalten, Strukturen, in die es hervorging, eher als die einer nega-

---

[26] Ebd. – Man glaubt Derrida zu vernehmen, dreißig Jahre bevor dieser vom Primat der Ecriture über den Logos sprach.
[27] Ebd.
[28] G. W. F. Hegel, Ästhetik, hrsg. v. F. Bassenge, Berlin 1955, 317.
[29] APh 334.

tiven statt einer affirmativen Ontologie: der von perpetuierlicher Herrschaft und ungeminderten Zwängen, wie Adorno später es vergegenwärtigte.[30] Wir sollen Gestalten und Bildern nicht hypnotisch erliegen, sondern noch die einleuchtendsten als die Chiffren aufnehmen, die zu enträtseln bleiben. Wer freilich bei ihrer Deutung so wieder verführe, daß er „eine Welt an sich sucht", verhielte sich „wie einer, der im Rätsel das Abbild eines dahinter liegenden Seins suchen wollte, welches das Rätsel spiegelt"[31]. Die Rätsellösung besteht vielmehr darin, daß „die Rätselgestalt blitzhaft" beleuchtet und *dadurch* aufgehoben wird: „philosophische Deutung ... erhellt (die Frage) jäh und augenblicklich und verzehrt sie zugleich".[32] Solche Erhellung – ein Tätiges – differiert von der durch den Plausibilitätsschein – ein bloßes Hinnehmen – ums ganze. Es ist zuletzt die Differenz zwischen dem bis in die Abgründe getriebenen Licht von Aufklärung und Selbstaufklärung und dem täuschenden mythischen Gestaltenschein, dem die Vernunft noch in selbstfabrizierten Blendwerken anheimfällt.

So in den intentionalen Hypostasen, kraft deren sie dem Wirklichen zu entlocken vermeint, was sie erst in es hineinverlegt. Es kann als Aufgabe der Philosophie erscheinen, „verborgene und vorhandene Intentionen der Wirklichkeit zu erforschen"[33], durch welchen Schein sich aber die Philosophie gegen die Wirklichkeit leicht abblendet. Diese wäre vielmehr als das Intentionslose[34], das sie ist, über die Grenze der intendierenden Subjektivität hinüberzulassen, die dann nicht projektiv über es sich hinwegsetzte, sondern ihm in der schwer erträglichen Abgerissenheit von allem Sinn, seiner Diskontinuität standhielte. Nicht Bedeutungsverleihung ans Heterogene im Sinn seiner Konstitution durch transzendentale Vernunft oder durch Deduktion aus der transzendenten ist die Aufgabe, sondern „Konstruktion"[35] der „singulären und versprengten Elemente" in ihrer Versprengtheit und Singularität. Gemeint ist also nicht die deformative Stilisation, die Denaturierung der Elemente, sondern deren Bewegen „in verschiedenen Anordnungen", das ihnen die Versprengtheit läßt und durch das sie doch „zur

---

[30] Vgl. vor allem ND, etwa 295 ff. (vgl. Kurzbibliographie).
[31] APh 335.
[32] Ebd.
[33] Ebd.
[34] Vgl. ebd. – Die Idee der „Intentionslosigkeit" ist ausdrücklich W. Benjamin geschuldet; s. die inzwischen kritisch revidierte Ausgabe: Ursprung des deutschen Trauerspiels, in: W. Benjamin, Gesammelte Schriften in 7 Bänden, hrsg. v. R. Tiedemann u. H. Schweppenhäuser, Frankfurt a. M. (Sigel: Ges. Schr.), Bd. 1, 1974, 216.
[35] APh 336, 337, 338.

Figur zusammenschießen"[36] können. Die Figur erst wäre das Lesbare –
etwas wie der eigene 'Sinn' des Versprengten, der durch die behutsam,
auch kühn versuchenden Anordnungen sich gleichsam zu rühren beginnt und der mit dem konstitutiv und projektiv gemodelten dann nicht
mehr verwechselt werden kann.

  Darin besteht das, was Adorno konstellatives Verfahren nennt.
„Philosophie (hat) ihre Elemente, die sie von den Wissenschaften emp-
fängt, so lange in wechselnde Konstellationen, oder, um es in einem
minder astrologischen und wissenschaftlich aktuelleren Ausdruck zu
sagen: in wechselnde Versuchsanordnungen zu bringen, bis sie zur Figur geraten, die als Antwort" auf die Frage, die mit den Elementen gestellt ist, „lesbar wird, während zugleich die Frage verschwindet".[37] So
bestimmte Adorno bündig die Verfahrungsart, die er auf allen Stufen
seines Werks und in all dessen sachlichen Verzweigungen befolgte. Er
vertraute darauf, daß Philosophie zwischen Skylla und Charybdis hin-
durchfinde: hindurch zwischen der denaturierenden subjektiven Zu-
richtung und Konstitution und ihrer objekt-fetischistischen Verwerfung
– samt derer der Spontaneität, Zeichens der Freiheit inmitten der Unfreiheit[38] –; zwischen dem Verschwinden des Objektiven in der Ordnung des Subjekts und dem des Subjekts im Chaos des vernunftlos
Amorphen, in der Polymorphie mythischen Trugs. Indem Denken den
heterogenen Elementen den „Vorrang des Objekts"[39] läßt, korrigiert es
sich in seiner identifizierenden Gewalt übers Objekt und arbeitet *der*
Identität zu, die das Objekt von sich aus will.[40] Σώζειν τὰ φαινόμενα:
es ist der platonische Impuls alles wahrhaften Denkens, das Adorno in
der Benjaminischen – messianischen – Perspektive aktualphiloso-
phisch zu bewähren sucht. Solches Denken ist gerade nicht idealistisch
im Sinn der stets höher greifenden und über die φαινόμενα sich fort-
schwingenden Synthesen. Indem es umgekehrt in die φαινόμενα sich
versenkt, berührt es sich in der Tiefe der Versenkung mit der geheim-
sten materialistischen Inspiration, der Idee einer Resurrektion erster
und zweiter Natur aus ihrer corruptio.

  Zur Erläuterung des konstellativen Verfahrens bemerkt denn
Adorno, daß an ihm die „scheinbar so erstaunliche und befremdende
Affinität" sich zeigen müsse, die zwischen „der deutenden Philosophie
und jener Art von Denken besteht, die die Vorstellung des Intentiona-

---

[36] APh 335.
[37] Ebd. – Vgl. dazu ND 164 ff.
[38] Vgl. ND 212 ff.
[39] ND 184 f.
[40] Vgl. ND 152.

len, des Bedeutenden von der Wirklichkeit am strengsten abwehrt: dem Materialismus".[41] Ihm ist das konstellativ-deutende Verfahren desto näher, je entschiedener es der Sinngebung sich enthält und die Materien, die enigmatischen Figuren, die sinnverlassenen Stoffschichten selber sprechen zu lassen sucht. Indem Philosophie sich ihnen öffnet, lernt sie, „auf die Totalitätsfrage zu verzichten", und das heißt nichts anderes als „ohne die symbolische Funktion auszukommen".[42] Sie lernt, daß „Deutung allein durch Zusammenstellung des Kleinsten gerät", durch „Auskonstruktion kleiner und intensionsloser Elemente"[43] – das Verfahren, in dem Benjamin Meister war; dieser Lehrer Adornos, dem, wie dem realistischen Dichter, von dem er es sagte, „jede kleinste angeschaute Zelle Welt soviel wie der Rest aller Wirklichkeit"[44] wog. Hatte Freud die Wendung des Forschens zum „Abhub der Erscheinungswelt"[45] proklamiert, dann kam er dem Postulat deutender Philosophie so nahe, wie sie ihm durch die schonungslosen Einblicke ins geistige Wesen rückt, die sie seinen Deutungen schuldet. – So wird sie auch „die Wendung... zur Ökonomie" nehmen – nicht wegen ihrer erdrückenden Übermacht in der Wirklichkeit allein, sondern weil das „aus der immanenten Forderung philosophischer Deutung selber hervorgeht".[46] Sind diesem Postulat gemäß die vorgefundenen Elemente zu gruppieren, bis sie sprechen, dann hat die prinzipiell progredierteste und aufgeklärteste Ökonomie – in der Gestalt der Kritik der politischen Ökonomie – mit der Gruppierung der „Elemente einer gesellschaftlichen Analyse" zur „Warenform"[47] in der Tat ein Paradigma aufschließender und erhellender Kraft solcher Gruppierung aufgestellt. Die Erhellung der Warenform als der, der in der Epoche entwickelter Industrie Dinge und Menschen unterworfen sind, führt gewiß nicht zur Auflösung des philosophischen Grundproblems, was hinter der Formation von Dingen und Menschen das Ding an sich und das Subjekt an sich selber sei. Und doch ist es „möglich, daß vor einer zureichenden Konstruktion der Warenform" dies Problem „schlechterdings verschwände: daß" nämlich „die geschichtliche Figur der Ware und des Tauschwerts gleich einer Lichtquelle die Gestalt einer Wirklichkeit freilegte, um deren Hintersinn die Erforschung des Ding an sich-Problems vergebens sich

[41] APh 336.
[42] Ebd.
[43] Ebd.
[44] W. Benjamin, Gottfried Keller, Ges. Schr., Bd. 2, 1977, 288.
[45] Zitiert APh 336.
[46] Ebd.
[47] APh 337.

mühte, weil sie keinen Hintersinn hat, der von ihrem einmaligen und erstmaligen geschichtlichen Erscheinen ablösbar wäre".[48]

Mit den geschichtlich produzierten Gestalten der Verdinglichung und Entfremdung werden zugleich die Probleme eines scheinbar ewigen Bruchs zwischen Schein und Wesen, φαινόμενα und νούμενα hervorgebracht; eines Bruchs, der so unheilbar dünkt, wie die historische Formation der Verdinglichung universal wird: das Tauschprinzip über die äußere bis hinein in die innerste Welt sich ausbreitet und mit der Gewalt eines unumstößlichen Naturgesetzes sich auswirkt. Und doch ist diese perpetuierliche Gewalt, ist diese Macht der Verdinglichung, der nichts und niemand entrinnt und die alles gleichwie unter den Schicksalsbann zwang, auch Schein, historisch erzeugter Naturschein, der in Wahrheit mit der transitorischen Einmaligkeit der Geschichtsformation, von der er unablöslich ist, wieder verschwindet. Damit verschwinden aber auch die Ewigkeits-, die „Prinzipienfragen"[49], wie die große bürgerliche Philosophie sie artikuliert. Philosophie, von Geschichte dazu verführt, als philosophia perennis sich zu verkennen, zeigt sich als Element wechselnder Konstellationen. In dem Maß, wie sie ihr eigenes Figuriertsein begreift, zeigt sie sich der Kraft der Deutung mächtig – ihrer eigenen transformierten, der ihre alten 'konstruierten Fragen' vor der zergehen, die Bloch die „unkonstruierbare Frage"[50] nannte: vor der Rätselfrage im abgründigen Antlitz dieser Welt selber, das des philosophischen Symbolismus spottet.

Läßt Denken von seinen Zügen sich bestimmen, statt daß es diese Züge bestimmt und unweigerlich projektiv modelt, wird ihm auch aufgehen, daß die „Rätselantwort" nicht in analytisch-reproduktiver Relation „zum Rätsel (steht)", sondern in der synthetisch-produktiven „strenger Antithese": Sie „zerstört das Rätsel".[51] Was schon bei der deutenden Gruppierung der Befunde zur Figur rätseltilgendes Spiel und Versuch ist, das „vollzieht der Materialismus im Ernst". Der „Bescheid" wird von der „Praxis erteilt". „Aus der Konstruktion der Figur des Wirklichen folgt allemal prompt die Forderung nach ihrer realen Veränderung. Die verändernde Geste des Rätselspiels – nicht die bloße Lösung als solche gibt das Urbild der Lösungen ab, über welche die materialistische Praxis einzig verfügt."[52] Keine Erhellung, die nicht in

---

[48] Ebd.

[49] Ebd.

[50] E. Bloch, Der Geist der Utopie, in: Gesamtausgabe in 16 Bänden, Bd. 16, Frankfurt a. M. 1971, 343.

[51] APh 338.

[52] Ebd.

die Aufforderung zur Veränderung des Erhellten umspränge. Solches „Verhältnis hat der Materialismus mit einem Namen benannt, der philosophisch beglaubigt ist: Dialektik. Einzig dialektisch scheint ... philosophische Deutung möglich."[53] Praxis wird durch sie herbeigezwungen, so wie die empirischen Befunde zur philosophischen Deutung nötigten.[54] Wie immer, wann immer Veränderung sich ereigne, bleibt den Konstellationen der historischen Kräfte geschuldet, die philosophische Deutung im Kleinen, dem deutenden Subjekt Nahen und bedrängend Nächsten gewahren und agnoszieren lernte, und die mit stets unheilvolleren Aspekten drohen. Daß Veränderung im Sinn der antithetischen Gewalt, die von dem Rätselbann auf Menschen und Dingen – der formativen thetischen Gewalt einer Versachlichung der Subjekte und der Subjektivierung der Sachen – befreie; daß dialektisch streng die Negation des Negativen bis heute ausblieb, kann einzig denen mit dem endgültigen Nie der Veränderung gleichbedeutend sein, die der falsche naturgeschichtliche Ewigkeitsschein mit den Charakteren der Immergleichheit im Universum des Tauschs und der Ware narrt, und die sich wieder einmal auf die alte philosophia perennis berufen, diese Reflexionsform einer langen Vorgeschichte der Herrschaft, die bis in jenes Universum hinein sich verlängert und in ihm zu gefrieren scheint.

Daß die eigentliche Geschichte nicht stattfindet, drücken heute – anders freilich als beabsichtigt – Wörter wie posthistoire aus, mit dem die Einwohner jenes Universums sich von Geschichte verabschiedet zu haben glauben: von der, die erst zu ihr führen sollte, und – noch ehe sie eintrat – von dieser selbst, nach der doch der entfaltete Stand der Dinge schreit, der sie sogleich so schnöd hintertreibt. Der historisch produzierte Ewigkeitsschein hindert sie daran, die eigene Historizität zu gewahren: das Signum dieser Epoche, die mit den Epochen das Epochale – den jeweiligen Standindex einer Zeit im Menschwerdungsprozeß – hinter sich gebracht zu haben meint und die doch nur die der unerledigten großen Aufgaben ist, die ihr gestellt sind – die festgefahrene, die steckengebliebene Moderne, in der Stagnation und Blockade mit erfülltem Sein, wohl gar mit erreichtem Ruhe-Stand sich verwechseln, während in Wahrheit die unbeherrschten Kräfte unter und über der Oberfläche explosiv, sich ansammeln und das Ganze mit Auslöschung bedrohen. Süffisant findet sich diese Signatur übermalt mit verwandten Wörtern wie Postindustrialismus und Postmoderne, die die Entlastung von der doch accellerando sich vollziehenden Geschichte der Indu-

---

[53] Ebd.
[54] Vgl. APh 339.

strialisierung und der via moderna suggerieren und die Belastung durch solches Fortschreiten ungewollt eingestehen. So verrät 'postindustriell', daß der weitvorgeschrittene Industrialismus mit der hypnotischen Kraft gleichbedeutend wird, über ihn als Industrialismus hinwegsehen zu machen, und deutet eben damit auf den Schrecken seiner progredierten Verfahren, mit denen er so weit ins Innerste der Menschen vordrang, daß sie ihn dort nicht mehr gewahren und für das draußen längst Abgetane halten, das der Vergangenheit angehört. Und so verschleiert 'postmodern', daß Modernität in einem Zustand terminiert, in dem sie, während sie ganz sie selbst ist, wie der Schizophrene ganz sich entgleitet, und überführt uns doch des Wahns, wir hätten uns selbst hinter uns und wären andere als die, die wir sind. Sagen wir 'posthistoire', sind wir schon jener Hypnose, jener Gespaltenheit erlegen. Daß wir schließlich eben die historische Gewalt, die die Täuschung über die Histoire in uns produziert, zum neuen Mythos verklären, mit dem wir nur den alten des blindwaltenden Schicksals in tausend schillernden Gewändern wieder einsetzen, zeigt, daß wir vor eben der Geschichte kapitulieren, von der wir wähnen, sie habe vor uns kapituliert.

Angesichts der neuen, so hilflos-vagen wie geistig rohen Sinngebung bleibt Deutung des Wirklichen, wie Adorno sie bewährte, unaufgebbares Postulat. Da, wo Veränderung, wo das substantiell Neue sich nicht ereignet, sondern was sich ereignet, nur das Immerwährende in wechselnden Gestalten ist, [55] wird deutendem Denken gerade die Verschränkung von Ereignis und Immersein, von Geschichte und Mythos, Geschichte und Natur aufgehen – im historischen Bild einer „Dialektik im Stillstand", das mit dem altmythischen oder dem pseudomythischen neuen, mit dem dieser Stillstand reaktionär verewigt werden soll, nicht verwechselt werden kann. Was Benjamin mit dieser bedeutenden Prägung[56] zu fassen getrachtet hatte, die mit dem 'Stillstand' auf die kontinuierlichen und mit der 'Dialektik' auf die sprengenden Elemente der Geschichte – und zugleich mit diesen auf revolutionäre 'Stillstellung' und mit jenen auf das Nicht-von-der-Stelle-Kommen fortwährender Veränderung – wies, das bildet zugleich einen zentralen Inhalt im Denken Adornos. In einem seiner späteren Hauptwerke heißt es an exponierter Stelle, daß im unverzerrt gesehenen Bilde der Wirklichkeit – der Wirklichkeit in ihren Brüchen und mit ihren Schründen und Wunden; der blutenden und elenden und wahnsinnigen Wirklichkeit – die scharfen Züge spiegelbildlich umspringen und so von selbst den Namen der

---

[55] Vgl. Th. W. Adorno, Die Idee der Naturgeschichte, GS, Bd. 1, 357 f., 364.
[56] W. Benjamin, Das Passagen-Werk, Ges. Schr., Bd. 5, 1982, 55.

Erlösung schreiben.[57] Von selbst: ohne transzendentes Zutun, allein durch die Male der Entstellung und des Grauens; durch die Figuren des Trugscheins noch, die jene Male verstecken sollen und sie dadurch verraten – durch die Signaturen der Vorgeschichte, die die Geschichte, das emphatisch Neue und andere nicht hervorläßt; die die Veränderung blockiert und doch unübersehbar bedeutet.

Auch die „vollendete Negativität" ist historisches Bild, nicht dogmatische Proposition, und das Umspringen in der Figur nicht Symbolisieren des andern, sondern sein buchstäblich schwankendes Zeichen. Adornos Philosophie ist hellsichtiges Wagnis der Deutung und weder dogmatischer Negativismus noch prinzipiensicherer Optimismus.

Kurzbibliographie Adorno

Kierkegaard. Konstruktion des Ästhetischen, Tübingen 1933 (Beiträge zur Philosophie und ihrer Geschichte, 2)
(s. auch Gesammelte Schriften, hrsg. v. R. Tiedemann u. a., Frankfurt a. M. 1970 ff., Bd. 2). Taschenbuchausgabe: stw Bd. 74.
Minima Moralia. Reflexionen aus dem beschädigten Leben, Frankfurt a. M. u. Berlin 1951
(s. auch Gesammelte Schriften, Bd. 4, 1980 – Sigel MM). Taschenbuchausgabe: Bibliothek Suhrkamp, Bd. 236.
Zur Metakritik der Erkenntnistheorie. Studien über Husserl und die phänomenologischen Antinomien, Stuttgart 1956
(s. auch Gesammelte Schriften, Bd. 5).
Negative Dialektik, Frankfurt a. M. 1966
(s. auch Gesammelte Schriften, Bd. 6, 1973 – Sigel ND). Taschenbuchausgabe: stw Bd. 113.
Ästhetische Theorie (= posth. Erstausg.) Gesammelte Schriften, Bd. 7, Frankfurt a. M. 1970
Taschenbuchausgabe: stw Bd. 2.

[57] Vgl. MM 281.

ERNST BLOCH

Suche nach uns selbst ins Utopische

Von WOLFDIETRICH SCHMIED-KOWARZIK

1. Vorklärung

In meinem Versuch, Ernst Bloch vorzustellen, möchte ich mich auf Blochs Erstlingswerk ›Geist der Utopie‹ (1918) konzentrieren, da hierin die Motive seines Philosophierens, die er in seinen späteren Werken gesondert verfolgt hat, im Keime versammelt sind. Lediglich in einem Ausblick werde ich danach die Linienführung seiner späteren systematischen Werke der Philosophie zu skizzieren versuchen.

Wer es unternimmt, die Philosophie Ernst Blochs und dies sogar noch am Frühwerk ›Geist der Utopie‹ einführend darzustellen, sieht sich zunächst der Vorfrage konfrontiert, ob Ernst Bloch überhaupt ein Philosoph sei – gar ein großer; und wenn ja, mit welcher Art von Philosophie wir es hier zu tun haben. Nun müssen wir natürlich immer gleich zurückfragen, wer uns denn zur Klärung solch einer Vorfrage zwingt.

Kommt sie aus dem Lager der „Analytischen Philosophie", so sollten wir sie getrost ignorieren, denn nach den Kriterien der „Analytischen Philosophie" verfällt alle große deutsche Philosophie – von Hegel bis Heidegger – dem *Sinnlosigkeitsverdacht* – und ganz sicher ist Bloch ein *erzdeutscher* Denker und Autor. Aber auch innerhalb unserer Tradition gibt es Randgestalten, um deren Noch-Zugehörigkeit zur Philosophie immer wieder gestritten wird. Das berühmteste Beispiel ist wohl *Friedrich Nietzsche*. Ist Nietzsche ein Philosoph oder ist er ein genialer, kulturkritischer Schriftsteller? Ähnliche Zuordnungsfragen wurden auch Bloch gegenüber gestellt. Sie kommen nicht von irgendwoher, sondern u. a. von zwei Vertrauten, gar Freunden von Ernst Bloch: Georg Lukács und Theodor W. Adorno.

Danach gefragt, ob er Ernst Bloch, seinen Jugendfreund, für einen marxistischen Philosophen halte, antwortet Georg Lukács: Ernst Bloch sei überhaupt kein Marxist, aber ein aufrechter linker Sozialist, für den er daher große Achtung habe, und er sei auch kein Philosoph, sondern – nun wörtlich –: „Die andere Seite ist, daß ich Bloch für einen der geistvollsten Schriftsteller halte, die ich überhaupt kenne. Wenn ich sa-

gen dürfte: es ist ein merkwürdiger Stil, eine Mischung aus Hebels
›Schatzkästlein‹ und Hegels ›Phänomenologie‹. Und das ist in der Ge-
schichte der deutschen Prosa etwas ganz Einmaliges ..."[1]
Ganz ähnlich schätzt der Duzfreund Teddy (Theodor W. Adorno)
Bloch als einen großen und gedankentiefen expressionistischen Schrift-
steller ein. Adornos wenige schriftliche Bemerkungen zu Bloch finden
sich daher auch in den ›Noten zur Literatur‹.[2] Als philosophischen
Denker hat er seinen Duzfreund Ernst nie ernstgenommen.

Doch gehen wir noch einen Schritt weiter in eine andere Richtung:
In der heute von Frankreich her inzwischen auch bei uns stark sich aus-
breitenden neuen Denkbewegung der *Postmoderne* wird bekanntlich
alle argumentierende Philosophie, als der unheilvollen abendländischen Rationalität verpflichtet, literarisch dekonstruiert und verwor-
fen. Bezeichnenderweise werden davon die Romantik (Novalis), Friedrich Nietzsche und Ernst Bloch ausgenommen und als Ahnväter des
postmodernen Denkens gefeiert.

Ich führe dies alles an, um zu zeigen, daß wir in Ernst Bloch den für
den deutschen Sprachraum ganz seltenen Fall eines Denkers vor uns
haben, der *auch* Schriftsteller ist.

Die literarische Gattung, in der es Ernst Bloch zu schriftstellerischer
Meisterschaft bringt, ist – ebenfalls selten in Deutschland – der Essay
(man denke an Michel de Montaigne, Thomas De Quincey, Jorge Luis
Borges als Meister des denkerischen Essays). Bei Bloch ist es sowohl
der fast auf einen Aphorismus verdichtete Essay – so beispielsweise in
seinem wohl bedeutendsten literarischen Werk ›Spuren‹ – als auch der
systematisch breit entfaltete Essay – so beispielsweise in seinem philosophischen Hautpwerk ›Das Prinzip Hoffnung‹, dessen drei Bände
man einen gigantischen Essay, zusammengefügt aus Essays zum
Thema „Träume von einem besseren Leben", nennen könnte.

Aber solche Würdigung Blochs als Schriftsteller darf nicht überse-
hen, daß es Bloch in seinen Werken um die philosophische Aussage
geht, d. h. um das Erfassen des Allgemeinen unseres Menschseins und
nicht, wie in Prosa und Poesie, um die Darstellung des je Konkretein-
zelnen. Und doch muß hier genauer unterschieden werden: Es gibt
auch andere Philosophen, die sich um eine literarisch verdichtete Sprache bemüht haben, wie Heidegger und Adorno, aber ihnen geht es – wie
unterschiedlich auch immer – darum, für den philosophischen Gedanken das rechte Wort, die angemessene Satzbewegung zu finden. Ganz

---

[1] Zitiert nach E. Bloch, Tendenz – Latenz – Utopie, Ergänzungsband der
Werkausgabe, Frankfurt a. M. 1978, 374.
[2] Th. W. Adorno, Noten zur Literatur, 3 Bde., Frankfurt a. M. 1957 ff.

anders in Blochs Essays: Hier diktiert nicht der Gedanke die sprachliche Gestaltung, vielmehr steht die sprachliche Gestaltung eines Bildes,
eines Erlebnisses, einer Geschichte im Vordergrund, und nur durch sie
hindurch kommt der philosophische Gedanke zum Vorschein. Zwei
Beispiele aus den ›Spuren‹ mögen dies verdeutlichen, zum einen die
aphoristische Geschichte „Die Arme" und zum zweiten die von Bloch
selbst vorgestellte Methode essayistischen Denkens in „Das Merke":

Was tun Sie? fragte ich. Ich spare Licht, sagte die arme Frau. Sie saß in der
dunklen Küche, schon lange. Das war immerhin leichter als Essen zu sparen.
Da es nicht für alle reicht, springen die Armen ein. Sie sind für die Herren tätig,
auch wenn sie ruhen und verlassen sind.[3]

Immer mehr kommt unter uns daneben auf. Man achte gerade auf kleine Dinge,
gehe ihnen nach.
Was leicht und seltsam ist, führt oft am weitesten. Man hört etwa eine Geschichte, wie die [Arme] ...
Kurz, es ist gut, auch fabelnd zu denken. Denn so vieles eben wird nicht mit sich
fertig, wenn es vorfällt, auch wo es schön berichtet wird. Sondern ganz seltsam
geht mehr darin um ... Geschichten dieser Art werden nicht nur erzählt, sondern man zählt auch, was es darin geschlagen hat oder horcht auf: was ging da.
Aus Begebenheiten kommt da ein Merke ... nimmt kleine Vorfälle als Spuren
und Beispiele ... Manches läßt sich nur in solchen Geschichten fassen, nicht im
breiteren, höheren Stil, oder dann nicht so. Wie einige dieser Dinge auffielen,
wird hier nun weiter zu erzählen und zu merken versucht; liebhaberhaft, im Erzählen merkend, im Merken das Erzählte meinend. Es sind kleine Züge und an-
dre aus dem Leben, die man nicht vergessen hat ... Es ist ein Spurenlesen kreuz
und quer, in Abschnitten, die nur den Rahmen aufteilen. Denn schließlich ist alles, was einem begegnet und auffällt, dasselbe.[4]

Diese Art, sich erzählend über das Konkreteinzelne dem Allgemeinen
von Problemen anzunähern, durchherrscht das gesamte Werk von
Bloch, nicht nur seine dominant literarischen Texte, sondern auch seine
systematischen Arbeiten, bis hin zu seiner großen Auseinandersetzung
mit Hegel in ›Subjekt – Objekt‹. Immer sind es daher problemerschlie-
ßende Fragen, um die sein Denken ringt, und nicht erkenntnis-
sichernde Antworten.
    Hierin liegt sicherlich Blochs Stärke als philosophischer Denker,
denn in der Philosophie kommt es – wie ich meine – überhaupt mehr
auf das Erschließen von Problemhorizonten und das Aufbrechen neuer
Fragedimensionen an als auf die rationalen Begriffsfixierungen und

---

[3] E. Bloch, Spuren (1930), Frankfurt a. M. 1969, 23.
[4] Ebd., 16 f.

Gedankenabteilungen, die eher Probleme verstellen und Fragen abtöten, anstatt sie in uns lebendig werden zu lassen.

Und doch liegt hierin auch die Grenze der Blochschen Philosophie, denn so wie sie es versteht, in die Tiefen metaphysischen Fragens einzudringen, so sehr versagt und entzieht sie sich doch streng philosophischem Argumentieren. Wenig Beachtung schenkt Bloch der philosophischen Problembegründung und Beweisführung; grübelnd und erzählend versucht er, tiefer als diese vorzudringen, Fragen aufzuspüren und zum Vorschein zu bringen. Daher bleibt sein Denken Aufweis und Behauptung.

All das macht nun aber auch die Schwierigkeit aus, die Philosophie Blochs in knappem Umriß vorzustellen. Ich möchte es hier dadurch versuchen, daß ich das Leitmotiv seines Denkens aus seiner frühesten Schrift ins Zentrum rücke, dabei möglichst viel Bloch selbst zu Wort kommen lasse und gleichsam nur erläuternd und kommentierend den Rahmen abstecke sowie ausblickhaft das Fortwirken dieses Leitgedankens im weiteren Gesamtwerk andeute und mit einigen kritischen Anmerkungen abschließe.

2. Gestalten der Selbstbegegnung

Man hat ›Geist der Utopie‹ ein expressionistisches Werk genannt und Blochs Denken überhaupt dem Expressionismus zugeordnet. Dies ist auf den Stil von ›Geist der Utopie‹ und einige spätere Schriften bezogen sicherlich richtig, aber philosophiegeschichtlich ist dies keine sehr sinnvolle Zuordnung. Vielmehr gehört Ernst Bloch zu dem bis heute noch sehr unzureichend erforschten Umfeld frühexistentialistischen Denkens, das aus der Betroffenheit über den Wahnsinn des Ersten Weltkriegs erwächst – ähnlich wie der spätere Existentialismus von Sartre und Camus aus der Erschütterung über die zweite europäische Katastrophe hervorgeht. Der entschiedene Pazifist Ernst Bloch schreibt ›Geist der Utopie‹ während der Kriegsjahre 1915 bis 1917. Aber es ist kein Buch, das mit dem Grauen der ersten europäischen Katastrophe in unserem Jahrhundert abrechnet, ja, es ist erstaunlich abgehoben und ferngerückt vom Gemetzel auf den Schlachtfeldern, vom Getöse der Artillerieduelle und dem würgenden Gastod. ›Geist der Utopie‹ ist allein auf eine Frage gerichtet: die existentielle Selbstfindung, die Findung des Standortes, von dem wieder erneut begonnen werden kann, zu den großen Hoffnungen der Menschheit aufzubrechen, wenn der herrschende Wahnsinn erst einmal vorbei ist. So stellt Bloch seinem Buch 1918 nach dem Ausbluten des Krieges die „Absicht" voran:

Wie nun?
Es ist genug. Nun haben wir zu beginnen. In unsere Hände ist das Leben gegeben. Für sich selber ist es längst schon leer geworden. Es taumelt sinnlos hin und her, aber wir stehen fest, und so wollen wir ihm seine Faust und seine Ziele werden. Was jetzt war, wird wahrscheinlich bald vergessen sein. Nur eine leere, grausige Erinnerung bleibt in der Luft stehen. Wer wurde verteidigt? Die Faulen, die Elenden, die Wucherer wurden verteidigt. Was jung war, mußte fallen, aber die Erbärmlichen sind gerettet und sitzen in der warmen Stube ... Und dieses allein ist wichtig ... Wir haben Sehnsucht und kurzes Wissen, aber wenig Tat und was deren Fehlen mit erklärt, keine Weite, keine Aussicht, keine Enden, keine innere Schwelle, geahnt überschritten, keinen utopisch prinzipiellen Begriff. Diesen zu finden, das Rechte zu finden, um dessentwillen es sich ziemt, zu leben, organisiert zu sein, Zeit zu haben, dazu gehen wir, hauen wir die phantastisch konstitutiven Wege, rufen was nicht ist, bauen ins Blaue hinein, bauen uns ins Blaue hinein und suchen dort das Wahre, Wirkliche, wo das bloß Tatsächliche verschwindet – incipit vita nova.[5]

Im Buch selbst steht die existentiell gefaßte „Selbstbegegnung" – wie der Hauptteil betitelt ist – im Zentrum der Überlegungen: die Selbstbegegnung des Menschen durch die bildende Kunst („Erzeugung des Ornaments"), die Selbstbegegnung des Menschen in der Musik („Philosophie der Musik") und schließlich die philosophische Selbstbegegnung im Kapitel „Die Gestalt der unkonstruierbaren Frage". Daran knüpft sich dann das Abschlußkapitel „Karl Marx, der Tod und die Apokalypse" an, auf das ich noch ausführlich eingehen werde. Zunächst aber sei mit einigen Erläuterungen und Textauszügen knapp die Grundproblematik des existentiellen Ausgangspunktes philosophischer Selbstbegegnung umrissen.

Um auf die Thematik der unkonstruierbaren absoluten Frage, die wir uns selbst sind, einzustimmen, möchte ich ein Schelling-Zitat vorausschicken, auf das sich Bloch – ähnlich wie Heidegger – immer wieder berufen hat; Schelling schreibt:

Weit entfernt also, daß der Mensch und sein Tun die Welt begreiflich mache, ist er selbst das Unbegreiflichste ... Gerade Er, der Mensch, treibt mich zur letzten verzweiflungsvollen Frage: warum ist überhaupt etwas? Warum ist nicht nichts?[6]

Genau um diese erste und letzte aller Fragen geht es, sie bricht an uns selber auf, umgreift aber in unserer Selbstsuche den Sinnhorizont des gesamten Kosmos, und sie ist letztlich nie abschließend beantwortbar. In der zweiten Auflage von ›Geist der Utopie‹ (1923) fügt Bloch, seinen

---

[5] E. Bloch, Geist der Utopie (1918), Frankfurt a. M. 1971, 9.
[6] F. W. J. Schelling, Sämtliche Werke, Stuttgart / Augsburg 1856, Bd. XIII, 7.

Grundgedanken unterstreichend, noch ein Unterkapitel ein: „Zur Metaphysik unseres Dunkels, Nicht-mehr-Bewußten, Noch-nicht-Bewußten, unkonstruierbaren Wirproblems" – ich zitiere hier aus der zweiten Auflage:

Ich bin an mir.

Damit ist auch zuletzt zu beginnen ... Das ist wenig genug und fast alles fliegt dabei mit. Selbst das, was gut ist, weil der Mensch gleich unentschieden im Matten liegt und nichts zur Farbe kommt. Nur das Letzte ist klar: daß wir wenig zueinander sind, ahnungslos am Anderen vorübergehen können ...

Damit jedoch sieht sich noch tiefer das Matte aufgescheucht. Denn wer bin ich, daß ich schaffen kann? Bin ich so viel wert oder bin ich so sehr geliebt? Es ist nicht überall zu verspüren, tief sinkt die innere Kälte unter das Maß. Woher sonst mag das stammen, was ich kann, nachdem man in sich nichts entdeckt, das dem genugtut? ...

Die Menschen sinken dieser Art in sich zusammen, ohne Weg, ohne Ziel über die Tage hinaus. Sie verlieren ihr eigentlich menschliches Wachsein, Gehaltsein, Dasein, werden ihres Pols, ihres übergreifenden Zielbewußtseins verlustig ...

[Aber] regte sich mithin unter dem verschleierten Leben unter dem Nihilismus dieser Neuzeit nicht zugleich eine sittlich und phantastisch ungekannte Kraft, der gerade deshalb Schreck und Hindernis ohne Zahl über den Weg fallen ...

Nur dieser denkende Wunschtraum schafft Wirkliches, tief in sich hineinhörend, bis der Blick gelungen ist ... Das Leben geht um uns und weiß nicht, wohin es geht, nur wir selbst sind noch Hebel und Motor, es stockt der äußere und erst recht der offenbarte Sinn: aber der neue Gedanke bricht endlich hinaus, in die vollen Abenteuer, in die offene, unfertige, träumende Welt, in die Verschüttungen und Finsternisse Satans, der Abriegelung selber.[7]

In diesen Sätzen (Textfragmenten) ist das gesamte Werk Blochs im Grundgedanken versammelt. Alles, was Bloch geschrieben hat, ist der Versuch, diesen einen Grundgedanken tiefer zu fassen und breiter auszulegen. Aphoristisch noch mehr verdichtet hat Bloch diesen Grundgedanken in den bekannten und viel zitierten drei Sätzen ausgesprochen: „Ich bin. Aber ich habe mich nicht. Darum werden wir erst." Den drei Sätzen gemäß liegen hier drei Gedankenkomplexe vor:

1. Es gibt keinen anderen Anfang für unser Philosophieren, unsere Sinnsuche nach uns und für uns selbst, als bei dieser unmittelbarsten Selbstbegegnung: „Ich bin an mir." Staunend finden wir uns immer schon in dieser Selbst- und Existenzgewißheit vor. In ihr setzt alles Philosophieren an – *aber* –

2. „Aber ich habe mich nicht" – ja mehr noch: Ich vermag mich in jenem „Ich an mir" niemals ganz zu erfassen. Ich bleibe mir unkonstruierbare Frage: „Wer bin ich? Woher komme ich? Wohin gehe ich?"

---

[7] GdU 209–216 (vgl. Kurzbibliographie).

Bloch hat die Unkonstruierbarkeit der absoluten Frage, die wir uns selbst sind, auch in der berühmt gewordenen Formel des „Dunkel des gerade gelebten Augenblicks" umschrieben. Wir leben, ich bin, aber gerade diese Unmittelbarkeit des Lebens, des Bin, das uns trägt, aus dem alles hervorquillt, ist weder erfahrend noch begreifend einholbar.

Nun ist von diesem bedrängenden Erleben des Nicht-Habens her eine zweifache Bewegung der Selbstsuche möglich: Die erste richtet sich reflexiv auf uns zurück: Wo immer wir uns *erleben*, sind wir schon nicht mehr der gerade *gelebte* Augenblick, sondern halten erinnernd eine Erfahrung oder noch abgeleiteter einen Begriff von uns fest, der wir doch nicht sind und der schon gar nicht das Bin, den dunkel gelebten Augenblick zu fassen vermag, der mit uns schon längst weiterpulsiert. Wir sind niemals die erlebbare oder begriffene Einheit von Subjekt und Objekt. Und doch sind wir aus der Einheit des gelebten Bin, von dem wir sagen können, *daß* wir es sind, aber dessen „*was*" wir niemals abschließend konstruieren können. Wir sind uns im Dunkel des gelebten Augenblicks unseres Bin verborgen.

Alle begreifen-wollende Philosophie ist der zwangsläufig vergebliche Versuch, reflexiv das Dunkel des gelebten Augenblicks gedanklich einzufangen, das Bin, das wir lebendig pulsierend sind, in einem Begriff festhalten zu wollen. Aber diese Versuche, uns begrifflich konstruieren zu wollen, müssen mißlingen, da ihnen gerade das entgleitet, was sie zu fassen versuchen: das lebendig pulsierende Bin unseres Existierens.

Aber auf eine ganz andere Weise ist es dann plötzlich doch und ganz da: Ein Augenblick, ein Ruf, beglückende Freude, tiefster Schmerz dringen blitzhaft bis in unser Innerstes des gelebten Augenblicks vor. In sehr poetischen Worten – die stark an Marcel Prousts zur selben Zeit entstandene ›Suche nach der verlorenen Zeit‹ erinnern – beschreibt Bloch dieses Ereignis in uns:

Ein Tropfen fällt und es ist da; eine Hütte, das Kind weint, eine alte Frau in der Hütte, draußen Wind, Heide, Herbstabende, und es ist wieder da, genau so, dasselbe; oder wir lesen, wie sich Dimitri Karamasow im Traum verwundert, daß der Bauer immer 'Kindichen' sagt, und wir ahnen, hier wäre es zu finden; 'die Ratte, die raschle, so lange sie mag! Ja wenn sie ein Bröselein hätte!', und wir fühlen, bei diesem kleinen, schnöden sonderbaren Vers aus Goethes Hochzeitslied, in dieser Richtung liegt das Unsagbare, das, was der Knabe liegen ließ als er aus dem Berg herauskam, 'vergiß das Beste nicht!' hatte der Alte zu ihm gesagt, aber noch keiner konnte dieses Unscheinbare, tief Versteckte, Ungeheure jemals im Begriff entdecken.[8]

---

[8] GdU 243.

Bisher haben wir nur die eine Bewegung verfolgt, den erinnernden, den reflexiven Versuch in der Rückwendung auf uns selbst, uns zu finden. Und wir haben gesehen, daß gerade die rationale, begreifenwollende Philosophie, die diese reflexive Rückwärtsbewegung zu vollziehen versucht, von grundsätzlicher Vergeblichkeit gezeichnet ist, falls sie nicht selbst zur Einsicht in die Unkonstruierbarkeit der Frage vordringt – die großen Philosophen von Platon bis Schelling wußten davon. Wo Platon zu seinen letzten und höchsten Gedanken vordringt, spricht er in Bildern, Gleichnissen und Mythen, da hier die Rationalität versagt. Doch auch Bilder, auch Melodien, auch Poesie können nicht die absolute Frage, die wir uns sind, konstruieren, wohl aber vermögen sie dichter heranzuführen an das, was wir suchen.

3. Aber all dies ist – wie gesagt – nur die eine Bewegung der Selbstfindung, reflexiv zurück ins Nicht-mehr-Bewußte. Das eigentliche Interesse Blochs gilt der zweiten Bewegung auf das Noch-nicht-Bewußte: „Darum werden wir erst." Hier liegt die ureigenste Entdeckung Blochs: die utopisch und hoffend ausgreifende Wendung auf das Noch-Nicht des Künftigen voraus.

So öffnet sich überall dort, wo neues Leben beginnt, jenes offene Fragen, Schäumen, verhüllte Enthüllen als der Erwartungszustand des Heraufkommens überhaupt … Vor allem in Tagen der Erwartung, wo das Kommende selber ins Jetzt einrückt, in der Gewalt des Glücks, am stärksten in der Musik, die von Anfang bis Ende unsere seelische Existenz zum Ziel hat und ihr das Wort gebären will … Vor allem aber in der schöpferischen Arbeit selber wird jene eindrucksvolle Grenze zum noch nicht Bewußten deutlich überschritten. Ein Dämmern, ein inneres Hellwerden, Mühe, Dunkel, krachendes Eis, ein Aufwachen, sich annäherndes Vernehmen, ein Zustand und Begriff, bereit, dem Dunkel des gelebten Augenblicks, dem namenlosen apriorischen Brauen in uns, an uns, vor uns her, im gesamten in Existenz-Sein an sich selbst, endlich das scharfe identische Licht zu entzünden, die Pforte des sich selbst Entgegenblickens zu eröffnen.[9]

In dieser „proflexiven" Wendung – wie Franz Fischer[10] dies später genannt hat –, die sich ausgreifend in die noch unbekannte Zukunft vorauswagt, haben wir neue, ganz andere Chancen, uns selbst zu begegnen. Denn wir dürfen nicht vergessen, es geht hier immer noch um die Frage der Selbstfindung, der Sinnfindung unserer selbst. Das ganze erste Unternehmen der Rückwärtsbesinnung hatte ja etwas Abgestandenes, Beengendes an sich, war es doch der Versuch, das zu fassen, aus dem wir immer schon sind, wobei wir allenfalls das erreichen, was wir immer schon gewesen waren. Ganz anders nun die proflexive Bewe-

---

[9] GdU 242 f.
[10] F. Fischer, Proflexion – Logik der Menschlichkeit, Wien 1985.

gung, sie öffnet sich den vielen Horizonten des noch Möglichen, sie atmet die frische Luft des Neuen, des Novum, sie greift aus ins Utopische.

Aber auch hier erweist sich die absolute Frage, die wir uns sind, als letztlich unkonstruierbar. Man versteht Bloch völlig falsch, wenn man meint, er wolle mit seinen Hoffnungsbildern, mit seinen Träumen von einem besseren Leben in ›Das Prinzip Hoffnung‹ uns unsere Zukunft vorschreiben, ja nicht einmal ausmalen – wie Adorno fälschlich meinte – möchte er sie die zukünftige Welt. Die Zukunft ist unkonstruierbar, sie ist prinzipiell offen. Worum es Bloch geht, ist: anzuregen, uns selbst aus den Horizonten des uns Möglichen, der uns aufgegebenen Zukunft zu finden, das Hoffen zu klären, mit dem wir immer schon nach vorne unterwegs sind. Wo wir es versäumen, unser Hoffen, die Horizonte unserer Zukunft einer gedanklichen Klärung zuzuführen, da werden wir ins Immer-Schon zurückgeworfen, bleiben in den bestehenden Verhältnissen, die uns fesseln und die uns auch für die Zukunft an das ewig Gleichbleibende ketten.

Zur Sinnfindung unserer selbst – so könnten wir den Grundgedanken Blochs umschreiben – gelangen wir nur, wenn wir uns den Horizonten der uns möglichen, von uns selbst mitzugestaltenden Zukunft stellen. Natürlich kann dies jeder nur für sich selbst, niemand kann dem anderen Lebens- und Handlungshorizonte vorschreiben wollen. Auch hierin bleibt die absolute Frage, die wir uns sind, unkonstruierbar. Wohl aber ist es sinnvoll, ja notwendig, daß sich die Philosophie klärend dieser Sinnhorizonte menschlichen Lebens und Strebens annimmt.

Ein letztes sei hier noch angemerkt: Im Dreisatz „Ich bin. Aber ich habe mich nicht. Darum werden wir erst" wechselt Bloch anscheinend unbegründet das Subjekt von „ich" auf „wir". Ich habe keine Stelle gefunden, wo er dies ausdrücklich erläutern würde, aber er hält diesen Wechsel sehr konsequent durch. Dabei kommt – wie mir scheint – etwas sehr Wichtiges zum Vorschein, dem man noch näher nachgehen sollte: Dort wo wir Zukunft antizipieren, und zwar nicht nur wo es um Praxis, gar sittliche Praxis geht, sondern wo grundsätzlich das Noch-Nicht zum Problem wird, drängt sich uns ein Wir-Horizont geradezu auf. Die Reflexion wirft uns auf unser je eigenes Ich zurück, die Proflexion (Franz Fischer) öffnet sich dem Wir als Horizont unseres Handelns:

Nur wir also treiben uns auch nach oben hin allein hindurch.
Was wir sind, wissen wir nicht, wir sind noch unruhig und leer und wie uns selber versteckt gehalten. Derart auch sind nur wir selbst, das Viele, und nicht etwa die Welt oder Gott von Anfang an gegeben. Aber erst gegen das Kommende hin wird zu erkennen sein, was wir suchten oder 'waren', bevor wir in die zeitlichen

Bewegungen eingingen ..., denn der Anfang wird tatsächlich erst mit dem Ende
fertig geschehen sein, und es ist nicht bedenklich zu sagen, daß er rätselhaft ist;
denn da wir es sind, deren Beginn rätselhaft bleibt, da mithin das uns so nahe
Dunkel des gelebten Augenblicks immer noch das Anfangsrätsel, das Weltda-
seinsrätsel in größter Stärke enthält, so erklärt ja gerade dieses den ganzen suchenden, das Rätsel lösenwollenden Weltprozeß der Wir-, der Dunkelverdeutli-
chung, des sich als Antwort gewinnenden Urproblems.[11]

3. „Karl Marx, der Tod und die Apokalypse"

Karl Marx steht bei Bloch seit 1918 für die praktische Umsetzung des
erhofften Wir-Horizonts in der Geschichte, für die konkrete Realisierung des „Sozialistischen Gedankens". Marx hat – so betont Bloch –
die schlechte Utopie des bloßen Ausmalens einer besseren Welt überwunden und den konkret-praktisch beschreitbaren Weg gewiesen, den
wir zur Verwirklichung einer sozial-politischen Gesellschaftserneue-
rung zu gehen haben. So schreibt Bloch in der präzisierten und erwei-
terten zweiten Auflage von ›Geist der Utopie‹ von 1923:

Gründlich hat Marx das bloße anschlußlos abstrakte Schwärmen, das bloße Ja-
kobinertum aus dem sozialistischen Plandenken ausgeschieden ... Derart praktisch zu sein, derart auf dem Bauhorizont des alltäglichen Lebens zu helfen und
zurecht zu richten, derart gerade politisch-sozial zu sein, ist dem Gewissen kräf-
tig nahe und eine der Utopie durchaus eingeschriebene, revolutionäre Sendung
...
Folglich also bohre sich zunächst das rechte Tun von unten her so nüchtern wie
möglich in diese Dinge ein, sie zu bewegen. Daher lehrte Marx, wie nie mehr gesucht, erprobt werden dürfe als das gerade Mögliche, es handle sich jederzeit
nur um den nächsten Schritt. Dem entspricht im revolutionären Akt das Kun-
dige, daß sich hier der gedrückte Lohnarbeiter, die seinerseits berechtigte
Selbstsucht vor allem benutzt und zu wichtigem Amt berufen sah ... Und
gerade dieser Klasse, ihrem a priori wirtschaftsrevolutionärem Klassenkampf,
übergibt Marx, in großartig paradoxer Verbindung, das Erbe aller Freiheit, den
Beginn der Weltgeschichte nach der Vorgeschichte, die allererst echte Gesamt-
revolution, das Ende aller Klassenkämpfe, die Befreiung vom Materialismus
der Klasseninteressen überhaupt.[12]

Hier wie auch in seinen späteren Schriften geht Bloch nicht auf
Marx' Lebenswerk einer „Kritik der politischen Ökonomie" mitstrei-
tend ein, sondern behauptet es bereits für theoretisch erfüllt, dem nur
noch die revolutionäre Umsetzung fehle bzw. das nur noch der weiteren

[11] GdU 285.
[12] GdU 295–300.

schrittweisen Verwirklichung bedürfe. Ich komme darauf später noch zurück.

Was jedoch Bloch in ›Geist der Utopie‹ wesentlich klarer ausspricht als in seinen späteren Schriften, ist die kritische Eingrenzung des Marxschen Werks, das er für ergänzungsbedürftig hält. Auch wenn er später solche offenen Eingrenzungen – aus welchen Gründen auch immer – eher unterdrückt, so hat er doch seine ganze spätere Arbeit dieser Ergänzung von Marx gewidmet.

Was wirtschaftlich kommen soll, die notwendig ökonomisch-institutionelle Änderung, ist bei Marx bestimmt, aber dem neuen Menschen, dem Sprung der Kraft der Liebe und des Lichts, dem Sittlichen selber ist hier noch nicht die wünschenswerte Selbständigkeit in der endgültigen sozialen Ordnung zugewiesen ... Man kann darum sagen, daß gerade die scharfe Betonung aller (ökonomisch) determinierenden und die vorhandene, aber noch im Geheimnis bleibende Latenz aller transzendierenden Momente den Marxismus in die Nähe einer Kritik der reinen Vernunft rückt, zu der noch keine Kritik der praktischen Vernunft geschrieben worden ist ... Erst wer nicht nur von der Erde, sondern auch vom fälschlich preisgegebenen Himmel dagegen spricht, wird das Lügenspiel der bourgeoisfeudalen Staatsideologie wirklich entzaubern können ..; – desto dringender also erhebt sich die Pflicht, Marx in den oberen Raum, in die neuen, eigentlichsten Abenteuer des freigelegten Lebens, in das Wozu seiner Sozietät einzustellen. Das ist: die allzu kupiert angehaltene Sozialkonstruktion wieder in die utopisch überlegene Liebeswelt Weitlings, Baaders, Tolstois, in die neue Mächtigkeit Dostojewskischer Menschenbegegnungen, in den Adventismus der Ketzergeschichte einzubringen ...

So nur ist das neue, das so radikal wie orthodox gewordene Leben zu verstehen, so nur mag sich die genaueste wirtschaftstheoretische Ordnung und Nüchternheit mit der politischen Mystik verbinden und von ihr aus legitimieren.[13]

Dies ist nicht nur Vorankündigung des nächsten Kapitels „Die echte Ideologie des Reichs", sondern Programmentwurf für Blochs gesamtes späteres Werk.

Das Schwellenproblem zu dieser den sozialistischen Gedanken überhöhenden metaphysischen, ja religiösen Perspektive ist das Problem des Todes, die Gewißheit des Sterbenmüssens.

Ich aber will sein. Doch was bleibt gar zuletzt für uns zurück? ... Denn wir müssen *sterben* ...

Das macht, wir haben keinen echten sozialistischen Gedanken ... Noch immer stehen wir wartend da, haben Sehnsucht und kurzes Wissen, aber wenig Tat und, was deren Fehlen mit erklärt, keine Weite, keine Aussicht, keine Enden, keine innere Schwelle, geahnt überschritten ...

Zuletzt aber freilich ... breite sich aus der vollere Strom, die Weite, die Welt der Seele, der auseinanderschlagende, hindurchschwingende Diapason des Wir-

---

[13] GdU 303–306.

problems, die externe, kosmische Funktion der Utopie, gehalten gegen Elend, Tod und das Schalenreich der physischen Natur. In uns allein brennt noch dieses Feuer, der letzte Traum ... – in uns allein leuchtet noch das absolute Licht, ... und der phantastische Zug zu ihm beginnt ... zur kosmischen Handhabung des utopisch prinzipiellen Begriffs.[14]

Gewiß, es gibt gerade eine sozialistische Überwindung der individuellen Todesfurcht, ein Versprechen auf ein irdisches Fortleben unseres sozialpolitischen Einsatzes und Kampfes. Alle Märtyrer der Emanzipationsbewegung gaben ihr Leben hin für die Hoffnung, daß ihr Einsatz dem Sieg der Befreiungsbewegung diene, daß ihre Taten fortleben in der Freiheit der kommenden Generationen.

Aber all diese Hoffnungen auf ein irdisches Fortleben unserer Wirksamkeit sind selbst nur von kurzer Reichweite, sind selbst – wie alles Irdische – von der Vergänglichkeit bedroht.

Lohnt es sich überhaupt, bei der erbärmlichen Kürze unseres Daseins, die Arbeit nicht nur für die Kinder und die Familie und das schon gegenwärtig überindividuell bestehende Staatsgebilde, sondern auch für all das Breitere mit zu übernehmen, das von keiner einzigen Seele jemals als Ganzes aktuell zu erfassen ist, und das nur begriffsrealistisch als Geschichte oder Menschheit oder als welche Objektivität immer besteht?[15]

Angesichts des Todes relativiert sich selbst der sozialistische Gedanke, sofern er nur auf irdische Interessen gebaut ist. Oder anders gesagt: Damit sich der sozialistische Gedanke nicht angesichts des Todes verflüchtige, müssen wir ihn in einem weiteren Sinnhorizont verankern, der auch noch der Todesproblematik standhalten kann.

Der Tod ist für Bloch die Gegenutopie schlechthin. Die Gegenmacht aller Hoffnungen, aller Sinnstiftungen. Er ist die „allerböseste, grausigste Macht ... [der] satanisch gemeinte Blitzschlag gegen alles Menschliche"[16]. Durch ihn wird alle Sinngebung menschlichen Lebens in Frage gestellt; vor allem wenn wir nicht nur den individuellen Tod, sondern die Zerstörung von Kulturen oder gar den Tod der ganzen Menschengattung mitbedenken.

Bloch hat hier den Mut, gegen alle Tabus aufklärerischer Rationalität und marxistischer Religions- und Metaphysikfeindlichkeit sich grübelnd auch den Fragen der Unsterblichkeit der Seele, d. h. dem Fortbestand der Seele nach dem Tode, und vor allem dem Wiedergeburtsgedanken zu stellen, mit dem er in ›Geist der Utopie‹ deutlich sympathisiert.

---

[14] GdU 307 ff.
[15] Siehe GdU 329.
[16] GdU 320.

Dabei müssen wir aber aufpassen, daß wir, weil wir selber solchen Gedankengängen entwöhnt sind, nicht in Blochs Worte etwas hineinlesen, was er so nicht meint. Keineswegs behauptet er, ein Wissen von der Wiedergeburt der Seele zu haben. Vielmehr sagt er eindeutig, daß wir faktisch nur ein Wissen vom Ende im Tode haben. Schon gar nicht darf man Bloch vorwerfen, daß er hier religiöse Glaubensvorstellungen aus irgendwelchen Glaubenslehren übernehmen wolle, obwohl er natürlich verschiedene Bilder und Aussagen aus der indischen, griechischen, jüdischen und christlichen Tradition aufgreift und bespricht.

Es geht ihm hier nach wie vor um unsere Selbstbegegnung, um unsere Selbstfindung im Sinnhorizont unseres Lebens im welt-, ja kosmosgeschichtlichen Maßstab. Und gerade für diese Selbstfindung im Letzthorizont stellt der Tod die größte aller Herausforderungen dar, der wir mit dem Verweis auf unser faktisches Wissen vom Ende im Tod nicht Herr zu werden vermögen. Ist mit dem Tod alles vorbei? Endet alle Sinngebung im Tod? Oder bleibt nicht doch etwas von unserer Wirksamkeit, unserem sittlichen Einsatz über den Tod hinaus erhalten?[17]

Es geht hier ausdrücklich nicht mehr um das irdische Fortwirken, die Erinnerungen an einen Menschen eine kurze Weile in den nachfolgenden Generationen, auch nicht um die langzeitlichen kulturellen Wirkungen in der Menschheitsgeschichte, sondern es geht Bloch um die Frage nach dem Fortwirken des Seelisch / Geistigen über das irdische Dasein hinaus.

Dies ist keine spiritualistische Frage, sondern – wie Bloch später gerne sagt – eine erzmaterialistische. Gerade wenn wir das Seelisch / Geistige nicht als etwas von außen uns Eingegebenes, sondern als Hervorbringung und Moment des Weltprozesses selbst begreifen, so stellt sich die Frage nach dem Verbleib des Seelisch / Geistigen nach dem Tode, nach dem Tode jedes einzelnen Individuums und nach dem Tode der ganzen Menschengattung materialistisch unausweichlich.

Ohne ein solches über den Tod ausgreifendes Fragen nach dem Sinn des kosmischen Weltprozesses behält der Tod mit seiner Sinnloserklärung das letzte Wort. Er wäre Auslöschung alles Menschlichen in einen grundsätzlich für sinnlos erklärten kosmischen Weltprozeß. Solche Infragestellung eines über den Tod hinausragenden Sinnes würde jedoch auch alle menschlich zukunftsbezogenen Sinnsetzungen prinzipiell haltlos und ziellos werden lassen, denn angesichts des letzten Umsonst des Todes verlören alle Zielhorizonte der Gerechtigkeit, Sittlichkeit und Menschlichkeit ihren Sinn und ihre Dignität.

---

[17] Siehe GdU 326 f.

Über das Problem des Todes und die sich ihm entgegenstellenden
Hoffnungen der Unsterblichkeit der Seele und der Wiedergeburt, die
Bloch in ›Geist der Utopie‹ ausführlich bespricht, ohne sie doch in bestimmter Weise zu einer Glaubenslehre zu fixieren, finden wir nun auch
ein Tor zur allerletzten Frage unserer Selbstsuche im Hoffnungs- und
Sinnhorizont der Zukunft. Es ist dies die Frage nach der Apokalypse,
dem Endzweck des Weltendes.

In ›Geist der Utopie‹ von 1918 und 1923 stellt sich diese Frage noch
nicht angesichts einer möglichen Vernichtung der irdischen Welt durch
die Menschen selbst, sondern angesichts des physikalisch errechenba-
ren Tods der irdischen Welt und im Hoffen auf einen diesen Welttod
überwältigenden Sinnhorizont des Weltgerichts, vor dem alles irdische
Tun der Menschen gerichtet wird.

„Apokalypse" bedeutet in diesem Problemzusammenhang zweierlei:
zum einen das Weltenende in einer Naturkatastrophe, durch die die
Menschheit und die irdische Welt vorzeitig im Erdentod versinken, zum
anderen meint Apokalypse bei Bloch auch sehr jüdisch-christlich das
Weltenende in seiner Sinnerfüllung.

Leise nun beginnt hier der Boden zu wanken, der nicht mehr zu uns zu reichen
schien ... Hier läßt sich bereits ein warnendes Läuten des Endes vernehmen, ein
leises, fernes Zittern; ... und so bricht hinter uns irgendwo, in den unterirdi-
schen Vorgängen der Radioaktivität und nicht mehr nur der Entropie ... die
physische Natur zusammen ... Man weiß, man kann definitorisch wissen, die
Welt hat als Prozeß wie einen Anfang, so ein Ende in der Zeit; das Nichtwissen,
das sie hält, ist in seiner gärenden Relationshaftigkeit kein dauernder Zustand
und muß entweder in einem absoluten Umsonst oder einem absoluten Überhaupt seinen metakosmischen Grenzpunkt finden ... Der Hauptschlag steht
noch aus und ... macht offenbar, welch furchtbare Einbruchstelle in dem möglichen Sterben des Stoffs, in der Krankheit der Materie, in der menschenleeren,
unheimlichen, zu sich noch unberufenen, ungeblühten Natur noch offen geblieben ist für alle Vergiftung und Sprengung, für den eigentlichen unteren, mit dem
Reifetag prinzipiell diskonformen Explosionsakt, Naturakt der Apokalypse ...
Daß wir und ein Gott vereitelt werden, ist das einzige Gericht, über uns und ihn,
und dieses ist grauenvoll genug.[18]

Noch ist völlig unentschieden, ob unsere Welt in einem „absoluten
Umsonst" der Sinnauslösung oder im „absoluten Überhaupt" der Sinnerfüllung enden wird. Und grundsätzlich bleibt auch hier die absolute
Frage unkonstruierbar, wir können das Weltenende im Sinne der Offenbarung theoretisch nicht vorweg festlegen. Aber die Orientierung
unseres Hoffens, unserer proflexiven Selbstsuche und Sinnfindung
muß auf die Möglichkeit einer positiv-apokalyptischen Sinnerfüllung

[18] GdU 337 f.

bezogen bleiben, da von ihr her alle anderen Sinnhorizonte der Menschlichkeit ihre letzte Legitimation erhalten.

Bloch scheut sich nicht, die den Erdentod überbietende, apokalyptische Hoffnung in betont christlichen Metaphern zu umschreiben, aber was er anstrebt, ist nicht christlich – jedenfalls nicht im dogmatisch konfessionellen Sinne –, sondern es ist eine erzketzerische, eine atheistische Religion, denn Christus, das sind wir selber – wie Meister Eckhart bereits sagte –, wir sind „Wandernde und Kompaß zugleich". Und allein in uns reift der Gott, der stärker sein wird als dieser letzte Tod:

Wir leben und wissen nicht, wozu. Wir sterben und wissen nicht, wohin ... Und doch, es bleibt uns hier, die wir leiden und dunkel sind, weit hinaus zu hoffen. Wenn sie stark genug bleibt, rein wird, sich selbst unabgelenkt inne hat, läßt sie nicht zuschanden werden, – die Hoffnung läßt uns nicht zuschanden werden. Denn die menschliche Seele umspannt alles, auch das Drüben, das noch nicht ist. Sie allein wollen wir und das Denken dient ihr ... Wie seine Philosophie durch die Welt nochmals hindurchschwingt, die Pforten Christi, das ist, der Adäquation der Menschen-Sehnsucht an sich selber, allenthalben eröffnet, den geheimen Menschen, dies stets Gemeinte, stets utopisch Präsente, diese identische Substanz zugleich aller moralisch-mystischen Symbolintention korrespondierend enthüllt ...

In solcher Funktionsbeziehung zwischen Entlastung und Geist, Marxismus und Religion, geeint im Willen zum Reich, fließt sämtlichen Nebenströmen ihr letzthinniges Hauptsystem: die Seele, der Messias, die Apokalypse, als welche den Akt des Erwachens in Totalität darstellt, geben die letzten Tat- und Erkenntnisimpulse, bilden das Apriori aller Politik und Kultur ... Denn wir sind mächtig; nur die Bösen bestehen durch ihren Gott, aber die Gerechten – da besteht Gott durch sie, und in ihre Hände ist die Heiligung des Namens, ist Gottes Ernennung selber gegeben, der in uns rührt und treibt, geahntes Tor, dunkelste Frage, überschwängliches Innen, der kein Faktum ist, sondern ein Problem, in die Hände unserer gottbeschwörenden Philosophie und der Wahrheit als Gebet.[19]

4. Umriß des Blochschen Gesamtwerks

Halten wir nochmals das Leitmotiv des Blochschen Denkens fest: Unsere Selbstsuche vermag sich nicht in der reflexiven Wendung auf das, was wir immer schon sind bzw. waren, zu erfüllen, sondern wir finden uns nur dort, wo wir uns 'proflexiv' auf das voraus beziehen, was

---

[19] GdU 343–346. Zur weiteren Diskussion siehe W. Schmied-Kowarzik, Der aufrechte Gang wider Barbarei und die Apokalypse, in: Synesis Philosophica 4, 1987, 495.

wir noch nicht sind, worauf wir uns aber als das uns Mögliche antizipierend entwerfen.

Die Sinnfindung unserer Existenz greift so hoffend ins Utopische aus. Sie ist daher grundsätzlich unabschließbar, wird durch uns selber zu immer weiteren Horizonten der Menschlichkeit herausgetrieben. Doch auch diese Horizonte erfüllter Menschlichkeit, die Bloch im Werk von Marx angezeigt sieht, können noch nicht unsere letzten Fragen der Sinnsuche befriedigen, da sie durch den Tod, insbesondere den Menschheitstod zunichte werden würden. Unser Hoffen muß daher notwendig zwangsläufig ins Transzendente ausgreifen, wobei hier Bloch nicht auf den Glauben an einen Schöpfergott zurückgreift, sondern sein Hoffen auf das unabgeschlossene Werden richtet, dem wir selbst mit angehören und das durch uns hindurch zu sich selber kommen muß.

Es gälte jetzt das Fortwirken dieses Leitmotivs durch das Gesamtwerk von Bloch zu verfolgen. Dies ist natürlich in einem einführenden Aufsatz nicht zu leisten. Daher habe ich mich entschlossen, eine schematisierende Skizze der systematischen Schriften von Bloch vorzulegen und anhand dieser einige Erläuterungen anzufügen, um so anzuregen, in den Werken Blochs selber, die hier nur angetippten Fragehorizonte und ihre Verflechtungen näher zu verfolgen.

Vom Erstlingswerk ›Geist der Utopie‹ gehen fünf Entwicklungslinien aus, deren mittlere über ›Das Prinzip Hoffnung‹ bis zu ›Experimentum Mundi‹ die Entfaltung der philosophischen Grundlegung verfolgt, um sie herum sollte man sich dreidimensional die vier realphilosophischen Themenschwerpunkte polar aufeinander bezogen vorstellen – in der Skizze auf die Ebene nach unten und oben gestreckt –: die Philosophie des Naturprozesses, die Philosophie der menschlichen Emanzipation, die Ästhetik und die Eschatologie.

a) In ›Das Prinzip Hoffnung‹ bündeln sich nochmals alle realphilosophischen Themenschwerpunkte. „Wille und Natur", „Freiheit und Ordnung", „Ästhetik des Vorscheins" und „Atheismus und die Utopie des Reichs" sind als Teilstücke in dieses philosophische Hauptwerk von Bloch eingebaut. Uns interessiert aber zunächst nur die Grundlegung, in der Bloch in Fortführung des Kapitels „Die Gestalt der unkonstruierbaren Frage" aus ›Geist und Utopie‹ die Konturen des „antizipierenden Bewußtseins" darlegt.

Wieder ist der Ausgangspunkt das „Bin", jenes unvordenkliche Existieren, das wir immer schon sind und dessen wir nie habhaft werden können, weil es als Existierendes dem Denken unergründlich vorausbleibt, jedoch selber das uns Drängende und Treibende ist. Es – und damit uns – gerade nicht fixieren zu wollen, sondern mit ihm unser Denken

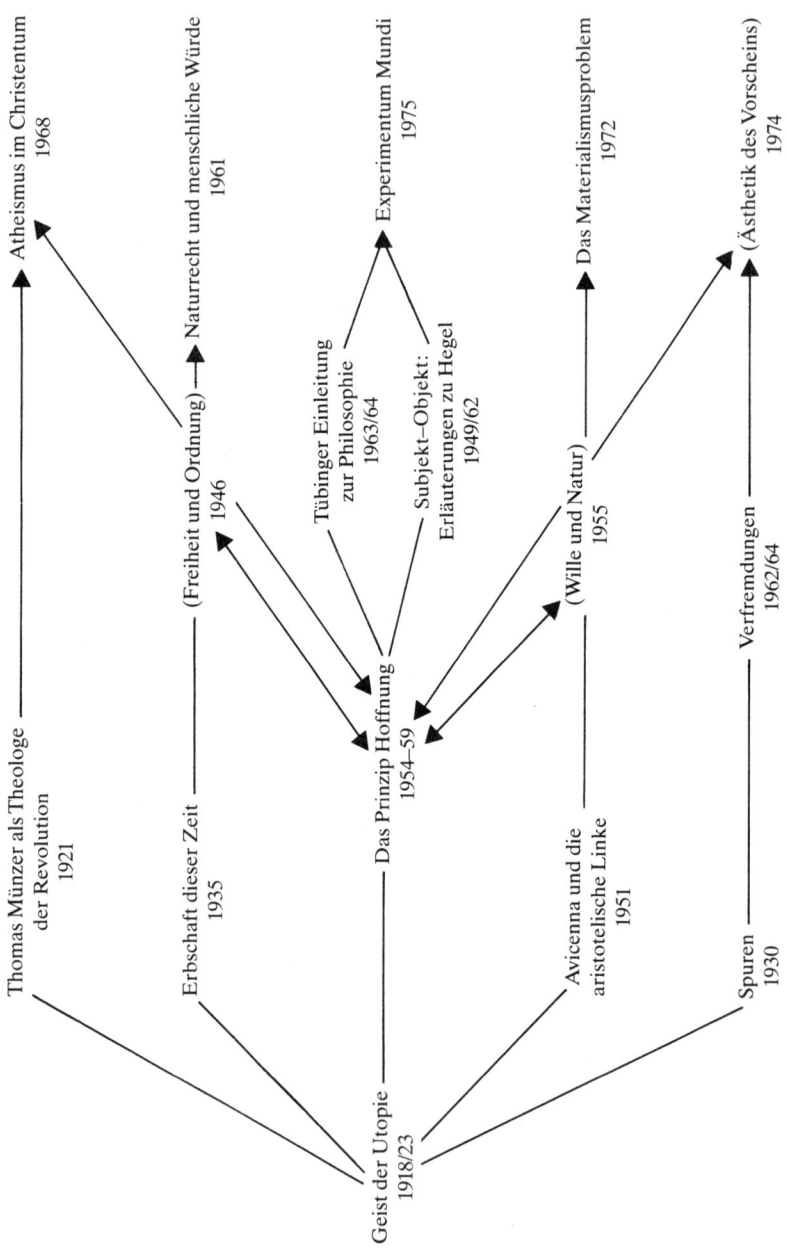

Skizze zu Ernst Blochs grundlegend-systematischen Schriften

und Handeln nach vorwärts zu richten, macht den Grundcharakter des antizipierenden Bewußtseins aus. In ihm liegt das „Prinzip Hoffnung", das nichts von außen Hinzukommendes ist und auch nicht etwas, dem wir uns entziehen können, sondern die Grundgerichtetheit unseres menschlichen Lebens auf ein erfülltes menschliches Dasein hin ausmacht.

Hoffnung, dieser Erwartungs-Gegenaffekt gegen Angst und Furcht, ist *deshalb die menschlichste aller Gemütsbewegungen und nur Menschen zugänglich, sie ist zugleich auf den weitesten und den hellsten Horizont bezogen.*[20]

Dies aber ist nur deshalb möglich, weil unser lebendiges Existieren selber der existierenden Wirklichkeit angehört, die ein noch ganz und gar unabgeschlossener Prozeß ist, in den wir in unserer Weise des Existierens und hervorbringenden Eingreifens selbst als Moment des noch offenen Prozesses hineingestellt sind. Auch der Gesamtprozeß der Welt hat eine Zukunft vor sich, die noch nicht festgestellt ist, in ihm liegen noch Latenzen und wirken Tendenzen, zu denen die Menschheitsgeschichte als eine gehört, die aber insgesamt noch nicht entschieden sind.[21]

Von diesem, in den Weltprozeß gestellten antizipierenden Bewußtsein gilt es noch einen Blick auf die weiteren Entfaltungen der Grundlegung zu werfen. Hier sind vor allem Blochs ›Tübinger Einleitung zur Philosophie‹[22], die wohl dichteste Selbstdarstellung seiner Position des Denkens, sowie seine Auseinandersetzung mit Hegel in ›Subjekt – Objekt‹ zu nennen. Gerade in Abhebung zu Hegels Dialektik des Geistes, die ihm immer die stärkste Herausforderung war, dringt Bloch schließlich in ›Experimentum Mundi‹ zur sein Denken fundierenden Kategorienlehre vor, die gerade nicht wie die Logik Hegels sich aus sich selbst zu begründen vermag, sondern sich als bewußtwerdende Vermittlung des Werdens des Weltprozesses versteht, dem sie selber solcherart zugehört und den sie mit voranbringt.

Dies also ist Experimentum Mundi, nicht nur als eines an der Welt, sondern in ihr, eben *das Realexperiment der Welt selber* ... Dem entspricht eine endlich betonte Ontologie des Noch-nicht-Seins im noch nicht Bewußten, noch nicht Gewordenen, beide wesend in den Perspektiven der Tendenz und Latenz, im Realexperiment der Kategorien (Daseinsweisen, Daseinsformen) wie ihrer Materie nach vorwärts.[23]

[20] PH 83 f. (vgl. Kurzbibliographie).
[21] PH 225.
[22] Vgl. Kurzbibliographie.
[23] E. Bloch, Experimentum Mundi, 263 f. (vgl. Kurzbibliographie).

b) Von hier her können wir uns nun der Philosophie des Naturprozesses zuwenden, dem wohl herausforderndsten Teilstück seines philosophischen Werkes, denn Bloch ist wohl der einzige Denker des 20. Jahrhunderts, der gegen den Trend der neuzeitlichen Philosophie, die Natur
allein den Erkenntnisbemühungen der Naturwissenschaften zu überlassen, das Projekt einer Naturphilosophie von Aristoteles über die
„aristotelische Linke" und die Renaissance bis zu den gigantischen
naturphilosophischen Entwürfen Schellings und Friedrich Engels'
›Dialektik der Natur‹ positiv aufgreift und als eine unabdingbare Problemstellung für unsere Selbstfindung fortführt – wie Bloch dies vor allem in ›Das Materialismusproblem‹[24] darlegt. Wollen wir uns in unserem in die Zukunft noch offenen Werden begreifen, so müssen wir bereits die Natur als einen Prozeß verstehen, der nicht nur uns als Natur-
wesen hervorgebracht hat, sondern durch uns selbst weiterhin wirksam
ist. Mit Schelling sieht Bloch die Aufgabe der Naturphilosophie darin,
die Natur so aus den ihr eigenen dynamischen Potenzen zu begreifen,
daß daraus einsichtig wird, wie sie sich aus sich selbst heraus von der
„prozeßhaften Materie" über die lebendigen Organismen zum menschlichen Bewußtsein zu organisieren vermag. Dabei ist dieser Gesamtprozeß der Natur als hervorbringendes Existieren und Werden noch
keineswegs abgeschlossen, sondern birgt – letztlich auch in uns – noch
Möglichkeiten, die ihr einen offenen Zukunftshorizont verleihen.

Es gibt deshalb solche Real-Chiffren, *weil der Weltprozeß selber eine utopische
Funktion ist, mit der Materie des objektiv Möglichen als Substanz.* Die utopische
Funktion der menschlich bewußten Planung und Veränderung stellt hierbei nur
den vorgeschobensten, aktivsten Posten der in der Welt umgehenden Aurora-
Funktion dar: des nächtlichen Tags, worin alle Real-Chiffren, das heißt Prozeß-
gestalten noch geschehen und sich befinden.[25]

Von hierher wird einsichtig – ebenfalls gegen den Trend des herrschenden Technikverständnisses –, weshalb Bloch, vor allem im Kapitel „Wille und Natur", sein konkret utopisches Hoffen und Antizipieren auf eine Allianztechnik[26] mit der Natur richtet, denn die Technik
darf nicht als willkürlicher Eingriff in die Natur mißverstanden und

---

[24] E. Bloch, Das Materialismusproblem, seine Geschichte und Substanz,
Frankfurt a. M. 1972; siehe auch W. Schmied-Kowarzik, Das dialektische Verhältnis des Menschen zur Natur, Freiburg – München 1984.
[25] PH 203.
[26] W. Schmied-Kowarzik, Ernst Bloch – Hoffnung auf eine Allianz von Geschichte und Natur, in: G. Flego / W. Schmied-Kowarzik (Hrsg.), Ernst Bloch –
Utopische Ontologie, Bd. II des Bloch-Lukács-Symposions 1985 in Dubrovnik,
Bochum 1986.

mißbraucht werden, denn sie bezieht ihre Kraft aus der bewußten Beherrschung der Kräfte der Natur, daher müssen wir die Technik aus
den Potenzen der Natur begreifen und mit ihnen voranschreiten lernen.
In Wirklichkeit aber hat sie [die Natur] weder ausgeblüht, noch ist die menschliche Geschichte, in ihrer Leiblichkeit, Umgebung und vor allem in ihrer Technik,
der Natur nur als einer vergangenen verbunden. Konträr: *Die endgültig manifestierte Natur liegt nicht anders wie die endgültig manifestierte Geschichte im Horizont der Zunkunft,* und nur auf diesen Horizont laufen auch die künftig wohler-
wartbaren Vermittlungskategorien konkreter Technik zu. Je mehr gerade statt
der äußerlichen eine Allianztechnik möglich werden sollte, eine mit der Mitpro-
duktivität der Natur vermittelte, desto sicherer werden die Bildekräfte einer ge-
frorenen Natur erneut freigesetzt.[27]

c) Von der Philosophie der Natur als Prozeß gilt es nun zur Philosophie
der Emanzipationsgeschichte überzuwechseln. Ohne Zweifel ist es
diese realphilosophische Gedankenlinie, in der sich Bloch entschieden
bekennt, aus der Nachfolge von Karl Marx zu denken, ja in der sich
Bloch selbst ohne Zaudern als Marxist bezeichnet. Trotzdem verwundert, wie wenig sich Bloch in seinen geschichtsphilosophischen
Arbeiten auf den Marxschen Ansatz einläßt, die Menschheitsgeschichte von der gesellschaftlichen Produktion und ihren Entfrem-
dungsformen her zu begreifen, was um so mehr erstaunt, als die Geschichte menschlicher Produktivität, nicht linear zwar, aber doch das
dialektisch notwendige Anschlußstück zu Blochs Philosophie der
Naturproduktivität darstellen würde. Natürlich beruft sich Bloch auf
die Leistung von Marx, „in der durchsetzenden Macht des Produk-
tionsprozesses ... den wirklichen Drahtzieher der bisherigen Geschichte" aufgewiesen zu haben, aber er selber hält sich mit dieser, von
Marx bereits getanen Arbeit nicht weiter auf und wendet sich – Hegel
politisch wendend – der Geschichte als bewußter Verwirklichung von
Freiheit zu. Hier sind es vor allem die beiden Arbeiten ›Freiheit und
Ordnung‹[28] und ›Naturrecht und menschliche Würde‹, in denen er die
politische Grundlagendiskussion um die Sozialutopien und die Men-
schenrechte durch die europäische Tradition hindurch verfolgt, immer
einen freiheitlichen Sozialismus als konkret utopisches Hoffnungsziel
vor Augen:

Daher als eigenes Erbe am revolutionär gewesenen Naturrecht: Aufhebung aller Verhältnisse, in denen der Mensch mit den Dingen zur Ware entfremdet ist
und nicht nur zur Ware, sondern zur Nullität an Eigenwert. Keine Demokratie

---

[27] PH 807.
[28] E. Bloch, Freiheit und Ordnung. Abriß der Sozialutopien (1949) – später
aufgenommen in ›Das Prinzip Hoffnung‹.

ohne Sozialismus, kein Sozialismus ohne Demokratie, das ist die Formel einer Wechselwirkung, die über die Zukunft entscheidet.[29]

Politisch am konkretesten wird Bloch in der Zeitanalyse der Weimarer Jahre und des aufkommenden Nationalsozialismus in ›Erbschaft dieser Zeit‹. Auch seine darin entwickelte Dialektik der Ungleichzeitigkeit gleichzeitiger Ereignisse und geschichtlicher Bewegungen gehören zu den grundlegenden Bereicherungen innerhalb der marxistischen Diskussion. Insgesamt aber bleibt Blochs Berufung auf Marx und den Marxismus bekenntnishaft und appellativ – wie beispielsweise im großen Schlußakkord „Karl Marx und die Menschlichkeit" in ›Das Prinzip Hoffnung‹:

Eben die Menschlichkeit selber ist der Entmenschlichung ihr geborener Feind, ja indem der Marxismus überhaupt nichts anderes ist als der Kampf gegen die kapitalistisch kulminierende Entmenschlichung bis zu ihrer völligen Aufhebung, ergibt sich auch e contrario, daß echter Marxismus seinem Antrieb wie Klassenkampf, wie Zielinhalt nach nichts anderes ist, sein kann, sein wird als Beförderung der Menschlichkeit.[30]

d) Der dritte Themenschwerpunkt, die Ästhetik, nimmt seit ›Geist der Utopie‹ den größten Raum in Ernst Blochs Werk ein. Schon in ›Geist der Utopie‹ stehen neben der philosophischen Frage die Selbstbegegnung in der bildenden Kunst und in der Musik im Vordergrund und ebenso im Hauptwerk ›Das Prinzip Hoffnung‹. Zusammen mit verstreuten kunsttheoretischen Abhandlungen wurden diese kunstphilosophischen Studien in den beiden Bänden ›Ästhetik des Vorscheins‹[31] gesammelt. Hinzu kommen Blochs eigene literarischen Texte wie die Bücher ›Spuren‹ und ›Verfremdungen‹[32]; in ihnen verschmelzen Kunst und Literatur als Medium und Gegenstand in schöpferischer Produktivität und bringen zugleich das Vorwärtsweisende des Blochschen Denkens unmittelbar zum Vorschein.

e) Da ich darauf bereits in der Vorklärung eingegangen bin, möchte ich mich in dieser zusammenfassenden Skizze gleich dem vierten und letzten Problemstrang der Eschatologie zuwenden. Für Bloch ist – wie bereits an ›Geist der Utopie‹ gezeigt – die Eschatologie oder die positiv gefaßte Apokalypse der letzte Zielhorizont, der das Drängende und Treibende in uns und der Welt positiv auf das Kommen des Reichs zu

[29] E. Bloch, Naturrecht und menschliche Würde (1961), Frankfurt a. M. 1972, 232.

[30] PH 1607.

[31] E. Bloch, Ästhetik des Vorscheins, 2 Bde., Frankfurt a. M. 1974.

[32] E. Bloch, Verfremdungen, 2 Bde., Frankfurt a. M. 1962/1965; vgl. ders., Literarische Aufsätze, Frankfurt a. M. 1965.

richten vermag. Dieser Zielhorizont ist es auch, der den revolutionären Aufbrüchen den kräftigen Mut und die wärmende Hoffnung verleiht, wie Bloch insbesondere in ›Thomas Münzer als Theologe der Revolution‹[33] an den Bauernkriegen und ihren untergründigen Wurzeln und Fortwirkungen herausgearbeitet hat.

Neben dem, was Bloch in seiner Philosophie des Naturprozesses vorgelegt hat, gehört seine Ausarbeitung des eschatologischen Themas, wie es im Buch ›Atheismus im Christentum‹ gipfelt, zum aufregendsten Novum, das er in die philosophische Diskussion eingebracht hat, und das ihn – wie immer man zu seinen Ausführungen stehen mag – zu einem der großen Denker des 20. Jahrhunderts werden läßt. ›Atheismus im Christentum‹ ist der Versuch, die jüdisch-christliche Glaubenstradition gegen den Strich der kirchlichen Verfestigungen auf rebellische Hoffnungsaufbrüche ins Reich hin auszuloten, die Bibel nicht als von einem Gott offenbartes Buch, sondern atheistisch als ein Buch menschlicher Offenbarwerdung seines eschatologischen Zielhorizonts zu verstehen. Aller bisheriger Atheismus beruht auf Reduktionismus und Denkverboten, weshalb das Verdrängte an anderer Stelle in Form von pseudoreligiösen Weltanschauungen in grotesken und oft krankhaften Gestalten zum Ausbruch kommt, der Nationalsozialismus und der Stalinismus tragen solche Züge; indem Bloch, über das bei Feuerbach Begonnene hinaus, die religiösen Traditionen in ihren Sinngehalten beerbt, vermag sein „religiöser Atheismus" in einen freien Dialog und produktiven Wettstreit mit allen humanistischen Kräften jüdischer und christlicher Religionsgemeinschaften einzutreten – zur fruchtbaren Herausforderung unserer Selbst- und Sinnsuche im eschatologischen Zielhorizont.

Es gäbe keinen austragbaren Humanismus, wenn er außer seiner Moral nicht auch diese glücklichsten Grenzbilder des Wohin, Wozu, Überhaupt implizierte. Auch deren Freiheit liegt in der Elongatur des noch nicht herausgebrachten homo absconditus in der Welt, im Experiment der Welt. Vernichtbarkeit des Menschlichen ist genug da ... Und doch ist die ganze bisherige Welt bloßer Tatsachen nicht wahr, und wahr ist einzig der in ihr anhängige Prozeß, samt der Stimme des Rebells, der zu Pilatus mit so ganz anderer, mit Novum-Parteizugehörigkeit sagen konnte: 'Wer aus der Wahrheit ist, hört meine Stimme.' Deren Platz ist der Kampf, die Unterscheidung, der Wärmestrom, folglich der menschliche Ruf und sein Eingedenken an der Front des Weltprozesses ... Wenn christlich die Emanzipation der Mühseligen und Beladenen wirklich noch gemeint ist, wenn marxistisch die Tiefe des Reichs der Freiheit wirklich substantiierender Inhalt des revolutionären Bewußtseins bleibt und wird, dann wird die Alli-

---

[33] E. Bloch, Thomas Münzer als Theologe der Revolution (1921), Frankfurt a. M. 1972.

anz zwischen Revolution und Christentum in den Bauernkriegen nicht die letzte
gewesen sein – diesmal mit Erfolg ... Vivat sequentes; es vereinigen sich dann
Marxismus und Traum des Unbedingten im gleichen Gang und Feldzugsplan.
Das nicht mehr entfremdete Humanum, das Ahnbare, noch Ungefundene seiner möglichen Welt, beides steht unabdingbar im Experiment Zukunft, Experiment Welt.[34]

5. Kritische Anmerkungen

Bloch ist ein visionärer Denker, ein Apologet der positiven Hoff-
nungsbilder und Sinnstiftungen.

Da er aber nicht begrifflich, begründend und beweisend argumentiert, verfällt alles von ihm Ausgeführte leicht der ätzenden Schärfe der
Kritik. Es gibt fast nichts bei Bloch, was sich dieser Kritik entziehen
könnte.

Dies besagt jedoch nicht, daß die destruierende Kritik recht hätte,
aber es macht auf die Schutzlosigkeit dieses Philosophierens aufmerksam – eines Philosophierens, das vom Denk-Einfall lebt, diesen lediglich umschreibt, umbildert, umspielt und dort, wo es apologetisch oder
polemisch wird, in wortgewaltigen Bekenntnissen und Behauptungen
gipfelt.

Was dieser Philosophie fehlt, ist das, was Hegel die Arbeit des
Begriffs und Adorno mit Berufung auf Benjamin den Gang durch die
Eiswüste der Abstraktion genannt hat.

Gleichwohl ließe sich leicht wiederum von Bloch her eine Gegen-
rechnung aufmachen; denn weder in der Begriffsbewegung der Logik
noch in der Eiswüste der Abstraktion kommen jene das Dunkel des gelebten Augenblicks, das wir selber sind, ausdeutend umspielende Visio-
nen vor, zu denen Bloch vordringt, und die in uns allen lebendig sind.
Hier zeigt sich für mich, daß wir beides in dialektischer Vermittlung
brauchen: Blochs positives Hoffen und so etwas wie eine negative Dialektik. Erst beide zusammen bringen uns weiter.

Hierzu ein Beispiel: Bloch ist eigentlich dem Marxschen Projekt der
„Kritik der politischen Ökonomie" niemals wirklich nähergetreten,
und er hat niemals den darin implizierten Anspruch einer negativ-kriti-
schen Theorie der negativen Gewalt wirklich mitvollzogen. Von seiner
Theorie der positiven Hoffnungen her sieht er gar nicht die Notwendigkeit zu einer solchen kritischen Theorie ein, einer Theorie, die sich
gegen jene Mächte wendet, die dem Hoffen die Bedingungen ihrer Er-

---

[34] E. Bloch, Atheismus im Christentum (1968), Frankfurt a. M. 1973, 298 f.

füllung entziehen. Woher nimmt er seine Gewißheit des Kommens von Sozialismus und Allianztechnik? Nichts davon wird kommen, wenn wir den Geschichtsprozeß sich selbst, d. h. der ihn diktierenden kapitalistischen Wertökonomie überlassen. Dies kritisch in einer negativen Theorie der negativen Logik der herrschenden Kräfte herauszuarbeiten, um der Praxis die Wege ihrer revolutionären Überwindung aufzuweisen, war das Projekt von Marx, das wir heute auf die Ökologieproblematik auszudehnen haben.

Längst ist das Problem der Apokalypse ein anderes geworden als noch vor 70 Jahren. Der Weltuntergang wird ein vom Menschenarm gemachter sein, *wenn* es uns nicht rechtzeitig gelingt, uns selbst in den von uns geführten Arm zu fallen. Dies ahnt auch Ernst Bloch in seinen letzten Arbeiten und mahnt eindrucksvoll:

Die echte Theorie-Praxis entnimmt methodisch die Ziele des Handelns einer Analyse der jeweiligen Umwelt, und Sozialismus ist dieser Praxis die conditio sine qua non zum Endziel. Derartige Praxis kann sich nicht darauf beschränken, das Verhältnis des Menschen zum Menschen in einer klassenlosen Gesellschaft von Entfremdung zu befreien; sie geht weiter verändernd in das Verhältnis des Menschen zur Natur hinein. So daß der Mensch in der Natur nicht mehr zu stehen braucht wie in Feindesland, mit dem technischen Unfall als ständiger Drohung ... Ein anderes nicht ausbeutendes Verhalten zur Natur wurde schon der objektiv-realen Möglichkeit nach bedeutet als befreundete, konkrete Allianztechnik ... Das wird nun um so notwendiger, als sich der Unfall ja längst ausgewachsen hat zu drohender Selbstausrottung des Menschen, gründlicher Zerstörung seiner natürlichen Existenzbedingungen durch Mißachtung der Ökologie.[35]

Schöne treffende Worte, aber nur Worte, wenn nicht auch eine Kritik an Naturwissenschaft und Technik unter der Vorherrschaft der Wertökonomie nachfolgt, die die drohenden Gefahren und damit die notwendigen Gegenschritte konkret benennen. Solche Kritik fehlt bei Bloch in allen seinen Systemteilen.

Doch will ich nicht mißverstanden werden: Der Kritik fehlt ihrerseits meist die positive Sinneröffnung, wie sie Bloch in seinem Werk grübelnd erfragt, ohne die wir im letzten nicht einsehen können, warum wir überhaupt und auf welche Ziele hin wir zu kämpfen haben.

Daher ist für mich Bloch einer der großen philosophischen Problemeröffner. An uns ist es, die eröffneten Problemhorizonte kritisch fortzubilden.[36]

---

[35] E. Bloch, Experimentum Mundi, 251 (vgl. Kurzbibliographie).

[36] Aus der fast schon unabsehbaren Literatur über Ernst Bloch sei hier lediglich verwiesen auf: B. Schmidt, Ernst Bloch (Sammlung Metzler Bd. 222), Stuttgart 1985 (mit ausführlicher Bibliographie) sowie auf die beiden Auswahl-

Kurzbibliographie Bloch

Geist der Utopie (1918), Frankfurt a. M. 1971. 2., erw. Auflage (1923), Frankfurt
a. M. 1973 (Sigel: GdU).
Subjekt – Objekt. Erläuterungen zu Hegel (1949), erw. Ausg. Frankfurt a. M.
1962.
Das Prinzip Hoffnung (1954–59), 3 Bde., Frankfurt a. M. 1967 (Sigel: PH).
Tübinger Einleitung zur Philosophie (1963/64), Frankfurt a. M. 1970.
Experimentum Mundi, Frankfurt a. M. 1975.

bände: Materialien zu Ernst Blochs 'Prinzip Hoffnung', hrsg. v. B. Schmidt (stw
111), Frankfurt a. M. 1978.
Seminar: Zur Philosophie Ernst Blochs, hrsg. v. B. Schmidt (stw 268), Frankfurt a. M. 1983.

HERBERT MARCUSE

Der Protest gegen die herrschende Rationalität

Von LOTHAR ZAHN

I

Dieser Versuch einer Rückschau auf Herbert Marcuses der Nachwelt überlassenes Denken kann nicht mehr als eine Skizze sein; denn wenn sich dieses in dem hier gesetzten engen Rahmen zulänglich zusammenfassen ließe, bedeutete das ein geradezu vernichtendes Urteil über Inhalt und auch Stil seiner Bücher, die so umfangreich nicht hätten ausfallen müssen. Wenn aber auch diese Darstellung gegenüber der Qualität, Subtilität und Weite dieses Denkens ihrer Unzulänglichkeit geständig ist, so sieht sie in der auch um den Preis der Vereinfachung erreichten Zusammenfassung doch eine dem Anspruch der Zeit folgende Not-wendigkeit. In der atemlosen Dramatik unserer dem Untergang zu entkommen suchenden Welt mag für die mit nebensächlichem Detail prunkende Gelehrsamkeit die Zeit nicht mehr sein, jedenfalls dort nicht, wo, wie in der politisch engagierten Philosophie, alle angesprochen sind und über unsere gemeinsame Lage aufgeklärt werden sollen. Hier wird wieder die Anstrengung gefordert, sich auf das Wesentliche zu konzentrieren und es durch Klarheit des Stiles und die Durchsichtigkeit der gedanklichen Komposition knapp, aber verständlich „auf den Punkt" zu bringen.

In diesem Falle gilt es auf wenigen Seiten in einer Art Testamentsvollstreckung das weiterzugeben und einsichtig zu machen, was Herbert Marcuse, den nun schweigenden Toten, nach seinem letzten Willen in uns als Erkenntnis und als Handlungsziel überleben sollte. Solche Bilanz ist aus der kurzen historischen Distanz gegenüber dem weitverzweigten, wandlungsreichen Lebenswerk dieses Mannes sicherlich gewagt. Wie kurz wurde er, der 1979 als über Achtzigjähriger starb, hierzulande nur zur Kenntnis genommen, da er, ein Berliner Jude, fast fünfzig Jahre im Exil gelebt und alle seine bedeutenden Werke amerikanisch geschrieben hatte, bis er erst gegen Ende seines Lebens im Rahmen der sogenannten Protest- oder Studentenbewegung weltweit bekannt und auch bei uns einige Jahre hindurch heftig diskutiert wurde. Vorurteile

gegenüber dem mit dem ominösen Wort „links" Verfemten versperrten
dabei ebenso den Weg zu ihm wie umgekehrt seine plakative Inan-
spruchnahme für vordergründige politische Tageszwecke, und im allgemeinen muß man feststellen, daß sein Denken bis heute vom Zeitgeist
nur sehr oberflächlich adaptiert wurde. Wie also in Kürze einen zutref-
fenden Begriff von der Substanz seines Gesamtwerkes vermitteln?

Die Vorüberlegungen zu dieser Frage führten dazu, die folgende
Darstellung als eine „Komposition" anzulegen, die zunächst umreißt,
wie Marcuse in seiner Aneignung der neueren Philosophiegeschichte
seine zentralen Themen findet, und in den folgenden Abschnitten sodann, wie er sie als an Hegel und Marx geschulter dialektischer Denker
in ihrer gegenseitigen Abhängigkeit voneinander erfaßt und zu der
Schilderung der Gesamtverfassung unserer Welt miteinander verbindet. Schon im Titel wurden die drei hierbei bestimmenden Begriffe zu
einer knappen Formel für die sich durchhaltende Intention seiner zahlreichen Schriften zusammengedrängt: Protest, Herrschaft und Rationalität. Sie gehören, wie die drei Dimensionen des Raumes, bei Marcuse untrennbar zusammen: Die Moralität, aus der das Wort „*Protest*"
spricht – Auflehnung im Namen der Humanität –, ist hier durchweg auf
„*Herrschaft*" bezogen, und diese wiederum kann nur von der entwickelten „*Rationalität*" her konkret begriffen werden. Es ist die Aufgabe der
Philosophie, diesen etablierten Zusammenhang zwischen Denken,
Herrschen und Wollen als uns beengendes Gewirk der Wirklichkeit
aufzudecken und so Möglichkeiten der Befreiung – auch ein entschei-
dendes Stichwort Marcuses – zu eröffnen.

II

Daß mit den genannten Begriffen ein Marcuses gesamte Entwicklung durchziehendes Zentralthema bezeichnet ist, mag ein Blick auf
sein Werk wenigstens andeuten. Schon bei *Hegel,* über den der junge
Marcuse seine ersten beiden Bücher schrieb, nämlich seine in Freiburg
verfaßte Habilitationsschrift ›Hegels Ontologie und die Grundlage
einer Theorie der Geschichtlichkeit‹ und sein erstes, bereits im Exil
amerikanisch geschriebenes Hauptwerk ›Vernunft und Revolution –
Hegel und die Entstehung der Gesellschaftstheorie‹, schon bei diesem
großen Denker, dem er ebensowenig wie dem Dichterphilosophen
Schiller je entkam, schon bei Hegel hatte Marcuse das erwähnte befrei-
ende, aus den allgemeinen politischen und geistigen Verhältnissen ab-
geleitete Verständnis der Philosophie gewonnen. Das Bedürfnis nach
Philosophie, las er dort in den unvergeßlichen Anfangssätzen der ›Dif-

ferenzschrift‹, erwache, wenn die Struktur einer Zeit sich 'verknöchert' habe und die Gesellschaft als verselbständigtes, rationalisiertes System den Menschen unter seinen Zwängen und Wiederholungen so zu vereinnahmen drohe, daß „die Individualität sich nicht mehr selbst ins Leben wagt"[1]. Auf diese meist verborgen über uns herrschende „Macht der Verhältnisse" wurde also das Denken Marcuses früh aufmerksam, und die Kritik am „Establishment", wie er die schlecht fixierte Gestalt der Welt und Vernunft später nennen wird, vertieft sich in den folgenden Jahrzehnten nach mehreren Richtungen.

Marx, dessen Frühschriften er wiederentdeckte, lehrte ihn, daß vor der Tiefe der Entfremdung und der Macht des Kapitals die theoretische Kritik an den Verhältnissen gegenüber diesen ohnmächtig ist und politisch-praktisch werden, d.h. als Revolution marschieren lernen muß, um nicht zur Wirkungslosigkeit, zum bloßen Schein einer Ideologie verdammt zu sein. Aber warum kam die sozialistische Revolution gegen alle Erwartung der historischen Materialisten nicht in Gang, obwohl doch die Spannungen, aus denen der Blitz zünden sollte, da waren – der schreiende Kontrast zwischen arm und reich, Mächtigen und Ohnmächtigen, der sich in Kriegen entladende, nur international zu lösende erbarmungslose Konkurrenzkampf der Nationen? Warum schlug der Sozialismus selbst in die grausige Diktatur der Nationalsozialisten und der Stalinisten um? Es mußte noch einen tieferen Grund dafür geben, daß sich das „Gehäuse der Hörigkeit", wie Marcuses Freund Horkheimer die soziale und rationale Zeitgestalt nannte, nicht nur gegenüber allen Befreiungsversuchen erhielt, sondern immer weiter zu dem verfestigte, was Marcuse in seinem die Spätphase einleitenden zweiten Hauptwerk als die „Eindimensionale Gesellschaft" beschreiben sollte. Woran lag es also, daß die Entwicklung der Zivilisation nicht, wie Marx und Engels lebenslang geglaubt hatten, auf den Eklat der totalen sozialen Umgestaltung zuführte, sondern in die entgegengesetzte Richtung wies: in die Alternativelosigkeit einer in jeder Hinsicht formierten Gesellschaft?

Nietzsche und *Freud* brachten Marcuse auf die Spur einer Antwort auf diese Frage. Diese nun schon unmittelbarer zum Thema führende Spur ging weit über die Widersprüche der modernen bürgerlichen Gesellschaft hinaus, die die Basis der marxistischen Analyse gebildet hatten, und stellte die abendländische Kulturentwicklung im ganzen in Frage. Schon der junge Nietzsche hatte jene dem wissenschaftlichen

---

[1] G. W. F. Hegel, Differenz des Fichteschen und Schellingschen Systems der Philosophie, in: ders., Gesammelte Werke, Bd. 4, hrsg. v. H. Buchner u. O. Pöggeler, Hamburg 1968, 9.

Fortschrittsglauben der Abendländer zuwiderlaufende „repressive"
Tendenz der Weltgeschichte gesichtet, die Horkheimer und Adorno
später als „Dialektik der Aufklärung" beschrieben. Die für Nietzsche
auf Sokrates zurückführende wissenschaftliche Rationalität habe, wie
Nietzsche schon in seinem ersten Werk schreibt, ein immer dichteres
begriffliches „Netz des Gedankens über den gesammten Erdball ... ge-
spannt"[2]. Das derart in einem unterdrückenden „Netzwerk" befangene
Leben, dieses rationelle Gewirk der Wirklichkeit, habe einen darin re-
glementiert arbeitenden „modernen Sklavenstand" zur Konsequenz.
Wehe, wenn die Menschheit merkte, daß das die Zivilisation antrei-
bende Glücksversprechen auf dem Wege der wissenschaftlichen Ratio-
nalisierung nicht eingelöst wird! Wie würde die Enttäuschung wüten,
wenn gegenüber dem tatsächlichen Ein- und Unterordnungszwang in
monotone, anonyme Abläufe des Arbeitens, Verhaltens, lernenden Re-
produzierens der Effekt der „schönen Verführungs- und Beruhigungs-
worte von der 'Würde des Menschen' und der 'Würde der Arbeit' ver-
braucht"[3] sein würde?

Daß sich hinter allem äußeren Fortschritt die innere, psychische und
geistige Situation der Kultur tatsächlich bereits dramatisch zugespitzt
hatte, war Marcuse dann an *Freud* bewußt geworden, wie er in seinem
Buch ›Eros and Civilisation‹ erkennen läßt. Es knüpft an den erstaunli-
chen Befund von Freuds Spätphilosophie an, daß unsere Gesellschaft
trotz aller nüchternen, sachlichen Wissenschaftlichkeit und planenden
Rationalität „insgesamt neurotisch", also psychisch gleichgewichtsge-
stört sei, wie sich nicht nur an dem schnell wachsenden Heer der
Psychopathen zeige, sondern sich ganz allgemein bekunde an der „Bar-
barisierung" des Lebens, der aufbrandenden Flut individueller und
kollektiver Aggressionen, emporschießender Kriminalitätsraten, den
modernen totalen Kriegen als Furien der Massenvernichtung, der Fol-
ter bis hin zu Auschwitz, aber auch dem Schwinden der Gefühle, der
Rücksichten, der zarteren Umgangsformen in einer immer ruppigeren,
direkteren Alltagswelt. Was konnte diesen bei der immer noch anhal-
tenden vernunft- und fortschrittsgläubigen Aufklärung unerwarteten
„Rückfall in die Barbarei" erklären? Freuds Antwort war diese: Je
mehr die monotonen Zwänge der formierten Gesellschaft – die Kon-
ventionen, Fließbänder, Straßenverkehrsordnungen, Schulpflichten,
Paragraphen, Leistungsdrücke etc. – das dem Menschen eingeborene

[2] F. Nietzsche, Die Geburt der Tragödie aus dem Geiste der Musik, in: ders.,
Sämtliche Werke. Kritische Studienausgabe, hrsg. v. G. Colli u. M. Montinari,
München – Berlin – New York 1980, Bd. 1, 100.
[3] Ebd., 117.

Verlangen nach ungebundener Lust unterdrücken, um so massiver reagiert unser vergewaltigtes Begehren nach individuellem Glück gegen all diese von außen kommenden Repressionen des von Freud so genannten „Realitätsprinzipes".

Obwohl Marcuse diese Theorie als „die unwiderleglichste Anklage gegen die westliche Kultur" begreift,[4] spricht er einige Jahre nach dem Freud-Buch (1963) mit dem Titel eines berühmt gewordenen Vortrages in New York doch vom „Veralten der Psychoanalyse". Freud habe das Verhältnis von naturhaft-egoistischer Lust und gesellschaftlicher Herrschaft zu allgemein und unspezifisch für unsere Epoche gedacht, sie als Prinzipien zu stark und dialektisch unvermittelt gegeneinander gesetzt und verkannt, daß die Lustbasis, weit davon entfernt, eine Naturkonstante zu sein, unter den rationellen Bedingungen der Moderne selbst entscheidende Veränderungen erfahren habe. Wie sich, um im Freudschen Modell zu sprechen, das Verhältnis von naturhafter Lust, rationalem Ich und sozialer Herrschaft in der Moderne so verändert hat, daß die Lust, die Rationalität und die Herrschaft selbst dadurch etwas anderes wurden als vormals und sich zu dem hermetischen Komplex der „Eindimensionalität" zusammenschlossen, dies mit dem Ziel der Befreiung zu reflektieren, muß nach Marcuse gerade der revoltierende Sinn einer modernen, als „Kritische Theorie" sich verstehenden Philosophie sein. Nach diesem historischen Überfliegen der sein Werk wesentlich beeinflussenden Philosophen kehren wir mit ihm somit zu der Titelfrage nach dem Zusammenhang von Herrschaft, Rationalität und Protest in der Moderne zurück.

III

Um die Komplexität dieser drei, nach Marcuse die moderne Welt spezifisch dimensionierenden, voneinander abhängigen Bestimmungsgrößen in übersichtlicher Form einsichtig zu machen, soll in den folgenden drei Abschnitten im Anschluß an Marcuse jeweils umrissen werden, wie das eine sich unter den Bedingungen der beiden anderen in der letzten, bis zur Gegenwart reichenden geschichtlichen Entwicklung verändert hat und für das Besondere unserer Situation bestimmend ist.

Den Beginn mag die den Protest tragende Lust bilden, denn sie ist es ja, wie bei Freud betont, die das eigentliche naturhaft-individuelle Lebensinteresse des Menschen ausmacht, welches sich gegen die sozialen

---

[4] Triebstruktur und Gesellschaft, 17 (vgl. Kurzbibliographie).

Repressionen wehrt und auf das letztlich alle Antriebe zu Durchsetzung und Widerstand zurückgehen. Nun nimmt freilich die Lust unter den Ordnungsbedingungen der menschlichen Gesellschaft, wie auch Freud sehr wohl wußte, einen anderen Charakter an als die Befriedigung eines rein animalischen Triebes. Sie ist nicht mehr nur die direkte physische Verwirklichung eines Bedürfnisses, sondern als gehemmter Trieb eine in die Vorstellung aufgenommene Lust, in der das Glück oft in weiter, hoher Ferne liegend erträumt, geistig entworfen wird. Diese glückhaften Zielentwürfe der vergeistigten Lust – Ideale nannte man sie einst – bilden nach Marcuses ›Remarks on a Redefinition of Culture‹ von 1963 (›Bemerkungen über eine Neubestimmung der Kultur‹) den eigentlichen Inhalt der Kultur – in Abhebung von der Zivilisation, die sich nicht mit den Zwecken des Lebens, sondern mit seinen Mitteln, dem technischen Instrumentarium abgibt. In der Kultur setzt sich der Protest der individuellen vergeistigten Lust gegen die zum Selbstzweck werdenden organisierten zivilisatorischen Verhältnisse fort: Sie vermittelt das schmerzhafte Glück einer «promesse de bonheur», das uns mit der bestehenden Wirklichkeit als noch nicht human, befriedigend oder versöhnt entzweit, indem sie uns die schöneren Bilder des Daseins entwirft. Insofern steckt für Marcuse gerade in der emanzipierten bürgerlichen Kultur des ausgehenden achtzehnten und des noch vorindustriellen neunzehnten Jahrhunderts ein Protestpotential vergeistigter Lust, das sich in dem Schwung kritischer philosophischer Ideen ebenso aussprach wie in Schillers oder Beethovens energetischer Verheißung der Freude als „schöner Götterfunken" oder auch Hölderlins sanft-melodischer Klage über die natur- und gottentfremdete Welt.

Bis zur Spätromantik und als letzte Ausläufer in der Subkultur der Bohème wurde der kulturelle Protest vom Individuum getragen, das sich im Namen der schöpferischen Freiheit seine über die bestehende Wirklichkeit hinausgehenden Texte, Bilder und Töne ersann. Wenngleich auf eine Bildungsaristokratie beschränkt, war die gegen das banale Leben protestierende Vergeistigung der Lust, ihre Sublimation, die vom einzelnen zu leistende Aufgabe, seine Form, seinen Stil zu finden, um mit dem Dasein fertig zu werden – die Kirchen, die Philosophen, die Künstler boten nur ihre Hilfen an. Mehr und mehr aber gerät dieses individuelle Protestpotential der Kultur unter die Kontrolle und Verwaltung der Zivilisation. Nicht nur werden die Bilder der Lust nun von den medialen Agenturen der Gesellschaft selbst massenhaft erzeugt und dem Individuum, dessen eigene, sublimierte Gestalten sie damit nicht weiterhin mehr sind, in jeder Form zum Konsum angeboten, sondern, indem die Kultur in der von Adorno so genannten „Kulturindustrie" vermarktet wird, ihre Werke als Ware, Hits oder Bestseller gehandelt werden, verändert sich unvermerkt die Einstellung zur Kultur in ihrem protestierend-humanen Sinn sowie auch die Qualität der diesen tragenden Lust selber. Sie wird etwa von der großen, auf Glück und Freiheit vom sozialen Zwang gerichteten Leidenschaft zum im kurzlebigen Jetzt sich zerstreuenden „Amüsement" und als vom Geschäft, von der Macht angebotene Unterhaltung der herrschenden Ratio der Zivilisation selbst integriert. Von der Seite des herrschenden Systems her gesehen, von dem ja noch in seiner modernen Gestalt zu sprechen sein wird, erhält also Kultur nun einen Platz innerhalb des zivilisatorischen Betriebes, weist nicht mehr über ihn hinaus, denn sie bekommt im ganzen die Funktion zugewiesen, die Menschen nach Feierabend, damit sie nicht auf aggressive Gedanken gegenüber der monotonen Arbeit und der ganzen grau betonierten Welt überhaupt kommen, derart lustbetont durch ihre Shows zu zerstreuen und Blödeleien aufzuheitern, daß sie es wieder für den nächsten Tag aushalten.

Von der subjektiven Seite her verliert dadurch das Individuum den protestierenden, die Menschheit zum Besseren herausfordernden Sinn der Kultur: Das ›Lied an die Freude‹, das da aus dem Recorder das monotone Geräusch des Staubsaugers übertönt, nach unterhaltenden Schlagern, Landfunk, Nachrichten etc., wird nicht mehr als ein menschheitlicher Appell, sondern nur mehr als ablenkender, über den Augenblick hinwegbringender Sound wahrgenommen. So versiegt das lusthafte Protestpotential der Kultur im Belanglosen. Sie wird selbst da noch affirmativ, wo sie sich, etwa in Gestalt von Protestsongs, dagegen wehrt, denn diese werden selbst zu Hits, zur Ware, und dienen als Alibi für eine in Wahrheit nicht vorhandene oder als wirkungslos beklatschte Opposition.

So etwa sieht Marcuse die Veränderung und Eingemeindung der als Kultur einstmals protestierenden Lust in die „eindimensionale Gesellschaft". Diese kann es sich jetzt, worauf sie stets mit Stolz verweist, leisten, „demokratisch" zu sein, d.h., die Ideen, die Texte, die Bilder, die Kompositionen allen Bürgern zugänglich zu machen, denn von diesen geht keinerlei Gefahr für die Gesellschaft mehr aus, ja, alles dient sogar der Verschleierung des Umstandes, daß die etwas human bewegende Kultur tot ist. „Das gute Buch steht doch bei mir im Schrank", sagt man nämlich, „hier steht es doch noch immer im Originalton Schillers – 'Geben Sie Gedankenfreiheit, Sire'" – wie schwer ist es, diesem Stolz auf Kulturbesitz einsichtig zu machen, daß dies dennoch nur mehr im Wortlaut der aufbegehrende Marquis Posa der klassischen deutschen Kultur ist, jedoch die angeführten Worte längst zum zu nichts mehr verpflichtenden bloßen Zitat wurden. Wäre es uns nämlich noch ernst mit unserer Kultur, dann dürften wir mit ihr nicht nur zur intellektuellen Unterhaltung spielen – „deutsche Ideologie" nannte Marx das schon damals –, sondern müßten die bestehende Welt an ihren Ansprüchen messen und gegen erstere protestieren, wo sie ihnen hohnspricht. Auf diesen Gedanken aber, nach einem Buch das eigene Leben oder das der Gemeinschaft ändern zu wollen, verfällt kaum jemand mehr, und dies liegt auch an der veränderten Rationalität, auf die im folgenden Abschnitt als der zweiten unserer Bestimmungsgrößen der Jetztzeit mit Marcuse eingegangen werden soll.

IV

In diesem der modernen Rationalität gewidmeten Abschnitt ist innerhalb unserer thematischen Trias nun zunächst mit Marcuse zu skizzieren, wie sich das Selbstverständnis der Ratio in bezug auf die im Namen des Glückes protestierende Lust entwickelte, sodann aber, wie das Verhältnis von Vernunft und Herrschaft sich nach seiner Auffassung heute darstellt.

In einer speziellen Betrachtung ließe sich zeigen, wie schon der Student Marcuse bei Schiller und dessen Auseinandersetzung mit dem sogenannten Rigorismus Kants das Problem der neuzeitlichen gesetzgeberischen Rationalität auffindet und es ihn bis in seine letzten Bücher, vor allem das ästhetische ›Die Permanenz der Kunst‹ von 1977, verfolgt. Schiller hatte, vor allem in den „ästhetischen Briefen", erstmalig eindringlich auf eine geschichtliche Gefahr der modernen Geistesentwicklung hingewiesen, die sozusagen die offene Wunde ist, auf die sich viele Bemühungen einer theoretischen Heilung beziehen – auch gerade wieder in der sogenannten „Postmoderne" – und die somit den Ausgangspunkt nicht nur für Marcuses Rationalitätskritik der Moderne bildet. Es ist die Einsicht, daß im modernen Selbstverständnis der Vernunft das Abstrakt-Allgemeine so zur Herrschaft gebracht wird, daß darin die sich immer auf das Sinnlich-Besondere beziehende Lust und letztlich die selbständige Individualität überhaupt untergehen. Der Idealismus hatte in seiner Dialektik zwar noch einmal auf den bis zum Tragischen sich steigernden Widerspruch zwischen der schönen Subjektivität, der Antigone etwa, und der in Kreon verkörperten Herrschaft der allgemeinen Staatsräson hingewiesen, aber wie damals die Frau geopfert wurde, so zielt diese das Allgemeine heiligende Rationalität letztlich im umfassenden Sinne auf den Untergang des Selbst-ständigen in ihm.

So sah es Marcuse schon in seinem Aufsatz über den Hedonismus von 1938, der mit den Worten beginnt: „Die idealistische Philosophie der bürgerlichen Epoche hatte das Allgemeine, das sich in dem isolierten Individuum durchsetzen sollte, unter dem Titel der Vernunft zu begreifen versucht ... Solche Idee der Vernunft enthält schon die Opferung des Individuums."[5] Während dieses Denken sich aber immerhin noch aus der Spannung von Subjekt und Objekt, Theoretischem und Praktischem, Sein und Sollen verstand und sich deshalb in grundsätzlichen Alternativpositionen auseinander-setzte, wird dies im Positivismus bald als müßiger metaphysischer Streit abgetan. Die Forderung, aller Spekulation zu entsagen und sich allein an die feststellbaren sogenannten „Tatsachen" zu halten, wurde um so mächtiger, je mehr man derart neue Tatsachen schuf, auf die man dann als zusätzliche Vorgegebenheiten wiederum zurückkommen mußte. So band sich das Denken, ohne dies selbst zu bemerken, unaufhörlich weiter an das, was es als Tat-Sache aus sich entließ – es „verdinglichte" sich an die Welt, wie Marcuse mit einem dem jungen Hegel und Georg Lukács entlehnten Lieblingsausdruck sagt. Je mehr die Ratio ihre Aufgabe darin sah, auf geschaffene Tatsachen als etwas Gegebenes rekurrierend neue zu schaffen und dem organisierten Bestand einzufügen, desto mehr erschöpfte sie sich darin, das derart immer komplizierter werdende funktionelle System zu reproduzieren, und ihre Produktivität wurde nur mehr als Perfektionierung des Status quo definiert. Das Denken wurde derart in immer größerem Ausmaße „affirmativ" und verfestigte sich auch methodisch auf das Registrieren und Manipulieren einer übermächtigen Empirie, vor der jede grundsätzliche Alternative schließlich als blanke „Utopie" oder „Spekulation" denunziert wird.

Indem der modernen Rationalität derart schließlich nur das noch gilt, was integrierbar ist in die fixierte Landkarte ihrer begrifflichen Distinktionen und Verknüpfungen, ihrer installierten Mechanismen und funktionellen Organisationen, ist es die geheime Dialektik des zivilisatorischen Prozesses, daß die als progressiv ausgegebene rasante Perfektionierung der Verhältnisse in Wahrheit immer totaler in einen sozialen Stillstand umschlägt. Die einmal etablierte Gesellschaft definiert alles in steter Wiederkehr nach ihrer funktionellen Ratio um: Bildung wird zur Ausbildung oder Schulung für den Bedarf, Moral zur Einordnung und Anpassung an das System, alle oppositionellen Spannungen werden so gemildert, daß sie sich einem „reibungslosen Funktionieren" als dem Ideal wenigstens annähern. Da es nun einmal alles so ist, wie es ist, kann immer häufiger und überzeugender festgestellt werden:

---

[5] H. Marcuse, Zur Kritik des Hedonismus, in: Kultur und Gesellschaft 1, Frankfurt a. M. 1965, 128.

„Hierzu gibt es keine Alternative." In dieser Feststellung liegt aber das Eingeständnis, daß wir inzwischen von den selbstgeschaffenen Zwekken so beherrscht werden, daß sie geradezu eine Diktatur neuer Art über uns ausüben. Hier tritt ein Zusammenhang zwischen Rationalität und Herrschaft hervor, auf den jetzt am Ende dieses Abschnittes noch kurz eingegangen werden muß – als Überleitung zur letzten, von der Seite der Herrschaft geleiteten Betrachtung unseres Komplexes.

Wie es am klarsten Habermas[6] entwickelt hat, aber auch bei Marcuse überall hervortritt, ist die beschriebene, uns de facto beherrschende Rationalität nur als die immer deutlicher zutage tretende geschichtliche Konsequenz eines von Anfang an die neuzeitliche Ratio leitenden Herrschaftsmotivs zu verstehen. Unter der von Bacon noch offen und programmatisch ausgesprochenen Devise „Wissen ist Macht" wird nämlich die rationale Vergegenständlichung der Prozesse dem Zweck unterstellt, sie für uns verfügbar, beherrschbar zu machen, und dieser praktisch-politische Antrieb ist für die Vehemenz des rationellen Fortschritts selber konstitutiv, so sehr uns die daran beteiligten Wissenschaftler auch beteuern, es ginge ihnen nur um das Neutrum der reinen Sache. Indem die von Horkheimer „instrumentell", von Marcuse meist „technologisch" benannte moderne Rationalität unreflektiert ihre Perspektive des Verfügbarmachens auf alles, auch die Gesellschaft, im Sinne einer „Sozialtechnik"[7] ausdehnt und sich in einer Ideologie, dem Positivismus, als einzig „wissenschaftlich" ausgibt, wird unversehens auch der Mensch zum im rationellen System beherrschten und gesteuerten Objekt. Was eigentlich nur Mittel, Instrument zu außerhalb seiner liegenden Ziele sein sollte, wird zum totalitären Selbstzweck. Technologische Vernunft steht nun also nicht mehr im Dienst von Herrschaft, sondern ist diese selbst, wie es Marcuse etwa in dem folgenden Satz klar ausspricht: „Heute verewigt und erweitert sich die Herrschaft nicht nur vermittels der Technologie, sondern *als* Technologie."[8]

Dieser geschichtliche Vorgang der totalitär werdenden technologischen Rationalität ändert nun aber auch, wie jetzt im letzten Durchgang bei der Betrachtung unserer dritten Bestimmungsgröße zu zeigen sein wird, den Begriff der Herrschaft selbst. In dem Maße nämlich, wie diese Rationalität beherrschend wird, wird die Herrschaft ihrerseits rationell. Die Ratio wird mit den herrschenden Verhältnissen schließlich

---

[6] J. Habermas, Technik und Wissenschaft als 'Ideologie', Frankfurt a. M. 1968.

[7] Diesen Ausdruck verwendet vor allem Marcuses philosophischer Kontrahent Karl Popper.

[8] Der eindimensionale Mensch, 173 (vgl. Kurzbibliographie).

selber identisch, verliert jegliche kritische Distanz zu ihnen als Ganzem
– dies ist der Sinn der These vom „eindimensionalen" Menschen.
Marcuse kommt so zu dem paradox scheinenden Ergebnis: „Die vernünftige Gesellschaft untergräbt die Idee der Vernunft", denn letztere
zielte „auf das Zur-Ruhe-Kommen der repressiven Produktivität der
Vernunft, auf das Ende der Herrschaft im Genuß".[9] Die humane Vernunft protestierte im Namen der Freiheit und des Glücks gegen alle uns
von außen beherrschenden Zwänge. Nun verstummt der Protest. Das
Denken wurde vom selbstgeschaffenen funktionellen System domesti-
ziert, es ist selbst apparativ und, in den Betrieb total integriert, wird ihm
dessen Herrschaft unsichtbar. Was aber ist jetzt Herrschaft? Dies mag
– vor einer Schlußbetrachtung – der letzte Abschnitt umreißen.

V

Als Ergebnis der bisherigen Ausführungen, die in einer knappen
Skizze den „geistigen Horizont" zu entwerfen suchten, in welchem
Marcuses Denken sich bewegt, kann nun die anfangs angedeutete und
behauptete sogenannte „Konvergenztheorie" Marcuses so formuliert
werden: Die einst den Protest tragende, jetzt aber entsublimierte, im
Funktionieren eingefangene *Lust*, die verallgemeinernde, alles verfügbar machende *Ratio* und die *Herrschaft* als die Macht der unwiderruf-
lich etablierten Verhältnisse gehen nahtlos ineinander über. Alle drei
unserer Bestimmungsgrößen begründen und legitimieren sich gegen-
seitig: Die Vernunft verweist darauf, daß das Beherrschen der Prozesse
zur Lebensfrage der Gesellschaft geworden ist, die Herrschaft legiti-
miert sich umgekehrt als Sachwalterin des rationellen In-Gang-Haltens
des Systems, und die Lust will inzwischen von diesem System unterhal-
ten werden, statt das Risiko des Protestes oder die Anstrengung der eigenen Kreativität auf sich zu nehmen. Diese „Gleichschaltung" – Marcuse gebraucht dieses böse Nazi-Wort – erstickt jede Opposition, ja
auch nur den Gedanken an ein besseres Jenseits des Vorgegebenen.
Dieser historische Zustand ist für Marcuse in einem neuen umfassenden Sinne „totalitär", und die Anfälligkeit der modernen Welt für besondere Diktaturen – ob rot, braun oder schwarz – ist für ihn nur ein
Symptom dieser viel allgemeineren Zwangsverfassung, die, weil sie
überall wirkt, anonym oder farblos ist und sich im übrigen „mit einem
Pluralismus von Parteien, Zeitungen, 'ausgleichenden Mächten' etc.
durchaus verträgt"; denn „nicht nur eine besondere Regierungsform

---

[9] Ebd., 181.

oder Parteiherrschaft bewirkt Totalitarismus", sondern das als die Ratio selbst geltende, allen „gemeinsame Interesse, die erreichte Stellung
zu verteidigen und auszubauen, die historischen Alternativen zu be-
kämpfen, qualitative Änderung zu hintertreiben".[10] Dieser Konformis-
mus, der hinter allem Pluralismus steckt, läßt die Parteiprogramme immer ähnlicher werden, die Parlamente im Sinne ihres Namens zu
„Schwatzbuden" verkommen, in denen es um keine tiefer greifenden
Alternativen mehr geht, und die etablierte Demokratie sinkt zur rituel-
len Pflichtübung mit Alibifunktion herab, wo nämlich das als legitimie-
render Wählerwille und öffentliche Meinung herausspringt, was vorher
durch das System medial vermittelt wurde. In seiner überwältigenden
Präsenz läßt es dem Individuum nur noch den Schein einer selbständi-
gen Entscheidung, auf der als Willen aller in der politischen Theorie
seit Rousseau wahre Volksherrschaft nur beruhen könnte; in Wahrheit
regieren aber die vom System gesetzten Mechanismen, die Schelsky
später als die unterhalb der Ideologien sich durchsetzenden „Sach-
zwänge" des Apparates faßte.

Je übersteigerter sich Marcuse den herrschenden, uns in seinen Bann
ziehenden Funktionalismus vergegenwärtigte, der schließlich alles, was
der Ratio als real galt, definierte und doch, wie seine zerstörerischen
Wirkungen – Naturvernichtung, kriegerische Exzesse etc. – zeigten, im
ganzen so unvernünftig, irrational war, je mehr mußte Marcuse sein eigenes Denken gegenüber diesem hermetischen Ganzen im wörtlichsten
Sinne als „utopisch", als „ortlos" verstehen und gegenüber dem Bestehenden in anarchistischer Radikalität zur totalen „Negation", zur
nackten „großen Weigerung" aufrufen. So forderte er etwa „die Abschaffung der öffentlichen Meinung mitsamt ihren Herstellern", weil
nur dies die „Wiederherstellung des individuellen Denkens" bedeuten
könne als der Bedingung der „geistigen Freiheit".[11] Wo, wie er diagnostiziert, in der Konsequenz der Geschichte Herrschaft selbst rational
und Rationalität umgekehrt herrscherlich wird, so daß niemand mehr
herrscht, sondern alle von einem Establishment beherrscht werden, das
„sogar die Verwalter verschlingt" – in einer solchen Situation wird, wie
Marcuse sich in der ihn auszeichnenden Unerschrockenheit eingesteht,
die eigene Vernunft sich selbst grundlos und unverständlich. So zieht er
die resignative Bilanz: „Das Gewebe der Herrschaft ist zum Gewebe
der Vernunft selber geworden ... und die transzendierenden Denkweisen scheinen die Vernunft selbst zu transzendieren."[12]

[10] Ebd., 23.
[11] Ebd., 24.
[12] Ebd., 183.

Zu diesem ratlosen Ergebnis war Marcuse schon gekommen, als im Frühjahr 1965 die Protestbewegung der Studenten in Berlin aufzuflakkern begann und sich seit 1967 über die ganze Bundesrepublik Deutschland, ja in der Welt auszubreiten begann. Für jemand, der in diesen Prozeß involviert war und die philosophischen Hintergründe kannte (was selten war), ergab sich damals eine geradezu gespenstische historische Szenerie, die es verdiente, für das absurde Theater aufbereitet zu werden. Da revoltierten Studenten und riefen Marcuse in dem Augenblick herbei, als dieser die Hoffnung auf Revolution aufgegeben hatte und ihnen schon 1966 in seinem Vietnam-Artikel sagen mußte: „Das ist keine revolutionäre Aktion, gewiß nicht, es ist eine hilflose, vielleicht sogar für lange Zeit hoffnungslose Opposition."[13] Er mußte die Studierenden, denen in ihrem Protest gegen den im Betrieb eingefrorenen humanen Geist alle Sympathie gehörte, nach seiner Einsicht eigentlich belehren, daß sie keine Chance hatten. Die Kritik an der herrschenden, allenthalben in Unvernunft umschlagenden Vernunft war zwar begründet und die Ziele Glück, Freiheit und Frieden evidente Postulate, aber der Weg zu ihnen war gerade von ihm als unmöglich beschrieben worden. Die Intelligenz hing in ihrem Selbstverständnis in der Luft, konnte nicht mehr Fuß fassen in der Realität oder einer geschichtlichen Kontinuität der Erfahrung – wie sollte der Protest gegen die herrschende Rationalität mit diesem seiner Haltlosigkeit geständigen Denken je auch nur einen Schritt vorwärtskommen? Das Scheitern war vorprogrammiert. In der Schrift mit dem bezeichnenden Titel ›Das Ende der Utopie‹ gestand Marcuse ein, er habe „keinen Ausweg gefunden"[14], und zahlreiche Kritiker von links und rechts stürzten sich auf das Werk dieses „heimatlosen Linken", um ihm seine Aporien nachzuweisen. Ist es also passé?

VI

Ein Jahrzehnt nach Marcuses Tod diese Frage beantworten zu wollen, ist historisch gesehen sehr früh, verfrüht vielleicht. Aber dennoch sei abschließend versucht, als ein testamentarischer Anwalt des nun für immer Verstummten summarisch einige Überlegungen vorzutragen, die die Überzeugung rechtfertigen können, daß Marcuse trotz

[13] H. Marcuse, Vietnam – Analyse eines Exempels, in: Neue Kritik 36/37, 1966, 37.
[14] H. Marcuse, Das Ende der Utopie, in: Psychoanalyse und Politik, Frankfurt a. M. 1968, 68.

aller berechtigten Kritik und des bis heute total gescheiterten Protestes dennoch seinen Tod in der Philosophie überleben wird:

– Sein Werk stimulierte unter dem Titel „Protest" eine Entzweiung mit dem systemkonformen Bewußtsein, über die kaum mehr zur Tagesordnung einfach zurückgegangen werden kann. Dies verhindert inzwischen vor allem die Realität selbst, die uns i. S. Marcuses in wachsendem Maße mit den untragbaren Konsequenzen einer imperialen Wissenschaft konfrontiert, die sogar noch unseren Selbstmord mit ABC-Waffen, Gentechnologie oder Naturzerstörung reflektionslos betreibt.

– Marcuses Werk ist, wie alles große politische Denken von Platons ›Politeia‹ über Augustins ›Gottesstaat‹ bis hin zu Kants ›Zum ewigen Frieden‹ gar nicht an seiner unmittelbaren Realisierbarkeit zu messen – denn alle diese Entwürfe wurden bisher niemals eingelöst –, sondern ist einerseits als Warnung vor historischen Gefahren und andererseits als Erinnerung an von der Geschichte uneingelöste Versprechen der Humanität zu verstehen.

– Diese Erinnerung wird in dem geschichtlichen Augenblick akut und lebenswichtig, wenn ein großes Denken unter der vorwärts gewandten Perspektive des «savoir pour prévoir» – Wissen um vorherzusehen – zur Erkenntnis kommt, daß die Konsequenz unseres bisher eingeschlagenen Kurses im Fatalen endet und eine Richtungsänderung vorbereiten hilft.

– Dies ist sogar dann sinnvoll, wenn sich ein mögliches Neues in diesem Denken noch gar nicht abzeichnet, sondern es zunächst lauter kritische Fragezeichen hinterläßt; denn diese motivieren von diesem Übergangsdenken her zu weiteren Anstrengungen des Geistes, und so spinnt sich ein neuer Faden in der Geschichte des Denkens fort.

– Ein solcher Faden ist heute direkt von Marcuse zu der Diskussion um die „Postmoderne" zu verfolgen, nämlich wie wir, nachdem wir uns anschicken, das „Reich der Notwendigkeit" durch die dritte industrielle Revolution, nämlich die automatischen Steuerungstechniken der Mikroelektronik, in eine „Freizeitgesellschaft" zu verwandeln, ein neues sinnliches, spielerisches, wieder individuiertes Verhältnis zur Realität gewinnen, wie es Marcuse stets als Glück vorschwebte.

– So mag sich das Scheitern des Protestes an der herrschenden Rationalität mit einem Vers Schillers trösten, jenes Mannes, von dem der junge Marcuse ausging und auf den der letzte, nun vom Tod festgelegte, wieder zurückkam. Dieser für die Kunst geprägte Vers, in welche nach Marcuse die neue Vernunft als „Kunst des Lebens" einmünden sollte, sei für sein Denken so umgeschrieben: „Was im Denken als Idee soll bleiben, muß im Leben untergehn."

Kurzbibliographie Marcuse

Reason and Revolution. Hegel and the Rise of Social Theory, New York 1941
Vernunft und Revolution. Hegel und die Entstehung der Gesellschaftstheorie, übers. v. A. Schmidt, Darmstadt u. Neuwied 1972.
Eros and Civilisation, Boston 1955
Triebstruktur und Gesellschaft. Ein philosophischer Beitrag zu Sigmund Freud, übers. v. M. von Eckardt-Jaffe, Frankfurt a. M. 1965.
Soviet Marxism. A Critical Analysis, New York 1958
Die Gesellschaftslehre des sowjetischen Marxismus, übers. v. A. Schmidt, Neuwied und Berlin 1964.
One-Dimensional Man. Studies in the Ideology of Advanced Industrial Society, Boston 1964
Der eindimensionale Mensch. Studien zur Ideologie der fortgeschrittenen Industriegesellschaft, übers. v. A. Schmidt, Neuwied u. Berlin 1967.
Die Permanenz der Kunst, München u. Wien 1977.
Seit 1978 erscheinen im Suhrkamp Verlag die auf 10 Bände geplanten ›Schriften‹ Marcuses. In diesem Verlag erschienen auch mehrere kleinere Werke Marcuses als Taschenbücher, wie z. B. die Aufsatzsammlungen ›Kultur und Gesellschaft‹ 1 und 2, ›Kritik der reinen Toleranz‹, ›Konterrevolution und Revolte‹ sowie ›Zeit-Messungen‹.

ZEITTAFEL

a) Lebensdaten

1859–1938	Husserl
1873–1958	Moore
1874–1928	Scheler
1885–1977	Bloch
1889–1976	Heidegger
1889–1951	Wittgenstein
1898–1979	Marcuse
1903–1969	Adorno
1905–1980	Sartre
1908–1961	Merleau-Ponty
1908	Quine geb.
1913–1960	Camus
1926–1984	Foucault

b) Schriften

1900 / 1901 *Husserl*
Logische Untersuchungen
1903 *Moore*
Principia Ethica
1912 *Moore*
Ethics
(Grundprobleme der Ethik)
Scheler
Das Ressentiment im Aufbau der Moralen
1913 *Husserl*
Ideen zu einer reinen Phänomenologie und phänomenologischen Philosophie. I
1913 / 1916 *Scheler*
Der Formalismus in der Ethik und die materiale Wertethik
1913 / 1922 *Scheler*
Wesen und Formen der Sympathie
1918 / 1923 *Bloch*
Geist der Utopie
1921 *Scheler*
Vom Ewigen im Menschen

Camus
L'homme révolté
(Der Mensch in der Revolte)
1953 *Moore*
Some Main Problems of Philosophy
(Entstanden 1910.)
Quine
From a Logical Point of View
(Von einem logischen Standpunkt)
Wittgenstein
Philosophische Untersuchungen
(Entstanden 1936–1949.)
1954 *Camus*
L'été
(Die Heimkehr nach Tipasa)
Husserl
Die Krisis der europäischen Wissenschaften und die transzenden-
tale Phänomenologie
(Anfangsteil erstmals 1936 erschienen.)
1954–1959 *Bloch*
Das Prinzip Hoffnung
1955 *Marcuse*
Eros and Civilisation
(Triebstruktur und Gesellschaft)
1956 *Adorno*
Zur Metakritik der Erkenntnistheorie
1958 *Marcuse*
Soviet Marxism
(Die Gesellschaftslehre des sowjetischen Marxismus)
1959 *Moore*
Philosophical Papers
(Die meisten zuvor einzeln erschienen, 1923–1955.)
1960 *Merleau-Ponty*
Signes
Quine
Word and Object
(Wort und Gegenstand)
1961 *Foucault*
Folie et déraison
(Wahnsinn und Gesellschaft)
Heidegger
Nietzsche. I und II
(Freiburger Vorlesungen 1936–1940; Abhandlungen, entstanden
1940–1946.)
1963 / 1964 *Bloch*
Tübinger Einleitung zur Philosophie

1964 *Marcuse*
One-Dimensional Man
(Der eindimensionale Mensch)
Merleau-Ponty
Le visible et l'invisible
(Das Sichtbare und das Unsichtbare. Entstanden ab 1959.)

1966 *Adorno*
Negative Dialektik
Foucault
Les mots et les choses
(Die Ordnung der Dinge)
Sartre
Critique de la raison dialectique. I
(Kritik der dialektischen Vernunft. I)

1969 *Foucault*
L'archéologie du savoir
(Die Archäologie des Wissens)
Merleau-Ponty
La prose du monde
(Die Prosa der Welt. Entstanden wahrscheinlich 1951–1952.)
Quine
Ontological Relativity and Other Essays
(Ontologische Relativität und andere Schriften)
Wittgenstein
Über Gewißheit
(Entstanden 1949–1951.)

1969/70 *Heidegger*
Phänomenologie und Theologie
(Texte entstanden 1927/1928 und 1964.)

1970 *Adorno*
Ästhetische Theorie
(Letzte große Arbeit Adornos; bei seinem Tod fast abgeschlossen.)

1971/1972 *Sartre*
L'idiot de la famille
(Der Idiot der Familie)

1974 *Quine*
The Roots of Reference
(Die Wurzeln der Referenz)
Wittgenstein
Letters to Russell, Keynes and Moore

1975 *Bloch*
Experimentum Mundi
Foucault
Surveiller et punir
(Überwachen und Strafen)

1976 / 1984   *Foucault*
              Histoire de la sexualité. I–III
              (Sexualität und Wahrheit)
1977   *Marcuse*
              Die Permanenz der Kunst
1980   *Heidegger*
              Hölderlins Hymnen 'Germanien' und 'Der Rhein'
              (Freiburger Vorlesung 1934 / 1935)
1981   *Quine*
              Theories and Things
              (Theorien und Dinge)
1989   *Heidegger*
              Beiträge zur Philosophie
              (Entstanden 1936–1938.)

NAMENREGISTER

Adorno, Th. W. 1. 3 f. 5. 7. 9. 10. 11. 12.
13. 19. 22. (195). *204–215*. 216. 217.
224. 238. 244. 246
Althusser, L. 192
Aristoteles (64). (118). 119. 122. 124 f.
130. 175 f. (189). (232). 234
Augustinus 38. 47. 49 f. 50. 254
Avicenna 232

Baader, A. 153
Baader, F. X. 226
Bachelard, G. 193. 194
Bacon, F. 175. 250
Barth, K. 127. (132)
Barthes, R. 192
Bataille, G. 193. 194
Baudrillard, J. 194
Beckett, S. 191
Beethoven, L. van 246
Benjamin, W. 209. 210. 211. 214. 238
Bentham, J. 200
Bergson, H. 171
Bernhard, Th. 55
Blanchot, M. 192. 193. 194
Bloch, E. 1. 3. 4. 5. 6. 7. 12. 13. 20. 23 f.
212. *216–240*
Böckmann, P. 135
Borges, J. L. 217
Brahms, J. 46
Brentano, F. 102 f. 103. 118. 130
Bultmann, R. 117 f. 126 ff. 131. 132
Burdach, K. 126

Camus, A. 1. 4. 5. 6. 7. 8 f. 12. 13. 22 f.
25. *137–152*. 219
Canguilhem, G. 194
Carnap, R. 46. 47. 58
Casals, P. 46
Castro, F. 5

Celan, P. 119. 136
Chruschtschow, N. 5
Church, A. 33
Cohen, H. 41
Craig, E. J. 31

Deleuze, G. 192. 196. 202
De Quincey, Th. 217
Derrida, J. 193. 197. 199. 208
Descartes, R. 79. 146. 168. 173. 175
Dilthey, W. 41. 117. 119. 120. (126). 127
Döblin, A. 132
Dostojewski, F. 47. 226
Droysen, J. G. 126
Duhem, P. 63 f. 65. 66. 67. 75
Dumézil, G. 194

Ebel, J. G. 135
Eckhart (Meister E.) 230
Elias, N. 195
Engels, F. 234. 243
Euklid (64)

Feuerbach, L. 237
Fichte, J. G. 11. 160
Fischer, F. 223. 224
Flaubert, G. 153. 167
Forster, E. M. 28
Foucault, M. 2. 6. 9. 10. 12. 18 f. 19.
191–203
Frege, G. 2. 30. 33. 38. 43
Freud, S. 3. 3 f. 20. 46. 192. 211. 243.
244 f. 245 f.
Friedrich, H. 119

Gadamer, H.-G. 10. 129
George VI. 28
Gödel, K. 46
Goethe, J. W. von 120. 222